长篇历史小说

大宋天子

宋高宗

秦 俊 ◎ 著

人民东方出版传媒
东方出版社

目　录

一　吴越王扑身 1
二　美女救驾 7
三　羊出人语 13
四　钦宗顶缸 20
五　康王使金 26
六　赵构迷道 33
七　你是一个将才 38
八　臣有四招 43
九　靖康耻（上） 48
十　靖康耻（下） 53
十一　张叔夜殉国 58
十二　赵构上位 63
十三　靖康孽 69
十四　二金军打赌 75
十五　岳母刺字 81
十六　投宗爷爷去 87
十七　热脸贴冷屁股 93
十八　红楼女招夫 99
十九　我就是天子 105
二十　扬州之变 111
二十一　苗刘逼宫 118
二十二　芍药护夫 125

1

二十三	赵构复位	132
二十四	摇尾乞怜	138
二十五	铁浮屠	144
二十六	搜山检海	149
二十七	击鼓战金山	155
二十八	放我一马吧	161
二十九	岳飞探母	168
三十	赵岗奇遇记	174
三十一	玉凤偷夫	181
三十二	猛人赵立	187
三十三	双国士	194
三十四	啼哭郎君	200
三十五	高参刘子羽	207
三十六	伪齐诞生记	213
三十七	拿李成开刀	220
三十八	金兀术剃须	227
三十九	南自南 北自北	233
四十	撤离喝犯宋	239
四十一	饶风关之战	246
四十二	金兀术复出	253
四十三	精忠岳飞	260
四十四	牛皋克随	266
四十五	大仪镇之战	273
四十六	钟相起义	278
四十七	义收黄佐	284
四十八	智取杨幺	291
四十九	大小眼将军	297
五十	二相互掐	303
五十一	张浚造孽	310
五十二	一匹好马	317

五十三	胡铨上书	323
五十四	怒发冲冠	330
五十五	金四路犯宋	337
五十六	顺昌之捷	344
五十七	十二道金牌	351
五十八	翘翘出群	358
五十九	邯郸学步	365
六十	在劫也可逃	372
六十一	赵构的绝招	379
六十二	岳飞系狱	386
六十三	天日昭昭	392
六十四	自道天机	398
六十五	优人观星	404
六十六	渣男康倬	411
六十七	明君圣相	417
六十八	二圣环	424
六十九	大奸西去	431
七十	东窗事发	438
七十一	完颜亮乱宫	444
七十二	大恩即大仇	451
七十三	色魔海陵王	457
七十四	唐岛海战	463
七十五	采石矶大捷	470
七十六	龟山寺之变	476
七十七	赵构内禅	482
七十八	魂游丰都城	488
七十九	乾道之盟	495
八十	死于安乐	501

主要参考书目 509

一　吴越王扑身

六天后,苏颂再次将韦仆女叫到卧房,正要行云布雨,忽头疼欲裂。

尽管韦贤妃守口如瓶,宋徽宗却突然在她面前消失。

刘混康反问徽宗:"'天无二日',您是一个太阳。如今,再出现一个太阳,意味着什么?"

韦才人者,宋徽宗赵构之嫔妃也。

宋代,皇帝的嫔妃,首推皇后;次之贵妃、淑妃、德妃、贤妃;次之太仪、贵仪、淑仪、昭仪、顺仪、顺容、婉容、昭容、昭媛、修仪、修容、充仪、充容、充媛;次之婕妤;次之美人、才人、贵人等。

能够为嫔为妃的,大都是国色天香。

韦才人不是。

就算不是,那相貌也不会太差。如果太差的话,就不可能被苏颂盯上。

苏颂者,宋之大科学家也。

他不止是一个科学家,那官也做得很大。大到什么程度?

宰相。一人之下、万人之上的宰相。

他为人也极好,经常用他的俸禄接济贫困子弟。

但有一点不好。

好色!稍有一点姿色的女仆,他都会尽揽怀中。

韦仆女的籍贯,说法不一,一说她是开封人,一说她是会稽(浙江省绍兴市)人。

不管她是哪里人,说她家里穷,倒是没有争议。

因为穷,她和她的姐姐去苏颂家做仆人。

苏颂睡过她的姐姐,又把双眼盯上了她。

韦仆女十六岁那年的一天，苏颂早早地用过晚饭，将韦仆女叫到他的卧房。

这一天，韦仆女等了很久，她刚将衣服褪去，肚子突然疼了起来。

她双手捂着小腹，跑到茅厕里蹲下，轻轻地揉，揉着揉着，经血来了，而这一次的经血又特别多。苏颂长叹一声，让她回别房休息去了。

六天后，苏颂再次将韦仆女叫到卧房，正准备行云布雨，他的眩晕病犯了，脑袋疼得像炸了一般，面色苍白，汗流不止，眼球震颤，恶心呕吐。他不得不把色心收起，遣人去请郎中。此后，再也不敢打韦仆女的主意了。翌年，宋哲宗下诏选秀（女），苏颂突发灵感：这个女子，我贵为宰相，无福享受，难道是留给皇上的？既然是留给皇上的，倒不如做个人情，将她送给皇上。

由于苏颂的运作，韦仆女居然当上了秀女，奉命服侍向太后。未几，转侍郑皇后。

郑皇后的宫女一共十个。

在这十个宫女中，韦仆女，不，应该叫韦宫女了。韦宫女与乔宫女燕儿，情趣相投，结为"姊妹"。二人相约，"苟富贵，毋相忘。"

由于郑皇后极力相荐，乔燕儿贵了，由侍女进入嫔妃，一路飙升，不到五年，晋升为贵妃。

乔燕儿大贵之后，把韦宫女荐给了宋徽宗。韦宫女跃过贵人这一级，直接封为才人。

一幸之后，韦才人居然怀孕了。分娩的那一天，她做了一个梦。

一个长相极丑，穿着红袍的汉子来到韦才人榻旁，问曰："汝认识本王耶？"

韦才人将头摇了摇。

"本王是吴越国的开国君主钱镠，小字婆留。"

韦才人"噢"了一声。

那人继续说道："本王身处乱世，惜才爱才，鼓励农耕，兴修水利，不仅保住了一方黎民，还使两浙地区成为富饶美丽的鱼米之乡。本王的孙子钱俶为君，并无失德之处。且将立国不久的大宋奉为正朔，敬若神明，汝之五世祖赵光义，不但夺了本王的疆土和黎民，还鸩死了本王孙子钱俶，这仇这恨，本王不能不报，本王已上奏玉帝，投胎做汝的儿子，夺回所失之国！"说毕，一头扎进了韦才人的肚子里，韦才人惊叫一声醒来，腹痛如刀绞，不一刻儿，生下一男婴，取名赵构，字德基。

在赵构出生之前，宋徽宗已经有了八个男孩，长子桓、次子柽、三子楷、四子楃、五子枢、六子杞、七子栩、八子棫。在众弟兄中，赵构排行第九，昵称九哥。

一　吴越王扑身

在九哥出生之前,宋徽宗也做了一个梦。

一个鹤发童颜的道人,从空中飘然落下,他身后跟了一个道童,那道童的双手还捧了一个蒙着黄绸的东西,徽宗忙避座问道:"汝何方仙人?"

道人双手合掌道:"贫道乃茅山师①是也,奉真武大帝②之命,送您个宝物。"

徽宗问:"什么宝物?"

道人双手揭开黄绸,原是一个闪闪发光的太阳。

徽宗大喜道:"太好了,有了这个太阳,朕再也不愁天黑了。"

他伸出双手,将太阳恭恭敬敬地接了过来。

一眨眼,那道人变成了宰相蔡京。

因为这个梦,本该罢官的蔡京,不罢了。

因为这个梦,韦才人连升四级,由才人变贤妃。嫔妃因生子晋级的很普遍,但一连晋升四级的从来没有。

不解。莫说大臣不解,就连和宋徽宗朝夕相处的郑皇后也不解。

不解便要问。

一问,徽宗便讲他的梦,眉飞色舞地讲。

但宋徽宗的梦可以讲,韦贤妃的不可以。

她守口如瓶。

尽管她守口如瓶,宋徽宗却突然在她面前消失。

一连十天,宋徽宗没有露面。在这之前,他只要一下朝,便往韦贤妃宫里跑,看他的宝贝儿子赵构。

他不只不露面,有消息说,还要把她母子贬为庶人。

她诚惶诚恐。难道,难道他知道构儿是吴越王钱镠转世?如果他真的知道构儿是吴越王钱镠转世,那就不只是贬为庶人的事了。——恐小命难保!

她在极度焦虑和恐惧中又挺了五天,乔贵妃方袅袅婷婷的步入她的宫中。

---

① 茅山师:茅山,道教名山,最先到茅山布教的是汉元帝时期的陕西咸阳茅氏三兄弟。经三兄弟的徒子徒孙发扬光大,茅山成为道教"茅山宗"的中心,号称道教十大洞天之一的第八洞天、七十二福地中的第一福地,茅氏三兄弟被后人尊之为茅山师。

② 真武大帝:又称玄上大帝、玄武大帝、佑圣真君、玄天上帝、荡魔天尊、玉虚祖师、九天降魔祖师、无量祖师,全称真武荡魔大帝,是中国神话中的北方之神。

乔贵妃刚一落座,她便迫不及待地问道:"官家①真的要把我母子贬为庶人?"

乔贵人将头轻轻点了一点。

韦贤妃面如涂蜡道:"他为什么要这样?"

乔贵妃叹道:"城门失火,殃及池鱼。"

"您这话妹子不懂。"

乔贵妃又是一声轻叹,说道:"郑居中你知道不?"

韦贤妃又将头摇了一摇。

"郑居中是皇后的族兄,官居同知枢密院事②,他一心想扳倒蔡京,自己做宰相,官家也答应了,因为那个梦,官家不想再罢蔡京的官了,不罢蔡京的官,郑居中也就做不成宰相了。"

韦贤妃的嘴张了几张,方说出声来:"您说的梦,是不是茅山师给官家送太阳的那个梦?"

乔贵妃回道:"正是。"

韦贤妃道:"那个梦,对应的是构儿,与蔡京何干?"

乔贵妃回道:"怎么没干。梦中,官家稍一眨眼,送太阳的茅山师变成了蔡京。"

韦贤妃"噢"了一声道:"小妹知道了。"

乔贵妃笑微微地问道:"你知道了什么?"

"官家以为蔡京是茅山师的化身。"

乔贵妃将头点了一点。

韦贤妃一脸困惑道:"即使官家把蔡京当作了茅山师的化身,这与小妹母子何干?"

乔贵妃反问道:"妹子,姐来问你,因为官家那个梦,郑居中的宰相泡汤了,郑居中会甘心吗?"

"不会。"

乔贵妃将头点了一点:"小妹说得对,正因为郑居中不甘心,他才拿官家的那个梦做文章,这一做,便殃及了构儿。"

"他是怎么做的?"

---

① 官家:宋朝对皇帝的尊称。"官家"之称始于魏晋南北朝,赵桓做了皇帝,曾问随侍的大臣:"官家之称,其意安在?"对曰:"三皇官天下,五帝家天下。兼三皇五帝之德,故曰官家。"

② 同知枢密院事:枢密院,宋代最高军事机构,与掌政的中书门下(省),并称二府。枢密院的最高长官是枢密使,副长官是枢密副使。元丰改制后,枢密院正副长官分别称知枢密院事、同知枢密院事。

乔贵妃道:"让他的心腹家丁携白银黄金各二百两去见刘混康,请刘混康出山,游说官家。"

"刘混康何许人也?"

"茅山宗第二十五代宗师。"

韦贤妃又"噢"了一声道:"小妹知道了。"

乔贵妃又是微微一笑道:"你又知道了什么?"

"咱朝自真宗爷爷始,所有的官家,不是无子,便是子稀。官家公公二十七岁时,尚无子嗣。因刘混康的建言,将汴京城西北的地势加高,第二年便喜得龙子,如今儿女满堂。官家公公对刘混康敬若神明。但不知这个人肯不肯为郑居中出山?"

乔贵妃面带鄙夷道:"道人也是人,只要是人,就不会没有贪欲!"

"照姐这么说,那刘混康出山了。"

乔贵妃道:"刘混康若是不出山,蔡京岂能倒台,更不会殃及德基了。"

"他是怎么游说官家的?"

乔贵妃脑海中幻化出一幅宋徽宗召见刘混康的画面:

宋徽宗得知刘混康进京,遣副相何执中出汴京城十里相迎。

翌日,又在集英殿宴请刘混康。宴后,二人密谈了两个时辰。谈着谈着,谈到了宋徽宗的那个梦。

"陛下,贫道听说您做了一个梦,梦见茅山师赠您一个太阳?"

宋徽宗一脸欢喜道:"是的。"

刘混康又问:"是不是您做了那个梦不久,九殿下便出生了。"

宋徽宗又道了一声"是的"。

"您对这个梦怎么看?"

宋徽宗道:"吉祥之兆!"

刘混康摇首说道:"贫道不这么看。"

"真人①怎么看?"

刘混康道:"俚语曰,'天无二日'。您本身就是一个太阳,正当光芒四射之时,又来了一个太阳,这意味着什么?要么国家分裂,要么……"

---

① 真人:对道士的尊称。

徽宗道:"没那么严重吧?"

刘混康道:"就这么严重!"

徽宗道:"何以见得?"

刘混康问:"排名第九的皇子可不可以做储君?"

"不可以。"

刘混康又问:"为什么?"

"他既非嫡又非长,何以为储君?"

刘混康盯着徽宗道:"可他是一个太阳呀!"

徽宗不以为然道:"他就是一个太阳又怎的?"

刘混康轻叹一声道:"天无二日,您是一日,那一日呢?如果陛下信梦的话,那一日只有一个解释……"

他将话顿住,举起了茶杯。

徽宗催促道:"讲啊。"

刘混康又是一声轻叹:"九殿下便是当年的李亨……"

二　美女救驾

赵构不只把《四书》、《五经》滚流倒背,又习得一手好字好画,还能开一石五的硬弓。

一清瘦老头,负手而立,一双不大的眼睛,却闪着寒光。

赵构爱听说书,书中那些达官贵人,每当有难的时候,总会有一位侠客突然出现,而今……

李亨,唐玄宗李隆基第三子也。

安史之乱起,被玄宗封为天下兵马大元帅,带兵平叛。叛还未平,他便自立为帝,尊玄宗为太上皇。如此一来,天就有了二日。可玄宗这个太阳,连人身自由都没有,在郁闷和气愤中陨落了。

唐玄宗的教训,血的教训,惊醒了以后的君王,在龙椅面前,莫说什么忠臣、奸臣,连自己的儿子也要警惕。

徽宗由李亨想到了赵构,心中暗道:"不祥之物,他是个不祥之物!"

刘混康见徽宗良久无语,知道是击中了他的软肋,安慰道:"梦这东西不可信。况且贫道作为茅山宗的第二十五代传人,如果真有二日之事,或明或暗,上天应该给贫道有所示,可贫道什么也没得到,所以,贫道断然认为,您那个梦不可信!"

听他这一说,徽宗脸上的阴云慢慢地散去,长叹一声道:"真人说得对。"

刘混康心中暗喜,不动声色地砸了蔡京两砖:"陛下,既然您那个梦不可信,蔡京就不是茅山师化身,蔡相这个人呀……"

他又将话顿住,直到徽宗相催,这才轻叹一声说道:"朝野都说,蔡相有点目无君上,还有点跋扈,跋扈得连枢密使都敢谋杀。而且,还敢在皇上眼皮底下谋杀。唉,这事也不知道是真是假,若是真的,那就太不像话了!而且,陛下的安全也成了问题……"

徽宗没有接他的话,三天后,内降一旨,罢了蔡京的宰相。

刘混康明明告诉徽宗,梦不可信,可徽宗心里总像吞下一只苍蝇,一想到唐玄宗,便立马想到李亨,由李亨又想到了赵构,想到了"梦日入怀"。

梦日入怀是个典故。

《汉书·景帝王皇后传》:"孝景王皇后,武帝母也……梦日入其怀。太子曰:'此贵征也。'……王夫人生男,取名刘彻,汉武帝是也。"

因"梦日入怀"而生子的吴氏(孙坚夫人)和张氏(刘元海夫人),所生之子孙权和刘聪,也都做了皇帝。

徽宗愈想愈觉得赵构是个不祥之物,萌生了将其母子贬为庶人的念头。

乔贵妃原以为韦贤妃听了她这番话,岂不要吓个半死。孰料,韦贤妃并没被她吓着,长出了一口气,自语道:"只要不是为着那事就有解。"

乔贵妃忙问:"什么事?"

韦贤妃不敢说。

她不敢说,笔者代她说,就是梦钱镠扑身之事。

乔贵妃见韦贤妃不回她的话,正要张口相催,韦贤妃一脸平静地说道:"官家既然罢了蔡京的相,那就说明他已经不相信他做的那个梦,只要姐姐多多加以劝导,他就会放过小妹母子。"

乔贵妃将头点了点道:"你说的有道理,姐姐告辞了。"

后经乔贵妃反复劝导,宋徽宗虽然收回了将韦贤妃母子废为庶人的念头,却再也没有踏进韦贤妃之宫半步。

皇帝不待见的人,其他人还肯待见吗?还敢待见吗?

赵构在冷漠和孤独中一天天长大。好在他天赋极高,又肯用功,不只把《四书》、《五经》滚流倒背,还习得一手好字好画。

宋朝国策,历来是崇文抑武,莫说皇家子弟,就是士大夫之家,对习武之事也是不屑一顾的,可他——赵构,却偷偷地拜了几个大内侍卫为师,不只学到了十八般武艺,还能开一石①五的硬弓。在宋朝,选拔大内侍卫的条件,就是能开一石五的硬弓。

---

① 石:度量单位,宋朝一石,约等于今70市斤。

唯有一点不好——好色。不满十四岁就知道睡女人，硬把两个宫女的肚子搞大，弱冠①后，被封为康王，离宫别居。

既已弱冠，就得为他娶妻。首娶的妻子叫邢秉懿，开封府祥符县人，比赵构大一岁，御封嘉国夫人。次娶的两个妻子，一个叫田春梦，一个叫姜醉媚，均小赵构一岁，御封郡妃。三娶的叫潘馨儿，小赵构两岁，但没名号。正因为她没名号，《玉牒簶》②上没载其名，才逃过了靖康之变那一劫。

四个女人侍奉他，还不满足，常以儒生装束，寻花问柳，与一个从了良的老妓女姘上了。

这个老妓女虽说长他三十一岁，不只会易容，还会媚，二人姘了将近半年，老妓女酒后失言，道出了实际年龄，他又羞又气，一连向老妓女捅了三剑，鲜血溅他一身，老妓女一脸哀怨，在痛苦中倒下了，整个脸也走了形。

他这是第一次杀人，又惊又怕，手一哆嗦，宝剑落地，两只眼直勾勾地盯着老妓女。

老妓女的西隔墙就是军巡铺③，铺兵听说出了人命，掂起家伙就赶了过来。赵构见来了四个铺兵，这才慌了，欲夺门而逃，被铺兵迎头截住。四铺兵不是他的对手，一阵兵器相撞的声音响过之后，四个铺兵全倒在地上。他插剑入鞘，昂首走向了大门。

一清瘦老头突然在大门口出现，负手而立，一双不大的眼睛，却闪着寒光。

他心头猛然一颤，暗道："碰上练家子了！"

他拔出宝剑，向瘦老头喝道："在下有情，宝剑无情，请移开尊躯！"

老头微微冷笑道："你也不看看自己是谁，居然威胁到老夫头上，老夫今天倒要领教一下你的宝剑是怎样的无情！"

赵构见他空着双手，心中暗道："你已六旬有余，又赤手空拳，纵然有天大的本事，能挡得住我吗？"他一边想一边挺剑朝老头刺去，但那剑不管怎么刺，就是刺不中老头，顿感事情不妙。

忽听那老头暴喝一声："把剑放下！"

他冷哼一声，暗道："我即使刺不中你，也不会如此不济，听你摆布！"正想着，忽觉右臂一麻，"当啷"一声，宝剑落地。

---

① 弱冠：古代男子二十岁（也有说十八岁）为成年人，进入二十岁后要行加冠礼，即戴上成年人的帽子，以示成年，因二十岁身体尚未强壮，故名弱冠。
② 《玉牒簶》：类似皇室成员的花名册。
③ 军巡铺：负责治安与防火的机构，凡汴京城的坊巷，每三百步就设一个，成员三至五人，称为铺兵。

他忙弯腰拾剑,那老头用脚尖一挑,剑便飞了起来,被老头抓在手中。

他本想上前去夺,忽又转了一念:"这老头的武功,如此之高,我万难夺回。"

他收手而立。

就在赵构和老头交手的当儿,那几个被赵构打倒的铺兵爬了起来,站在一边观阵。

老头目扫众铺兵道:"你们站在那里干什么,快快把他缚了,押回军巡铺。"

四铺兵道了一声"好",上前去缚赵构。

赵构双眼一瞪道:"大胆,尔等知道我是何人?我是……"他正要自报身份,忽觉不妥,不说这些铺兵和老头,也不说老妓女的家人,单在这门口看热闹的,也有近百人,我若是自报身份,传将出去,于皇家有辱,那不待见我的父皇,岂能将我轻饶!

不能说。绝不能说。

想到此,他将"我是"以后的话硬生生吞回肚里,束手就缚。

四铺兵将赵构押到军巡铺,等了半个时辰,还不见他们的巡铺长回来,便把赵构绑在院中一棵大树上,进屋喝酒。喝酒时,那门始终敞开着。初时,铺兵们还时不时朝赵构瞟上两眼,喝了两刻钟,一铺兵说,四个人就这么碰着喝没劲。

另一铺兵问:"怎么喝才有劲?"

"咱们学一学那些文人骚客,来一个'敲七'①喝酒。"

"咱是舞刀弄枪的,不学文人骚客那一套。"

"那咱怎么喝?"

"投壶②。"

一说投壶,全都赞成。

这一投壶,四铺兵哪有闲暇去管赵构。何况,赵构还是绑在军巡铺的树上!

大门呢?落了锁。院墙呢?高达一丈八九。赵构就是想跑,也跑不了。

是的,单凭赵构自己,他真的无法逃出这个院子。

赵构呢?压根就没想过逃,我堂堂一个康王,莫说才杀了一个人,就是再杀两个,开封府也不敢把我怎么样!故而,人被缚在树上,心里很淡定,不一会儿,居然梦起了周公:

---

① 敲七:古人饮酒时,博弈助兴的一种游戏项目。做此游戏时,人员可多可少,具体做法是,从第一个人开始,按顺时针或者逆时针方向,依次喊数字,遇到"七"和"带七的数字",抑或"七的倍数",就用筷子敲一下桌子,诸如7、14、21、27、28、35、42、47等等,反应慢的或者违规的饮酒一杯。

② 投壶:古人饮酒时,博弈助兴的一种游戏项目。投壶是把箭向壶里投,每人八支,投中多的为胜,负者照规定的杯数喝酒。

二 美女救驾

艳阳高照,碧波荡漾,他和他的三哥赵楷,乘坐一只游船在金明池游玩,一条金色鲤鱼突然跃到船里,弟兄俩大喜,捉了后送给御厨。半个时辰后,御厨将鱼连汤盛在一个金盆里端了上来,鱼香四溢,他忙拿筷子去夹,却夹不动,低头一瞧,鱼没了,躺在盆里的是一块红石头。不由得把眉头皱了起来,正要唤厨人问个究竟,红石头居然开口说话——赵构,你是个不祥之物。

他猛然一惊,从梦中醒来。

我是个不祥之物,我是一个不讨父皇喜欢的不祥之物!这几个铺兵,若是把我押到开封府,务必要惊动父皇。一旦惊动了父皇,岂有我的好果子吃!

他越想越怕,脊梁沟里开始冒汗了。

不行,我得想办法逃走。

他扭动着身子挣了几挣,没有挣脱。于是轻叹一声,暗自思道:"除非有人救我,否则,凭我自己之力,是逃不走的。"

谁救我?谁会救我?

侍卫,我康王府的侍卫?可这些侍卫,并不知道我杀了人呀!

侠客!他突发奇想。

不是突发奇想。他还有一个爱好——听书。

他每个月总要去勾栏①听说唱艺人说书,书中那些达官贵人,每当遇难的时候,总会有一些侠客不失时机地出面相救。

我……

他多么希望,也有一位侠客出现在他的面前。

他明知这是不可能的,依然盼着奇迹出现。

你还别说,奇迹真的出现了。

院墙上飘然落下一个黑衣人。

黑衣人径直飘到他的身边,用刀割断缚他的绳索,小声说道:"请跟我走。"

他点了点头,朝敞着门的铺兵瞄了两眼,跟在黑衣人身后,朝院墙走去。

黑衣人纵身一跃,双手扒住墙头。又一纵,上了墙头,回首招他。

他也学着黑衣人模样,跃了几跃,手却无法扒住墙头。

黑衣人又来一个飘然而下,朝墙根一蹲道:"请登小奴肩膀。"

---

① 勾栏:既是一些大城市固定的娱乐场所,也是宋元戏曲在城市中的主要表演场所,相当于现在的戏院。

11

赵构见他瘦弱的样子，犹豫了一下，双手扶着墙，正要登上黑衣人的肩膀。参加投壶的一个铺兵出来小便，见树下没了赵构，吃了一惊，举目四顾，发现了他，大声喊道："杀人犯跑了！"

他一边喊一边朝赵构扑去。

赵构忙回头迎战铺兵，只两个回合，便将那铺兵打倒在地。

一个铺兵倒下了，又冲出来三个铺兵，刀枪并举，杀向赵构。

四铺兵一齐上，还不是赵构对手，这时又少了一个。且是，对方又多了一个黑衣人。

倒地的铺兵，爬起来后，不但不去相助同僚，反向大门口跑去。

一铺兵大声唤道："邱小秃，你想当逃兵吗？"

邱小秃扭头说道："我去叫'小北侠'。"

黑衣人大吃一惊，对赵构说道："快走！"

三铺兵齐声喝道："你们走得了吗？"一拥而上。

三　羊出人语

　　这羊先是"咩咩"叫了几声,忽出人语:"侍康,侍康!"
　　一姓康的青年内侍,闭着双眼,斜靠在门框上。
　　一壶酒下肚,赵构看那芍药,愈看愈爱,不由得春心拱动。

黑衣人和赵构联手,将三铺兵击倒后,紧跟着赵构朝康王府方向飞奔而去。

距康王府尚有数百步,赵构朝正前方一指,对黑衣人说道:"不用这么跑了,前边就是本王的府邸。"

黑衣人道:"小奴知道。"

赵构一脸吃惊道:"你知道什么?"

"那是您的康王府。"

赵构愈发吃惊:"你怎么知道本王就是康王?"

"小奴大姨告诉小奴的。"

"你大姨是谁?"

黑衣人回道:"就是您今天杀死的那个女人。"

赵构愈发吃惊:"本王杀了你的大姨,你为什么还要救本王?"

"你是一个太阳,贵不可言,俺爹说,'计毒莫过于绝粮,功高莫过于救驾'。"

赵构忽然想到了什么,把黑衣人从上到下打量一遍,又盯着她的脸看了许久说道:"你是个女的!"

黑衣人抿嘴一笑道:"您怎么知道俺是个女的?"

"你刚才跟本王说话,几次自称小奴,本王没有在意。经过这番观察,方才确定,你是一个女的。不,你不只是个女的,是个女中丈夫、巾帼英雄!"

黑衣人裣衽一拜道:"殿下过奖了。"

"请问小巾帼高名上姓?"

"免贵,小奴姓吴,芳名芍药。"

赵构打趣道:"芍药虽好,但身上有刺,汝何不叫个牡丹?"

芍药笑眯眯地回道:"俺这个名字,有些来历,不能随便改。"

"什么来历?"

吴芍药道:"源于小奴家严①的一个梦。"

赵构追问道:"什么梦?"

"这……奴家有些羞于开口。不过,若非这个梦,家严也不会让小奴前来救驾。"

赵构道:"汝这一说,本王越发想知道那个梦了。说,说吧!"

在赵构的一再催促下,吴芍药方把她爹的那个梦讲了出来。

芍药家严的那个梦,是在芍药出生的前一天夜里做的。

他梦到一个亭子,亭子上有一匾,上书"侍康"二字,旁边尽是芍药,只有一朵开放,且非常的艳丽可爱。那朵芍药花下,还有一只白羊,这羊先是"咩咩"地叫了几声,忽出人语:"侍康,侍康!"

第二天夜,妻子正在临盆,却被一片红光罩住,不一刻儿,一个女娃儿"呱呱"坠地。这一年,是宋政和五年(1115年)。因为那个梦,便把这个女娃儿取名芍药。

讲出来后,芍药满脸通红,看似在低着头,一双凤目却在偷偷观察赵构的反应。

赵构"啊"了一声道:"有趣,有趣。"

他移目芍药,调侃道:"'侍康'好啊,这个康不是别人……"

他用右手食指点着自己的鼻子说道:"就是本王。看来,咱俩有缘。这个缘乃上天所定,既然是上天所定,今晚汝就不要回去了。"

他一边说一边拉住了吴芍药的柔荑②。

吴芍药红着俏脸儿,佯装挣了几挣,便任由他拉着,且笑语道:"您也太猴急了吧!婚姻乃人生大事,得有三媒六证,还得纳采、问名、纳吉、纳征、请期、亲迎。"

赵构哈哈大笑道:"俗,俗不可耐。"

---

① 家严:古代,子女对父亲的称呼。也有称高堂、椿萱、家父的。
② 柔荑指植物初生的叶芽,旧时多用来比喻女子柔嫩洁白的手。

吴芍药道："一点也不俗，若不这样，女子就会被人轻看，丈夫也不知道珍惜妻子。"

赵构道："汝说的也许是对的，但汝可曾见过，皇家娶媳有纳采、问名的吗？"

吴芍药道："皇家怎么娶？"

"皇家娶媳，除了皇后外，一律通过选秀，凡被选中的女子，皇帝把她分给某个王弟、王子，她便是某个王弟、王子的妃子。"

他略顿又道："还有一种情况，王弟、王子看上了某个女子，上奏皇帝，经皇帝恩准后，一顶大轿，把那女子抬进宫来，便成了夫妻。"

吴芍药"啊"了一声："原来如此，小奴听您的。"

赵构满面欢喜道："这就对了！"

他牵着吴芍药的柔荑，走着说着，不一刻儿，便来到了康王府大门。

阍人①见康王回来了，一齐向他行礼。他如同没有看见，携着吴芍药进入大门，走了一程，又拐了两拐，来到了长春阁。一姓康的青年内侍（太监），闭着双眼，斜靠在门框上。

赵构重重地咳嗽一声，康内侍忙将双眼睁开，一脸媚笑道："殿下回来了。"一边说一边将门打开，退后两步，目送赵构进阁。

赵构走了几步，忽又站住，扭头吩咐道："茶斋伺候。"

康内侍躬身回道："遵命。"

赵构又道："烫一壶酒，弄四个小菜，送到茶斋。"

康内侍又道了一声"遵命"，趋到一个半开着门的小屋门口，轻声唤道："英儿，英儿。"

连喊三声，方有人应道："康少监②，有何吩咐？"

康少监者，康履也。

康履吩咐道："殿下回来了，快去茶斋伺候。"说毕，返身奔向膳房。

小宫女一边揉着惺忪的眼睛，一边朝茶斋趋去。

赵构与吴芍药相向而坐，隔着茶案聊天。小宫女向赵构行过礼后，便埋头煮茶。

赵构与吴芍药继续聊天。

聊着聊着，赵构突然问道："'小北侠'是不是一个人的绰号？"

---

① 阍人：古代的守门人。古时，宫门晨昏按时启闭，故称守宫门人为"阍人"，后泛指守门人。
② 少监：低级宦官。

"是。"

赵构又问:"他本名叫什么?"

"王飞。"

赵构复问:"他的武功是不是很厉害?"

"是很厉害。"

赵构再问:"这个'小北侠',是不是逼本王就范的那个瘦老头?"

吴芍药轻轻颔首。

"他师出何门?"

吴芍药回道:"北侠欧阳春。"

赵构"啊"了一声问道:"他所从何业?"

"汴京八十万禁军副教头。"

赵构轻叹一声道:"他既是欧阳春的徒孙,又是汴京禁军的副教头,本王栽到他的手里,也不算丢丑了。哎,他是不是就住在军巡铺附近?"

"殿下简直是神,他就住在军巡铺附近。"

赵构将眼睛眨了几眨,突然来了这么一句:"你那武艺来自门里还是门外?"

"门外。"

"你师父的武功较之小北侠若何?"

吴芍药笑嘻嘻道:"你猜。"

"高于小北侠?"

吴芍药将头轻轻摇了一摇。

"低于小北侠。"

吴芍药又将头摇了一摇。

"伯仲之间?"

吴芍药依然摇头。

"这就怪了。"

小宫女已经将茶煮好,斟了两杯,放在二人面前。吴芍药端起茶杯,朝赵构举了一举:"请殿下用茶。"

赵构将茶杯端起又放下:"这就奇了怪了,小北侠的武功较你师父,既不高,也不低,也不在伯仲之间,这,这怎么可能呢?"

吴芍药一脸笑意道:"您别这么武断,用茶,用了这杯茶,小奴给您说。"

赵构端起茶杯,一饮而尽。吴芍药"吞儿"一声笑了。

"你笑什么?"赵构问。

"小奴听说,茶是品的,可不是您这个吃法。"

赵构赞道:"你懂的还不少呢,令尊是干什么的?"

"教书的。"

赵构"噢"了一声道:"你是出自书香人家呀。好,出自书香人家的人都有教养,好,这很好。"

他话锋一转道:"本王已经用过茶了,你该解密了吧。"

吴芍药明知故问道:"解什么密呀?"

"也就是你师父的武功较之小北侠若何?"

吴芍药咯咯娇笑道:"您还挺认真呢。好,认真了好,小奴这就郑重告诉您,他俩的武功一样高。"

赵构道:"他俩比试过?"

"没有。"

赵构道:"没有比试过,咋能断定他俩的武功一样高?"

"他俩……他俩么?"吴芍药又卖起了关子:"殿下,您猜一猜,他俩是什么关系?"

赵构道:"是师兄弟?"

吴芍药摇头。

"是师徒?"

吴芍药又摇头。

赵构皱着眉头说道:"他俩既不是师徒,又不是师兄弟,武功却一样高,那是什么关系呢?"

他低着头想了又想,也没想出来他们之间的关系,干脆不想了,便说道:"你就直说了吧,本王实在猜不出来。"

吴芍药笑嘻嘻地说道:"那,小奴就直说了。"

赵构颔首说道:"说吧。"

"他——俩——是,一个人。"

赵构"啊"了一声道:"小北侠是你师父?"

吴芍药重重地点了点头。

"本王与你既不沾亲,又不带故,你何以要背着你师父救本王?"

吴芍药笑眯眯回道:"这个问题,小奴刚才已经回答过了。殿下如果想听,小奴可以给您再说一遍。"

赵构道:"本王想听。"

吴芍药轻咳一声,清了清嗓子说道:"您是一个太阳,贵不可言,俺爹说,'计毒莫过于绝粮,功高莫过于救驾'。"

赵构大声赞道:"好一个'计毒莫过于绝粮,功高莫过于救驾!'汝父一定是一个高人。如此一个高人,朝廷不用,宰相之过也。本王得抽时间,拜访一下汝父。"

吴芍药裣衽一拜,嘤嘤说道:"多谢殿下。"

赵构道:"你看看,你看看,又跟本王客气了是不是?"

吴芍药笑嘻嘻地反驳道:"这不叫客气。"

"这叫什么?"

"这叫发自内心的感激。"

赵构复问:"令尊大名,可否见告?"

吴芍药又是裣衽一拜回道:"吴近。"

赵构欲要再说什么,康少监把酒菜送了进来。

俗话说,"酒是色媒人,风流茶说合。"一壶酒下肚,赵构看那吴芍药:白里透红的瓜子脸,挺秀的琼鼻,吹之如兰的樱唇,弯得像月牙儿一样的双眉,不由得春心荡漾。

他看吴芍药的同时,吴芍药也在偷偷看他:光洁白皙的脸,英挺的鼻子,一双剑眉下一汪秋水般的眼睛,不由得眼神有些迷离。

心有灵犀一点通。赵构支走了小宫女,柔声问道:"小巾帼,喝得怎么样?"

"有些醉了。"

赵构问:"头还清醒不?"

"清醒。"

赵构道:"既然清醒,本王给你说个事。"

"您说吧,小奴洗耳恭听。"

赵构道:"你不只美丽聪慧,还有一身好武艺,本王阅美女无数,但像你这样的还是第一个。"

吴芍药笑靥如花道:"殿下过奖了。"

"不,这是本王的心里话。本王有一事相求,说出来你从与不从,不要生气。"

吴芍药已经猜到他要说什么,心中暗喜:"您说吧,您不管说什么,小奴都不会生气。"

"本王想纳你为妃。"

她要的就是这句话,却将头摇得像拨浪鼓儿:"这不成。"

"为什么?"

"您贵为王爷,小奴乃一民女,门不当户不对,小奴不敢高攀。"

赵构道:"男女婚配,是不是门当户对确实很重要。但皇家不是这样,因为,他不可能找出第二个皇家。"

"找不出第二个皇家,可以找将相大臣呀!"

赵构道:"也不可以。"

"为什么?"

赵构道:"俺大宋祖制,皇家不能和将相大臣做亲。"

吴芍药又来一句"为什么?"

"害怕外戚干政。"

吴芍药将头轻轻点了一点。

"你还有什么顾虑吗?"

吴芍药红着脸,小声回道:"没有了。"

"如果没有,咱这会儿就喝一杯交卺酒。"

"这……是不是有点太快了?"

赵构眉开眼笑道:"快什么快!这叫你爱我,我爱你,水到渠成,坐过来,过来吧!"

吴芍药羞羞答答地坐到赵构身边。

这一夜,赵构把吴芍药由少女变成了少妇。此后,二人双栖双飞,或读书写字,或切磋武艺,或便服出游,过着神仙一样的日子。

但好景不长,这日子过了不到半年,金军给大宋王朝带来了无尽的屈辱和噩梦。

四　钦宗顶缸

宋徽宗自己给自己画了个大饼，送到金人手里，妄想联金灭辽。

小将韩世忠逃过黄河后，一把火焚了黄河浮桥，延缓了金军的追击。

这支宋军像一阵风，刮到哪里，哪里便倒下一片金兵的尸体。

在大宋的东北，有一个古老的民族，叫女真。他们的历史，虽然可以追溯到先秦时期，但非常落后，直到辽国建立（907年），他们还处于原始社会的末期。

落后就要挨打。他们打不过辽国，只得向辽国称臣纳贡。

到了辽帝耶律延喜（史称天祚帝）时代，女真人里出了一个叫阿骨打的猛人。他不只有大勇，还有大智。

女真族有三个部落，他只是其中一个部落的首领。他当上首领都勃极烈①的第二年，便与辽国翻脸，建国号曰金。用了不到八年时间，打败了辽国百万军队，占领了包括辽之上京（国都）、中京、西京在内的大部国土。

宋宣和五年（1123年），阿骨打病逝，四弟吴乞买上位，继续对辽用兵，用了不到二年时间，灭了辽国。

金在灭辽的过程中，宋朝犯了一个比虞国国君还要蠢的错误。

虞国，春秋时期一个很小的诸侯国，与晋国和虢国毗邻。

她虽然小，军事实力尚可，与好战的虢国不仅毗邻，还是盟国，唇齿相依。晋国要想向中原发展，就得铲除东进的障碍——灭虞灭虢。

---

①　都勃极烈：勃极烈是女真族的意译，意为"管理众人"。最高的总治官称都勃极烈。都勃极烈类似汉朝官制中的"冢宰""宰相"。其次是谙班勃极烈，再次是国伦勃极烈（有时设左右国伦勃极烈）。部落大事（含金国初）由勃极烈官员合议制的形式决定，称为勃极烈制。

但是,若要出兵讨伐虞国,虢国必然出兵相助,以一抵二,胜负难料。

要想稳操胜券,必须拆散虞、虢的联盟。

怎么拆?大臣旬息向晋献公献了一计——伐虢。

晋献公"吞儿"一声笑了,手指旬息奚落道:"你明明知道虞国和虢国是盟国,你更知道伐虢必须经过虞国,还出这样的馊主意?"

旬息笑微微地说道:"大王所责甚是,按常人思之,我若伐虢,虞必反对,更不会借道于我。但虞君不是常人,他生性贪鄙,我若赂之以重礼,他必允我。"

晋献公颔首说道:"卿言是也,但不知赂虞当用何物?"

旬息道:"虞君虽贪,然非至宝不可动,必须用二物前去,但恐君之不舍。"

晋献公道:"卿试言所用何物?"

旬息道:"虞君最爱者,美璧良马也。君正好有垂棘①之璧,屈产②之马,若以此二物去赂虞,虞必坠吾计矣!"

晋献公面有不舍之色道:"此二物,为寡人至宝,何忍送于他人?"

旬息笑回道:"臣固知君之不舍也!然则,虞若假吾道以伐虢,虢无虞救必亡。虢亡,虞岂能独存乎?虞既不存,璧马安亡乎?这好比把美璧存于外府,良马养于外厩,毫发无损矣!"

晋献公连道两个"好"字,遣旬息带上美璧良马,径奔虞国。

虞君见了美璧良马,不由得喜形于色,手弄璧而目视马,向旬息问道:"此乃汝国至宝,天下少有,乃何要赠寡人?"

旬息回道:"寡君慕君之贤,畏君之强,故不敢自私其宝,愿交欢于大国。"

虞君笑回道:"此言,寡人不信也,汝君赠寡人如此之礼,必有所求,汝试言之。"

旬息满脸奉承道:"人言虞君明察秋毫,鬼神难欺,今日见之,果然如是,佩服佩服!"

虞君道:"汝不必捧我,汝只说你家主公,有何事求于寡人?"

旬息叹道:"虢人屡越贵国侵我北鄙,寡君以社稷之故,屈意请平。今约誓未寒,又出兵侵我。寡君欲假道伐虢,倘幸而胜虢,所有俘获,尽以归君。寡君愿与君世世盟好。"

---

① 垂棘:古地名,春秋晋地。今址无考,以出美玉著称。
② 屈产:古地名。春秋晋地,盛产良马,一说在今山西省吉县北,一说在今山西省石楼东南。此地有一泉,名叫屈产,因泉而名。

虞君大悦,连声说好。他不顾众大臣反对,借道于晋。

晋国灭了虢国,返国时,来一个顺手牵羊,把虞国给灭了。这一灭,成就了一个典故——唇亡齿寒。

虞君虽蠢,也仅仅是借道于晋,且是在受了重贿的情况下借的。宋徽宗可不是这样,他自己给自己画了个大饼,又自个儿找到金人,出兵出钱,联金灭辽,史称"海上之盟"。

联的结果,引狼入室。

这不,宋宣和七年(1125年)十月,金刚一灭辽,便以金太宗阿骨打同母弟斜也为元帅,完颜宗翰①、完颜宗望②为左右副元帅,兵分两路(东路和西路)伐宋。

西路军由完颜宗翰率领,自云中出发,直趋太原。目标,汴京。

东路军由完颜宗望率领,自平州出发,直趋燕京。目标,也是汴京。

坐镇太原的童贯,乃北宋"六贼"③之一,官居知枢密院事,爵封广阳郡王,闻金军打来,不战而逃。

幸好有个张孝纯。

张孝纯者,太原知府也。他在大将王禀的协助下,率领太原军民,浴血奋战,将完颜宗翰挡在太原城下。

东路没有张孝纯。不但没有张孝纯,还出了一个比童贯还要坏的人物。

此人姓郭名药师,原为辽将,降宋后封为燕京知府、加官检校太傅④,还把燕京整个防务交给了他。他拍着胸脯向宋使表态:"有我郭药师在,燕京就在。"

宋使刚一离开营盘,他便降了金军。

金之东路军在他的前导下,避开宋朝的精锐之师,采用纵深穿插的战术,直奔宋朝的心脏——东京汴梁。

完颜宗翰见太原城久攻不下,留下银术可继续围攻太原,自己率领大军南下。

童贯逃回汴京,并没把金军来犯的消息上奏徽宗,直到完颜宗翰包围了太原,完颜

---

① 完颜宗翰:女真名粘没喝,又名粘罕。国相完颜撒改长子,金朝名将,勇猛有谋略。
② 完颜宗望:又名斡鲁补,阿骨打第二子,俗称二太子。经常从阿骨打征伐。
③ 六贼:蔡京、童贯、王黼、梁师成、朱勔、李邦彦。
④ 太傅:唐宋三公(太师、太保、太傅)之一,无专授,无定员,为高官之一种荣誉。

宗望兵抵保州（今河北省保定市），宋徽宗才得到消息。战呢？宋军不是金军对手，要么一战即溃，要么望风而逃。那只有和了！

宋徽宗想了又想，遣给事中①李梲携黄金三万两，去找完颜宗望。

完颜宗望的态度是：黄金我留下，想和，没门，滚！

李梲抱头鼠窜，见了宋徽宗连声叹气："金人不肯和。"

"战呢？"宋徽宗问。

"不行，绝对不行，那金军人如虎，马如龙，上山如猿，下水如獭，其势如泰山，咱大宋如累卵。"

这话不知道通过什么渠道传了出去，官民大愤，给他取了一个绰号——"六如给事"。

和不能，战不能，那只有迁都避之了。

一说迁都，掌军的吴敏带头反对。

那只有逃了。

想逃跑容易。但这一逃，岂不要落下一个畏敌的形象。

赵佶几经权衡，决定实行内禅，让太子赵桓上位，替他顶缸。

此时的国家，强敌压境，境内千疮百孔，如同一座即将爆发的火山。龙椅就放在火山口上，坐上去等于寻死。

赵桓不想死，一再婉拒，且哭着婉拒。趁他哭晕，李邦彦等一班佞臣，把黄袍强披在他身上。因其庙号钦宗，故称他钦宗皇帝。

钦宗上位后，理应调兵遣将迎击金军，可他和他父亲一样，畏敌如虎，居然遣李梲为使，去完颜宗望那里报聘、乞和。

但从完颜宗望嘴里蹦出来的还是那五个字："想和，没门，滚！"

完颜宗望挥军继续南下，一路凯歌，打到浚州（今河南省浚县）。

浚州是黄河北岸的重要关卡，守卫浚州的是杨戬，手下将士近万人，听说金军打来，率先开溜，在经过黄河浮桥时，由于人多桥窄，被挤下桥的将士近百人。

小将韩世忠，也就是生擒方腊的那个人，逃过黄河后办了一件大事——烧毁了黄河浮桥，延缓了金军的追击。

没了桥，金军不得不在黄河北岸夜以继日地搜索、强征民船，以及过年用的牛、羊、

---

① 给事中：官名，简称给事，初置于秦，作为大夫、博士、议郎的加官。至汉，正式为官名，掌顾问应对。至宋，掌审读圣旨，并判门下后省事。

鸡、鸭以及酒。

赵桓也在忙。他在忙于终结徽宗的时代,年号由"宣和"改为"靖康",这一日是公元1126年农历正月初一。

正月初一,完颜宗望所部安然渡过黄河,距离汴京,只有两天的路程。宋钦宗不得不启用主张抗金的李纲。

李纲走马上任,立即着手部署汴京城的防务。

正月初七,完颜宗望的先头部队直逼汴京,攻占了牟驼冈。宋朝的养马场就在牟驼冈,两万匹战马为金所有。

钦宗大骇,背着李纲,遣知枢密院事李棁、防御使①高世则出使金营,乞求议和。

完颜宗望态度大变,居然答应了。挨到更深夜静,遣将偷袭宣泽门,幸亏李纲有备,双方激战半夜,金军留下一百多具死尸,撤兵回营。

完颜宗望不甘失败,第二天午时,号令三军,对汴京城的通天门、景阳门发起了猛烈进攻。

李纲见金军攻城,飞马而至。哪里攻得紧,他就在哪里出现,或用床子弩②,或用神臂弓③,或用滚木礌石,打得金军人仰马翻。李纲指着城下金军,对左右说道:"什么'契丹(女真)不满万,满万天下无敌',今日看来,也不过如此而已。弟兄们,咱们屡受金军欺负,敢不敢下去和他们真刀真枪干一仗?"

一红面长须将军应声而出,率所部两千宋兵缒城而下,扑向金军。

完颜宗望站在高处,遥望宋兵,笑对左右说道:"他们活得不耐烦了吧!"

左右皆曰:"是活得不耐烦了。"

完颜宗望道:"走,到前边看看,顺便抓几个宋人做下酒菜。"一边说一边打马朝前走去。

走着走着,他脸色变了,变得苍白苍白。这支宋兵像一阵风,刮到哪里,哪里就倒下一片金兵的尸体。

偷袭不成,硬战也不成,完颜宗望这才意识到,宋军并不是他想象的那样,都是一群浓鼻涕。

---

① 防御使:唐宋武阶官名,官阶高于团练使而低于观察使。宋代,为武官迁转之阶,无实职,无定员。
② 床子弩:即"三弓床弩",又称"八牛弩",箭矢以坚硬的木头为箭竿,以铁片为翎。发射的时候蔚为壮观,箭支犹如标枪,近距离发射可以直接钉入城墙里面,攻城士兵可以借此攀援而上。
③ 神臂弓:又称臂弩,弓身长三尺三,弦长二尺五,射程达240多步。

怎么办？下一步怎么办？

他突然想起金太宗的一句话——以和佐战。这是他出发前,金太宗当面给他说的,他没有放在心上。看来,太宗还是高了我完颜宗望一筹!

他回营后,将李梲、高世则召到帐中,板着脸说道:"本帅想了一天一夜,同意与你们议和。"

二宋使又惊又喜,"扑通"一声给完颜宗望跪了下去:"谢二殿下,二殿下如此待我,乃我大宋子民之福也。"

完颜宗望一脸鄙夷地说道:"你们先别谢,议和是有条件的,你们依了本帅的条件,方可议和。"

二宋使迫不及待地问:"什么条件?"

完颜宗望一脸蛮横地说道:"你们也别问什么条件,问了你们也做不了主。"

他从案下摸出一个本本,抖了抖道:"这是《约书》,本帅已经拟好了,你们二位只须交给你们皇上。想和,就在上边签字,不想和就战!"

二宋使接过《约书》,如遇大赦,一溜烟跑回垂拱殿,将《约书》呈给宋钦宗。

宋钦宗将《约书》仔细看了一遍,拿不定主意,便将三位宰执召来商议。

哪三位?尚书左丞(左相)李邦彦、尚书右丞(右相)张邦昌、知枢密院事李梲。

李纲的官职是右丞兼防御使,位列宰执①,这么重要的会议,居然不让参加。李纲怒闯垂拱殿,质问钦宗,钦宗不得不把《约书》送李纲过目。

李纲只这么瞧了一眼,便两眼冒火。你道那《约书》的内容是什么?

一、宋输金:金五百万两、银五千万两、牛马驴骡各一万头、锦缎一万匹,作为犒赏费。

二、宋割让中山、太原、河涧三镇与金。

三、宋帝当以伯父礼事金帝。

四、宋须以宰相及亲王各一人入金为质。

李纲把《约书》"啪"的往御案上一拍吼道:"欺人太甚,当年,辽人那么牛,也只是要我银十万两、绢二十万匹,两国皇帝,则以兄弟相称。他金人,居然要这么多金银牛马,还要我割地,还要我宰相和亲王去做人质,还要陛下……这《约书》不能签,坚决不能签!"

---

① 宰执:又称宰执官,乃宰相与执政官的合称。宋元丰改制后,以左右仆射兼门下、中书侍郎为宰相,尚书左右丞与枢密院长官、副长官为执政。

五　康王使金

赵构"啊"了一声,一脸恐惧之色:"诚如此,乃何?"

姚平仲又惊又怕,一昼一夜驰行七百五十里,胡乱吃了几口饭,继续狂奔。

完颜宗望二目圆睁,直视赵构,冷不丁叫道:"康王!"

畏敌如虎的宋钦宗,不顾李纲的反对,在《约书》上签下了自己的大名。

根据《约书》的内容,得派一个亲王和宰执去金营做人质。

这事——在宋钦宗看来,应当没有问题。

谁知,四个宰执,除了李纲,都不愿意去。李纲呢,钦宗怕他去金营惹祸,坚决不让他去。

四个宰执,排除了一个,还剩三个人。就这仨人而言,宋钦宗最不待见的是张邦昌。

"就是他了!"

张邦昌,永静军①东光人。进士出身,权臣王黼的党羽。王黼当年曾反对立钦宗为太子,钦宗怀恨在心。故而,他当上皇帝所做的第一件事,就是默许王黼的宿敌——知开封府的聂山正杀了王黼。

张邦昌见钦宗指名要他去做人质,吓得哭了起来。

哭也不行,朕是皇帝,叫你去你就得去!

宰执的人选定下来后,就该决定亲王了。

宋朝对封王很慎重,特别是亲王,控制得很严,只有皇子才能封亲王,而这些亲王还不能世袭。健在的亲王共十六位,内中两位是钦宗的叔叔,其余都是钦宗的弟弟。

---

① 军:行政区,初置于唐。在唐代是一种军区,只管兵戎。五代以后,逐渐与行政区没有多大差别。至宋,则成为军、政、民合一的行政区域。军的地位比县略高一些,但低于州。

有众多的弟弟在,若让两位叔叔去做人质,明显不合适。两位叔叔给排除了。

余之十四人,最有可能人选的是郓王赵楷。不是最有可能,是一定,大臣们都这么认为。

在徽宗的儿子中,钦宗最长;兖王赵柽次之,但已经死了;老三便是赵楷,被封为郓王。

赵楷不只英俊,且有才,改名易姓参加科举考试,居然考了个礼部试第一,若非宋徽宗怕引起非议,当年的状元便是他了。他不只有才,还深受宋徽宗宠爱,又曾有过夺储(君)之念,一些大臣也暗中支持。

其实,钦宗心中的人选并非赵楷,而是赵构。

何也?宋钦宗虽然忌恨赵楷,那是他未帝之前。如今,他不怕了。赵楷虽然有才,但没什么城府,玩心也太重,偶尔还会去会一会妓女,这样的人成不了大事。再者,宠他的徽宗,已经不是皇帝了。

真正让钦宗提防的是赵构。他不只文武双全,还是一个太阳。天不能有二日!

钦宗心里的小九九,连宰执们都没看出来,吴近看出来了。他找到赵构,直言不讳地说道:"康王,去金营做人质,非您莫属!"

康王道:"健在的亲王有十六人之多,我既不居长,也不居末,为什么是我?"

"去金营做人质,是个很危险的差事,弄不好性命难保。您说是不是?"

康王将头轻轻点了一点。

吴岳丈不慌不忙地批讲道:"这十六个亲王,死了一个,无法 做人质。余之十五个,有两个是您叔叔,皇上不好意思让他叔叔去冒这个险。"

康王将头又轻轻点了一点。

"能做人质的,还有十三个。这十三个,大都胸无大志,对皇上的帝位构不成威胁。而您,生有异兆,又文武双全。如果让您去做人质,发生了意外,正合皇上心意。"

康王"啊"了一声,一脸恐惧之色:"诚如此,奈何?"

"'该挨打就得脱裤子。'皇上想让您去,您不能不去,既然去,缩头是一刀,伸头也是一刀,何如来个主动请缨,一来可以讨皇上欢心,二来也可捞一些日后出人头地的本钱!"

康王一脸犹豫道:"金国乃蛮夷之邦,去金营就是去虎狼之窝。"

"您不必担心。"

"为甚?"

吴岳丈问:"浙人陈彦,您知道不?"

"他是不是一个相士?"

吴岳丈道:"是。"

"知道。听说,这个人可神了。父皇未曾为帝时,曾找他推过八字,他断定父皇要君临天下。结果呢?应验了。"

吴岳丈道:"昨天,我拿着您的生辰八字去找陈彦,他推算了一番后说道,'这个人贵不可言。'我说,请您再推一推他的流年①。他又推了一会,回我,'时运尚可。'我又问,'有无凶险之事。'他回我,'有惊无险'。"

"好,既然无险,我就来一个主动请缨。"

为入质金营的事,宋钦宗正要找赵构,他自己送上门来,忙赐之以座。

赵构开门见山道:"官家哥哥,臣弟听说,金军要咱遣一个亲王和宰相去做人质?"

宋钦宗点了点头。

"臣弟不才,愿意去做人质。"

宋钦宗又惊又喜:"真的吗?"

赵构亢声说道:"臣不敢欺君。"

宋钦宗又道:"这可是个苦差事,说不定还要受许多委屈呢。"

赵构道:"为了大宋社稷,为了官家哥哥,莫说受点委屈,就是砍臣弟脑袋,臣弟也不会把眼皮眨一下!"

钦宗大为感动,扬声说道:"好,好样的,你真是朕的好兄弟!御宴伺候。"

宴后,赵构与张邦昌一道,开城渡濠,前往金营,把《约书》双手呈给金人。

与金军签一个丧权辱国的《约书》容易,但要把《约书》中的内容一一兑现,那就难了。

《约书》第四条,已经兑现了。

《约书》第三条:"宋帝当以伯父礼事金。"这一条,也不是个事。关键是第一条和第二条。

第二条——割地:"割让中山、太原、河涧三镇与金。"这一条落实起来相当困难。这不单因为朝野反对声"汹汹",更重要的是,坚守太原的张孝纯和王禀不愿意交割,且以武力拒之。

---

① 流年:旧时算命看相的人称人一年的运气。

第一条——犒赏费："输金(国)金五百万两、银五千万两、牛马驴骡各一万头、锦缎一万匹。"这一条落实起来也不容易。

金人很"体谅"宋廷的难处：三镇暂时不能割让，你就把三镇的地图给我送来吧。作为犒赏费的钱物，你能送多少就送多少，什么时候送齐，我什么时候撤军。但是，有一点得说明，十万大军聚集汴京城外，时间久了会憋出病来，他们得轮番到州县散散心，抑或是捉几个活鸭活鸡吃吃，也可以找几个女人玩玩。

宋钦宗明知金人这样做不对，因为自己不能践约，也不敢吱声，只有加紧搜刮钱物。他不只搜刮官府，也搜刮汴京城居民，甚而连妓女也不放过。搜刮了一个多月，尚不及犒赏费的三分之一。

宋钦宗这边，正在想方设法为金人敛钱，各地勤王的大军陆续来到汴京。率先到达的是一个名不见经传的小人物——马忠，他自京西路①募兵两万，直趋汴京，见金军在顺天门外游掠，麾众而上，把金军打得七零八落。

第二个到达的是种师道，他是北宋末年名将，又是种家军的掌门人。《水浒传》中花和尚鲁智深常挂在嘴边的那个"老种经略相公"，就是他。

第三个到达的是姚平仲。姚平仲，字希晏，出身将门世家。北宋，一共有四大将门，依次是折家将、种家将、姚家将和杨家将。

继姚平仲之后，又有三十几支勤王的部队来到汴京。

但汴京出现一个怪象：汴京城所有的大门洞开着，一方面，大宋的勤王部队源源不断地来到，城里住不下，便驻扎城外。另一方面，成群结队的宋人，带着数不清的金银珠宝、米面酒肉走进金营。

不解。莫说宋人不解，金人亦不解。

当种师道的部队开进汴京城的时候，金军很惊慌，忙朝牟驼冈撤退，整理器械，修筑工事，等候宋军的进攻。等了十几天，宋人那里没有动静，胆子又大起来，不但四处抢劫，还到处挖墓，且放出风来，要挖宋陵。宋钦宗再混蛋，也不能让金人挖他的祖坟，于是，召李纲、种师道、姚平仲、李邦彦等商议对策。

姚平仲年轻气盛，坚决主张给金人一点颜色瞧瞧。

怎么给？劫他的营。这营若是一劫，等于向金军宣战。

尔后呢？宋钦宗只图一时痛快，就没有去想，便贸然同意了姚平仲的主张。

---

① 路：北宋的路是一个行政区单位，属于直辖于朝廷的一级监察区，相当于现在的省。

宋靖康元年(1126年)二月一日夜三更,姚平仲率领所部扑向牟驼冈。但他做梦也没想到,劫营的消息内奸早已密告了完颜宗望。

他偷鸡不成,反蚀了一把米——中了金人埋伏,全军覆没。他又惊又怕,昼夜驰行七百五十里,逃到邓州,胡乱吃了几口饭,继续狂奔……

第二天,金使前来问罪,宋钦宗把责任推到姚平仲、李纲和种师道身上。于是根据金使的"建议",姚平仲遭通缉,李纲、种师道被罢官。

这事还没完。

金使说:"犒赏费你们送得太慢了,要加紧。"

宋钦宗忙道了个"是"字。

金使又道:"你们得换人质。"

宋钦宗瞅了瞅李邦彦,李邦彦心领神会,反问金使:"为什么要我朝换人质?"

"你们那个亲王是假的。"

李邦彦"嘿嘿"一笑道:"您可真会开玩笑。"

金使一脸严肃道:"本使说的是实话。"

李邦彦不敢再笑了:"您凭什么认定俺们的亲王是假的?"

金使道:"你们的亲王如果是真的,能拉得动一石五的硬弓吗?能不害怕我家元帅吗?"

李邦彦拱手说道:"您说这话,在下听不明白,请告之以详。"

当日早晨,完颜宗望升帐,传康王赵构和张邦昌进帐,怒目斥道:"汝朝不是东西,一边说要履行《约书》,一边又来劫营,若非我军有备,昨天夜里就完蛋了!汝说,本帅该不该惩治汝?"

张邦昌两腿一曲,跪了下去,一边磕头,一边痛哭流涕地求饶。反观赵构,挺立不动,神色自若。

完颜宗望圆睁二目,直视赵构,赵构迎目而上,二人对视有时,完颜宗望冷不丁叫道:"康王!"

赵构高声应道:"本王在。"

完颜宗望暗自思道:"从他答应如此利索来看,此人应当是赵构。但是,宋人历来胆小,特别是皇室,一个个养尊处优,胆子比兔子还小。而他,面对我这个黑煞神般的人,如此泰然,不可能是个亲王。是与不是,待我再试他一试。"

"赵构,你会武功吗?"

赵构回道:"会。"

完颜宗望又问:"能开几石弓?"

"一石五斗。"

完颜宗望命令左右:"取弓来,取我的弓来。"金军中,完颜宗望善射是出了名的,他的弓正好也是一石五斗。

赵构从完颜宗望亲兵手中接过弓,赞道:"这弓不错!"

完颜宗望道:"你拉满我看。"

赵构也不见怎么用劲,便将弓拉满了。

"能射飞禽乎?"完颜宗望问。

"能。"

完颜宗望命令亲兵:"取两支箭来,一支给康王,一支给我。"

那亲兵从随身箭袋里取了两支箭,一支呈给完颜宗望,一支递给赵构。

完颜宗望将手中箭朝头顶一举道:"赵构,射我的箭头。"

赵构搭上箭扯满弓,只听"嗖"的一声,那箭飞向完颜宗望箭头,不但射中了,力道也挺猛。完颜宗望暗道:"这箭之准、这力道之大,没有一番苦练达不到。宋呢,自立国以来,就崇文抑武,莫说龙子龙孙,就是士大夫人家的子弟,也不屑于练武。这个亲王,一定是将门之子冒充的!"

听金使讲了赵构在金营的表现以及完颜宗望的分析,李邦彦哈哈大笑说道:"贵使大人,你们元帅分析的不对,这个赵构,是大宋真真正正的龙子,真真正正的亲王!"

金使道:"那赵构就是一个真亲王,可俺们元帅不信。不信你们就得换人。"

李邦彦移目钦宗,钦宗微微一笑道:"既然你们元帅认假不认真,那就换吧。"

"换谁呢?"李邦彦问。

金使想了一想道:"郓王。"

"他和太上皇一道去了江南。"

金使道:"那……你们那么多亲王,我也不知道名字,换谁都可以。"

李邦彦移目钦宗,钦宗道:"那就叫肃王去吧。"

上午送走了金使,下午便有学生"闹事"。这些学生还不是一般的学生,是太学生,是毕业了就可以直接当官的太学生。数百名太学生在陈东的带领下,直奔宣德门,汴京兵民踊跃相随,众达一万余,军民杂集,喧声震天。他们的目的很明确——让李纲和种师道复官。

宋钦宗不答应,请愿的越来越多,一些禁军也加入了请愿的行列,众达十余万,李邦彦奉召进宫,被请愿者发现,打得头破血流。内侍高品①朱拱之奉命前来宣旨,被活活打死。

宋钦宗害怕激起民变,这才复了李纲和种师道的官。

消息传到金人那里,遣使前来问罪。

完颜宗望听金使讲了李纲、种师道复官的原因,叹道:"宋廷可欺,宋人不可欺。咱这一次捞的东西已经不少,该撤了!"

第二天,完颜宗望带着宋廷贡献的金银绢帛、牛马驴骡、割让太原等三镇的地图、人质(萧王赵枢),并所掳之两万多年轻妇女北归。

---

① 内侍高品:宋人内侍省及内侍省属官,位次于内侍殿头,在内侍高班上。神宗元丰改制,定位正九品。

六　赵构迷道

张邦昌一跃而起,质问耿南仲:"为什么遣我最好?"

赵构暗自思道:"宗泽已与金军结下梁子,此地不可久留。去哪儿呢?"

刘韐正要发火,岳飞拱手说道:"将军若不嫌我职卑,我愿出城讨贼。"

金军胜利了。

大宋也胜利了,胜利的标志,是保住了汴京,也保住了社稷。

既然胜利了,就得论功行赏。晋封李邦彦为太傅、加封节度使①,晋封张邦昌为少宰②、兼知枢密院事,授陈东永康军主簿③。太学生学制四年,陈东只上了三年,他知道朝廷这样做是想让他早日离开太学,故而,五次上书求辞。他在上书辞官的同时,又上书弹劾李邦彦,两千多太学士署名,朝中一些有识之士,诸如殿中侍御史④吕好问等,亦上书弹劾李邦彦,钦宗忍痛割爱,贬李邦彦知邓州去了。

吕好问乘胜追击,弹劾以蔡京为首的六贼。此举正合钦宗之意。

六贼之中,王黼已经死了,其余五贼,大都离开了汴京城。离开汴京城也不中,或明诛,或暗诛,全都见了阎王。

做了这几件事后,宋钦宗的形象,在国人中高大起来,颂声不绝于耳。他有些飘飘然了。什么金不金?什么儿皇帝?快乐一天是一天!他居然学起了他老爹,选秀女一百人,充实后宫,天天作乐。

金人可不是这样,特别是那个完颜宗望,自汴京满载而归后,越想越觉得宋廷软弱可欺,三次上书吴乞买,要来一个二次伐宋。

---

① 节度使:古代集地方军政大权于一身的一方大员,至北宋,解除了兵权,成为一种荣衔。
② 少宰:即右宰相,位在太宰(左宰相)之后。
③ 主簿:古代官名,各级主官属下掌管文书的佐吏。
④ 殿中侍御史:初置三国魏,宋为从八品,掌纠弹百官、朝会失仪事。

吴乞买终于被他说动,仍由斜也为元帅,完颜宗翰、完颜宗望为左右副元帅,并由副元帅各提一军,分东西两路,再次伐宋。

十一月二十九日,坚守了二百五十多天的太原城被完颜宗翰攻陷,张孝纯被俘,王禀战死。

完颜宗翰休兵七日后进军汴京。

几乎在完颜宗翰攻陷太原的同时,东路军完颜宗望攻陷真定府。

太原、真定失守,大宋北部再无屏障,金国东西两路大军气势汹汹地杀向汴京。

是迎战,还是求和?宋钦宗拿不定主意。拿不定主意就召集大臣廷议。

此时的李纲、种师道再一次被罢官,主战派备受打击,廷议的结果,以左丞、右谏议大夫①范宗尹为首的七十名官员主张求和,不惜一切代价地求和;以尚书右丞何㮚、左司谏②秦桧为首的三十五名官员反对议和。宋钦宗当场拍板,不惜一切代价向金人求和。

想求和就得遣人出使金营。遣谁好呢?

宋钦宗又来了一个廷议。耿南仲当场放了一炮:"遣康王和张相最好。"

张邦昌像被蝎子蜇了一般,一跃而起,质问耿南仲:"为什么遣我最好?况且,我已出使过金营,这样的差使,不能老叫一个人干!"

耿南仲笑驳道:"正因为您和康王出使过金营,还当过人质,认识金人的头头脑脑,彼此好说话。"

张邦昌破口骂道:"放屁!"

耿南仲怒目说道:"你的嘴放干净点。"

眼看二人就要吵起来,一个剑眉狮目、年约三十余岁的官员"霍"的站了起来,一脸不屑道:"你俩像个宰执吗?朝廷若不嫌我官卑人微,我愿意和康王分道出使金营。"

此举,引来数十束惊诧和赞赏的目光。

"李若水,真忠臣也!"宋钦宗脱口赞道。

李若水,何许人也?若水,字清卿,曲州(今河北省曲州县)人,宣和四年(1122年)进士,初授元城(今河北省大名县)县尉。未几,迁济南教授③。他曾多次上书,抨击时

---

① 右谏议大夫:谏官,掌议论,初置于秦。宋置谏院,谏院下设鼓院,以左、右谏议大夫为之长。
② 左司谏:北宋端拱元年(988年)改左、右补阙置左、右司谏,掌规谏讽谕,七品。
③ 教授:宋太宗至道元年(995年)正月置,相当于现在的大学老师。宋代的教授和汉唐时期的博士,是一脉传承的,都是儒家经典文化的讲授者。

政,条陈兴国治邦之策,引起钦宗注意,位继大统后,迁其为礼部尚书,李若水认为自己资浅,坚辞不就,改授太常博士。

赵构接到要他二次出使金营的圣谕,忙找吴岳丈商量。吴岳丈曰:"从您的流年来看,这一次出使金营,不会有多大危险。但是,您上一次使金,得以安全归来,是因为完颜宗望把您看成了假亲王。且是,他已经领教了您的武功,这一次去,他怎样待您,老夫心中无数。安全之见,您还是不去为好。"

赵构苦笑一声,说道:"我也不想去,但圣命难违。"

吴岳丈默想了一会道:"去也可以,但不可以真去,譬如迷道呀、犯病呀什么的,尔后,找一个地方躲起来。"

赵构频频颔首道:"您这两个法都不错。"

第二天,一大早,赵构和李若水各带随从二人,一东一西,分赴金军两个大营。赵构的目标是东路军完颜宗望,一出汴京城他便"迷道"了,跑到宗泽的辖区磁州(今河北省磁县)。宗泽问明了来意,断然说道:"金营您不能去。"

赵构明知故问:"为什么?"

宗泽道:"金狗意在夺取大宋江山,您去了就是把头磕破,他也不会放弃进攻汴京。萧王一去不返,您若去,只能是自投罗网。而且,老臣听说,您上次使金,不仅淡定从容,还露了一手硬功夫,金狗误把您当作将门之子,才放您归汴。事后,完颜宗望把肠子都悔青了,有鉴于此,您更不能去!"

赵构问:"本王若是不去金营,回去如何向皇上复命?"

宗泽道:"老臣说句该杀头的话,金狗的嘴脸,朝廷至今也没有看清。我朝将庸兵颓,武备不修,当政的又一味主和,汴京城迟早要为金人所破。依老臣之见,大王就留在磁州,招募义兵,广积粮草,寻机袭击金军,叫他不能专心南下。"

赵构装作想了一想,方才说道:"卿言之有理。"

宗泽大喜道:"如此说来,大王同意留下了?"

赵构将头轻轻点了一点。

宗泽命属下备酒备肉,款待康王。正喝着,谍人来报:"一千多金军游骑,在城外抢掠。"

宗泽忙放下筷子,率厢兵、义军三千多人,出城击敌,与金骑激战半个时辰,虽说把金骑赶走了,他这一方也死伤了五百余人。

第二天,金军步兵五千多人带着投石机和大炮来攻磁州城。宗泽指挥城中军民,坚守城池,金军攻了六次,没有攻下,加之天色已晚,撤军而去。赵构暗自忖道:"宗泽已与金军结下梁子,此地不可久留。金营不可去,汴京不能回,去哪儿呢?"

一晃,七天过去了。正在他为何去何从犯难的时候,相州知州汪伯彦遣使请他去相州。

赵构并不认识汪伯彦,少不得向宗泽问道:"此人,卿知之乎?"

宗泽回曰:"知之。"

赵构道:"他是一个什么样人?"

宗泽道:"我和他交往不多,他是一个什么样的人,我也拿不准,只能把他的经历给您说一说。"

汪伯彦,字廷俊,徽州祁门(今安徽省祁门县)人,崇宁二年(1103年)进士,初授成安(今河北省成安县)主簿,累迁至虞部郎中。靖康元年,上《河北边防十策》,颇合钦宗之意,迁直龙图阁、知相州。

赵构颔首道:"诚如卿之所言,汪伯彦这人还不错,本王就去他那里住几天吧。"

宗泽道了声"可",遣厢兵三十人,抄小道护送赵构。

赵构来到相州,刚刚坐定,一位壮士谒见。赵构见他英姿凛凛、相貌堂堂,不由得暗暗喝彩。"请问壮士,高名上姓,家居何方,所学者何,以何为业?"

那壮士见问,双手抱拳一拱,娓娓道来。

壮士者,岳飞也,表字鹏举,相州汤阴人氏。相传,岳飞生时,曾有大鸟飞鸣室上,因以为名。家世业农,父名和,母姚氏。飞有四兄,皆早夭。飞生未弥月,黄河决内黄,洪水暴至,家庐漂没,飞赖母抱坐大缸中,随水流去,达岸得生。及至成人,竟生就一种神力,能挽三石弓,开八石弩①。因慕陕西大侠铁臂膀周侗之名,拜师学艺。适刘韐宣抚两河(河北、河东),招募兵士,飞便偕好友张宪、王贵前往投效,初任"敢战士"。三个月后,迁行长②。

相州有两名巨盗,一名陶俊,一名贾进,拥盗徒八百余人,打家劫舍,攻剽县镇,官军

---

① 弩:也叫"窝弓""十字弓",古代用来射箭的一种兵器,主要由弩臂、弩弓、弓弦和弩机等部分组成,是古代一种大威力的远距离杀伤武器。

② 行长:宋军低级军官。宋军编制,五人为伍,设伍长一人;二伍为什,设什长一人;五什为行,设行长一人。

多次征讨,皆为其所败。他们打着打着,居然打到真定城下,刘韐召所统将佐及真定府捕盗官员,问曰:"孰可出城为我讨贼?"

连问三遍,无一人应声。

刘韐加重语气说道:"'养兵千日,用兵一时。'尔等怎么都不说话呀?"

依然无人应声,刘韐正要发火,岳飞站了起来,拱手说道:"将军若不嫌我职卑,我愿出城讨贼。"

刘韐转怒为喜道:"想不到你一个新兵,居然有这勇气,实在可嘉。请问,你须带多少人马前去?"

岳飞回曰:"百骑足矣。"

刘韐一脸惊讶地瞅着岳飞。

岳飞郑重说道:"大人不要惊讶,谚曰'兵不在多而在精,将不在勇而在谋',只要兵精,一百骑足矣!"

刘韐以赞赏的口气说道:"好,说得好!我给你一百骑,至于要谁,你可以在我的军中随便挑。"

岳飞在刘韐所部挑了五十名,加上自己所部的五十名,正好一百。刚一出城,岳飞便将什长王贵召到跟前,耳语一番。王贵飞马而去。

七　你是一个将才

一些强盗口里的肉还没来得及吞下,便去了阎王殿。

吉倩暗自讥笑道:"我才能挽两石的弓,他岳飞居然能挽三石,真敢吹。"

赵构脱口称赞岳飞:"你不只是一个人才,还是一个将才。"

王贵前行十余里,道旁闪出一挑伕打扮的汉子,双手抱拳道:"愚兄和弟兄们在此等候多时。"

王贵问:"东西都准备好了吗?"

挑伕回道:"准备好了。"

王贵又问:"二盗现在何处?"

挑伕回道:"正在洗劫姚村。"

"好,很好,宪弟(即张宪),咱姚村见。"王贵策马而去。不一刻儿,来到姚村,见了二盗首,一脸媚笑道:"二位爷,听说你们在姚村劫富,刘韐将军命我鹏举哥哥率部来剿。我鹏举哥哥知道不是您二位对手,不肯从命。刘韐将他臭骂一顿,威胁说,他若不将您二位剿平,军法从之。我鹏举哥哥想了又想,要活命,只有投靠您二位了,这才假意同意,带了百名弟兄出城,让我先行一步告知。"

二盗首在真定和相州一带横行了五年,从未吃过一次败仗,以为城里的官军早被吓破了胆。听了王贵的话,哈哈大笑道:"你的鹏举哥哥,倒也识相,爷成全他。"

王贵一脸欣喜道:"俺鹏举哥哥就知道二位爷会成全他,特备熟牛肉三百斤、美酒二百坛,一来作见面礼,二来犒劳诸位弟兄。那不,"他朝来的方向一指说道:"他们来了。"

二盗首举目一望,果见张宪等人,挑着担子,疾步而来。众盗洗劫姚村时,受到了村民的反抗,如今还空着肚子,见了酒肉,一个个馋涎欲滴。二盗首便命众盗打开酒坛,且一人分了一大块牛肉,让他们吃肉喝酒去了。

众盗正喝得高兴,岳飞率官军冲了过来,打了他们一个措手不及,一些强盗嘴里的肉还没来得及吞下,便见阎王去了。

岳飞大获全胜,杀包括陶俊、贾进在内的盗贼二百零五人,余之盗贼见势不妙,纷纷投降。刘韐上书朝廷,为岳飞请功,三个月没有消息。正欲再上,受奸人所谮,罢官归里,岳飞亦解甲归田。

赵构笑微微对岳飞说道:"你是一个人才,本王想让你做本王的亲兵,你可愿意?"

岳飞亢声回道:"愿意。"

岳飞跟随赵构十余天后,赵构笑问道:"听说相州还有一巨盗,唤作吉倩,你知不知晓?"

岳飞回曰:"知晓。"

赵构又道:"他的盗众从人数讲,虽然不及陶俊、贾进,但是,他的武功高强,大观年间(1107—1110年)参加武科试,位列第二,因有人告他品行不端而落榜,愤而为盗,这人可有点不大好对付。"

岳飞笑答道:"我这个人特别犟,他越是厉害,我就越想去会一会他。"

赵构问:"你会他,须带多少兵马?"

"我一人足矣。"

赵构吃了一惊:"你,你独个儿就能降伏吉倩?"

岳飞点了点头。

赵构道:"军中可是无戏言呀!"

岳飞道:"我知道。"

第二天,岳飞单枪匹马,驰入吉倩巢穴,劝其投降。

吉倩嘻嘻一笑,反问道:"你凭什么要我投降?"

岳飞正色回曰:"我知你是一个汉子,不想让你作盗。"

吉倩辩道:"我之为盗,乃朝廷所逼,要想让我归顺朝廷,须朝廷为我正名。"

岳飞问:"早年,你是不是奸淫过一有夫之妇?"

吉倩辩道:"不是奸淫。"

岳飞复问:"那是什么?"

吉倩道："那妇人是我表妹，俺俩不只青梅竹马，还暗定终身。只因俺那姑父嫌贫爱富，将他嫁了一富家子。那富家子吃喝嫖赌，还经常打骂她，她才约我私奔。不知为甚，被那富家子知道了，将我告到官府。我惧而南逃，变名易姓，前去参加科举，一路上斩关夺隘，考了个殿试第二。但最终榜眼没有当上，反落了一个淫人妻子的恶名。你说，朝廷该不该为爷正名？"

岳飞反问道："你先别说该不该为你正名，你只说一说，你有没有和你表妹私奔的念头？"

吉倩倒也老实，回道："有。"

岳飞道："既然有，还正什么名？"

吉倩勃然大怒，高声叫道："小子们，把这个姓岳的给爷拿下！"

众喽啰一拥而上，来拿岳飞。岳飞两手一分，推倒了两个，反腿一脚，又踢倒了一个。

吉倩朝众喽啰打了一个停止的手势，背负双手，踱到岳飞面前，将他上下打量一番道："想不到你还有两下子呢！"

岳飞"嘿嘿"一笑道："我若没有两下子，敢独闯你的山寨吗？"

吉倩道："你既然有两下子，不妨说一说你拿手活是什么？"

岳飞道："跑马、射箭、使枪、耍剑。"

吉倩道："那就请你表演一套枪法吧。"

岳飞握枪在手，又拦又扎。做完这些基本动作后，舞动起来，只见寒星点点，银光烁烁。在吉倩的示意下，一喽啰端了一盆清水，偷偷朝岳飞泼了过去。只听"哗"的一声，水星飞溅。吉倩高叫了一声停，察岳飞衣服，竟不见一珠水，心中暗暗吃惊，抱拳说道："将军的枪法，集罗（成）杨（令公）两家之长，放眼天下，很难找到对手了。我还想见识一下将军的箭术，将军以为如何？"

岳飞道："汝想考一考在下的箭术，在下不敢不从，但就怕汝这里没有趁手的硬弓。"

吉倩道："将军能开几石弓？"

"三石。"

吉倩暗自讥笑道："我参加武科举殿试第二名，也只能挽两石的弓，他居然能挽三石，真敢吹呀！好在是，我师父下山时，给我留的那张弓，正好是三石。"

他高声叫道："小子们，把震天弓①给爷拿来。"

---

① 震天弓：中国古代十大名弓之一。此弓为唐代薛仁贵所用，传说薛仁贵三箭定天山，用的就是这张弓。

七　你是一个将才

岳飞接过弓，虚拉了两下赞道："好弓！"

他扭头问吉倩："你想让我射什么？"

吉倩朝寨门上方那个展翅欲飞的木鹰一指说道："就射它吧。"

岳飞举目一瞧，那木鹰距他当在二百步左右，微微一笑道："好！"

他张弓搭箭，似乎也没怎么瞄，"嗖"的一箭，将鹰头射飞，把众喽啰看得目瞪口呆，稍顷，发出一阵惊呼之声。

吉倩倒身朝岳飞拜了三拜道："岳爷真神力也！就冲着您单枪来寨，又有这一身绝艺，在下愿意洗心革面，追随将军左右！"

岳飞双手将他搀起说道："你说错了，咱都应当忠于朝廷才对！"

吉倩喏喏。

岳飞在山寨用了午饭，偕吉倩来到相州，参拜赵构。赵构大喜，授岳飞为承信郎[①]、吉倩为武进校尉[②]。

某一次闲聊，赵构问岳飞："陶俊和贾进势大，吉倩势小，为什么你对势大的进行剿杀，而对势小的进行招安？"

岳飞回曰："陶俊、贾进作乱多年，其部多为惯盗，他们靠抢劫为生，对他们进行说服劝告，是行不通的。吉倩呢，毕竟读过圣贤之书，因落第而反，其部多为灾民、饥民，一旦宽容他们，给他们一条活路，他们就不会铤而走险了。"

赵构将头重重地点了点，又道："打陶俊，你用的是诈降之计，一举成功，这个方法不错嘛！可是，打吉倩，你却来一个单刀赴会，你知不知道，这样做是很危险的？"

岳飞回道："知道。"

"既然知道，你为什么还要这么做？"

岳飞道："诈降之计，只能用于敌人不备，抑或是高傲自大。陶俊、贾进本为草莽之人，无甚心计，且又屡败官军，对官军产生了轻蔑之心，我假意降他，他便不疑，故而能成功。吉倩就不是这样了，况且，好计也只能用一次。我听说他对关二爷非常敬仰，大寨里敬的就是关二爷，我单枪赴寨，学的就是关二爷，就凭这一招，他不能不对我产生好感，有了好感，下边的事就好办了。"

赵构脱口赞道："你不只是一个人才，还是一个将才，我回京之后，就向皇上荐你。"

[①] 承信郎：宋官名，为武臣第五十二阶。
[②] 武进校尉：宋官名，为武臣第五十三阶，无品。

岳飞双手抱拳道:"多谢王爷栽培!"

话刚落音,王贵闯了进来,大声叫道:"鹏举哥……"

见岳飞频频向他摆手,愣了一下,醒过神来,忙朝赵构跪下,拜了三拜说道:"康王,我鹏举哥令尊大人升天了。"

不待赵构开口,岳飞泪如走珠,双手抱拳道:"康王,自古以来,忠孝难两全。容末将回家葬了家严,再回来为朝廷效力。"

赵构叹道:"你所言是也。本王理应随你前去,祭奠令尊,但金狗横行,脱不开身,请代本王多多给令尊大人磕上几个响头。"

岳飞道了一声"谢谢",转身就走。

岳飞前脚出了赵构大帐,后脚又来一人。

这人踉跄奔来,遥见赵构,便呼道:"康王,不好了,快快募集河北兵士,保卫京师。"

赵构举目一瞧,认识此人,不及邀坐,便问道:"耿左丞,金狗已到京师了吗?"

耿左丞者,耿南仲也。他见赵构发问,惶声回道:"是的,金狗又到汴京城下了。"

赵构吃了一惊道:"真的吗?"

耿南仲一脸惶恐道:"真的!"

赵构长叹一声,良久,突然将脸一沉说道:"金军兵临汴京,你耿南仲身为当朝宰相,理应领导军民守城才是,却跑到这里,简直就是临阵脱逃。"

耿南仲"嘿嘿"一笑道:"康王爷误会臣了,臣是奉命而出。"

"奉何人之命?"

耿南仲回道:"当然是圣命了。"

赵构立马变了口气,和颜悦色道:"圣命要你做什么?"

"找您。"

赵构吃了一惊,暗自思道:"皇上找我干什么,是不是要追究我没有出使金营的责任?"

八　臣有四招

　　守卫黄河的折彦质，在"天时地利人和"俱占优势的情况下，竟被金人的一通战鼓吓跑了。

　　耿南仲假传圣旨，封赵构为河北兵马大元帅，赵构居然信了。

　　汴京城十二道城门，十一座遭到金军的火攻，危急关头，宋钦宗把秘密武器拿了出来。

李若水与康王赵构一块出城，分赴金之东西两个大营。但是，他的"运气"远不如康王。

他没有迷道，几经周折，来到西路军完颜宗翰的大帐，呈上国书。完颜宗翰正准备向黄河挺进，看了他的国书，不仅置之不理，反将他羁留营中。他几次闯营面见宗翰，皆为金兵所阻，这才意识到，金军不肯议和了。

既然金军不肯议和，我得赶紧逃回汴京，向朝廷报个信儿，也好让朝廷死了议和的心，一心一意备战金军。李若水暗自思忖。

但是，金军对他看管得很严，直到金军抵达黄河北岸，这才寻机逃出了金营。

守卫黄河的折彦质，是折家将的第七代名将，文武兼备。他不只占着地利，又占着人和，还是以逸待劳。且是，宋军的数量远超金军——十三比八，金军若强行渡河，等待他们的，只能是失败！

这结论是谁作的呢？是金军的谍人。事实上，金军不但过了黄河，还过得十分轻松。

这个折彦质！不只丢尽了宋人的脸，更丢尽了他祖宗的脸。他被一通战鼓吓跑了。

宋靖康元年闰十一月十四日，宗翰的西路军全部渡过黄河。与此同时，宗望的东路军也再次顺利渡过了黄河。

警达汴京,近城居民肝胆摧烈,流离迁徙,不绝于路。一些天生坏种、士兵和保丁,趁机作乱,烧毁房屋,抢劫财物。

城中那个最大的混蛋——宋钦宗,一边关闭城门,一边筹集十万两银子,以耿南仲和聂昌为使,前去和完颜宗翰交涉,且许诺说,十天之内,交割太原、中山、河涧三镇,并兑现前次所许之金银帛绢和牛马驴骡。

二人出了汴京城,快马加鞭,驰向完颜宗翰大营。完颜宗翰收下他们的礼物,命他俩分别去中山、河涧,传达宋皇帝割地的谕旨。

他二人欣然而往,且一人带了一个负责割地的金官。耿南仲前往中山,聂昌则去了河涧。

聂昌行至绛州(今山西省新绛县),被绛州钤辖①赵子清抉目脔割了。

耿南仲行至卫州(今河南省卫辉市),险些被兵民所杀,一溜烟地跑到相州,投奔赵构。

将至相州,他突然多了一个心眼:此时,我是一条丧家犬,两个肩膀抬个嘴去见康王,岂不要叫他小瞧!小瞧倒还事小,他若是要我回汴京复旨,我是回也不回?我不能空着两手去见他,我得给他送上一个礼。

送礼这事有讲究,不是多了就好,是喜欢不喜欢,需要不需要。

眼下康王最需要的东西是什么?是官帽。是一个能让他名正言顺地指挥相州,甚而整个河北军民的官帽。

可惜,我手中没有这一顶帽子。

是不是可以造一顶呢?若造这样一顶帽子,是要承担一定风险的。为了讨好康王,我冒着罢官和流放的危险去造官帽,值不值?

正当他犹豫不决的时候,有消息说,金军已经兵临汴京城下了。而且,这一次来的不只完颜宗望,还有完颜宗翰。

前一次,一个完颜宗望就把朝廷吓得屁滚尿流。这一次,怕是要举城而降呢!宋朝廷若是降了金军,谁还来追究我假造官帽的责任?若是因为我假造官帽成就一个新皇帝,那功劳不亚于开国元勋。

他越想越高兴,拔腿向相州奔去,以朝廷名义,将一顶硕大的官帽——河北兵马大元帅送给了赵构,命他进京勤王。

---

① 钤辖:宋代军职名,以职权、官职、驻地的不同,区分为多类,诸如兵马都钤辖、兵马钤辖、兵马副钤辖。

官帽赵构欣然接受,但勤王之事,他却借口募集兵马粮草,迟迟不肯动身。

耿南仲也不想让他动身。

他若真的进京勤王,耿南仲假传圣旨之事,岂不要露馅!

金人见割地不成,加大了对汴京城的进攻力度。

钦宗将汴京城的卫士及弓箭手分作五军,每军一万四千人,登陴守御。

仅凭七万人要守住一个偌大的汴京城,连钦宗自己都没有信心。

有人有信心。

这个人叫孙傅,刚刚由兵部尚书迁知枢密院事。他向钦宗荐了一个叫郭京的"奇人"。奇人自己说,他能施六甲法退敌。钦宗遂宣郭京入朝。京叩见毕,大言道:"陛下如果信臣,臣只用七千七百七十七人,便可生擒敌帅。"

钦宗大喜道:"若能如此,朕尚何忧?"当即,授郭京成忠郎①,赐金帛数万,令他自行招募兵士。郭京不问技艺能否,但择年命,配合六甲,即可充选。

有熟知郭京的官员觐见钦宗,直言曰:"郭京乃江湖术士,不可委以大任。"

钦宗将信将疑,但又不肯收回诏命,只是又发一诏,督促各地官员军民,赴京勤王。

发过之后,总觉着少点什么。少点什么呢?

听说九弟赵构在相州招募了数万义军,应当授他一个官职。

授什么呢?授河北兵马大元帅。

不只九弟,汪伯彦、宗泽也得授。

授什么呢?

授副元帅。

想到此,又颁一授官的诏书,遣内侍霍小海前往相州宣旨,并督促赵构进京勤王。

赵构接诏后,方才知道,他的河北兵马大元帅乃耿南仲所"封",五味杂陈,想了许久,召耿南仲进帐。

耿南仲见了赵构,打躬作揖,连道几声:"臣死罪,死罪!"

赵构长叹一声道:"本王知道你是一番好意,不必自责了。"

耿南仲道:"多谢康王。"

赵构道:"本王这河北兵马大元帅的帅旗,已经挂出来一个多月了,若是把朝廷授

---

① 成忠郎:宋阶官名,徽宗政和(1111—1117年)年间,定武臣官阶为五十三阶,成中郎为四十九阶。

官的诏书公布于众,岂不惹人耻笑?"

耿南仲重重地颔首。

赵构又道:"本王有一个想法,你看可不可行?"

耿南仲道:"请康王明示。"

赵构道:"依本王之意,朝廷授本王为河北兵马大元帅之事要保密。"

耿南仲又来一个重重地颔首。

"为了保密,是不是得封一下霍小海的口?"

耿南仲道:"是得封他的口。"

赵构问:"怎么封?"

耿南仲道:"臣有四招。"

"哪四招,说来听听。"

耿南仲道:"第一招,多给他钱,用钱封。"

赵构点了点头:"请说第二招。"

"封官许愿。"

赵构又点了点头:"请说第三招。"

"威胁。"

赵构复点了点头:"请说第四招。"

耿南仲做了一个砍头的动作。

赵构道:"这四招都不错,但前三招容易留下后患。第四招呢,毒了一些。你是本王信得过的人,本王把封口的事托付给你,至于用哪一招封他的口,你自己斟酌着办。"

耿南仲忙道:"请康王放心,臣一定把这件事办好。"遂用一杯毒酒把霍小海送上了西天。

自金军二次兵临城下,钦宗度日如年,各地勤王之师,倒是陆续来了一些,但人数都不多,过万的只有一支。钦宗不由得唉声叹气。

忽有内侍来奏,南道总管张叔夜[①]率兵勤王,令长子伯奋将前军,次子仲雄将后军,自将中军,共三万余人,已转战至南薰门外。

钦宗大喜,召张叔夜人对,叔夜请驾幸襄阳。钦宗摇头说道:"朕已说过,要死守社

[①] 张叔夜:字嵇仲,以荫为官,刚正不阿,在任海州知州期间,招抚了以宋江为首的梁山好汉。

稷,避敌的事,休要再提。卿可统军入城掌枢密院。"

张叔夜走马上任。

金军在围城期间,依然玩着和战两手,两次遣使入城,诳钦宗曰:"若钦宗亲自出城与盟,即可退兵。"

钦宗回曰:"你我乃交战国,皇帝岂能轻出,能不能换一个亲王?"

金使还报完颜宗翰,完颜宗翰摇头否之。

数日后,金又提出,钦宗不便出城与盟,可将太上皇、皇太子谌及两个叔叔燕王赵俣、越王赵偲送来做人质,允其求和。

钦宗道:"朕为人子,岂可以父为质!"

完颜宗翰回曰:"若不让赵佶做人质,诸事免谈!"

谈判失败,金军攻城的战斗愈演愈烈。汴京城一共有十二座城门,十一座遭到金军的火攻,而宋廷也派出军队,火烧了金军的围栏。此外,双方在战斗中还大量使用石炮。甚而,连火枪、飞火炮、震天炮、火箭①都用上了。

宋靖康元年(1126年)闰十一月二十五日,天降大雪,愈发寒冷,护城河结冰近尺,完颜宗望大喜道:"天助我也,如此大雪,犹如增我二十万精兵。"他指挥金军,踏冰过河(护城河),猛攻汴京城。

在这关键时刻,宋廷将秘密武器拿了出来。这个秘密武器,就是郭京。

在此之前,何㮚屡屡敦促郭京出师,京每对曰:"非至危急,我兵不出。"

今日,护城河结冰,金军无了渡河的障碍,可以直接攻城,汴京城到了生死关头,郭京无词可推,但有一个条件,六甲神兵出师,不得窥视。

何㮚道:"我可不可以看?"

郭京犹豫了一下道:"相爷可以看。"

说毕,率门徒六人,登上宣化门城楼,何㮚紧随其后。

---

① 火箭:这个词在三国时期就已出现。诸葛亮进攻陈仓(在今陕西省宝鸡市东),魏国守将郝昭就用火箭烧毁了蜀军攻城的云梯。不过,那时的火箭只是在箭头后部绑附浸满油脂的麻布等易燃物,点燃后用弓弩射至敌方。到了宋代,由于火药的发明,把火药运用到箭上,称之为大药箭(简称"火箭"),它用纸糊成筒,把火药装在筒里压实,绑在箭杆上,用弓箭发射出去。后来在原始火箭基础上做了改进,将火箭直接装入杆中间,爆时响声很大,借此恐吓敌人。

九　靖康耻（上）

汴京百姓纷纷拿起武器，与金军展开巷战。

不甘受辱的汴京女子，或投井、或悬梁、或饮鸩，死了数千人。

金人索要陪睡的美女太多，钦宗无法满足，便让嫔妃宫女充数。

郭京命门徒将所携之十二面绘着天王图的旗子，分插在门楼两侧。他默念了一番咒语，命人打开宣化门，让六甲神兵出攻金军。

金军见了这支服装奇异、怪模怪样的"神兵"，惊骇了一阵，试探着进行反击。

这一反击，"六甲神兵"的蹄爪露了出来，一触即溃。

郭京故作镇静，淡淡地对何㮚说道："看来，还得我亲自下去作法。"

何㮚不但不疑，反拱手说道："成败就在大师此举！"

郭京道："请相爷放心，本仙这一出，管叫金军死无葬身之地。"

他走下城楼，一出宣化门，便一溜烟地逃去了，把何㮚气得跺脚大骂："骗子，无耻的骗子！"直到有人提醒他，金军已向宣化门涌来，得赶紧关闭城门。他这才停骂，命守城的大兵关闭宣化门。

门倒是关住了，却挤进来数十个金兵。何㮚欲逃，遥见张叔夜巡城，大声喊道："张枢密救我！"

张叔夜听到何㮚呼救，带着数十个将士，飞马而来，将金军全部杀死。

宣化门外的金军，为救门内的金军，架起云梯，强行登城。围城的其他金军，也从不同的地方，开始攻城。统制姚友仲、何庆言、陈克礼，中书舍人[①]高振，皆战死。守御史刘延庆夺门出奔，为追骑所杀。张叔夜父子力战受创，也只好退回内城。

---

①　中书舍人：中书省（监）官，初置于三国魏，掌诏诰、侍从制敕、宣旨劳问、授纳诉讼、敷奏、文表、分判省事。

金军攻陷外城后,烧杀、奸淫、抢劫,无恶不作,不甘受辱的汴京女子,或投井、或悬梁、或饮鸩,死了数千人。城中百姓,本就不甘做亡国奴,见了金军暴行,纷纷拿起武器,与金军展开巷战。

完颜宗翰有些怕了,他暗自忖道:我东西两路大军,加起来也不过十几万人,但真正的金人(女真人),只有三万多,而城中的百姓上百万,如果他们都投入战斗,我军将难以应对,倒不如允宋廷求和。

钦宗得知金人愿意和谈,忙遣何栗前往金营。

完颜宗翰对何栗异常客气,曰:"自古有南就有北,不可有北无南,我大金想要的只是土地,而不是灭宋。"

何栗拱手说道:"多谢元帅,存我社稷,臣这就回去上奏皇上。"

完颜宗翰道:"莫急,本帅还有话要说。"

何栗忙立定了脚,洗耳恭听。

完颜宗翰道:"你朝的地,我也不多要,只要黄河以北。"

何栗道:"我明白了。"

完颜宗翰又道:"鉴于你朝言而无信,这一次得让你们的太上皇亲自来谈。"

何栗拱手说道:"我明白了。"掉头出了金营,回到内城,将金人的要求上奏钦宗。

钦宗长叹一声,说道:"太上皇听说金军破我外城,惊忧成疾,连走路都很困难,怎么能让他去呢?"

何栗也是一声长叹:"若不让太上皇去作人质,金人恐怕不会同意和谈。"

钦宗道:"朕去,朕亲自去谈。"

"这……这不太合适吧?"何栗迟迟疑疑说道。

钦宗叹道:"为了社稷,也只能如此了。"

闰十一月三十日,钦宗亲赴完颜宗翰大营,陪同的还有他的两位叔叔——燕王和越王,以及何栗、孙傅、折彦质等一班大臣。

完颜宗翰、完颜宗望听说钦宗到了,避而不见。

他俩越不见,钦宗越急,遣何栗一再哀求,金人方放出话来,要他呈交正式降表,钦宗不敢不答应,命何栗写降表献上。金人看了降表,很不满意,要求修改。修改的内容有二,第一,不允许宋以皇帝相称。理由是,皇帝只有一个,那就是他们的大金皇帝吴乞买,"宋皇帝"只能称臣。第二,把"负罪"改为"失德",把"宇宙"改为"寰海"。钦宗答应照办,宗翰和宗望,方才传令入见。

钦宗趋进金军大营,只见两个金将,高居胡床①之上,一脸凶相,小声问何栗:"此何人也?"

何栗小声回道:"左边是完颜宗翰,右边是完颜宗望。"

钦宗点了点头,战战兢兢趋至宗翰、宗望面前,作一长揖,递上降表。

完颜宗翰冷声问道:"汝可是赵桓?"

钦宗毕恭毕敬地回道:"吾便是赵桓。"

完颜宗翰一脸怒容道:"我国本不愿兴兵,只因汝国君昏臣贪,百姓生不如死,故而代天向汝问罪!并拟另立贤君,主持中国。"

钦宗不敢吱声,随驾的何栗、孙傅、折彦质齐声抗议道:"贵国让我割地纳金,均可依从,惟易主一事,万万不可!"

完颜宗望狞笑道:"汝等既愿割地,快去将黄河以北之地割让与我。至于金帛,那就先送来金一万锭、银两千万锭、帛一千万匹。"

此语纯属讹诈钦宗君臣,你瞅瞅我,我瞅瞅你,没一人开口。

完颜宗望冷笑道:"不想答应?不想答应,那你们就在这里待着吧,什么时候答应,你们什么时候回去。"他朝完颜宗翰丢了一个眼色,二人离开大帐。

钦宗君臣被软禁起来,吃没吃,喝没喝,夜里连个铺盖也不给,冻得瑟瑟发抖。他们挺了两天,挺不下去了,全部接受了金人所提的议和条件。

钦宗自金营出来,悲愤交加,泪流满面。行至南薰门,见到迎候他的士民,掩面大哭;士民亦哭,门外门内,一片哀恸之声。回到宫中,钦宗便遣陈过庭、刘翰、欧阳珣等二十人为割地使,分赴黄河以北割地畀金。

押解割地使的金人刚走,又来一拨催要金帛的金人。

不说金,也不说帛,单就银子来讲,它是金军第一次攻打汴京时所索数额的十倍。金子呢,更多,五十倍。前次所要的赔款,宋廷还没有筹齐。这一次,若要筹齐金人所要之数,比登天还难。

难也要筹。

金人除了索要金帛之外,还要米要粮、牛马驴骡,还要美女陪睡。所要的美女,还不是一个两个,一张口便是五千人。仓促之间,找不到这么多美女,钦宗便让嫔妃、宫女抵数。嫔妃、宫女不甘受辱,自杀者一百余人。

---

① 胡床:古代一种可以折叠的轻便坐具,又称交床。

美女之数凑齐了,金银之数只凑了不到十分之一。钦宗不得不命何㮚前往金营,恳请金人降低数额,遭到金人拒绝,且威胁说,若是宋廷再筹不足所索金银之数,让钦宗自去大营回话。若不去,他们便要屠城。

钦宗既不想让金军屠城,又不想去金营,便颁旨一道,不管是王公贵族、富商大贾、僧道,还是"福田院"①里的鳏寡孤独,只要有金银,一律上交朝廷,朝廷则按现行价,折成铜钱,登记在册,待朝廷有钱了再还。若是隐匿不交,许人告发,所匿之金银一律没收,并将没收金银(折换成铜钱)之十分之一,奖励告发者。

此旨一颁,倒是又敛了不少金银,但是,与金人所索要的数额,相去甚远,正在过新年(靖康二年,即1127年),金人坐宫索要,索要不来便强逼钦宗去金营自行"面议"。

钦宗也不知哪根筋出了毛病,居然不顾众大臣反对,带着何㮚、李若水去了金营。为防不测,行前封皇太子赵谌为摄政②;封孙傅、王时雍为汴京留守,共辅太子监国。

宋钦宗一到金营,便被软禁起来,逼他手书一诏,送达内城,要宋廷的摄政和留守,想方设法筹集金人所索之金银,赎他回去。

为了赎回钦宗,孙傅把办法用尽,得金三十万两、银六百万两、锦缎一百万匹,遣提举官③梅执礼等五位大臣赍送金营。

完颜宗翰不喜反怒,大声斥责宋使:"十几天了,才送来这么一点东西,显见得是糊弄我呢!"

梅执礼辩曰:"我朝已将筹钱的法儿用尽,连皇上和太上皇宫中的金器也给弄来了,就筹这么多,怎能说糊弄您呢?"

完颜宗翰大怒道:"你还敢犟嘴,拉出去砍了!"

四宋使见梅执礼被杀,一个个噤若寒蝉。

完颜宗翰大声问道:"尔等是想学梅执礼呢,还是愿意回去筹集所欠金银?"

四宋使战战兢兢回道:"愿意回去筹集金银。"

完颜宗翰面带微笑道:"这就对了。"这是四宋使进营以来,看见他的唯一一次笑脸。

完颜宗翰和颜说道:"你们那个薛提举说,为筹钱,你朝把办法用尽,我说一个方

---

① 福田院:即养老院,专门收容老幼残废而无依无靠之人。与居养院(北宋)和济养院(南宋)、婴儿局(南宋)、慈幼局(南宋)、举子仓(南宋)、慈幼庄(南宋)等,均为福利机构。
② 摄政:代替君主处理国事。
③ 提举官:官名。宋代主管专门事务的官员,皆以"提举"命名。有"提举常平""提举学事"等。

法,你们肯定没用。"

四宋使竖直了耳朵。完颜宗翰开始为四宋使支招了。

他支的这个招,宋使做梦也不会想到。什么招呢?卖美女筹钱。他一本正经道:"你们汴京城的美女很多,单嫔妃宫女就有数千,你们可以拿出来卖嘛!"

他扫了一眼四宋使又道:"钱呢,一个嫔妃卖一千两银子,一个宫女卖二百两,还有公主,也可以卖一千两,皇室宗女卖五百两,至于那些王公贵族和七品以上官员的千金,抑或是年轻女人,每一个卖三百至五百两银子应该不成问题。这一卖,还了我大金的赔金后,还有剩余呢。"

他目扫四宋使,笑嘻嘻问道:"尔等说爷这个方怎样?"

他见四宋使不接他的话,依然笑嘻嘻地说道:"尔等是不是怕卖不出去?不要怕,若是实在卖不出去,就按爷刚才说的那个价,有多少爷收多少,用来抵爷的赔金。"

四宋使回到内城,把完颜宗翰的话,一字不漏地转述摄政,摄政当即召文武百官上殿廷议。

十　靖康耻(下)

按孙傅开列的条件,征得年轻女子五千三百四十二人,明码标价"出售"。

宗翰命兵士用铁挝击李若水唇,唇破血流,且溃且骂,直到颈被裂,舌被断,气绝方止。

百官及侍卫,奔随太子号哭。太子亦泣呼道:"尔等救我!"

事关钦宗的回留,众文武不敢多言,推辞道:"一切由摄政做主。"摄政还是一个九岁娃娃,懂个什么,一切由摄政做主,便是一切由孙傅做主。

孙傅目扫众人道:"金狗可恶,竟逼我朝卖女人还款。照理我朝不能同意。但是,若不这样,哪来的钱还金狗?还不了款,皇上就回不来,听说皇上在金营受了不少虐待,已经三天没有吃饭了,为了让皇上早点儿回来,咱们就从了吧。"他也不管有没有人附和,继续说道:"卖女人还款,说着容易,做着难,试想,谁愿意把自己的妻妾、女儿,或姐或妹,拿出来卖?我意,先不动宫中的人,也不动皇室的人和七品以上官员的家属,动谁呢?动娼优①,动女僧女道,动蔡京等六贼的九族以及皂隶佣仆家的女人。"

众人异口同声道:"好。"

三日后,按照孙傅开列的条件,"征"得各色年轻女子五千三百四十二人,根据她们的身份地位,明码标价"出售",但"售"了三天,未售出一个。

何也?汴人的金银,早已被朝廷搜刮一空,就是有,也是冒着生命危险所匿,谁愿意为了一个女人,拿出来呀?就是愿意拿出来,又害怕朝廷问一个隐匿不报之罪。

卖不出去,只有找金人收购了。这些女人被押到金营,金军将士根据自己的级别挑选相应数量的女子,多者可达三十人。

---

① 娼优:从事歌舞的艺人和妓女。

当然也有被退回的。这些被退回的女人,要么年纪大一些,要么相貌丑一些,要么有疾。

被退回宋廷的一共是三百二十七人。

退回的,宋廷必须再补。

这一折腾,又是几天。

宋靖康二年正月二十七日,宋廷将退回的女人补齐后,朝廷上下,出了一口长气。他们翘首以待,每天数万汴京城百姓,自发地跑到御街上等候钦宗。

钦宗对你们有什么好?你们的家被官府洗劫一空,你们的女儿姐妹也被朝廷出售,大米涨到三百钱一升,大街上有人公开出售人肉……可你们居然还要来迎昏君?

原因只有两个,第一,汴京的百姓太好了。第二,他们不想当亡国奴。一连等了四天,不见钦宗回銮。百姓们便纷纷打听:"怎么了?"

这一打听,犹如五雷轰顶。金人把钦宗废为庶民。哭。数十万百姓一齐哭了起来,哭声震天动地。

钦宗被废时,数十随驾之人,面面相觑,噤若寒蝉,唯李若水指着完颜宗翰和完颜宗望,高声骂道:"我大宋天子,乃上天所遣,尔狗不得废之!"

宗翰、宗望大怒,命兵士将李若水拽出。若水一边挣扎,一边大骂。

宗翰命兵士用铁挝①击李若水唇,唇破血流,且喷且骂,直到颈被裂,舌被断,气绝方止。

废了钦宗之后,金人突然想起了太上皇赵佶,这家伙若是复了皇位,对我朝十分不利,得把他弄到我营。

怎么弄?

派兵去抓,必将遭到宋人抵抗。

还是骗吧。

怎么骗?遣我金人去骗,赵佶恐怕不信。最好的办法,逼赵桓写一手诏。

那手诏怎么写?就说要赵佶换自己回去。

对,就这么办。

---

① 铁挝:是一种构造较复杂的兵器,乃净铁打造,若鹰爪样,与抓枪抓棒相似。长二丈四尺,无刃而有铁爪,有击抓之作用。

金人得了钦宗手诏,遣使来到内城。孙傅不知有诈,把钦宗的手诏呈给赵佶。

赵佶明知此去凶多吉少,与郑太后抱头大哭。

将行之时,张叔夜闯进龙德宫,跪下哭谏道:"皇上已被金人拘押,上皇万不可去。"

赵佶叹道:"我若不去,皇上不能回。为了大宋社稷,我只有冒险一行了!"

张叔夜道:"金狗志在灭宋,皇上既然被其所拘,岂能轻易放回?为社稷计,上皇不如突围出城,召集各地义军赴京勤王!上皇若不听臣言,这一去,必为金人所拘,悔之晚矣!"

经他这一劝,赵佶犹豫起来。

暗通金人的都巡检范琼,听说太上皇不想赴金营,率领数十个亲兵闯进宫来,大声催促道:"上皇,怎么还不启驾?"

张叔夜怒目斥道:"范琼,你居然敢这样对上皇说话?"

范琼放低了声音说道:"不是下官有意对上皇无礼,金使已经催了几遍。说是上皇再不启驾,他就回营交令去了。"

张叔夜道:"你告诉金狗,上皇不去金营了!"

范琼道:"这是你的主意,还是上皇的主意?"

张叔夜道:"我的主意。"

范琼道:"要上皇去金营,乃是皇上的旨意,你这样做犯了两个大罪。第一,抗旨。第二,要上皇不要皇上!二罪任择其一,便是灭族之罪,你愿意灭族吗?"

张叔夜无语,只有叹气而已。

范琼冷笑一声,吩咐众人:"还不搀上皇和太后上车!"

众人一拥而上,将赵佶和郑太后拽上了牛车。

赵佶一到金营,也被软禁起来。

新老皇帝都弄到了金营,完颜宗翰和完颜宗望仍不放心。

赵谌那个小兔崽子,也得把他弄来。

为弄赵谌,他们又逼钦宗写了一个手诏。

孙傅接到手诏,不肯送赵谌去金营。范琼再次赤膊上阵,命众人将赵谌拽上法驾。

孙傅哭着说道:"汝等既然定要太子去,臣亦去!"

范琼斥道:"皇上并没有叫你去,你去干什么?"

孙傅道:"吾为太子傅,亦当与太子共死生!"

范琼皱眉说道:"你执意要去,你就去吧。"

孙傅扭头对王时雍说道："朝中的事以后就仰仗你了！"说毕，朝王时雍深作一揖。

王时雍还了一揖道："请留守放心，弟一定尽职尽责。"

孙傅点了点头，掉头追赶太子。百官及侍卫奔随太子号哭，太子亦泣呼道："尔等救我！"

赵谌一进金营，也被看管起来，完颜宗望问完颜宗翰："您把赵佶祖孙三人都弄来，意欲何为？"

宗翰道："绝了宋人拥立赵氏为帝之念。"

宗望又问："不立赵氏为帝，难道咱们直接来管理宋人不成？"

宗翰回道："非也。"

略顿又道："宋人多达一亿一千六百多万，咱女真人才多少呢？十几万。宋已经立国一百六十七年，咱立国才几年？十二年。一个人口十几万、立国十几年的小国，去统治一个立国一百多年的泱泱大国，不是一件容易的事。所以，咱可以灭宋，但不可直接统治中原，更不可直接统治汉人。"

宗望问："您说了这么多，咱应何为？"

"找一个傀儡，代咱管几年，待咱有了治理大国的经验，再一脚把他踢开，由我们自己管理！"

宗望频频颔首说道："您这一招高，实在太高了！"他一边说一边朝宗翰竖起了大拇指。

宗翰"嘿嘿"一笑道："你既然也认为立一个傀儡好，你心中有没有人选？"

"张邦昌怎么样？"

宗翰问："你为什么要选张邦昌？"

"原因有三，其一，张邦昌做过宋的宰相，让他做皇帝能镇住宋人。其二，他对我大金非常友好。如何对我大金，也就是说是战是和，宋朝廷分为两派，张邦昌是坚定的主和派。其三，他胆子小，若立他为帝，他不敢不听我们。"

宗翰笑问："你怎么知道他胆子小？"

宗望回曰："天会四年（宋靖康元年），我进军汴京城，宋朝廷送康王赵构和张邦昌入我营为质，我责宋兵违约，吓得他浑身筛糠，伏地痛哭。"

"嗯，诚如你言，那就立张邦昌吧。但在立张邦昌之前，咱得为他扫清道路。"

宗望问："怎么扫清？"

"宋立国一百六十七年，历经七代九帝，前几代皇帝，都是出了名的明君，就连昏庸如赵佶者,也办了一些好事,惠及太学生和鳏寡孤独。所以,宋人对赵家心存感激。咱们即使把赵佶祖孙三人杀了,一旦有机会,他们还会立赵家的人做皇帝。所以,咱们还要抓人,凡宋皇室的人都要抓。"

十一　张叔夜殉国

张邦昌得知要他做皇帝，面无血色道："我不做皇帝，我死也不做皇帝！"

反对立张邦昌为帝的十八人——孙傅、张叔夜、秦桧、赵鼎等，当场被金人抓走了。

徽宗良久方道："我大宋不乏忠臣良将，只是怪我目昏，没有及时发现，发现了也没重用，才有亡国之祸。"

王时雍等一班卖国贼，收到完颜宗翰的密令，派人拿着《玉牒箓》，到处抓人。宋皇室的一些人得了消息，或逃或匿，抓了三天，才抓了两千多人。王时雍下令，来一个搜城，且满城张贴皇榜——不得隐藏皇室成员，如有隐藏者，赶快交出，匿而不交者，一经查出，杀匿者全家。

这样一来，又抓了皇室成员五百多人。加之以前所抓的那些，共三千三百余人，王时雍亲自押送金营，原本想着，完颜宗翰会把他夸上一番。但完颜宗翰不但没有夸他，反绷着脸斥道："抓了不到一半，还有六七千人，为啥不抓？"

王时雍满脸赔笑道："启奏元帅，《玉牒箓》所记的皇室成员将近万人，有五千多人在很多年前就已经定居外地。还有一千多人闻风逃出了汴京城。"说到此，打躬作揖道："臣失职，臣失职。臣愿接受元帅任何惩罚！"

完颜宗翰摆了摆手道："你不要自责了，你为大金做了不少事，我们都记着呢！"

王时雍有些受宠若惊，流泪说道："谢元帅！"

"你嘛，回去后要继续抓人，抓到几个是几个，一律押送我营。"

王时雍道了声遵命，试探着说道："臣是不是可以告退了？"

完颜宗翰道："别急，本帅还有一事，想听听你是怎么想的。"

王时雍满脸媚笑道："臣洗耳恭听。"

"赵桓,我已经把他废了。你们中原人有一句俗谚,叫做'家不可一日无主,国不可一日无君'。本帅想立张邦昌为帝,你觉着怎样?"

王时雍心中尽管有些失落,还是道了一声"好"。

完颜宗翰轻轻点了点头:"汝可以走了。"

王时雍再拜而去。

历史上,自有君王以来,为争君王的宝座,不只异姓之间,就是同姓、同宗,甚至兄弟父子之间,也是斗得死去活来。原只说,张邦昌得知要做皇帝的消息,一定会欣喜若狂,三呼大金万岁,然而他却像遭了雷击一般,面无血色道:"我不做皇帝,我死也不做皇帝!"

完颜宗望怪而问之:"为什么?"

张邦昌反问道:"元帅知道三国的曹孟德不?"

完颜宗望回道:"知道。"

"他是一个大英雄,文韬武略在三国的君主中,无人可及。但当孙权劝他当皇帝的时候,勃然大怒曰:'孙仲谋(孙权字)是想把我架在火上烤哩!'臣之德之才远不及曹操,岂敢做什么皇帝!"

完颜宗望黑虎着脸说道:"你不必自谦,这个皇帝非你不可!"

张邦昌"扑通"朝他一跪,哀求道:"完颜元帅,这个皇帝,臣真不能当!"

完颜宗望怒曰:"你敢抗命吗?"

张邦昌慌忙回道:"臣不敢。"

完颜宗望道:"我谅你也不敢!"他背负双手,走向内帐。直到看不到完颜宗望的后背,张邦昌这才爬了起来,心神不宁地离开金营。

张邦昌不想当皇帝,可有人想当。这个人便是王时雍。为了阻止张邦昌当皇帝,他找到了浙人陈彦,让他想办法坏了张邦昌家的风水。陈彦满口答应。

金人那边并不知道陈彦已经在张邦昌的祖坟上做了手脚,立帝之事紧锣密鼓地进行,且遣人传话王时雍,要他们召集文武百官廷议,务必推张邦昌当皇帝。王时雍知道张邦昌家的风水已经坏了,没了妒忌之心,亲自主持廷议。廷议时,把守宫门、殿门的士兵全部换成了金人。范琼第一个发言,坚决拥护张邦昌当皇帝。莫俦(知制诰)、吴开(翰林承旨)、唐恪(右相)立马附和。

王时雍轻咳一声,说道:"既然大家都推张太宰①位继大统,那就在议状上签个名吧。"他率先在议状上签了王时雍三个字。继他之后,吴开、莫俦、唐恪、范琼、吕好问等也在上边签上了自己的名字。

拒不签名的十八个——孙傅、张叔夜、秦桧、赵鼎(开封士曹)、胡寅(司门员外郎)……金人当场把这十八人抓起来,押送金营。

范琼为了讨好张邦昌,廷议一结束,便飞马来到金营,见了张邦昌,"扑通"朝地上一跪,叩头说道:"臣恭贺新皇!"

张邦昌愕然说道:"你这话从何说起?"

范琼回道:"经过廷议,百官推您为新皇帝。三月七日,金人为您举行册封大典。"

张邦昌"嚎"的一声哭道:"当皇帝罪同谋逆,是要灭九族的!我不当,我死也不当!"

范琼道:"金人说,你若是不当皇帝,他们就要屠汴京城。为了城中这百万人,你就委屈一下,还是当吧!"

张邦昌抽泣道:"他们怎能这样,硬要逼良为娼!"从说话的表情来看,似是同意了。范琼又陪着他说了一会儿闲话,这才离去。

三月七日,风霾日晕,白昼无光。金人赍宝册,立张邦昌为帝,国号楚。

张邦昌北向拜舞,受册即位。遂升文德殿,设位御座旁,同意接受百官庆贺,但传令勿拜。当王时雍他们行跪拜礼时,忙起身避座,东向而立,一一还礼。

他不坐御座,不穿黄袍,不张黄伞,也不称朕。称什么呢?称予。他颁发的诏书,不允许叫圣旨。称什么呢?称手书。所有的宫殿,除文德殿外,一概不进,还贴上封条。封条上写着:"臣张邦昌谨封。"

他任命的官员,前面一律加上一个权字,如王时雍,为权知枢密院事;吴开,为权同知枢密院事;莫俦,为权同鉴书院事;吕好问,为权领门下省……"权者",代理也。

徽宗闻张邦昌做了皇帝,泫然泪下道:"邦昌若能死节,则为社稷增光,今已僭位,吾彻底无望了!"

天气渐暖,金人一是怕热,二是立了新帝,遂于四月初,先将宝物,诸如宋帝法驾、卤

---

① 太宰:北宋政和(1111—1118年),改左右仆射为太宰和少宰。

簿,皇后以下车驾卤簿、冠服礼器、法物大件、教坊乐器、祭器、八宝九鼎、圭璧、浑天仪、铜人刻漏、古器、景灵宫供器、太清楼密阁三阁书、天下府州县图,及一些宝物珍玩,运回金都。紧接着,又将所掳之一万四千六百一十三人,分七批押解北行。

宋钦宗被安排在第三批,由完颜宗翰的儿子斜保押送。徽宗被安排在第四批,这一批共一千九百四十人,有徽宗及其嫔妃、徽宗的两个弟弟、徽宗的十九个儿子,以及孙子、驸马和侍女,由完颜宗望的弟弟额鲁观押送。

第四批北行队伍,经滑州,直趋燕京。这一条路相对平坦,故而徽宗最早到达燕京。第三批则取道完颜宗翰军队原来走过的路线,经太原,折而向东。故而,钦宗到达燕京比徽宗晚了二十几日。

父子相见,抱头痛哭一阵,方问别后情况。

钦宗叹道:"孩儿这一批,因绕道太原,走的路不只比你们远,路也不好,那斜保对孩儿等非常苛刻,说话了要挨打,走慢了也要挨打,饥一顿饱一顿,有时一整天不让吃饭,得了病也不给治,出发时一百五十九人,现在只剩下九十七人。"

徽宗问:"随侍的大臣有几个?"

"十二个。"

徽宗又问:"现在还有几个?"

"五个。"

"死的都是谁?"

钦宗回道:"张叔夜、何㮚、孙傅……那个张叔夜呀,第一个殉国。那一天,车到白沟,忽听车夫自言自语道:'一出沟便是金地了。'他正假寐,一跃而起,仰天大叫道:'苍天,苍天,此身竟为俘囚,奇耻大辱,奇耻大辱呀!就是死,我也要死在大宋的土地上!'叫毕,用手自扼其喉而亡。金兵围过来,从他身上,搜出一张遗嘱,上书七字:'葬我于大宋国土。'何㮚、孙傅等见张叔夜不肯过白沟而死,感而效之,跳白沟河殉国。"

徽宗唏嘘不已,良久方道:"我大宋不乏忠臣、能臣,只是怪我目昏,没有及早发现,发现了又没有重用,才有亡国之祸!"说至此,放声大哭。

钦宗亦哭,且哭且疚道:"这事不能怪父皇,要怪,只能怪孩儿昏庸,不听忠言,才有今日之祸!"

郑太后、朱皇后听到哭声,一齐来劝,许久,二人才将哭声打住。

"没死的那几个大臣有谁?"徽宗擦了一把眼泪问道。

"有秦桧。"

徽宗眉头微微一皱道:"秦桧,你了解这个人吗?"

"了解。"

徽宗道:"那你说一说秦桧吧。"

"秦桧,字会之,绰号秦长卿,江宁(今江苏省南京市)人。政和五年(1115年)进士及第。他未曾中举之前,在家乡教书谋生,曾作诗曰:'若得水田三百亩,这番不做猢狲王。'初仕,为密州(今山东省潍坊诸城)教授。未几,又考中词学兼茂科①,任太学学正②。金狗第二次围汴京,遣使索要太原、中山、河涧三镇,他上书言军机四事,内有二事,即加强守备;不同意割三镇。孩儿虽说没有采纳,但记住了他的名字,后经汪伯彦荐举,孩儿迁他为职方员外郎③,后又迁他为左司谏。"

徽宗道:"汪伯彦为什么要荐秦桧?"

钦宗道:"听说,汪伯彦是秦桧恩师。"

徽宗又问:"汪伯彦你知之多少?"

---

① 词学兼茂学科:宋代科举名目之一,始于大观年间,每次顶多录取三人。政和年间增为五人,考中者授以官职。
② 太学学正:学官名,从九品,隶属于国子监,掌"执行学规,考校训导"。
③ 职方员外郎:官名,初置于隋,从六品,宋为正七品。

十二　赵构上位

蔡京入厕,汪伯彦拿着纸巾站在一边,待蔡京大便毕,便趋前为他拭股。

徽宗妃李春娥被金人赏给张邦昌做皇后,张邦昌醉而幸之,酒醒后自打其脸。

活该赵构要在应天府即位,正说着曹操,曹操便到了。

一说到汪伯彦,宋钦宗赞不绝口。

徽宗长叹一声道:"为父眼中的汪伯彦,和你说的不一样,他是个奸佞。"

钦宗惊问道:"何以见得?"

徽宗道:"早年,他献媚蔡京。蔡京入厕,他居然拿着纸巾站在一边,待蔡京大便毕,便趋前为他拭股。所以,蔡京多次在为父面前荐汪伯彦,为父就是不重用他。这个人呀,听说你把他封为河北兵马副元帅,辅佐你九弟。你下诏让各地军队赴京勤王,你九弟也有所行动,分五路南行。宗泽这一路,连战连胜,破金狗三十余寨,他却劝你九弟保存实力,按兵不动。这个人呀……"

徽宗将头使劲摇了一摇,发出一声长叹。

钦宗有些不大相信:"您这消息从何而来?"

徽宗道:"押我的百夫长①周迪。"

"金人的话可信吗?"

徽宗道:"可信。他祖上原是宋人,不得已降辽,辽亡又降金。"

父子俩正说着,周迪急匆匆走来,对二帝说道:"快去用餐,午时四刻就要上路。"

徽宗问:"去哪儿?"

"金都上京。"

---

① 百夫长:金军编制,十人为伍,置一伍长,也叫十夫长;十伍为队,置一百夫长。

徽宗又问："您不是说一到燕京金帝便要赦免我父子吗？"

周迪道："这得问你那宝贝儿子赵构。"

徽宗惊问道："他又怎么了？"

"他在应天府（别名"河南郡"，为宋朝四京之一的南京，治所在今河南省商丘市睢阳区的商丘古城）称帝了。"

父子二人将信将疑，异口同声道："真的吗？"

"千真万确。"

张邦昌被迫当了皇帝，不敢坐御座，不敢穿黄袍，不敢张黄伞，不敢称朕，不敢住寝宫。下的命令也不敢称圣旨，还祈求金人不要毁赵氏陵庙、放还被扣押的北宋大臣，且口口声声，一旦有机会，就还政于赵氏。

但有三件事，本不该干，他干了。

第一件，废宋钦宗的年号——靖康。

第二件，大赦天下。

第三件，睡了宋徽宗的女人。

大赦天下，是皇帝的特权。每当新皇登基，或更换年号，抑或是皇帝生儿子、立皇后、立太子，抑或是打了大胜仗，通常要赦免一批罪犯，这种行为叫大赦天下。你张邦昌口口声声说不做皇帝，你这种行为，已经把自己当作了皇帝。

皇帝的女人，一般人多看一眼，都被视为大不敬，你张邦昌居然敢睡，这可是犯了弥天大罪！

但是，张邦昌睡徽宗的女人，并非自己主动，是徽宗的女人自己送上门来的。这个女人叫李春娥，封号靖恭夫人。

金军撤退的时候，不知出于何种目的，把李春娥从俘房中叫了出来，赐给张邦昌做皇后，张邦昌不敢不从，把她安置在延福宫。但是，张邦昌从不去延福宫。

你不去，我去，我找你去。李春娥找的次数多了，张邦昌过意不去，把她留下，共进晚膳。

李春娥不只善饮，也会浪，还会劝酒，三下五除二把张邦昌给灌醉了，那一夜，方才有了夫妻之实。

酒醒后，张邦昌悔得要死，自个儿打了自个儿十几个耳光，把脸都打肿了。他命内侍把李春娥送回延福宫，自此，再也不和她见面。

这事能怪张邦昌吗？我看不怪，但是有人说怪，说他罪该万死。说张邦昌罪该万死的人还不是一般人。谁？大名鼎鼎的李纲。

咱不说李纲，还说张邦昌，自睡了李春娥，总有一种负罪感，总想找机会赎罪。

他的心思被吕好问抓住了，直言不讳地劝道："您不是说要还政于赵家吗？您若是真的还政于赵家，您就是赵家的大功臣，您干的那些糗事，赵家就不会再追究了。"

张邦昌道："我巴不得这会儿就还政于赵家，但是，皇上和太上皇，包括亲王、王孙都被金人给掳走了，我还政给谁呀？"

"还政于康王。"

张邦昌道："康王在哪儿？"

"听说在河北相州。"

"那就请您派人把他找来吧。"

吕好问当天便安排礼部郎中王顺去找康王。

王顺受王时雍所惑，在汴京城内躲了十几天，还报张邦昌，说没有找到康王。

此路不通，吕好问另辟蹊径，劝张邦昌："我还有个主意。"

张邦昌道："请讲。"

"把元祐孟皇后请出来，来一个垂帘听政，等咱找到康王，再正式还政。"

张邦昌问："元祐孟皇后没有被掳走？"

"没有。"

张邦昌道："为什么？"

"元祐孟皇后二次被赐出宫后，再次到瑶华宫做道士，她的名字便从《玉牒箓》中剔除了，故而未被北俘。"

张邦昌道："她既然还在汴京，那就把她请出来吧。"

孟皇后一请即出。

她这一出，吕好问的腰板硬了，对张邦昌说道："我听说，康王在相州拥兵十万，如此一个人，找到他是相当容易的。我猜测，王顺压根就没有去找他。请陛下另遣他人，一定能找到康王。"

张邦昌问："你以为遣何人合适？"

"遣忠州防御使韦渊如何？"

张邦昌问："为何要遣韦渊？"

"韦渊是康王亲舅。"

张邦昌道:"那就遣韦渊吧。"

韦渊行前,吕好问亲书一书,付于韦渊,书中的内容,无非是劝进;孟皇后则遣内侍冯解为奉迎使,同至济州。

康王想当皇帝,想得肚子疼,当真请他当皇帝的时候,却推说二帝尚健,自己年少,德不配位,一再婉拒。

元祐孟皇后商之吕好问,好问曰:"他这是故作姿态呢。"

"奈何?"孟皇后问。

"请您颁一道懿旨,谕告中外,逼他就范。"

孟皇后轻轻颔首道:"好计。"遂命太常少卿汪藻,代拟手书,谕告中外道:

比以敌国兴师,都城失守,侵缠宫阙,既二帝之蒙尘。祸及宗祊,谓三灵之改卜。众恐中原之无主,故令旧弼以临朝。虽义形于色,而以死为辞,然事迫于危,而非权莫济。

内以拯黔首将亡之命,外以抒邻国见逼之威,遂成九庙之安,坐免一城之酷。乃以衰癃之质,起于闲废之中,迎置宫闱,进加位号,举钦圣已还之典,成靖康欲复之心,永言运数之屯,坐视邦家之履。

抚躬犹在,流涕何从?缅维艺祖①之开基,实自高穹之眷命,历年二夏,人不知兵,传序九君,世无失德。虽举族有北辕之衅,而敷天同左袒之心。乃眷贤王,越居近服,已徇群情之请,俾膺神器之归。繇康邸之旧藩,嗣宋朝之大统。

汉家之厄十世,宜光武(帝)之中兴;献公之子九人,惟重耳之尚在。兹惟天意,夫岂人谋?尚期中外之协心。同定安危之至计,庶臻小愒,渐底丕平,用敷告于多方,其深明于吾志!

这道手书,传到济州,汪伯彦、宗泽等相约来到帅府,劝赵构位继大统,康王勉强同意,但在什么地方即位,发生了分歧,多数人主张在开封,理由是,开封本来就是宋的京师嘛。反对的人说,开封被金人所陷后,破坏得不成样子,关键是,伪楚如今在开封,张邦昌虽说拥戴康王,他手下那一帮人不一定拥戴,若在开封继位,会不会发生什么不测之事?故而,主张在开封即位的人虽多,还是被否定了。

---

① 艺祖:宋朝人对赵匡胤的美称。"艺祖"之称源于《尚书》,《尚书》把有文德才艺之古帝王称为"艺祖"。

去南京即位怎么样？提此议的是宗泽。

众人齐声附和："这个地方好。这个地方是艺祖兴王之地，四方所响，且便漕运，先皇真宗，曾把这里作为陪都。"

赵构道："好是好，但权应天府知府朱胜非至今未来和咱接头，他是红是黑，咱心里没数。"

活该赵构要在应天府即位，说曹操，曹操到，从吏来报，权应天府知府朱胜非求见。赵构大喜道："好，好，天助我也。请，快请朱知府进帐。"

朱胜非是看了孟皇后的手书后来的。这次来就是想请新皇帝到他那里即位，赵构将行之时，相州周边的一些军政大员纷纷来投。河涧知府黄潜善自河涧来会，跑了个第一名，赵构加封其为副元帅；武功大夫①张俊自信德来会，跑了个第二名，赵构加封其为元帅府后军统制；鄜延副主管刘光世，自陕州来会，跑了个第三名，赵构加封其为五军都提举；北道副都总管②杨沂忠自冀州来投，跑了个第四名，赵构加封其为大元帅府都统制③；宁州观察使王渊自宁州来投，跑了个第五名，赵构加封其为大元帅府副都统制；西道总管王襄、宣抚使④韩世忠、武功大夫苗傅、武德大夫⑤刘正彦、河北转运使⑥吕颐浩等，亦陆续到来，均随康王至应天府，就府门左首，筑受命坛。遂于靖康二年（1127年）五月一日，登坛受命。

礼毕，遥谢二帝，北向悲号。旋经百官苦劝，乃就府治，即位受百官拜谒，改元建炎，颁诏大赦。凡伪楚官员（包括张邦昌），及为金人做事之人，概置不问。惟蔡京等"六贼"子孙，不得为官。遥上靖康帝尊号，曰孝慈渊圣皇帝；尊元祐皇后孟氏为元祐太后；遥尊生母韦氏为宣和皇后，遥上嘉国夫人邢秉懿为皇后。

元祐太后当日在汴京撤帘，一切朝政，归新皇专决。历史上称为南宋，且因康王后来庙号，叫作高宗皇帝，遂也沿称高宗。

忙了一天的赵构回到宫中，倍感凄凉。皇后虽然有了，但那只是个画饼，远水解不了近渴。我得选妃，我得把散落在民间的潘馨儿、吴芍药找回来。

---

① 武功大夫：武阶官名。为武臣第二十六阶。
② 都总管：辽宋官名。原为都部署，掌一方军事的统帅，避英宗赵曙名讳，改称都总管。
③ 都统制：临时性一个职务。北宋时，军队出战的时候朝廷会在将领中选拔一人来管理军队，名曰都统制。
④ 宣抚使：又名宣抚处置使，不常置，掌宣布威灵、抚绥边境及统领将帅、督视军旅之事，以两府大臣充任。
⑤ 武德大夫：武阶官名。为武臣第二十七阶。
⑥ 转运使：官名。主管运输事务的官员，有水陆转运使、诸道转运使、盐铁转运使等。

没等他遣人去找,吴芍药、潘馨儿便送上门来。

吴芍药比潘馨儿早到一天,同来的还有她的父亲吴近。潘馨儿也带了一个人,那个人叫康履,也就是在康王府任少监的那个人。准确地说,潘馨儿带的是两个人,看得见的那个人是康履,看不见的那个人叫赵旉,躲在潘馨儿的肚子里。

十三　靖康孽

献俘礼结束后,依然裸露着上半身的女人,或分到浣衣院为娼,或分给达官贵人为妾、为奴。

秦桧叹道:"二帝的德行,我又不是不知道,为做一个忠臣,和金人作对,落得今日这个下场!唉……"

李纲放出话来,若在朝堂上与张邦昌相遇,就以笏击之,见一次击一次。

一听说赵构做了皇帝,徽宗父子欣喜若狂,周迪却在一旁冷笑。徽宗怪而问之:"军爷,我儿赵构在应天府称帝,复了大宋社稷,您应当替俺们高兴才是,而您……"他将话顿住。

周迪道:"您刚才是不是问我,金帝原说要赦您父子,为什么又不赦了,对不?"

徽宗将头点了一点。

周迪道:"金帝恨您九儿自立为帝,不但不再赦您父子,还要将您父子押解金都上京,行献俘礼①,以泄心头之恨。"

"啊!"徽宗、钦宗俱大吃一惊,脸色煞白。

午饭,倒比平日丰盛了一些,不只有菜,菜里还有一些肉末。徽宗父子哪里吃得下去。

管你吃不吃,到了指定的时间,金军便来吆喝他们上路,凄凄惨惨,跋涉了一个半月,方到达上京。

宋俘自开封上路的时候是一万四千六百一十三人,到达燕京时,还有八千九百六十

---

① 献俘礼:即中原所说的牵羊礼。要求俘虏赤裸着上身,身披羊皮,脖子上系着麻绳,意味着可以像羊一样任人宰割。

四人,这会儿仅剩四千一百零三人,那一万零五百一十人哪里去了?死了一部分,跑了一部分,被金人霸占了一部分。金人霸占的这一部分,不是女人,便是有一技之长的工匠、医生、艺人。这些女人,不只有宫女,还有长公主①,以及二帝的嫔妃、亲王和大臣的妻妾。

到达上京的第六天黎明,二帝二后,及所有宋俘,不论男女,一律被押往金太祖庙行献俘礼。仪式结束后,仍然裸露着上半身的女人,冻得瑟瑟发抖,或分到浣衣院②为妓,或分给达官贵人为妾、为奴。留下的女人,只有两个——郑太后、朱皇后。

宋俘中的男人,除了二帝、亲王、王孙、驸马、秦桧等五大臣,全部分赠给达官贵人为奴为仆。

张邦昌虽然结束了"靖康"的年号,但"靖康"的耻辱还在继续。

羁押宋俘的地方在上京西郊,原本是一个军营,破烂不堪,每逢下雨,外边大下,屋里小下。金人按照宋俘的人头,每人每月支蜀黍(高粱)三斗,根本不够吃,不够吃就去挖野菜、摘野果,柴也得自己打,一个月难得吃一次腥荤。病了,也无医无药,只有等死。三个月不到,死了五十多人。其中,有徽宗的两个弟弟和七个儿子。

秦桧怕了,与老婆私会的时候,不住地唉声叹气。

秦桧的老婆可不是一般人。她姓王,叫什么名字不知道,史书上称王夫人抑或长舌妇。长舌妇的爷爷很有名,是宋朝的宰相,时人称之为三旨相公——上殿面君,曰"取圣旨";听了皇帝谕示,曰"领圣旨";回到政事堂③,对秉事者,曰"已得圣旨"。长舌妇的姑父也很厉害,叫李格非,熙宁年间(1068—1077年)进士、北宋三朝元老韩琦的门生,以文章受知于苏轼,称为苏门"后四学士"。他有一个女儿叫李清照,大词人,年长长舌妇六岁。长舌妇不只出身比秦桧高贵,还能歌善舞,美貌泼辣,秦桧对她又爱又怕,家中大小事,都是长舌妇说了算。

献俘礼后,吴乞买把长舌妇赐给完颜娄室④为奴。由于她表现"突出",完颜娄室把管理女佣的担子压到了她肩上,男奴女仆都尊称她王管家。有了"管家"这个头衔,相对别的奴仆就自由多了。故而,隔三差五,总要偷偷跑出来会一会秦桧,顺便给他带点

---

① 长公主:皇帝的嫡长女,或有功的皇女、皇姊妹与皇姑。宋徽宗时,改"公主"为"帝姬"。
② 浣衣院:类似妓院。
③ 政事堂:宰相办公的地方。
④ 完颜娄室:字斡里衍,金朝名将。在灭辽攻宋的战争中,统率大军,从东北打到西北,所向无敌。

吃的穿的东西。

"之哥,小妹听完颜娄室说,金廷已经遣使去了扬州,告知康王,只要他取消帝号,就把包括二帝在内的所有宋俘送回去,咱们的好日子很快就要来了。"

"之哥",即秦桧,秦桧字会之。故而,长舌妇每每唤秦桧为"之哥"。

浪!秦桧就喜欢她浪。每当听到"之哥"这个称呼,心里比暑天喝一杯冰水还舒坦——眉开眼笑。

今天,他不但没有笑,反发出一声哀叹:"这事不成。"

"为什么?"

"为夫觉着,康王不会因为救他爹他哥而取消帝号。"

长舌妇又来了一句"为什么"?

"他的先祖赵光义你知道不?"

长舌妇道:"知道。"

"赵光义为了坐上皇帝这把交椅,把他亲哥赵匡胤都给杀了。为夫窃以为,康王就是当年的赵光义。"

长舌妇问:"何以见得?"

"金人第二次包围汴京,皇上几次颁诏让他赴汴勤王,他坐拥十万大军,却来一个按兵不动,这是其一。其二,金人押着他爹他哥,包括他的亲妈和王妃北行,途经他的地盘,他不但不救,还跑到济州(今山东省济宁市)避祸去了。如此一个人,岂能拿皇帝的宝座来换他爹他哥?"

长舌妇叹道:"这倒也是。"

秦桧亦叹道:"为夫真想狠狠掴自个儿几个耳光。"

"为甚?"

秦桧道:"二帝的德行,我又不是不知道,为了做一个忠臣,和金人作对,落得今日这个下场。唉,早知如此,我何苦要头悬梁锥刺股呢!唉,就是再想做一个獬豸王,也不可能了。"

长舌妇道:"您若真的还想做一个獬豸王,小妹觉着倒不是太难。"

秦桧双眼猛地一亮:"真的吗?"

长舌妇道:"真的。"

秦桧迫不及待道:"去哪里当獬豸王?"

"就在娄室府上。娄室自己是个粗人,但对子孙辈读书的事还是蛮上心的,请了一个辽人和一个汉人教授他的子孙,但这两个先生的学问连小妹我都不如,娄室想把他们辞掉,因没找到合适的先生作罢。"

秦桧道:"那就请你给娄室荐荐为夫吧。"

长舌妇道:"好。"

第二天晚,娄室延请完颜宗弼①,让长舌妇歌舞助酒。趁着娄室高兴,长舌妇把秦桧想当猢狲王的事给他说了。

在娄室的眼中,秦桧不只有学识,书法更是一绝,书法的造诣,直追北宋四大书法家——苏(轼)黄(庭坚)米(芾)蔡(襄)。不是直追,至少超过了蔡襄。

蔡京的书法也比蔡襄强,四大书法家中的"蔡",应该是蔡京,因他列"六贼"之首,世人厌之,让蔡襄取代了他。

秦桧在书法上最大的贡献,是他在宋徽宗瘦金体的基础上,创立了用于公文的秦体,就是我们通常所说的宋体。正因为娄室了解秦桧,才当即表态,同意秦桧做他家的塾师。

自此,秦桧不只有了饭吃,有了衣穿,还有了不菲的月俸。但这样的日子并非他要过的。

他想要的是重返政坛,是高官厚禄,是光宗耀祖!

为了重返政坛,他想学辽国的萧仲恭。萧仲恭本为辽国天祚帝的心腹,降金后,官儿一升再升,做到一品宰相。我秦桧的学识、见识、才能并不比他萧仲恭差!

是的,他的学识、见识、才能并不比萧仲恭差,所差的是运气。

萧仲恭降金后受到了吴乞买的赏识,收到身边,做他的幕僚。秦桧呢?莫说被吴乞买赏识了,他连吴乞买的面也不曾见过。

娄室呢,倒是蛮赏识他的。但只是赏识他的学识,只想着叫他把自己的孩子教好,不想把他推荐出去。

此路不通,他不得不把双眼投向了赵构,幻想着某一天赵构灭了金国,把他和二帝一块儿迎回汴京,官复原职。

他太高看赵构了。赵构在应天府称帝后,只想着苟安一方,并不想抗敌复仇,迎回二帝,但又迫于舆论,也是为了巩固他的新生政权,启用李纲为尚书右仆射兼中书侍郎,执掌朝纲。在启用李纲的同时,他又加封了一批投降派官员,诸如黄潜善和汪伯彦,同知枢密院事,掌军。甚至还加封废皇帝张邦昌为太保、同安郡王。并以探望和迎回二帝

---

① 完颜宗弼:女真名斡啜,又作兀术、斡出等,金太祖完颜阿骨打第四子,俗称四太子和金兀术。

为幌子,不断派人带着奇珍异宝献媚金国。

老将军宗泽是他的恩人,没有宗泽,就没有他的今日。只因宗泽坚决主张抗金,赵构不只剥夺了他的军权,还将他边缘化了——知襄阳府。

李纲很失望,他上书辞官,赵构不答应,便不得不振奋精神,提出了一整套立国之策,上奏赵构,史称《十议书》。

一、议国事:今欲战则不足,欲和则不可,莫若自治,专以守为策。俟吾政事修、士气振,然后可以议大举。

二、议巡幸(迁都):目标,还都汴京;临时首都,长安为上,襄阳次之,建康(今南京市)又次之。

三、议赦令:恢复宋朝赦令法制。

四、议僭逆:处死张邦昌。

五、议伪命:严惩在伪楚任官的士大夫和降金的官员,以激励士风。

六、议战:严肃军纪,赏罚严明。

七、议守:加强黄河、淮河、长江的防务,占据险要之地。

八、议本政:政令统一,权力归中书省。

九、议久任:任用、罢免大臣要慎重。

十、议修德:皇帝要修炼孝悌恭俭的品德,副民望而致中兴。

对于李纲的《十议书》,赵构十分重视,第二天便在朝堂上公布。但是,公布时,"四议"和"五仪"被删掉了,《十议书》变成了《八议书》。

他为什么要删掉这两议?恐金病。张邦昌的伪楚皇帝是金人立的,伪楚的官员是张邦昌任的,如果处罚了张邦昌及其伪官,会引起金人不快。金人若是不高兴,岂不又要来一次大举伐宋!

李纲不这么认为,他上表赵构,以大义激之:"陛下要建立中兴大业,却把张邦昌这样的僭逆之臣供奉起来,四方闻知必然人心涣散;

"张邦昌是金人立的皇帝,如果把张邦昌留在朝廷,百姓还以为有两个天子呢!臣不愿与张贼共事。臣若是在朝堂上遇到他,就以笏①击之,见一次击一次;

---

① 笏:古代大臣上朝拿着的手板,用玉、象牙或竹片制成,上面可以记事。

"陛下若是执意要留张贼,那就请罢去臣职!"

威胁。赤裸裸的威胁。赵构很恼火,把李纲的上书撕得粉碎。他回到后宫,依然一脸的愤怒。

吴芍药小心翼翼地问道:"官家是不是遇到烦心事了?"

赵构长叹一声道:"气死朕了!"

"谁气着您了?"

"李纲。"

吴芍药又问:"他怎么气着您了?"

赵构道:"张邦昌之伪帝,乃金人所立,这不假。但他当这个伪帝,并非出自自愿。且是,又主动还政于朕,朕也曾颁诏天下,凡伪楚官员,概置不问。李纲不是不知,却硬要逼朕杀了张邦昌,朕这圣威何在?再之,若杀了张邦昌,金人必将以此为借口,发兵伐我!"

吴芍药轻轻颔首道:"官家所虑甚是。"

话刚落音,通传太监趋了进来:"启奏陛下,吴国丈求见。"

赵构道:"他来的正好,有请。"

十四　二金军打赌

张所正在为筹集粮草发愁,赵九龄来报,有一个自称岳飞的人前来投军,请您务必一见。

岳飞亢声回道:"勇不足恃,用兵首在定谋。"

金军嬉皮笑脸地对迎儿说道:"升火太慢,还是你胸前这个肉火盆来得快!"

在通传太监的前导下,吴近趋了进来,欲向赵构行礼,被赵构拦住了。

"国丈无事不登三宝殿,今来必有见教!"

吴近双手抱拳道:"见教二字不敢当。不过,老朽此来,确有进谏之意。"

赵构道:"请讲。"

吴近道:"李纲要您诛张邦昌,确有一定道理。"

"什么道理?"

吴近回道:"张邦昌之为伪帝,尽管非其自愿,但他毕竟当了。就比方一个人,不管他是主动杀人,还是被动杀人,一旦杀了人,就得偿命。谋逆不管成功与否,都是灭族之罪,何况张邦昌实实在在地做了三十三天伪帝。况且,他曾淫乱后宫,罪加一等,诛他并不为过。"

赵构道:"诚如国丈之言,邦昌当诛,但诛了邦昌,金人必起兵为邦昌复仇,为之奈何?"

吴近道:"金国乃蛮夷之邦,抢掠为生,我大宋这块肥肉,他啃定了。陛下即使不诛张邦昌,他也要发兵伐我,只不过是个时间问题。您为帝还不到三个月,第一要务,是如何把大宋军民的心收拢起来,从而坐稳江山,李纲素得民心,逆了李纲就是逆了民心。"

赵构领首说道:"谢谢国丈,朕知道该怎么做了。"

该怎么做?他向李纲低下了高贵的头,先是将张邦昌贬官,半月后又将张邦昌处死。

处置过张邦昌,李纲把双眼转向了两河。金人撤离汴京时,尽管掳走了二帝,但两河的百姓不甘心被金国统治,奋起反抗,各地义军如雨后春笋般地涌出,多则十数万人,少则数百人,他们互不统属,各自为战。为了加强对义军的领导,李纲上书赵构,要他重建两河指挥中心——河北招抚司和河东经制司。

赵构这一次居然没有犹豫,满口答应。诏下,以张所为河北招抚使①、王燮为河东经制使②。

张所者,青州(今山东省青州市)人,宋徽宗朝进士。靖康元年,金兵围汴京,他出面招抚河北兵民,应者十七万之众,"声满河朔"。赵构即位,拜兵部员外郎。他两次上书,劝赵构还都汴京,且一针见血地指出:"国之安危在于兵之强弱,将相之贤不肖,不在于迁都。"此言与李纲的主张不谋而合。赵构没有记住张所,李纲却记住了张所,力荐之。

王燮者,秦州成纪(今甘肃省天水市秦安县)人。起于步伍,累迁至中山府路马步军副总管。靖康元年,奉诏率八千人赴京勤王,迁官枢密副都承旨。钦宗赐以白旗,书"忠勇"二字。不但钦宗记住了他,李纲也记住了他。

张、王二人接了诏书,走马上任。

张所赤手空拳来到河北,一切从零开始。

这一日,他正在为筹集粮草而发愁,负责招兵的干办公事③赵九龄趋至中军大帐,曰:"报告招抚大人,有一个自称岳飞的壮士,前来投军,请您务必一见。"

张所一脸不耐烦地说道:"每一日来投军的人上百甚至上千,我哪有时间一一接见?去,去,随便把他安排一个军营不就得了。"

赵九龄道:"这个岳飞,非一般壮士可比。"

张所不以为然地反问道:"他有来头?抑或是武比霸王、智超孔明?"

赵九龄"嘿嘿"一笑道:"他不一定有项羽、孔明那么大的本领,但他相貌不俗,手中的家伙,有百十多斤……"

张所满脸欢喜道:"你不要说了,快请壮士进帐。"

不一刻儿,岳飞倒提着沥泉枪大踏步走了进来,双目炯炯,相貌堂堂,不怒自威。

---

① 招抚使:宋置,掌招抚之事,常以将相大臣充任,不常设,事毕即罢。
② 经制使:经画失地的武官。
③ 干办公事:简称干办官,是中央六部(礼、吏、户、刑、工、兵)及都督、制置使、招抚使、转运使等的属办。

张所暗自点头。问之曰:"壮士手中的银枪长几许?"

岳飞朗声回道:"一丈八尺。"

张所道:"和张飞的矛一样长。"

岳飞点了点头。

张所又问:"重达几许?"

"九十四斤。"

张所"啊"了一声道:"如此说来,壮士的枪比关云长的青龙偃月刀还要重!"

岳飞"嘿嘿"一笑道:"也许吧。"

张所命小校为岳飞看座。待岳飞落座后,张所笑微微地说道:"从你的兵器来看,你是一个勇士,少见的勇士。你自料能敌几人何?"

岳飞亢声回道:"勇不足恃,用兵首在定谋。"

张所频频颔首道:"壮士说得对,请继续讲。"

岳飞侃侃而谈道:"谋者,胜负之机也。故为将之道,不患其无勇,而患其无谋。今之用兵者皆曰:'吾力足以冠三军。'然未战无一定计划,已战无可成之功,非真知兵也。"

张所击掌赞道:"好,好!公之见识,非常人可及。"

他移目小校,喊道:"为壮士上茶。"

他又移目岳飞道:"公师从何人?"

岳飞道:"师从周侗老先生。"

张所道:"是不是陕西大侠铁臂膀周侗?"

岳飞颔首道:"正是。"

张所由衷赞道:"铁臂膀可不是个一般人物,汴京禁军的教头有两个就出自他的门下。哎,你师傅呢?"

岳飞一脸凄容道:"升天了。"

张所叹道:"可惜,可惜呀!周大侠若是健在,对于抗金大业,绝对不会袖手旁观!"

岳飞亦叹道:"大人所言极是,末将这一次从军,就是奉的恩师之命。"

张所道:"公从过几次军?"

岳飞拱手回道:"加上这一次,一共三次。"

"第一次哪一年?"

岳飞拱手回道:"宣和七年十二月。"

"所投何部？"

岳飞拱手回道："两河宣抚使刘韐。"

"干了多久？"

岳飞拱手回道："不到一年。"

"可立有军功？"

岳飞拱手回道："有。"遂将如何剿灭陶俊、贾进之事简要讲了一遍。

张所赞道："你是个人才！"吩咐随侍的小校："换茶，换好茶！"

"公第二次从军，是在何年？"

岳飞双手抱拳，正要回答。张所道："你我这是聊天，不必那么客气。"

岳飞道了声"遵命"，收拳说道："靖康元年十二月。"

"所投何部？"

岳飞回道："河北兵马大元帅。"

张所"啊"了一声道："是当今天子？"

岳飞道："正是。"

"他认识公否？"

岳飞道："认识。"

"公在当今天子手下干了多久？"

岳飞道："三个月。"

"建功否？"

岳飞道："建了。"遂将如何招抚吉倩之事讲了一遍。

张所脱口赞道："你不但是一个人才，还是一个将才！哎，公为当今天子建了这么大一件奇功，正该跟着天子干一番大事业才是，怎么又走了？"

岳飞长叹一声道："四个月前，家严驾鹤西去了。"

张所点了点头，又道："原来如此。家严既已升天，公理应在家守孝，为甚又来投军？"

岳飞又是一声长叹："这事说起来话长。"

岳飞的一个族叔是个补锅的，因娶了一个真定女子，便落户真定。一个月前，族叔拖家带口，回到家乡。他说，真定陷落后，老百姓过着暗无天日的生活，生不如死。

一个大雪纷飞的下午，他的隔墙邻居张寡妇正在堂上做女工，闯进来一带刀金军，大声叫道："冷，冷！"

78

张寡妇赶紧给他让座升火。金军落座后,一双贼目四下乱扫:"迎儿呢?快让你们迎儿出来陪爷烤火。"

张寡妇赔着笑脸回道:"回禀金爷,俺女儿去她外婆家了。"

金军把双眼一瞪,吼道:"放屁,爷来之前,已经问过你们的大保长①,迎儿哪里也没去,就猫在你们家里!"

他"呛啷"一声拔刀在手,指着张寡妇的胸口吼道:"快把迎儿叫出来!你敢道半个不字,爷一刀砍了你。"

觳觫不已的张寡妇,战战惊惊道:"老妪这就去内室叫迎儿。"

约有饮半盏茶的时间,张寡妇偕着迎儿返回堂上。金军举目一瞧,见那迎儿约有十六七岁的年纪,身穿直领襦,足蹬翘头履,鹅蛋似的脸蛋上略施薄粉,虽说不上天香国色,却也是一个少见的可人儿。

"来。"金军拍了拍身边的坐墩儿②,对迎儿说道:"坐爷这儿。"

迎儿不敢不坐。

金军将屁股下的坐墩朝迎儿那里移了又移。他移,迎儿也移,始终和他保持一定的距离。

金军瞋目喝道:"你这是怎么了?"

迎儿不敢再移了。

金军又将坐墩朝迎儿移了移,一只手揽过迎儿脖子,一只手直插她的内衣。

迎儿一边挣扎,一边哀告道:"你不能这样。"

金军笑嘻嘻道:"嚷什么嚷,天太冷,俺只不过想让你给俺暖暖手。"

迎儿道:"俺娘不是已经给您在升火吗?"

金军嬉皮笑脸道:"升火太慢,还是你胸前这个肉火盆来得快。"

迎儿断然拒道:"不行,俺还是个黄花闺女。"

金军嬉皮笑脸道:"俺就喜欢黄花闺女。"一边说,一边继续动手。

只听"啪"的一声,一记响亮的耳光扇在金军脸上。金军恼羞成怒,"噌"的起身,拔出腰刀,将迎儿砍翻在地,扬长而去。

张寡妇抱着血泊中的女儿,哭得死去活来。第二天,真定街头多了一个疯子。

---

① 大保长:宋代基层实行保甲制,每十户为一保,置一保长;每五十户为一大保,置一大保长。
② 坐墩儿:宋代一种很常见的墩形坐具,也叫坐墩,从形制上可以分为圆墩、鼓墩、方墩。

迎儿母女够惨了，但比起王玉英，还不算惨。

王玉英的丈夫被金军抓去做苦力，没了男人，她虽然身孕在身，还得挺着大肚子去丁字口的水井里汲水。丁字口附近置了一个军巡铺，这个军巡铺是她汲水的必经之地。这一日，她和往常一样，又去汲水，被两个巡卒拦住。

这两个巡卒，闲得无聊，为她肚中怀的是男孩还是女孩打赌，一个说是男孩，另一个说是女孩，赌注十贯。她还没来得及询问二巡卒拦她的原因，被二巡卒解开衣服，剖开肚子，取出一个还会动的男婴。

说是男孩的那个巡卒哈哈大笑道："我赢了。"

另一巡卒哭丧着脸道："算我倒霉。"

为打一个赌，死了两个人。在金人眼中，宋人的命不值一文，他们想怎么宰割就怎么宰割。

耻辱。这是宋人的耻辱。

稍微有点血性的宋人，听了这两件惨事，无不咬牙切齿、义愤填膺！

周侗，被冠之为陕西大侠的周侗，不可能没有血性。若不是疾病缠身，他会连夜奔向真定，奔向抗金的第一线。尽管他起床都有些困难，硬是架着双拐，亦步亦趋地移到岳飞家，与岳母谈了近半个时辰。岳母央了一位邻人，把正在为父守墓的岳飞和弟弟岳翻叫了回来。那位族叔，岳母则亲自登门，请到家中。

十五　岳母刺字

　　岳飞眉开眼笑道:"妈,您常说,喝酒容易惹事,不叫孩儿喝酒,今日这是怎么了?"

　　岳母用灸过的穿排子针,小心翼翼地在岳飞身上刺字,一边刺一边问:"疼不?"

　　岳飞正在气头上,不仅不接王彦的酒,反后退三步,手按宝剑,怒目而视。

听族叔讲了金军暴行,岳飞拍案而起:"金狗可恶!我岳鹏举……"他长叹一声,坐了下去。

　　岳母追问道:"我儿想说什么?"

　　岳飞又是一声长叹:"不说也罢!"

　　岳母道:"你不说,娘代你说,你是想投军抗金,拯救黎民,中兴宋室,只因重孝在身,不能前去,娘说的对不对?"

　　岳飞道:"知儿莫如娘,孩儿正是这个意思。"

　　"吾儿差矣!为父守孝是家事,家事再大也是小事,从军抗金是国事,国事大于家事,无国哪有家?娘将你从孝棚召回,又让你二叔(族叔)给你讲金军兽行,就是想让你舍小家而顾大家——从军抗金,尽忠报国!这既是你……"她朝周侗指了一指道:"这既是你恩师的意思,也是娘的意思。"

　　岳飞道:"娘和恩师既然想让孩儿尽忠报国,孩儿不敢不从。孩儿若是一走,除了不能为慈父守孝之外,还有三虑。"

　　岳母问:"哪三虑?"

　　"一虑,妈年事已高;二虑,师傅贵体有恙;三虑,犬子云儿、雷儿尚幼,孩儿实在放心不下。"

岳母未及开口,岳翻抢先说道:"五哥不必担心,小弟自会好生奉养老妈。"

小岳云稚声稚气道:"爹,孩儿也会奉养奶奶。"

岳飞拍着岳云小脑袋,笑微微地说道:"云儿真懂事,云儿不愧是爹的好儿子。"

他这一夸,正在一旁纳鞋底的刘玉凤也跟着表态:"云儿他爹,贱妾不敏,但贱妾尚知如何孝敬公婆,抚养孩子,您尽管放心去吧。"

岳飞移目周侗,一脸关切地问道:"师父,您吃了'小神仙'的药,效果如何?"

周侗强装笑颜道:"效果很好,要不,师父能走到你家里?"

岳飞一脸欢喜道:"如此,徒儿也就放心了。"

周侗道:"你尽管放心去吧,为师盼你早日驱走金寇,复我大宋河山!为师告辞了。"

他强撑着站了起来。岳飞忙过来搀他,他连连摇手道:"不必了,为师自己回。你好好准备准备,争取早一点上路。"

岳飞道:"徒儿这一走,不知何日才能与师父见面,徒儿一定要亲自送您回去。"

周侗轻叹一声:"也好。"

岳飞送周侗回来,一院子都是香气,走进灶房一看,玉凤正在炸素丸子,砂锅里还炖了一只鸡。他把脸一沉,质问玉凤:"你把咱那正下蛋的老母鸡杀了?"

玉凤将头轻轻点了一点。

岳飞怒容满面道:"那可是妈的宝贝蛋,你咋把它杀了?"

玉凤道:"是老妈叫杀的。她说您明天就要走了,杀鸡给您饯行。"

岳飞长叹一声道:"唉,老妈也是,对自己的儿子也如此客气。"

玉凤道:"老娘不只让杀鸡,还让翻弟端了一个盆子去张老三那里打酒,这会儿怕是该回来了。"

岳飞又是一声长叹:"咋没看见老妈呢?"

玉凤道:"在内屋练字呢。"

岳飞"吞儿"一声笑了:"她都五十多岁了,还练字?我去看看。"

他疾步进了内屋,笑微微问道:"妈,您咋突然练起字来,是不是想当书法家呀?"

岳母收起笔,笑眯眯回道:"这事,等吃过饭再说。"

晚饭非常丰盛,八菜一汤,汤是鸡汤,那里边还配了葱、蒜和芫荽(香菜)。八菜有:鸡脯炒青椒、鸡腿肉炒豆角、鸡杂炒干槐花、炒鸡蛋、煎南瓜饦、炸素丸子、干炸花生米、凉拌粉条苋菜。

酒,基本上是岳飞一个人喝。且是,岳母非劝着他喝。

岳飞笑问道:"妈,您常说喝酒容易惹事、误事,不叫孩儿喝,今日这是怎么了?"

岳母轻叹一声道:"你明天就要走了,去过刀头舔血的生活,酒可以壮胆,这是一。二呢?喝醉了酒就不知道疼了,免得你痛苦。"

岳飞一脸困惑道:"妈这话孩儿听不懂。"

"妈想在你背上刺四个字,妈也知道刺字是很疼的。"

岳飞一脸不解道:"您老既然知道刺字疼,为什么还要给孩儿刺?"

"因为你要从军,你要杀敌报国!"

岳飞道:"从军有什么稀罕,况且,孩儿已经从了两次。"

岳母一脸郑重道:"这次从军,与前两次不同。"

岳飞问:"有什么不同?"

"前两次从军,是你主动去的,这一次呢?是妈要你去的。你前两次从军,是为了挣钱养家。这一次,是为了抗金,是为了报国。你前两次从军,心无旁骛,说走就走。这一次不只惦记着妈、两个儿子,还惦记着你的恩师。俗话不俗,'心无二用',你揣着'二用'的心去从军,还怎么杀敌,怎么报国?故而,妈想在你背上刺上'尽忠报国①'四个字,来警示你、激励你!"

岳飞的眼睛有些湿润了,多好的母亲呀,多么深明大义的母亲呀!我岳鹏举这一次投军,若不把金狗赶出中原,复我河山,第一个愧对的就是我的母亲!

他泪眼盈盈地说道:"妈,孩儿不孝,孩儿已经二十五岁了,还让妈为孩儿操心!孩儿听妈的,孩儿喝酒,喝醉了好请妈刺字,喝醉了不疼!"说着说着,泪水夺眶而出。

岳母泪眼婆娑道:"妈陪着你喝,翻儿,给妈斟酒!"

岳翻为岳母、岳飞斟满酒后,又为自己斟了一杯:"妈、哥,我也想陪你俩喝。"

岳母朗声应道:"好!"

岳云也道:"奶,我也陪你们喝。"

玉凤大声斥道:"去去去,大人的事,你别瞎掺和!"

岳母移目玉凤:"云儿想陪,就让他陪吧。"

---

① 尽忠报国:一说精忠报国。笔者认为,应该是尽忠报国。之所以出现"精忠报国"之说,可能和宋高宗有一定关系。宋高宗曾赐给岳飞一旗,上有"精忠岳飞"四字。由"精忠岳飞"逐渐讹传为"精忠报国"了。

玉凤忙道："既然妈让云儿喝,听妈的。"

岳母瞅着玉凤,一脸慈祥地说道："干脆你也陪一碗吧,来个全家乐。"

玉凤笑辞道："妈,你知道我不会喝酒。"

岳母道："鹏举这一走,咱家不知何日才能团圆,你就喝一点吧。"

玉凤道："好,我喝。"

岳翻忙为玉凤斟了半碗。

一家人同时举碗,来了个一饮而尽。岳云第一次喝酒,喝得又猛,呛住了,大声咳嗽,岳母忙过去给他捶背。待岳云咳嗽轻了一些,岳母这才复座。

饭后,岳母端灯前行,将岳飞引到内室,只见那书案之上,置一盛着红水的小盅,盅旁置一穿排子①用的大针。岳母傍书案坐下后,让岳飞背对而坐。尔后,拿起大针,置香油灯上灸了一会儿,将针头插入红水盅。

"那里边的红水,是不是朱砂②?"岳飞问。

岳母点了点头,用灸过的针,小心翼翼地在岳飞背上刺字,一边刺一边问："疼不?"

这么粗的针,又是针针见血,直击肤里,能不疼吗？岳飞笑微微地回道："不疼,一点儿也不疼。"

口中说不疼,身子却不由自主地痉挛了一下,岳母忙将针停住。

岳飞回首望着母亲："妈,您咋不刺呢?"

岳母长叹一声,眼中闪着晶莹的泪花道："妈知道你疼,妈这心里也疼。唉,你把头转过去吧。"

她将针在小盅里沾了一沾,又向岳飞背上刺去。每刺一下,就把针在小盅里沾了沾。这样的动作,也不知道反复了多少次,将"尽忠报国"四个字刺完后,再也坚持不住,头一晕,栽倒在岳飞背上。

岳飞忙返手揽住慈母后背,转过身子,进行施救。不一刻儿,岳母缓缓醒来。

第二天一大早,岳飞正在洗脸,村人来报,周侗仙逝了。

岳飞"嚎"的一声大哭起来,他一边哭,一边朝周侗的住所狂奔而去。

五七③之后,岳飞在周侗坟头重重地磕了三个响头,方才上路。上路之前,他一再

---

① 排子:用芭茅莛或高粱莛所做,圆形。可以做锅盖,也可以用来摆放生饺子等食品。
② 朱砂:矿物质。又名丹砂、辰砂,色鲜红,乃方士炼丹的主要原料。
③ 五七:人死七天,称之"一七"。古之丧礼,以七天为一节点。除了子女守坟外,每隔七天,孝子要到坟上祭奠一番。"一七"、"二七"、"三七"、"四七",直至"五七"。而"五七"这一天最重要,民间传说,"五七"这一天,亡人会回到家中,看他的家人,然后去投胎,或是去阴间居住。

叮嘱玉凤,要她好好奉养老母、抚育孩子。玉凤指天发誓:"你放心,妾一定不会负你,若负,天打五雷击!"

　　通过一番长谈,张所认定岳飞是一个将才,"借补"①岳飞为修武郎②,充统领③。
　　一个月后,又"借补"岳飞为武经郎④,充统制,隶属都统制王彦。
　　岳飞虽不识王彦其人,但闻其名。
　　王彦,怀州河内人,虽出身贫寒,但性情豪迈,喜读兵书。早年,投军泾原路经略使种师道,两击西夏,建立大功。靖康之变,种师道奉旨赴汴京勤王,王彦随行。种师道被褫职,王彦回乡组织义军抗金。为了表示抗金的决心,每人面上刺以"赤心报国,誓杀金贼"八字。时人称之为"八字军"。张所来到河北,他率"八字军"投之,驻扎在石门山一带。
　　岳飞志在抗金,中兴宋室,王彦也是志在抗金,中兴宋室,照理,二人会成为莫逆之交,但因战略上的分歧,二人反目。
　　王彦投奔张所之时,金人已经占据了怀州、卫州、濬州和真定府。卧榻之侧岂容他人鼾睡!金人纠集了七万兵马,前往石门山"讨伐"王彦。
　　面对来势汹汹的敌人,王彦的一些部将,不是一些,是绝大多数,主张避金军之锐,整军后撤。王彦本人则犹豫不决。
　　什么后撤?说白了,就是逃跑。逃跑,不是岳飞的性格。他闯进王彦大帐,大声质问道:"二帝蒙尘,贼据河朔,臣子当击敌以迎乘舆。吾观将军踌躇不决,莫不是欲附敌耶!"
　　王彦素以刚猛著称,部下对他非常敬畏。而今,岳飞居然当面加以斥责,他十分恼火。他知道岳飞是一个英雄,英雄惜英雄。而岳飞所言,出于一片爱国之心,所以他没有发火,反而站起来,拿起案上的杯子,斟满了酒,端着走向岳飞。
　　但岳飞正在气头上,不仅不接酒杯,反后退三步,手按宝剑,怒目而视。
　　此举,十分不妥。莫说他是个军人,面对的还是自己的顶头上司,就是面对一个同事,也不能这样。王彦忍着气,一仰脖子,将酒喝下。

---

① 借补:用补充缺额的名义授予某种官职。
② 修武郎:宋代武阶官名,正八品,武臣官阶共五十三阶,修武郎为第四十四阶。
③ 统领:宋代武阶官名,统领、统制,皆为南宋裨将,统制的地位高于统领。
④ 武经郎:宋代武阶官名,从七品,为第三十九阶。

但皇帝不急,宦官急。一刘姓幕僚,手指岳飞喝道:"好个岳飞,竟敢如此欺凌长官,想作死吗?"他扭头喊道:"来人,把岳飞拉出去砍了!"

帐外士兵应声而入,冲向岳飞。

出乎意料,出乎所有人的意料,王彦居然把冲向岳飞的士兵赶了出去。他缓缓地退回原处,又缓缓地坐了下去,自己给自己斟了一杯酒,慢慢地自饮。

沉默,沉默得连每个人的呼吸声都能听见。

最先打破沉默的是岳飞,他觉着王彦久不开言,乃是对他的藐视,将脚一跺说道:"你怕金狗,我岳鹏举不怕!"遂掉头出帐,点起本部兵马,杀向金军。

十六　投宗爷爷去

李纲突然抬起右手,击案说道:"就是您了!"

赵构反问道:"秦始皇统一六国,他可以容忍六国贵族的存在,但不容儒生,何也?"

宗泽这二十军棍打得岳飞心服口服。

岳飞凭着血气之勇,带领所部五百兵马,杀向数十倍于己的金军,旗开得胜,不只枪挑了金将黑风大王,还生擒了金将拓跋耶乌。

但随着时间的推移,问题也暴露出来。金军越战越多,而他内无粮草,外无援兵,更缺御寒之衣,饥寒交迫,不用金军来打,每一天总有几个心爱的士兵倒在路上或者宿营地,再也没有起来。岳飞意识到,英雄不是好当的,于是硬着头皮去见王彦,请求归队。

王彦缓缓说道:"汝脱军出战,论罪当诛。但汝还敢回来见吾,胆气足尚。今国步危艰,人才难得。吾饶汝不死,汝自去吧!"

岳飞默默地站了一会儿,又向王彦拜了三拜,掉头出帐。

你王彦不收留我岳鹏举,我去找张招抚,他不会不收留我!他决定去投张所。

一打听,张所不仅被褫职了,还来一个岭南安置①。同时被褫职的还有王燮。朝廷不仅褫了他俩的职,还把他俩所领导的河北招抚使署和河东经制使署也取消了。

赵构此举源自黄潜善、汪伯彦的谗言。

黄、汪二奸,为什么非要撤掉招抚、经制两个使署? 一因,他二人畏金如虎,一贯"主和",不将这两个抗金的官署撤掉,怎样向金人求和? 二因,他俩忌恨李纲,而这两个使署的设立,乃至主政使署的人选,皆出自李纲之谋。凡是敌人拥护的,我们就要反

---

① 安置:宋代刑法之一,或流放,或迁徙。安置有两个等级,有削去官爵而安置者,有贬其官爵而安置者。

对,且一反到底。

他俩为什么如此忌恨李纲?皆因他们自认为有拥立皇帝之功,宰相非他俩莫属!谁知,半道杀出个程咬金,鸠占鹊巢。

二奸这么做,最高兴的莫过于金国。这理,赵构不是不懂。他懂!

既然他懂,为什么还要支持黄、汪二奸?第一,他的目标并不是要收复失地,做一个中兴之主。而是要做一个苟且偷安的小皇帝,只要金国不找他的事,不把他逼到死胡同,他就不想和金国开战。第二,李纲不识"抬举"。朕破格将你擢为宰相,你不只不知道感恩,还与朕作对,朕最不愿意做的事就是与金开战,你却逼朕建立招抚、经制使署,让金人不高兴。金人若是不高兴,岂不要提兵伐我!不是岂不要,而是他们已经开始调兵遣将,要分三路伐我。这个李纲,你可是给朕捅了大娄子,天大的娄子。恼上来,朕这会儿就罢你的官!

不行,这会儿罢李纲的官,师出无名。况且,他的几个心腹大将领兵在外,诸如张所、王燮、宗泽等,弄不好会生变的。为了防止生变,我一个一个来。先罢了张所和王燮,下雨不戴帽,应该淋(轮)到宗泽了。

罢官宗泽的诏书已经拟好,赵构却下了软蛋:"这宗泽还不能罢呢,一是他并无大错。二是他有拥立之功,若非他劝我留在磁州,我赵德基哪有今天。先将宗泽放一放吧。"

这一放,不仅成就了宗泽,也成就了岳飞。走投无路的岳飞,突然想到了宗泽,当即决定——投宗爷爷去。

宗爷爷是汴人对宗泽的敬称,不只汴人,金人也背地呼他宗爷爷。

宗泽得以任东京留守,乃李纲所荐。

李纲志在收复两河,所以,对河北招抚使和河东经制使这两个职务看得很重。

但再重,也重不过汴京。汴京不只是八朝古都,更是北宋的都城,自赵匡胤陈桥兵变——黄袍加身,到靖康之变,历时一百六十七年。她是大宋朝的象征。她的名字、影响、凝聚力,已经深入宋人的大脑、血液,只要能还都汴京,光复宋室是迟早的事。所以,对于东京留守和开封知府的人选,李纲慎之又慎。他征求了数十个文武官员的意见,方才把目标锁定在宗泽身上。

他虽然不认识宗泽,但宗泽的人品、才能和功绩,他早有耳闻。尽管这样,他还有些不放心。我得见他一见!

宗泽虽说长李纲二十三岁,但他对李纲在汴京保卫战的表现非常钦佩,闻召,寅夜从襄阳出发,急行千里赶到南京。二人一见如故,促膝长谈两个时辰。李纲突然抬起右手,击案说道:"就是您了!"

宗泽一脸愕然地瞅着李纲。

李纲这才意识到自己有些过于激动,"嘿嘿"一笑说道:"东京留守及开封知府二职的人选,合二为一。这个人非您莫属。"

宗泽也不客气,铿声说道:"本将绝不辜负朝廷的重托,明天便去上任。"

宗泽来到汴京,第一要务,整饬军队。第二要务,想方设法联络收抚各地义军和巨盗。河东巨盗王善,拥兵十五万,战车三百余辆,扬言要攻打汴梁城。宗泽单骑驰入王善大帐,晓之以理,动之以情,居然将王善收编了。没角牛杨进,也是一个拥兵十余万的大盗,初从都统制王渊抗金,屡立大功,为王渊所忌,匿其功,愤而叛,屡扰京西。宗泽又来一个单刀赴会,收编了杨进。势力远不如王善、杨进的那些大盗,诸如李成、张用、曹成、李贵、王再兴、杨大郎等。见王、杨二人归顺朝廷,纷纷仿效,京西、淮南、两河一带,结束了盗贼横行的局面。

第三要务,修缮城墙,安抚百姓,积聚粮草。为加强军队的机动作战能力,他打造了一千二百辆战车。他根据汴京城地形,在城外设立二十四壁垒,驻兵数万。又在黄河沿岸设置了许多堡垒。为扩大防御区,他命京郊近河七十二里范围内的十六个县,县县开挖壕沟,置各种障碍物,以防金军南下。短短数月,残破不堪的汴京城,变成一座铜墙铁壁的堡垒。

宗泽笑了。他觉着收复失地,复兴宋室,指日可待。于是,他满怀深情地上书赵构,请他还驾汴京。书曰:

> 臣年事已高,近日常感神衰力瘁。万一臣走了,实在有愧陛下眷顾大恩,死不瞑目啊!更希望自己能迟一点死,而陛下能早一点来。倘若如此,臣与将士官民可一睹陛下御驾还京盛况,伏俯百拜,即使身填沟壑,虽死之日,犹生之年!

书发出后,宗泽天天等,日日盼,不但没有把赵构盼来,反有天使自南京至汴,要迎太庙神主前去南京。

宗泽上书赵构,极言汴京不可舍去。书发,如石沉大海。

他正要致书李纲,要他敦促赵构还汴。书尚未发,那李纲竟被贬黜为观文殿大学士、提举洞霄宫。未几,又闻太学士陈东、布衣欧阳澈上书朝廷,请复用李纲,罢斥黄潜善、汪伯彦,竟激怒了赵构,要将他二人处以死刑。

国丈吴近带病闯宫,面谏赵构:"陛下,陈东、欧阳澈不能杀!"

赵构一脸不悦道:"朕皇兄在位时,陈东等曾纠众伏阙(上书),不严惩,恐又有骚动情事,为患匪轻!"

吴近辩道:"太祖遗训,不杀士大夫和上书言事之人,您若杀陈东和欧阳澈,岂不有违祖制?"

赵构道:"祖制固然得遵,但与江山相比,逊耳。"

吴近道:"陈东乃一书生耳,俗话说,'秀才造反——三年不成。'杀不杀陈东,与江山无碍。所以,先皇仁宗时,成都有一老儒生,连考六次,每一次都名落孙山,一气之下,写了一首反诗,鼓动知府造反,知府惧而拘之,亲押至京,仁宗不但没有加罪老儒生,反封了他一个正七品的州司户参军。这个老儒生做了半年司户参军,在众人的指指点点下羞愤而死。他虽然死了,却成就了仁宗先皇的美名。"

赵构道:"朕没有仁宗先皇的器量,朕也不想学他。朕也知道'秀才造反——三年不成'。但朕更知道,文人那张嘴,那支笔,能抵得上千军万马。孔圣人做鲁国司寇,上任七日,便诛杀了大名士少正卯。何也?以口乱政也。秦始皇混一六统,他可以容忍六国贵族的存在,但不容儒生,一坑就是四百六十人,何也?恨儒生借古讽今。陈东比秦朝那些儒生更可恶,他不只是借古讽今,还明目张胆地指责朕——'渊圣皇帝(钦宗)没薨,只是北狩①。皇帝只有一个,那就是渊圣皇帝。你即使主持了朝政,但不能移制②,亦不能改元。'你听听,这都是什么话,朕不杀他能行吗?"

吴近"噢"了一声道:"原来如此,诚如陛下所言,他真的该杀。不过,他说的话也有一定道理,若杀之,不仅有违祖制,也会背上杀士的恶名。这个恶名,历代君王没有人愿意背的。"

赵构轻叹一声道:"朕也不想背,但又非杀不可,为着这事,朕想了十几天,朕打算这么做。"

他屏退了众人,方又说道:"朕先杀了陈东和欧阳澈。尔后,再寻一个机会,为他二人昭雪,把他俩被杀的责任,推到黄潜善和汪伯彦身上。不,不是推到他俩身上,是他俩一而再、再而三地谏朕,要朕杀陈东和欧阳澈。"

---

① 北狩:皇帝被掳到北方的婉词。
② 制:皇帝的诏书之一。皇帝的诏书(命令)有四,一曰策、二曰制、三曰诏、四曰戒。

90

吴近频频颔首道："这样做好。"

也有说不好的。反对处死陈东和欧阳澈最激烈的首推李纲。但他已被贬官，又身处桃花源中，他的话没人听。

其次是尚书右丞许翰，当面劝黄潜善："若斩杀陈东和欧阳澈，不仅有违祖制，也堵塞了言路，国家志在中兴，不应如此！"

黄潜善不听。不仅不听，还将许翰罢官闲居。

陈东、欧阳澈因李纲而死，李纲还会有好果子吃吗？当然没有。他被赶出京都，万安军（今湖南省澧县）安置。

兔死狐悲！李纲、陈东是坚定的主战派，宗泽也是坚定的主战派。李纲、陈东的今天，就是他的明天！对于他的明天，宗泽并没有过多考虑。

谚曰："人活七十古来稀。"他已经六十九岁了，再有一年，就进入古稀之年，罢官也罢，处死也罢，他都不在乎了。他所在乎的是大宋的命运：国土是否收复，二帝是否南归，沦陷区的百姓何日才能脱离金人的魔爪，回到祖国怀抱！

他明明知道，皇帝不是一个有为之主，当道的又是奸臣，但为了实现他的这三个"在乎"，宗泽奋笔上书赵构："一、请他务必还驾汴京。二、召回李纲。三、为陈东、欧阳澈昭雪。"

又一个石沉大海。赵构不但没有还驾汴京之意，反要南逃扬州避敌，宗泽绝望了。

他大病了一场。还没痊愈，他便强撑着身子去视察军队。忙了一个上午，刚刚返回留守府，一亲兵报曰："有一个自称岳飞的小将求见。"

宗泽双目为之一亮："是汤阴那个岳飞吗？"

亲兵回曰："是。"

宗泽道："有请。"

不一刻儿，岳飞趋了进来，只见他身穿破甲，一脸的憔悴，但眼睛里却写满了刚毅。

宗泽盯着他看了良久，问道："你果真是汤阴那个岳飞？"

岳飞将头点了一点。

"本帅听说过你的名字，还是听皇上讲的。你不是回家丁忧去了，怎么又来到汴京？"

岳飞轻叹一声道："大敌当前，慈母要末将以国事为重，逼着末将再次投军，末将这才投了张招抚。"

"你说的是张所吧？"

岳飞将头又点了一点。

宗泽问:"他授你何职?"

岳飞回道:"先是'借补'修武郎,一个月后,又借补武经郎,隶属都统制王彦。"

宗泽复问:"因何又来投我?"

岳飞长叹一声道:"末将已经脱离王都统制有日了。"遂将他脱离王彦的前因后果讲了一遍。

宗泽正色说道:"王彦并非怯敌的主儿,他既然不肯出兵迎敌,自有他的道理。作为一个军人,哪能如此藐视主帅,擅自用兵呢?"

岳飞一脸愧色道:"末将已经知错。"

宗泽道:"论罪,你该当诛,你说是也不是?"

岳飞忙点了点头。

宗泽道:"王彦没杀你,那是他爱惜你是一个人才。如今正在用人之际,本帅就更不能杀你了。但是,死罪可免,活罪不可免,本帅想责你二十军棍,你服也不服?"

"服。"

二十军棍打过之后,宗泽又道:"岳飞,你虽然三次从军,屡立战功,但无人可证。况且,你又来到一个新的部队,一切得从零开始,你愿不愿意?"

岳飞道:"愿意。"

宗泽道:"凡投本帅之人,本帅一视同仁,量才使用。怎么量才?一是考较武艺,二是考较兵法。考较兵法之事,咱暂且免谈,现在只说考较武艺。你若能胜得本帅的修武郎,本帅便让你做修武郎,你若能胜得本帅的武经郎,本帅便让你做武经郎,你说可好?"

岳飞忙道了一声"好"。

十七　热脸贴冷屁股

　　岳飞恨梁旺出手歹毒,展开沥泉枪法,又刺又挑,战至第十合,暴喝一声:"下去吧!"
　　这哪里是人,分明是神,抑或是一个妖魔!
　　岳飞马不停蹄,来到渭州,热脸蹭了个冷屁股。王彦冷冷说道:"不须岳统制相助!"

因为是考较武艺,只须分出个胜负也就罢了。故而,双方的武器,都是木棍。
宗泽这一方,第一个出场的是修武郎李山,他长得高大威猛,力可举鼎,谁料,三个回合,便被岳飞打落了木棍。
第二场,宗泽这一方,上场的是武经郎梁旺。梁旺这人可是大有来头,他的老外公乃战神狄青。他的姐姐嫁给了当今皇上的五哥。他天生神力,所用武器,乃一把金背大砍刀,重达六十二斤。十日前,来投宗泽,宗泽见他出身高贵,又能使这么重的兵器,破格授他武经郎。他嫌职卑,牢骚满腹,宗泽正要设法挫一挫他的傲气,岳飞来了。
从直觉来看,宗泽觉着梁旺的武艺和岳飞当在伯仲之间。及至看了岳飞和李山那一番较量,他断定,梁旺不是岳飞对手。
宗泽没有看错,梁旺真不是岳飞对手,只是比李山多战了六个回合,也就是说,战到第九个回合,被岳飞打飞了木棍。
梁旺不服,嚷嚷道:"宗大帅,末将善使大刀,今日却要用棍,末将败而不服。"
宗泽笑微微地问:"怎样才能使你服气?"
梁旺道:"再比一场。这一场,来一个真刀实枪,各用各的兵器。"
宗泽移目岳飞:"梁旺想和你再比一场,你可愿意?"
岳飞道:"愿意。"

梁旺又提出新的要求,他觉着岳飞出自乡野,即使从高人学艺,也学的是马下功夫,而他自己,将门出身,精于骑射。若是在马上交锋,他一定不是自己对手!他双手抱拳道:"禀宗帅,骑兵乃各兵之王,我朝为何屡为金军所败,败就败在他的骑兵身上。我若想彻底击破金军,就得苦练马上功夫,我想与岳飞来一个马战,不知道宗帅可否恩准?"

宗泽又来一个移目岳飞。岳飞声如洪钟道:"梁旺想怎么比,末将便与他怎么比,只是,末将胯下缺少良马。"

宗泽道:"马不成问题,你可以去本帅马厩里随便挑。"

岳飞道:"这就好。"

宗泽重重地咳了两声,说道:"梁旺、岳鹏举,你二人听好,下一场较艺,你们各用各的兵器,至于战马,都可以去本帅马厩里随便挑。一个时辰后,还到这里来。"

一个时辰后,岳飞、梁旺双双回到校场。前者,破甲、白马、银枪。那马浑身上下如瑞雪一般,无一根杂毛;后者,皮甲、黄骠马、金背大砍刀。那甲乃象皮所制,漆以朱红颜色,鲜亮夺目。

岳飞将屁股欠了一欠,正要说几句客套话,梁旺当头一刀砍来,岳飞忙侧身避之,与他擦身而过。二人兜马转了一圈,二次相会。梁旺仍施前招,岳飞举枪去拨。

二人一来一往,战至第十合,岳飞暴喝一声道:"下去吧!"一枪将梁旺挑下马去。

梁旺面如死灰,爬将起来,骑上黄骠马,绝尘而去。

宗泽依约,加封岳飞为武经郎,统率旧部。且择良马五百匹,配给岳飞。岳飞所部,鸟枪换炮,战斗力大大提高。

该来的终于来了。

建炎元年(1128年)十二月,为了彻底消灭宋朝,金国以光复伪楚,为张邦昌报仇为名,由完颜宗翰率大军犯宋。完颜宗翰内能谋国,外能谋敌,是金国灭辽亡宋的头号大将。

赵构得到消息,第一反应就是逃。他以南巡为名,带着身边的文武大臣,以及宝眷宫娥,一溜烟似的逃到江南扬州,把这个烟花繁华之地作为行在(朝廷的临时驻地)。

金人本来就轻视宋人,他这一逃,愈发让金人轻视了。赵构遣使去金营谈判,完颜宗翰一脸讥笑地对宋使说道:"本帅尚未出兵,你们的国君便逃之夭夭。一国之君没用到这种程度,还有什么资格谈判!"

他不只不谈,还扣押了宋使,且将金军分为三路,气势汹汹地杀向宋境。

十七　热脸贴冷屁股

第一路,亦称东路军,由完颜宗翰和左监军完颜昌(挞懒)率领,下太行山,由河阳(在今河南省孟州市西)渡河,攻击目标——淮南。

第二路,亦称中路军,由右副元帅完颜宗辅①与其四弟完颜宗弼率领,自燕山由沧州(今河北省沧州市)渡河,攻击目标——江南。

第三路,亦称西路军,由陕西诸路都统完颜娄室和撒离喝率领,自同州(今陕西省大荔县)渡河,转攻陕西,牵制西夏,并切断关中宋军入援中原之路。

三路大军成"品"字形摆开,进军规模之大,可谓空前。

赵构之所以把国号由"靖康"改为"建炎",是因为炎者,火也,火可以克金。原以为他这一改金国就完蛋了。

可笑。太可笑了。

三路金军,分头而进,进军最快的是中路军,也就是完颜宗辅与金兀术所率领的这一支。出兵不及一月,便攻占山东一郡三州。

西路军娄室进至河中(又名蒲州,今山西省永济县蒲州镇),见西岸有宋军扼守,不敢径渡,乃绕道韩城(今陕西省韩城市),履冰涉河,连陷同州、华州(在今陕西省渭南市境内),沿河安抚使郑骧力战不支,投井自尽。娄室遂破潼关,中原大震。

东路军完颜宗翰,进展也比较顺利,但在汜水关下遭到宋军有力抵抗。

此关又名虎牢关,西京洛阳的门户,也就是三英战吕布的那个地方。素有"一夫当关,万夫莫开"之誉,历来为兵家必争之地。既然是兵家必争之地,宗泽就得遣一个强将去守。他把目标锁定在岳飞身上。

岳飞驰马来到汜水关,正遇金军在关下挑战,只三箭,便把金军吓退了。

第一箭,射中金军先锋的喉咙。此后两箭,将两个执旗的金兵射翻。

他射箭不比常人,先喊后射。指谁射谁,一矢中的。这哪里是人?分明是一个神,抑或是一个妖魔!

金军一退再退,退到岳飞的射程范围之外,方才稳住阵脚。岳飞哈哈大笑,率部冲出关门,直犯敌阵,挡者不死即伤,金军落荒而逃。宗翰叹曰:"本帅统兵伐辽、伐宋以来,未曾这么败过,难道宋朝不当灭,此人是为灭我而生?"

岳飞凯旋而归,把宗泽乐得满脸开花,擢其为统制。一有闲暇,便把岳飞召来,彻夜长谈。

---

① 完颜宗辅:又名完颜宗尧,女真名讹里朵,金太祖阿骨打第三子,俗称三太子。

某一日,宗泽语重心长对岳飞说道:"尔勇智才艺,虽古良将不能过。然好野战,非古法,今为裨将尚可。若作大将,就得学习兵书阵法。"说毕,拿出《武经七书》①,及宋太宗的《平戎万能全阵图》、曾公亮的《武经总要》三书相赠。

岳飞一谢再谢,抱书而去。

一个月后,宗泽问岳飞:"那些书你读了几部?"

"全读完了。"

宗泽一脸惊讶道:"这么快呀?"

"都是粗读,有些只是翻了翻。"

宗泽满面不悦道:"这些书,集古今兵法之大成,你应该精读才是。"

"按图布阵,属于拘泥不化。俗话说,水无常形,兵无常势,岂可按一定之图。"略顿,岳飞又道:"兵者,诡道也。用兵之要,贵在出奇制胜。若拘泥于兵书,反而有害。"

良久,宗泽方道:"你说的有一定道理,但多读书没有坏处。像《武经七书》,你还是多读几遍好!"

岳飞拜曰:"大人教训得对!"

宗泽将话锋一转道:"宗翰的动向你知道不?"

岳飞道:"听说他逃离氾水关后,南犯汝州(今河南省汝州市)去了。"

"那是老黄历了,他已由汝(州)而邓(州)而襄(阳),连陷我十几州郡,现已占据陈州(今河南省周口市淮阳区)了。"

岳飞一脸惊讶道:"他的腿好快呀!"

宗泽恨声说道:"不是他的腿快,是朝廷一心求和,放弃了抵抗。要不,金狗就是长十条腿也不可能自氾水关南下后,一个多月时间,陷我这么多州郡!"

岳飞愤然说道:"如此之朝廷,让人心寒!"

宗泽道:"咱不管朝廷怎样,咱只要有一口气,就不能眼睁睁地看着金狗在大宋的国土上横行。"

岳飞道:"大人说得极是,您说,咱这会儿该怎么办?"

宗泽道:"金狗志在汴京,他若自陈州犯汴,白沙镇是其必经之路,我已遣将前去埋伏,不日即有捷报传来,你的任务是前往滑州(今河南省滑县),援助王彦。"

---

① 《武经七书》:又叫《武学七书》,简称《七书》,它是中国古代著名的军事理论丛书,收录从先秦到唐宋间七部重要兵书:《孙子兵法》《吴子兵法》《司马法》《六韬》《尉缭子》《三略》《李卫公问对》。

岳飞迟疑了一下,方才说道:"敬从大人之命!"

宗泽笑微微地说道:"我知道你和王彦有过节,所以才让你去。"

"为什么?"

宗泽笑容如故道:"你俩都是当今少见的英雄,又都怀着一腔尽忠报国之心,我想唱一出《将相和》。"

岳飞忙道了声"谢谢"。

宗泽又道:"你这一次去滑州,除了带上你的本部人马,我再给你拨四支人马。"

岳飞忙问:"哪四支?"

宗泽道:"武经郎吉倩,修武郎徐庆、张宪、王贵。"

岳飞满面欢喜道:"太好了,真是太好了!宗大人,您能不能把王都统制的近况给末将讲一讲?"

宗泽笑道:"你就是不问,我也要给你讲,好让你对他有所了解。"

面对金军的入侵,王彦没有出击,是因为没有必胜的把握,并非怯敌。他拒绝岳飞之后,带领所部退至太行山。

别的部队都是越打越往南跑,包括那个被后世誉为"中兴四将"之一的刘光世,他逃跑的功夫堪称天下第一。而王彦的部队却是北进、北进,深入敌后,召集各路豪杰,共同抗金。两河义军首领傅选、孟德、刘泽、焦文通等,率所部十九寨数万人马来附。"八字军"控制的势力范围,绵亘数百里,成为金人的心腹之患。金国数次遣兵围剿,皆为王彦所败。宗泽嘉其功,任命其为"两河制置使",移军滑州。金之西路军由潼关杀来,试图一举将"八字军"歼灭。警达汴京,宗泽想了又想,决定遣岳飞前去增援。

岳飞马不停蹄,来到滑州,热脸贴了个冷屁股。王彦冷冷说道:"完颜娄室,我自能摆平,不须岳统制相援!"

岳飞悻悻而返。走了数里,他突然觉得,不能走。

为什么不能走?

我本为王彦一属下,负气带队出走,理应当诛,王彦不杀我,有再造之恩,有恩不报非君子。况且,宗大人命我援助王彦,用心良苦,我不能负他。但是,若是再折回去,依王彦性格,定会再逐。倒不如这样,我掉头西行一舍(三十里),潜伏下来,待完颜娄室攻滑州的时候,我在他背后捅上一刀,不愁完颜娄室不败。如果这样,一来不违宗大人使命,二来也算还了王彦一个人情。

十数日后,完颜娄室兵开滑州,与王彦正打得难解难分,岳飞率伏兵杀出。娄室大败,撤兵西还。张宪、王贵等人劝岳飞再谒王彦。

岳飞微微一笑道:"见他干什么,是讨功,还是争功?"

诸将道:"咱既不讨功,也不争功,只是叫他王彦知道,统制在以德报怨。"

岳飞道:"不必,大可不必!"说毕,带着众将士撤离滑州,回汴京复命去了。

王彦明明知道是岳飞帮了他,应该道一声"谢谢",但他拉不下这个脸。

这一战,王彦的大名,响彻两河,从军的人越来越多,众达十余万。他致书宗泽,请求出师北伐。恰在此时,五马山寨义军遣使来见宗泽,极愿归顺朝廷,充当北伐的先锋。

十八　红楼女招夫

　　昏迷中的宗泽,突然大叫三声:"过河!过河!过河!"口喷鲜血而死。
　　岳飞这一刀,不仅把王大郎横在头顶上的长枪劈为两截,而且,连人带甲,自顶至腰,一分为二。
　　宫中的女人玩腻了,赵构效法他的父皇,把双眼伸向了红楼。

五马山者,因山上有五匹石马而得名。山不算高,百丈左右。

宋靖康元年,金军破真定府,武翼大夫①赵邦杰,率残部上山立寨,抗击金军,队伍发展到数千人。被俘的宋武功大夫②马扩从金之囚室中逃回后,投奔了五马山寨义军,被推为大寨主,赵邦杰退居二寨主。

一月后,谍人报称,山后一菜农匿一先皇子,但此子已经改姓为梁,人称梁十八。马扩扮一相面先生下山暗访,见梁十八气度不凡,一番盘问后,确认他就是徽宗第十八子信王赵榛,择了一个黄道吉日,用八抬大轿,把信王抬上山来,做了大寨主,马扩、赵邦杰则分任二寨主和三寨主。有了信王这块金字招牌,河北、山西义军纷纷来投,众达十余万人。

宗泽刚刚击退完颜宗翰,正想挟战胜之威出师北伐,又得一支雄师,喜上眉梢,遂挑灯拟奏书一封,并北伐的计划,上呈赵构,强烈要求他回銮汴京,主持北伐大业。而赵构只知安居扬州,并无北伐之意。黄潜善、汪伯彦二人出于对宗泽的妒忌,又百般阻挠。

上书,石沉大海。

宗泽不得不再次上书。书曰:

---

①　武翼大夫:宋阶官名,为武臣第三十四阶。
②　武功大夫:宋阶官名,为武臣第二十七阶。

臣欲六月出兵,此乃金酋苦暑之日。臣欲遣"八字军"自滑州渡河,取怀、卫、相等州;王再兴等自郑州直护西京隆寝;"五马山寨义军"自大名府取洺州及真定府;杨进、王善等,各以所统之兵,分路并进。河北山寨忠义之民,臣已与约响应,众至百万。愿陛下早还汴京,臣当躬冒矢石,为诸将先,中兴之业,必可立致。如有虚言,愿斩臣首以谢军民!

这一次有了回音。这个回音,把年老体衰的老将军给击倒了。

诏书明确表示,第一,击退金军就好。我朝需要休养生息,不要无事生非,搞什么北伐。第二,两河的所谓义军,皆盗也,要立即遣散,免生祸端。

可恼,可恨!

你要休养生息,金人让你休养生息吗?若不北伐,若不"无事生非",何以迎回二帝?何以收复失地?何以解救两河、淮甸之生灵?义军皆盗?义军遍布两河,他就是为盗,也是祸乱两河。试问,这两河还是咱宋朝的吗?既然不是咱大宋的土地,他们即使去偷去抢,去杀人放火,碍着咱大宋甚事,朝廷甚事?若是把他们遣散,只能是亲者痛,仇者快。傻逼才干呢!

他病了。病榻中的宗泽仰天长叹道:"吾志不得伸矣!"。忧愤久了,背上长了一个毒疮,渐渐卧床不起。诸将看他,他愤然说道:"吾以二帝蒙尘,积愤至此。汝等能歼敌,我死无恨矣!"

诸将垂泪答曰:"吾等不敢负大人之望!"

等诸将离去,宗泽对家人说道:"吾病已无治,杜甫有诗云,'出师未捷身先死,长使英雄泪满襟。'说的就是吾也!"说毕,泪流满面,进入昏迷状态。

他突然大叫三声:"过河!过河!过河!"口喷鲜血而死。

是为建炎二年七月夜。

史载,是夜,"雷电晦冥"。

宗泽自卧床至殁,无一语语及家事。

噩耗传出,"汴人为之号恸,无论贤愚,皆相吊出涕。"讣达朝廷,赠观文殿学士、谏议大夫,谥号"忠简"。

"忠"者,危上奉上曰忠;虑国忘家曰忠;让贤尽诚曰忠;危身利国曰忠……这个谥号不错,但"简"就不怎么样了。一德不懈曰简;平易不訾曰简;治典不杀曰简;仕不躁进曰简……也就是说,清虚寡欲、不多嘴多舌,而事业上也没有什么建树。言下之意,这个人比较庸碌。总之,"简"不是一个很好的谥号,历史上,谥号为"简"的有隋唐的元孝矩和东晋的简文帝。前者,因女而贵(女儿嫁给了废太子杨勇);后者,做了八个月傀儡皇帝。

宗泽呢?元祐中登进士及第,文武双全。知磁州,金人不敢犯。嗣佐赵构为副元帅,渡河逐寇,连败金人。守东京后,金人屡战屡败,益加敬畏,呼为宗爷爷,却得了这么一个谥号!实在让人气愤,让人心寒!

让人气愤的事,并没就此打住。赵构继续作,乐此不疲地作。

宗泽殁了,得选一个人继承他的官职、他的事业。本来有个现成的——宗泽的儿子宗颖。宗颖十几岁便跟着父亲,属于幕僚一类的人物,无论是官场还是民间,有着很高的威望。汴人请以颖继父职,朝廷不允,派来了一个叫杜充的。宗颖呢?封他一个判官。

杜充这个人,别看是进士出身,为人阴险冷酷。靖康初年,出任沧州知州。那时辽国灭亡不久,燕云十六州落入金国手里。居住在那里的汉人,纷纷逃往沧州。杜充担心这些人中有金人的奸细,"杀之无噍类"。于是,上万个不愿受金人奴役的汉人,死在了杜充的屠刀下。按理,朝廷应该追究滥杀的责任,但朝廷不但不追究,反迁杜充为北京留守。

不可思议!

这一决定和赵构要宗泽遣散两河义军一样的令人气愤,一样的不可思议。

你思议也好,不思议也好,杜充高昂着头,来到了汴京。

人虽然坐在了宗泽经常坐的那只椅子上,却一反宗泽之为,甚至还要拿张用开刀,杀人立威。宗颖屡劝不听,乞归守制。

张用也不是一个善茬,得到消息,立马联络那些昔日的同行,诸如李贵、王大郎、王善、杨进等,同杜充干了三仗。杜充三战皆北。

官饭吃不成了,张用等人便重操旧业,做起了山大王。更有甚者,诸如没角牛杨进之流,居然西进西京(今河南省洛阳市),将西京城团团包围起来。

杜充搞的这一手,使得汴京城将士离心,十去其九。汴京城外,盗贼蜂起,烧杀抢掠,无所不为。

杜充之所为,虽然与宗泽背道而驰,但有一点,和宗泽出奇的一致,那就是——赏识岳飞。一纸军令,将镇守西京的岳飞调回汴京,擢为武功郎[①]。

[①] 武功郎:宋武阶官名,原名皇城副使,为武臣第三十四阶。

岳飞来到汴京,立马投入剿灭"叛军"的战斗。

在汴京城北陈桥驿,也就是赵匡胤兵变的那个地方,岳飞追上了号称拥有二十万人马的张用、王善和王大郎。岳飞呢?所部只有两千。以两千人挑战二十万人,简直是以卵击石!

岳飞居然成功了。

他劈头一刀砍向了迎战他的王大郎,王大郎忙来了一招举火烧天,横枪去挡。只听一声巨响,王大郎横在头顶上的长枪不但断成了两截,而且,连人带甲,自头顶至腰,一分为二。现场的人全惊呆了。为兵为匪的人,杀人放火对他们来说司空见惯。可他们哪曾见过这么杀人的,而且是这么有力度的杀人!

魔王!岳飞是一个魔王!

面对魔王,只有一个字——"逃"!加一个字,那就是"快逃"。再加两个字,那就是"没命地逃"!

岳飞不想多杀,收兵回营。

杜充对他很不满意,沉着脸说道:"你咋不追呢?你不只要追,还要把他们赶尽杀绝,不留后患!"

岳飞想辩——这些人,被宗大人招抚过,也算是大宋的军人,虽然反叛了,何必要赶尽杀绝呢!他的嘴张了几张,又将要说的话吞了下去。

杜充对他虽然不满,但还要用他来对付叛军,不得不将他迁为武略大夫①、借英州(今广东省英德市)刺史②,命他追歼张用和王善。

岳飞尽管不愿追剿张用和王善,因有负气脱离王彦的教训,他不得不违心地从了杜充之命。在他的追击下,张用和王善分道扬镳,前者逃往江西;后者投奔了金军。杜充嘉岳飞之功,迁其为武德大夫③,实授英州刺史。

杜充胜利了。胜利了的杜充招来金人一片喝彩之声。

金人做梦都想彻底亡宋,由于宗泽的存在,他们不敢再打灭宋的主意,改而进攻西夏。兵未及发,传来宗泽去世的消息。金主吴乞买喜出望外道:"他死得好!他既然死了,中原再无人是朕对手,西夏的事,先放放,伐宋,大举伐宋!把赵构这个王八羔子抓来,给朕牵马坠蹬!"

---

① 武略大夫:宋武阶官名,为武臣第三十阶。
② 刺史:官名,初置于汉,由监察官变成一方军事行政长官。宋朝成为一种虚衔。
③ 武德大夫:宋武阶官名,为武臣第二十八阶。

鉴于上次伐宋,兵分三路,打击面过大,战线拉得太长,兵力分散等问题,这一次伐宋,由三路改为东西两路。西路军仍由完颜娄室率领,专攻陕西;东路军(与中路军合并后)由完颜宗翰率领,目标——扬州。

建炎二年十一月,完颜宗翰挥师南下,势如破竹,攻陷濮州、开德府(今河南省濮阳市)、相州后,直捣汴京。

他刚刚走到黄河边上,黄河突然决堤,河水奔腾咆哮,一望无际,把宗翰吓了一大跳,赶紧后撤。

事后方知,这不是天灾,是人祸,是那个该当千刀万剐的杜充干的。

这家伙闻听金军杀来,不是组织军民如何抵抗,而是命人扒开黄河大堤,以河水阻滞金军的进攻。汴京城暂时保住了,为了保这个汴京城,直接死亡的人达二十万,间接死亡(包括瘟疫)的人近百万,无家可归的难民近千万。

造孽,造孽呀!

混蛋如徽宗、钦宗,面对亡国的危险,也没敢这么干,杜充干了!千古罪人,不折不扣的千古罪人!

可赵构不这么看,不管你用什么办法,只要能把金人挡住,就是我的功臣!故而,当有人上书弹劾杜充时,赵构不仅不向杜充问责,反将上书人一一踢出朝廷,且将国事托付给黄潜善、汪伯彦两人,自己专心在行宫作乐。

宫中的女人玩腻了,他便仿效他的父皇,把双眼望向了红楼。

在二十四桥附近,有一座红楼,上边有一位绝代佳人,姓张,闺名昭容,不但美颜,琴棋书画样样精通。她十五岁那年开始接客,但只限于弹唱歌舞、陪酒陪茶陪聊天。接了三年,攒了一笔钱,她不再接客了。她要嫁人。

她选择夫君的条件非常高。第一,出身名门贵族。第二,人物标志。第三,品行高尚。第四,才华出众。符合条件的本来就少,她还要来一个面试。故而,年届二旬,还待字闺中。

这事不知道通过何种渠道传到赵构耳中。他带一百多名内侍,微服来到红楼,递上一个红色札子①,并一本《玉牒箓》。札曰:

求婚人赵德基,生于大观元年(1107年)六月十二日。第一,祖父议王,讳仲

---

① 札:信件。

浞,乃英宗皇帝的嫡亲皇子,有《玉牒篆》为证,算不算出身名门?

第二,人物是否标致,札中附有本公子肖像,相信美人自会判断。

第三,品行是否高尚?札中附有宗人府的判语(泽被天下,堪比周文王;坐怀不乱,柳下惠再生),美人一观便知。

第四,本公子曾匿名孔凡,参加科举,荣获进士及第。本公子能书能词,自以为文采尚算出众。

是否可以面试?本公子在楼下翘首以待!

且不说赵德基考没考上过进士,单就他书中之字来看(瘦挺利索、侧锋像兰草,是典型的瘦金体),确实才华出众。既然他才华出众,这择婚的第四个条件他达到了。

至于出身,那就不是名门贵族的问题,而是高不可攀、尊贵无比的皇室子弟、龙子龙孙。这择婚的第一个条件,他也达到了。

这择婚的第三个条件——品行是否高尚,有宗人府的判语为证,不必再说。

这择婚的第二个条件——人物是否标致?从他的肖像来看,"标致"二字已经不能形容他了,而是又美又帅。

她越看越是喜欢,忙吩咐婢女云儿下楼,去请赵德基。

随着"咯噔咯噔"的脚步声,云儿、赵德基一前一后走进二楼客厅。

昭容举目一瞧,只见赵德基面白似玉,眉间一点朱砂鲜艳欲滴;手里那把孔明扇,不时地轻摇几下,加之一身精致的白袍,更衬得他洒脱帅气,给人有玉树临风、风流倜傥之感。

昭容悄悄吞下一口唾液,暗自说道:"就是他了!"

她微抬右臂,朝锦凳一指,柔声说道:"坐,请坐!"

十九　我就是天子

赵德基问:"你不妨明确告吾,本公子是否符合你的择婚标准,若是不符,本公子这就拍屁股走人!"

昭容手托下颌,歪着脑袋,笑眯眯地略带讥讽地瞅着赵德基。

王彦大踏步闯进政事堂,质问二奸:"寇势日迫,未闻二公调兵遣将,莫不是待敌自毙么?"

赵德基落座后,云儿忙将一盘精致的茶点放在他的右前方。

昭容轻启玉唇,笑微微说道:"点心不好,还请公子包涵。请用点。"赵德基缓缓伸出右手,用拇指和食指从盘子里捏了一块桃酥,轻轻放入口中。

他吃得很慢。他不是在吃,是在看,一双炯炯有神的大眼睛,直勾勾地盯着昭容。

昭容报之一笑道:"贱妾有甚好看,公子想用什么茶?"

赵德基笑嘻嘻地反问道:"汝这里都有些什么茶?"

昭容娇躯微侧,纤手指着茶橱,语如莺啼道:"国之六大名茶[①],除了大龙团,都有。"

"那就喝小龙团吧。"

昭容转身右趋,从茶橱里取出一个标有小龙团的小彩罐,放到茶案一角,又从茶橱的竹筒里拿出一个银匙。她正要去茶罐取茶,忽又停下,笑问赵德基:"公子口味如何?"

"有点重。"

昭容点了点头,从茶罐里舀了三勺小龙团,置于茶壶。

她端坐于茶案后,全神贯注地注水、温杯、烫杯、斟茶。

---

① 宋朝六大名茶:研膏茶、蜡面茶、大龙团、小龙团、密云龙、龙园胜雪。

茶只斟了七分。

她右手持杯,左手托着杯底,脚下成直线,笑容可掬地走向赵德基右方,莺莺说道:"公子请用茶。"

赵德基双手接杯,轻轻呷了一口道:"好茶!"

尽管茶好,但他不是为喝茶而来,喝了三杯后,面带微笑,两眼凝视着昭容,直奔主题:"大美人,本公子可是为着求婚而来。"

昭容笑眯眯道:"小奴知道。"

"既然知道,你不妨明确告诉本公子,本公子是否符合你的择婚标准,若不符合,本公子这就拍屁股走人!"

昭容"吞儿"一声笑了:"您这个人,看着聪明,实是一个大傻瓜。您若是不合小奴的择婚条件,小奴会让您上楼吗?"

赵德基搔了搔后脑勺,"嘿嘿"一笑道:"美人说的是。不过,本公子既然符合你的择婚条件,你就该对本公子进行面试才对。"

昭容莞尔一笑道:"这不正在对你进行面试吗?"

"你面试本公子什么?"

"看您的言谈举止。"

赵德基笑嘻嘻地说道:"本公子还以为,你的面试,也像殿试一样,提几个问题,让应试者现场回答呢。"

昭容道:"面试,就应该像您说的那样。但是,对于您,那叫画蛇添足。"

"为什么?"

"你中过进士呀,连殿试那么大的关都闯过去了,还有什么关能拦得住您?"

赵德基一脸得意地说道:"那倒也是。"

"所以,小奴只能请您用茶,通过用茶看您的言谈举止。"

赵德基笑问道:"在下的言谈举止怎么样?"

"很好。"

赵德基道:"这就好。大美人,汝这里有酒无?"

"有。"

赵德基道:"有就好,快上,本公子要和汝喝一杯交杯酒。"

昭容的脸笑得像一朵绽开的牡丹花,甜甜地说道:"这么急呀,就是想喝交杯酒,也得等进了洞房那一夜。"

十九　我就是天子

"本公子今天就想和汝进洞房。"

昭容轻摇柔荑道:"不可能,婚嫁乃人生大事,得依六礼①而行。"

"汝说的这是一般人家。"

昭容道:"除了皇帝,家家都是这样。"

赵德基歪着头说道:"本公子要是皇帝呢?"

昭容又是"吞儿"一笑:"您要是皇帝,小奴这会儿就和您喝交杯酒!"

赵德基开怀大笑道:"好,好!"

他二目直视着张昭容,笑嘻嘻又道:"这可是汝说的,不许反悔哟!"

昭容嫣然一笑道:"只要您是皇帝,小奴说过的话绝不反悔!"

她忽然想起了什么,面现惊惧之色:"咱俩刚才说的话,有些犯禁。这玩笑可开不得!"

赵德基又来一个哈哈大笑:"看把汝吓的。汝放心,咱俩说的话并不犯禁,我就是当今天子。"

昭容摇了摇头道:"您若是当今天子,小奴就是天子他……"她本想说"天子他姑",话到唇边又吞了回去。

赵德基笑嘻嘻地说道:"小奴便是天子的什么？说呀,怎么不说了呢?"

张昭容摇手说道:"您别问了,小奴已经犯了一次禁,不会再犯了。"

赵德基道:"不说也罢,咱书归正传。朕真是当今天子。"

昭容将头摇了又摇,手托着下颌,歪着脑袋,笑眯眯地略带讥讽地瞅着赵德基。

赵德基道:"汝别这样瞧朕。朕问汝,朕叫什么名字?"

"赵德基呀!"

赵德基又问:"当今天子叫什么名字?"

"叫个赵……赵……"她纤手朝赵德基一指,娇声斥道:"您坏! 天子的名讳,能是一个平民百姓随便说的吗? 您坏,您逗着让小奴犯禁。"

赵德基微微一笑道:"汝怕犯禁,汝不敢说当今天子的名讳,朕说。当今天子姓赵,名构,字德基。"

他用右手食指点着自己的鼻子说道:"朕便是赵构,赵构便是朕,赵德基也是朕。"

昭容见他一脸郑重,似信非信道:"您说您是当今天子,何以为证?"

---

① 六礼:采纳、问名、纳吉、纳征、请期、亲迎。

赵德基想了一想说道："朕这里有御玺一枚,可否为证?"

昭容道："若有此宝,请您一示。"

赵德基从衣服内掏出御玺一枚,递给昭容,此印,乃玉所制,上刻"大宋受命之宝"六个字。

昭容看了又看道："小奴听说,皇帝御玺,有六枚之多,一曰'皇帝之玺',二曰'皇帝行玺',三曰'皇帝信玺',四曰'天子之玺',五曰'天子行玺',六曰'天子信玺'。您才只有一枚。而这一枚,所刻之字,与六玺所刻之字又不符。"

赵德基一脸惊讶道："汝知道的东西还不少呢!"

昭容道："干俺们这行当,啥人都得接触,知道的东西当然要比一般人多些。"

赵德基"噢"了一声道："汝说,皇帝之玺,多达六枚,这也不假。皇帝之名,始自秦始皇。皇帝之玺,当然也始自秦始皇。秦始皇始制玺时,确实制了六枚。由于改朝换代和乱世之故,这六枚御玺,已经找不到了。俟太祖爷做了皇帝,自制一玺,上刻六字——大宋受命之宝。这不,就是汝手中拿的这一枚。"

昭容道："您说这事,小奴第一次听说。所以,仅凭这枚御玺,小奴不敢断定,您就是当今天子。何况,御玺这东西,还可以仿制嘛。"

赵德基又想了一想道："汝这附近,平日是不是十分热闹?"

昭容道："是的。"

赵德基又问："平日,汝这楼上,是不是经常有人来骚扰?"

昭容又道了一声"是"。

"今日呢,这里有没有喧哗声?"

赵德基这一说,昭容也觉着奇怪。二十四桥这地方,平日里人来人往,喧哗声不断,今日却分外的安静。还有,她虽然不再接客,每日里来见她的挤破门子,今日自赵德基上楼后,竟无一人登门。怪!

赵德基眉开眼笑道："见怪不怪,朕来会汝,带了一百余便衣内侍,他们分散在这一带警卫朕,莫说人,连苍蝇怕是也飞不进来。汝若不信,让云儿下去一观。"

云儿奉了昭容之命,"咯噔咯噔"下楼,又"咯噔咯噔"上楼。

"今天楼下为啥如此安静?"昭容迫不及待地问道。

云儿道："咱这周围,每隔十步,便站了一个气质不俗的汉子,不允许行人进入咱这一带。黄大胖子,您还有印象不?"

昭容道："是不是自称是黄大宰相侄儿的那一个?"

云儿点了点头。

昭容粉脸生怒道:"扒了皮我也认识他的骨头。前天,他还来楼上纠缠我,若非黄大宰相有事找他回去,我怕是凶多吉少!怎么,这个人又来了?"

云儿道:"他是来了,却被楼下几个汉子拦住,他硬要往咱这边闯,被汉子撂倒在地,跌得头破血流。他爬起来,大喊大叫道:'汝等竟敢打我,想找死!'话音没落,招来一阵耳光。他擦了一把流血的嘴巴,吼道:'汝竟敢打我,汝等知道小爷我是谁吗?'一汉子劈脸又是一掌:'你敢再说一声爷,爷把你口中的牙打掉!'黄大胖子不敢再称爷,忙改口道:'你知道我是谁吗?我是黄大宰相的亲侄儿!'几个汉子交换一下眼色,其中一个走到黄大胖子身边,耳语了一番。黄大胖子打躬作揖,连道了两声对不起,掉头而去。"

昭容又惊又喜,"扑通"朝赵德基一跪,叩头说道:"小奴有眼不识金镶玉,多有冒犯,死罪死罪!"

赵德基笑眯眯地说道:"不知者不为罪,起来吧。"一边说,一边伸手去搀。

昭容一边摇头,一边说道:"臣妾千不该万不该,不该对陛下无礼。陛下赦去臣妾死罪,臣妾方敢起身。"

赵德基笑吟吟说道:"好,好,朕赦汝无罪。"二次伸手相搀。昭容顺势而起,坐到他的怀里。赵德基一只手揽着昭容玉腰,一只手抚摸着她的秀发:"卿已经知道朕是一个真天子,将如何待朕?"

昭容双手搂住赵德基脖子,娇滴滴说道:"陛下说呢?"

赵德基朝她粉脸上轻轻吻了两吻道:"喝交杯酒。"

昭容道了一声"遵旨",照着赵德基脸颊也吻了两吻,命云儿备酒备菜。

赵构拥有张昭容之后,效法唐明皇,"自此君王不上朝。"此举,正中黄潜善、汪伯彦下怀。二人狼狈为奸,把持朝政,顺我者昌,逆我者亡。至于金人入侵之事,他们不管不问。

转眼到了建炎三年正月,滑州的王彦入觐赵构,赵构不见。不是不见,是黄、汪二奸面喻宫监,无论何人,未经他二人允许不能面见圣驾。

王彦何等人?天底下没有他怕的人和事!你们不让我王彦见天子,我王彦就去找你们理论。我不说见天子的事,我只说抗金。

他大踏步闯进政事堂,厉声责问二奸:"寇势甚迫,未闻二公调兵遣将,莫不是待敌自毙吗?"

黄潜善沉着脸道:"寇势,什么寇势?"

王彦冷笑道:"金酋娄室扰秦陇①。完颜宗翰兵分两路,一路陷濮州、开德府,直捣汴京;一路又破延庆府(今北京市延庆区),前锋将及徐州,那军情早已报至二位,况且,二公也有耳目,难道痴聋不成?"

汪伯彦大声斥道:"有你这样和宰相说话的吗?何况,汝之所言,皆妄!"

王彦将脖子一梗,反问道:"你汪公凭什么说我王彦所言皆妄?"

汪伯彦扬声说道:"凭什么?就凭那黄河被杜留守决堤,大地一片汪洋,金军就是插翅,也飞不到徐州。"

王彦又是一声冷笑:"那黄河水再凶,也淹不了北京。金军不用插翅,他们避开汴京,避开黄河水道,照样可以南下。"

汪伯彦狡辩道:"汝所言即实,敌兵入境,全仗汝等守御,为何只责备宰相?"

王彦道:"两河义士,延颈以望王师,我王彦日思北渡,无如各处将士,未必人人如彦,全仗二公辅导皇上,剀切下诏,会师北伐。今二公寂然不动,皇上因此无闻,照此,不特中原失陷,连江南也难保呢!"

二贼你望望我,我望望你,良久,汪伯彦假意说道:"汝之言,忠言尔。本相这就上奏天子,汝先去驿馆住下,静候佳音!"

王彦脸上这才有点喜色,拜谢而去。

---

① 秦陇:广义的是指陕西、甘肃两省,狭义的仅指陕西关中平原秦中和甘肃东南部(陇西、陇右)。

二十　扬州之变

赵构忙从张昭容的肚子上爬下来,胡乱穿上衣服,光着脚丫子往外跑。

赵鼎闯进大佛寺,一脸惊悸道:"二位相爷,金军即将兵临城下,御驾出了北门。"

靖康之变,金军虽孬,却也只是将六宫粉黛北掳,来一个路上糟蹋,而这一次扬州之变……

王彦坐在驿馆,一直候到日落西山,方候到一个小太监。

小太监将手中拂尘摆了一摆,尖声尖气地说道:"王彦接旨。"

王彦撩袍而跪。

小太监展旨读道:

奉天承运,皇帝诏曰:王彦身为边防大臣,常以金人南侵,恐吓朝廷,着即免去所兼各职,越州安置。

钦此。

王彦再次叩首,高呼道:"谢主隆恩。"双手接过圣旨,仰天大呼道:"奸佞当道,报国无门,悲乎,悲乎!"泪如雨下。

金军继续南侵,警报如雪片似的飞向扬州。二奸隐之不报。不报还在次,二奸居然下令:"禁止街市,不得擅议边事,亦不许士庶出城。""违禁者,徒二年。动摇人心者,流两千里。"

为了显示自己的镇定从容,二奸天天粘在一起,出入寺庙,找高僧说禅,甚至流连青楼。

吴近坐不住了。他又一次带病去谒赵构,竟被拦在宫外,他不禁也来一个仰天长叹。

建炎三年正月二十七日,金军陷徐州。韩世忠率部击金,一败涂地,退保盐城(别名瓢城、登瀛)。

完颜宗翰长驱直入,攻陷彭城,走小路直趋淮东(淮南东路的简称),入泗州(在今安徽省泗县东北)。

江淮制置使刘光世,风闻金军来攻,又来一个不战而逃。楚州守将朱琳,自知非金军对手,打开城门,迎金军进城。

完颜宗翰进城后,饱餐一顿,遣骑兵五百奔袭扬州。途经天长军(今安徽省天长市),本以为要有一场恶战,驻守天长的一万多宋军也来了个不战而逃。天长军位于扬州的西北方,距扬州只有一百里。如若金骑奔袭扬州,只须一个半时辰就可达到。

此时的赵构,还在和张昭容颠鸾倒凤,一个名叫邝询的宦官闯了进来,冲着龙床上激战正酣的赵构,一脸惊慌地喊道:"陛下,金兵打来了!"

赵构大吃一惊,心胆俱裂,身体的一部分彻底软了,史书给予的结论:"遂病痿腐。"也就是说,丧失了生育能力。

他结结巴巴问道:"金兵真的……真的杀来了吗?"

邝询颤抖着嘴唇回道:"老奴不敢欺君。"

他忙从张昭容的玉体上爬了下来,胡乱穿上衣服,光着脚丫子往外跑。

邝询拎着御靴,一边追一边喊:"陛下,您不能就这个样子走,得穿上御靴,得有人护驾。"

赵构这才止步,扭头说道:"朕的靴留在了寝宫,汝……"

邝询将手中的御靴扬了一扬:"在这呢。"

赵构道:"快拿来,快!"

邝询飞奔而至,弯腰为他穿靴。赵构道:"靴,朕自己穿,公公快快喊人前来护驾。"

邝询忙直起身子,一边跑,一边尖声尖气地喊道:"诸位内侍、诸位武士,万岁爷要出巡,快快前来护驾!"

不一刻儿,御营都统制王渊、御营前军统制张俊、吏部尚书吕颐浩、内侍押班[①]康履,带着数十个侍卫、宦官,牵马赶来。

马,只有七匹。赵构一脸惶恐地指了指康履、王渊、张俊、吕颐浩、邝询并内侍周仁

[①] 押班:内侍省及内内侍省宦官,位在都都知、副都都知下。

说道："事急矣,可马只有七匹,咱几个先走,其余留下。"

话音未落,张昭容偕云儿披头散发地赶来,气喘吁吁道："陛下,臣妾也跟您走。"

赵构想了一想,朝邝询、周仁指了一指道："张昭容和云儿既然要去,你俩留下吧。"

邝询和周仁心中尽管一百个不愿意,也不敢说什么。

人员确定之后,赵构当先跳上坐骑,继之王渊、张俊、吕颐浩、康履、张昭容和云儿。一行七人,策马狂逃。

逃,也得有个目标呀!

有人建议去杭州,赵构道了一声"好"。

去杭州既可走旱路,也可走水路。康履建议走水路。

何也?金人的优势是骑兵,走旱路会被他们追上。水路有两个方向可以走,一个是运河,一个是长江,走长江得去瓜州镇渡口。王渊献计道："去瓜洲镇。"

赵构问："为什么?"

王渊回道："运河最近水涸了。"

既然这样,只有奔瓜洲镇了。

赵构逃跑的时候,大臣们并不知道,黄潜善、汪伯彦正在大佛寺听高僧说法,枢密院编修官赵鼎闯了进来,一脸惊悸道："二位相爷,金军即将兵临城下,御驾出了北门,现正朝着瓜洲镇方向狂奔。"

二奸一跃而起,跳上坐骑,冲出城门,也朝瓜洲镇方向奔去。

在此之前,赵构出逃的消息已经传得沸沸扬扬,军民及朝中大臣、后宫妃嫔,竞相出城,"争门而死者不可胜数。"司农卿黄锷带着少卿史徽、鸿胪少卿唐俊赶来查看情况,有军士大呼："黄相公在此!"

军民闻之,把黄锷当作了黄潜善,一拥而上,将他打得脑浆迸裂,一命呜呼。

史徽、唐俊见势不妙,转身欲走,被失去理智的军民乱刀砍死。

争门还在继续。侥幸逃出城门的军民为争路,又死了数百。

出了城又怎样?

出了城的赵构,奔至瓜洲渡口,居然没有渡船,连问数声："船呢?五十几只官船呢?都去了哪里?"

没有人回他的话。等啊等,等了两刻,还是没有一只船。

那只有找了。忙了半天,方找到一条渔船,载着君臣,吃力地朝对岸划去。

到达镇江的对岸时已是黄昏,镇江的百姓听说皇帝来了,纷纷逃走,镇江几乎成了一座空城。好在镇江知府没有逃,将赵构一行接进镇江府衙。赵构安全了。

官员呢?嫔妃呢?军民呢?他们满怀希望地沿着赵构所走的路线追到瓜洲。人多船少。平常靠打鱼为生的渔民,仗着有一两条渔船,在沿江一带"停桡水中",乘人之危,漫天要价,渡一人五金(五贯钱),少一分一毫也不干。平民百姓哪来这么多钱,只有望江号啕。

次日,攻入扬州的金军,听说赵构逃往瓜洲渡,策马追来,未及过江的军民,或为金军所杀,或落水而死者数万。

金军夺得数十只渔船,欲渡江追击,谍人来报,赵构已逃往杭州。金军自忖,追不上赵构了,这才返回扬州。

听说皇帝去了杭州,过江的大臣、嫔妃、军民蜂拥而至。

人多了,朝廷也像一个朝廷的样子了。

但是,麻烦也跟着来了,一些官员、士大夫,纷纷上书朝廷,要求追究扬州陷落和朝廷流亡杭州的责任。内中,以署名"大宋老儒"的《二问当今》和《请惩肉食者》二书的语言最为犀利。

二问当今

靖康之变后,我大宋疆土真正陷敌的并不多。宋之四京(东京汴梁、西京洛阳、南京商丘、北京大名)全在我军手中,而今,我之四京,除了东京之外,全部沦入敌手。臣等听说,不出一个月,东京也会沦陷。朝廷口口声声说,要抗金复土、中兴宋室。就这个样子,如何中兴?

我长江防线的守军数十万,扬州呢?扬州的守军少说也有十万,金军呢?只有骑兵五百,五百骑兵居然把数十万我军赶得到处乱窜,何也?

请惩肉食者

在肉食者中,最该诛杀的是黄潜善和汪伯彦。金狗亡我之心不死,二奸肚如明镜一般,却一味求和,残酷迫害主张抗金的大臣和仁人志士,甚至公然违背不杀士大夫和上书言事的祖训,向陈东等人举起了屠刀!二奸也明明知道金军绕过汴京南犯,却向朝廷封锁消息,自己呢?既不作迎敌的准备,也不作南逃的准备!

御营正副都统制王渊、张俊也当诛。

金军虽然陷我天长,但距扬州尚有百里,而且,奔袭我扬州的金军仅五百骑,作为御营正副都统制,为什么不率军抵抗?

不抵抗也罢,为什么要逃跑?

逃跑也罢,为什么没有统一部署?

康履也当诛,作为内侍押班,职在保护内宫嫔妃。大敌未至,自己先逃,名为护驾,实则保命,丢下数百名宫娥嫔妃,任金军蹂躏。靖康之变,金狗虽孬,也只是将六宫粉黛北掳,来一个路上糟蹋,而这一次的扬州之变,居然在临时行宫寻欢,是可忍,孰不可忍!

这二书已经惹得赵构十分不快,一封署名"陈桥老人"的书又摆到赵构案头。这一封书使赵构顿起杀心。书曰:

朝廷如此恐敌,如此无能,要这样的朝廷何用?

朝廷如若不改弦易张,五马山寨的信王,便是皇帝的最好人选!

列入赵构捕杀名单的第一人选,便是信王赵榛,这不只是因为信王也是徽宗的儿子,同样有皇位的继承权。更为重要的是,他坐拥十数万义军。但是,信王远在千里之外,鞭长莫及。

第二人选,便是"陈桥老人"和"大宋老儒"。

查。查出这两个人,朕将他千刀万剐。

这一查,闹得人心惶惶,吴近不得不再一次抱病前去觐见赵构,苦口婆心地劝说,赵构这才收起杀心,假惺惺地颁了一道《罪己诏》。这诏言而无物,不知他罪在哪里?

上书,臣民继续上书,大有不达目的,誓不罢休之意。赵构这才又颁三诏,触及到一些实际问题。

第一诏,将黄潜善、汪伯彦贬出朝廷,黄为江宁知府,汪为洪州知州。

第二诏,迁尚书右丞朱胜非为尚书右仆射兼中书侍郎,吏部尚书吕颐浩为江宁节度使。

第三诏,为陈东、欧阳澈平反昭雪。追赐陈东为朝奉郎[①]、秘阁修撰[②],赐钱五百贯;追赐欧阳澈为秘阁修撰。

---

① 朝奉郎:官名,宋初为文散官,秩正六品上。
② 秘阁修撰:宋文史官,用以待馆阁之资深者,多由直龙图阁迁任。

黄潜善、汪伯彦作为百奸之首,尚且没有杀,王渊、张俊、康履就更不能杀了。不杀也罢,你赵构不该将王渊迁官为知枢密院事。

这一迁,不仅引起了那些上书人的不满,也引起了同僚的不平和妒忌。最为不平的是御营统制苗傅和刘正彦。

苗傅和刘正彦,投奔赵构的时间并不比王渊晚,战功也不比王渊小,王渊一升再升,他俩还在原地踏步。不杀王渊,难解心头之恨!王渊之所以能一升再升,是他巴上了康履。一不做二不休,在除掉王渊的同时,连康履也一并除掉。

他俩的想法得到了中大夫①王世修、中军统制吴湛等一些官员的支持。甚至有人建议,仅将王渊和康履除掉还不行,得把他们的总后台赵构也赶下台去。

赵构这人虽然畏敌如虎,但收拾抗金的仁人志士,从不手软,不止贬了李纲,还终身不复启用。甚而,还冒违背祖训"不杀士大夫和上书言事之人"之大不韪,杀了陈东和欧阳澈。若让他继续做皇帝,大宋永无中兴之日!

再之,王渊、康履乃赵构的心腹大将,你杀了他的心腹,他岂能善罢甘休!

苗傅、刘正彦仔细一想,是这么个理儿。决定在除掉王、康的同时废了赵构。

也是合当苗傅和刘正彦成功,他二人正与同党密商兵变,朱胜非召集百官上朝议事。他二人便遣兵埋伏在城北虹桥下,这里是王渊上下朝的必经之地。

王渊退朝归来,骑着高头大马,行至虹桥,桥下伏兵一拥而上,将他拖下马来。他不知死期已到,大声呵斥道:"尔等不认得我吗?尔等即使不认识我王渊,也该知道枢密院是干什么的?枢密院就是管尔等的,尔等如此对我,是想造反吗?是活得不耐烦了吗?"

众将士被他镇住了,面面相觑。

恰在此时,苗傅、刘正彦飞马赶到,王渊反把苗傅、刘正彦看成了救星,惊喜交加道:"苗统制、刘统制,你们来得正好!"他朝众将士一指道:"他们想造反,快把他们抓起来!"

苗傅冷笑一声道:"是你自己要造反吧!"

王渊一愣道:"你怎能这样说我?"

刘正彦抢先回答:"你确实要造反,我和苗统制奉天子之命,来取你的首级!"

---

① 中大夫:文散官,春秋时晋国置,掌谋议。汉武帝改为光禄大夫,自后无闻。北齐复置,唐宋沿置,从四品下

王渊正要自辩,刘正彦当胸一剑,将他送上了西天。苗傅朝二弟苗翊努了努嘴,苗翊趋前两步,割了王渊的脑袋。

"怎么处置?"苗翊问。

苗傅道:"拎上,跟我走!"说毕,与刘正彦一道,拥兵入城,直抵行宫,命苗翊将王渊首级挂到内宫门上。

朱胜非正在政事堂议事,见叛兵闯宫,忙赶到行宫护驾,途中与苗傅、刘正彦相遇,质问道:"汝等何以要擅杀大臣?"

苗傅抗声回道:"吾等是为天下除害!"

朱胜非道:"除害也不能擅杀大臣!"

刘正彦瞋目按剑说道:"此事汝不可多管,是非曲折,吾等自会面奏皇上!"

秀才遇着兵,有理说不清。朱胜非轻叹一声道:"好,我不说了。请汝等在门前等候,我这就请皇上出来,汝等面奏吧。"

苗傅道:"要去速去,汝若故意拖延时间,我就用巨木撞门!"

二十一　苗刘逼宫

王世修反问赵构："不杀士大夫乃太祖遗训,不杀上书言事之人,也是太祖遗训,陛下为什么杀了陈东?"

门外将士鼓噪起来——康履,还不快快下来受死!

一"小黄门"闯了进来,上气不接下气道:"陛下,叛贼用巨木撞门,朱相请您还驾内宫门!"

两刻后,在朱胜非的前导下,赵构登上了内宫的门楼,他望了一眼楼下那些横眉立目的叛军,双腿不住地颤抖。

一侍卫小声说道:"吴婕妤①来了。"

赵构扭头一看,果见一身戎装的吴芍药,率着数十个亦是一身戎装的宫女登上了门楼,心中大喜,示意吴芍药在他左下侧站定后,轻咳两声,清了清嗓子,质问叛军:"众卿为什么要擅杀大臣?"

苗傅厉声回道:"陛下信任中宫(宦官)、赏罚不公。军士有功,不闻加赏;内侍一荐,尽得高官。黄潜善、汪伯彦误国至此,只是贬官,依然高居人上,耀武扬威。王渊身为御营都统制,责在保护陛下和六宫安全,闻敌要来,他不思如何抵抗,反把自己和康履等人的眷属,及所获不义之财,装了五十余船,悄悄运走,致使陛下用船之时,无有一船,害国如此,陛下不仅不罪,反将他迁官枢密。康履不但导陛下猎色,还暗结外臣,凌辱诸将,多行不法之事。扬州之变,从陛下逃杭州,犹射鸭观潮为乐,比当年的童贯还坏。宠信宵小,赏罚有偏,军民共愤,臣等现已将王渊斩首,乞将康履缚付于臣等,将他正法,聊谢三军。"

---

① 婕妤:皇帝嫔妃名,宋代,位于嫔妃第三等。

苗、刘之乞,赵构不想答应。在内侍之中,康履既是他康王府的旧人,又是他信得过的人,即使有那么点贪心,瑕不掩瑜。他有点不舍,也有点不忍心,让他命丧叛贼之手。

这还不是主要的。主要的是你苗傅、刘正彦只是我赵构帐下一个六品之将,居然杀了我的枢密,如今又要逼我交出内侍省押班,如此跋扈,与汉之董卓何异!若答应苗、刘之请,岂不要成为第二个汉献帝。若不允苗、刘之请,他们就要闯进内宫。他们若是闯了进来,后果不堪设想。所以,在勤王之师没有到来之前,既不能交人,也不能把矛盾激化。唯一可行的办法,先把他们稳住。

想到此,赵构满脸微笑地叫道:"苗卿。"

苗傅怔了一下回道:"臣在。"

赵构又叫了一声:"刘卿。"

刘正彦亦回道:"臣在"。

赵构道:"卿等诛杀王渊,实在有些鲁莽。但二卿之为,乃是出于一片忠君爱国之心,朕不罪汝。"

他见苗、刘二人依然绷着个脸,轻叹一声,继续说道:"黄潜善、汪伯彦擅权误国,朕已知矣。朕若是不知,岂能将他二人的宰执罢去。二卿如果认为处罚太轻,朕这就颁旨将他二人流放。至于康履,虽然有罪,但他多年来随侍朕之左右,能否将他死罪免去,亦来一个流放?"

苗傅摇首说道:"黄、汪二奸,陛下加以流放之刑,尚还说得过去,康履则不可!"

赵构道:"为什么?"

苗傅道:"他阴险狡诈,坏事做尽,不斩,无以谢天下。"

赵构道:"太祖遗训,不杀士大夫和上书言事之人。"

苗傅哈哈大笑道:"康履上书言事了吗?"

赵构道:"太祖遗训,不允许宦官干政。"

苗傅道:"他既然没有上书言事,又不是士大夫,为什么不能杀?"

赵构分辩道:"他是正六品内侍省押班,相当于士大夫。"

苗傅又是一阵大笑:"士大夫岂能和官员同日而语?"

赵构道:"怎么不能同日而语?"

苗傅道:"士大夫者,在末将心中,应该是那些有声望、有地位的读书人。"

赵构道:"那些有地位、有声望的读书人,确实是士大夫。但是,官员也应是士大夫。"

苗傅道："你说官员也是士大夫，可有什么说道？"

赵构道："有啊！士大夫者，由'大夫'和'士'两个称号演变而成。'士'在殷商、西周，和平时期任官吏，征战时期为兵卒，文武相通。战国时期，'士'不再复有保卫国家的责任，一部分成了官员，一部分成了保卫文化学术尊严之士。所以，士大夫者，不单指那些有地位、有声望的读书人，也指官员。"

苗傅移目刘正彦，刘正彦又移目王世修。

王世修乃徽宗朝进士，知识渊博，能言善辩，他轻咳两声，仰面抱拳说道："陛下所言甚是，官员也是士大夫。不杀士大夫乃太祖遗训，不杀上书言事之人也是太祖遗训，可陛下为什么还要杀上书言事的陈东和欧阳澈呢？"

赵构早就料到叛军会有此问，故作惭愧的样子说道："朕不敏，受了黄潜善、汪伯彦蛊惑，错杀了陈东和欧阳澈。但是，当有人向朕指出来后，朕立马为他二人平反昭雪。""唉！"他轻叹一声继续说道："朕已经错了一次，不能再错了。所以，康履还是不杀的好！"

王世修拱手反问道："前朝'六贼'哪一个的官不比康履大，特别是那个童贯，还是一个王呢！若是康履不该杀，那是不是说先皇杀'六贼'杀错了，得为'六贼'平反昭雪？"

赵构无言以对。

王世修侃侃而谈道："祖宗之法应当遵守，但不能拘泥不化。若一味地死守祖宗之训，就不会有先帝神宗的熙宁变法（亦称"王安石变法"）。若无熙宁变法，就不会有神宗、哲宗两朝的富国强兵！所以，康履还是得诛！"

内宫门外数千"叛兵"举着刀戟高呼道："康履该杀，康履该杀！"声冲九霄。

赵构阴沉着脸，闭嘴不语。忽听"嗖"的一声，一支响箭飞上了内宫门楼。吴芍药忙挥剑去拨，赵构虽说毛发无损，却惊出一身冷汗。

内宫门外又是一阵高呼——"康履该杀，康履该杀！"

赵构扭头望着站在右下侧的朱胜非。朱胜非趋前一步，小声说道："事急矣，当断不断，反为其害！"

赵构小声说道："事关皇权。这一次，朕若从了他们，他们就会觉着朕软弱可欺，再提别的要求。"

朱胜非道："别想那么多，火烧眉毛顾眼前。"

赵构道："这——卿和他们谈吧。"

朱胜非转身,且趋前两步,面向"叛军",双手抱拳道:"诸位将士,皇上同意交出康履,但诸位得给一个承诺。"

"什么承诺?"苗傅问。

"皇上交出康履之后,你们马上撤离,各司其职,各安其位。"

苗傅颔首说道:"好,就按您说的办!"

朱胜非扭头请示赵构:"是不是可以去召康押班了?"

赵构点了点头。

朱胜非移目通传太监道:"速去传康押班见驾。"

通传太监走了几步,又被朱胜非叫住:"你见了康押班,只说皇上有召,其他的话一句别说。"

通传太监忙将头点了一点。

约有喝两盏茶时间,康履气喘吁吁赶来,弯腰低头说道:"臣康履参见陛下。"

赵构轻叹一声道:"康卿……"

他欲说又休,移目朱胜非道:"卿给他说吧。"

朱胜非点了点头,长叹一声,方对康履说道:"康押班,宫门外的将士有事与你相商,你就下去见见他们吧。"

尽管康履未从通传太监口中套出一句有价值的信息,但苗刘逼宫之事,他已有所闻,待他登上内宫门楼,往下扫了那么一眼,他就知道大事不妙——兵变,一定是兵变了!要不,宫门外那些将士见了皇上早就三呼万岁了!而今,却是剑拔弩张。兵变是无疑了。

既然兵变了,一道大门是挡不住的。既然挡不住,为什么不杀进宫来?他们莫不是有什么要求,在和皇上讨价还价?

一定是在讨价还价!但是,和皇上讨价还价,与我康履何干?

他正百思不得其解,门外将士大声呼道:"康履,还不快快下来受死!"

这一呼,康履明白了,这僵局是因我而起。但我一下去,还有命吗?他双腿一曲,朝赵构跪了下去,哭着说道:"陛下,我可是跟了您多年,鞍前马后地跑,没有功劳,也有苦劳,您不能让我下去送死!"说毕,不停地磕头。

赵构长叹一声道:"卿对朕一片忠心,朕岂能不知。只是,卿为人过于高傲,得罪了他们,非要卿的命,朕若不答应,他们就要兵变,就要闯宫。为了朕,为了大宋社稷,卿就下去一趟吧。"

听赵构这么一说,康履知道,他非死不可。但他实在不想死,哀求,哭着哀求。

赵构道:"康卿,司马迁说过一句话,'人固有一死,或重于泰山,或轻于鸿毛'。卿之死,就是重于泰山。朕记着卿,大宋记着卿。卿死后,朕一定将卿厚葬,且厚恤卿家。"

宫门外再次鼓噪起来:"康履,还不快滚下来受死!"

朱胜非见康履啼哭不止,大声斥道:"康履,你平日的神气哪里去了?事已至此,你必须死。伸头是一刀,缩头也是一刀。同样是死,你能不能死得英雄一些,也好给皇上留下一个好印象!"

康履一想也是,朝赵构拜了三拜,大声说道:"陛下,既然社稷需要臣死,臣这就去死,臣下辈子还做您的押班!陛下万岁,万万岁!"

他三呼万岁毕,移目朱胜非说道:"朱相,请打开宫门,送本公去会叛军。"

朱胜非赞道:"这才像本相眼中的康押班!"又小声说道:"宫门还不能开呢。"

"为什么?"康履问。

朱胜非道:"叛军若是趁机一哄而入,麻烦可就大了。这不……"他朝旁边一个大箩筐一指说道:"坐这个下吧。"

康履道了一声"好"。

赵构自忖,康履这一下去一定死得很惨,他有些不忍,移目朱胜非:"朕先走一步,卿在这里督促他们履约。"

朱胜非双手抱拳道:"臣遵旨。"

赵构回到小殿,脑袋中不时地幻化着康履的死状,他咬牙切齿道:"苗傅,你等着,这笔账朕会给你算的!"

侍立在赵构一侧的吴芍药轻叹一声,说道:"先别说算账的事,妾这右眼跳个不停,怕不是好兆头!"

话音刚落,通传太监趋了进来:"陛下,朱相请您还驾宫门。"

赵构沉着脸问:"出什么事了?"

"叛军反悔了!"

赵构悚然一惊道:"他们要怎样?"

"他们……"通传太监将涌到嘴边的话收了回去,一脸惶恐地说道:"陛下赦臣无罪,臣方敢言。"

赵构道:"朕赦你无罪,说吧。"

"叛军反悔了,他们说,他们如此胁迫皇上,犯了大逆不道之罪,怕皇上秋后算账,性命难保。故而,他们非要皇上退位不可。"

赵构拍案而起道:"可恶,实在可恶!朱胜非怎么说?"

"朱相斥责他们出尔反尔,非君子所为,他们不但不听,还搬来了攻城的器械。"

赵构想了一想问:"咱内宫的侍卫有多少?"

"不到五百人。"

赵构道:"有些少。"

通传太监道:"这五百人中,至少有二百人还暗通叛军。"

赵构一屁股跌坐在龙骑上。

一小黄门①闯了进来,上气不接下气道:"陛下,叛军用巨木撞门,朱相请您速速还驾!"

赵构一跃而起,一脸紧张地问道:"撞开了吗?"

"撞了几下,被朱相制止了。"

赵构问:"叛军听朱相的?"

"朱相答应他们,两刻钟之内,把皇上给请回来,有什么事,让他们自己和皇上谈。"

赵构恨声说道:"这个朱胜非,是要把朕架在火上烤呢!"

小黄门的嘴张了几张,没有出声。

吴芍药劝道:"陛下,您不要怪朱相,朱相若不那样说,叛军怕是不会停止撞门。只是……"她移目小黄门:"天不可一日无日,国不可一日无君,叛军既然要陛下退位,他们推何人为君?"

小黄门道:"他们说了两个人选。"

吴芍药问:"哪两个?"

"信王赵榛和皇子。"

吴芍药面现喜色道:"这就有戏了。"

她移目赵构又道:"官家,您尽可以放开胆子去见叛军。"

赵构道:"退位的事怎么说?"

---

① 小黄门:宦官泛称。

吴芍药道:"可以答应他们,但得让皇子赵旉上位,您做太上皇,最好再来一个监国①。把他们稳住,尔后,再来一个颁诏勤王。"

赵构叹道:"叛军那阵势,卿也见识过了。朕此次去见他们,怕是性命难保!"

吴芍药微微一笑道:"官家多虑了。第一,您答应了他们的要求,他们一定很高兴,没来由再对您下毒手。第二,皇子才三岁,他做皇帝,不还得听您太上皇的,您是不是皇帝的皇帝。第三,臣妾记得,臣妾曾经给您说过,妾父弥留之际,对妾说道,今年官家有两道大坎,跨过这两道大坎,皇椅才算稳定。妾问妾父,'这两道坎,官家能否跨过?'妾父回了这么一句话,'天生德于予,桓魋其如何?'妾这会自忖,第一道坎,就是金军入侵扬州。第二道坎,便是这一次兵变。第一道坎已经跨过去了,这第二道也不会有什么问题,官家尽管放心地前去会贼。"

赵构点了点头:"听卿这么一说,朕这心中有数了。但是,卿还得辛苦一趟,为朕护驾!"

吴芍药扬声说道:"这还用说吗?臣妾生是您的人,死是您的鬼,您走到哪里,臣妾跟到哪里!"

---

① 监国:一般由太子担任,"君行则守,有守则从。从曰抚军,守曰监国。"

二十二　芍药护夫

赵构眉头微皱道:"卿还要朕说什么?"

每当有人觐见赵构,吴芍药一身戎装地侍立在侧。

张浚满面异彩道:"韩世忠这一出山,勤王就有了十成把握。"

朱胜非见圣驾到了,忙下门楼来迎。他朝赵构拜了一拜说道:"陛下,叛贼出尔反尔……"

赵构将手摆了一摆,说道:"朕已知之。朕这就上去告诉叛军,朕同意退位。"

朱胜非一脸惊讶道:"陛下,您想好了没有,这可不是赌气的事。"

赵构道:"想好了。"

朱胜非又道:"皇帝的人选,叛军提了两个,您看……"

"让皇子上。"

朱胜非返回内宫门楼,拱手说道:"诸位将士,圣上已来到内宫门下,本相业已请示过圣上,圣上同意退位。"

"哇!"门外一片欢呼之声。

待欢呼之声停下后,朱胜非又道:"皇上也同意由皇子继位,自己做太上皇,兼监国。"

门外又是一片欢呼。

朱胜非道:"诸位所提条件,皇上全部答应,诸位该撤了吧!"

苗傅首先响应:"好!"

刘正彦也道了一声"好"。

苗、刘正要指挥"叛军"撤离,王世修摇手说道:"别急。不能单凭朱胜非一句话,咱们就撤了,咱们得见一见皇上,不仅要他当面给咱们表个态,还要他书一份退位诏书。

还有,新天子什么时候即位,也得定下来。还有,昏君不能做监国,新天子这么小,他既做太上皇,又兼监国,依然是他说了算,这监国说啥也不能让他当。还有,咱虽说出于一片爱国之心,进行'兵谏',可朝廷这么认为吗?咱得让他颁一道赦免咱们无罪的诏书。还有,咱们提着脑袋进行'兵谏',图的什么?他得为咱们加官晋爵,得让咱们执掌朝纲!"

苗傅、刘正彦,武夫一个,只知舞枪弄棍,头脑简单,听王世修这么一说,犹如醍醐灌顶,频频颔首道:"王大人说得对,就照王大人说的办!"

苗傅仰首门楼,"呔"了一声说道:"朱相,王世修大人的话你都听到了吧?"

朱胜非明明听到了,却故意说道:"实在抱歉,本官耳朵有点背(聋的意思),没听清楚。"

苗傅重重地咳了两声,将王世修的话复述了一遍,问道:"这会儿听清楚了吧?"

朱胜非道:"听清楚了,请汝等少安毋躁,本相这就去奏禀皇上。"

一刻钟后,赵构在朱胜非的前导下上了门楼。他扫了一遍叛军,一脸愧色地缓缓说道:"朕不敏,用非所人,致使金军猖獗,犯我疆土,涂炭百姓。上对不起列祖列宗,下对不起黎民百姓,朕不配做这个皇帝。朕同意禅位于皇子赵旉,也同意只做太上皇不做监国。但是,新天子年幼,朕意让隆祐皇太后①垂帘听政,诸位以为如何?"

苗傅、刘正彦、王世修小声商量了一会,苗傅举首说道:"同意由隆祐皇太后垂帘听政,您接着说。"

"新天子即位,得选一个好日子,选日子是礼部的事,朕不敢擅决。"

苗傅、刘正彦移目王世修,王世修道:"今乃非常时期,不能墨守成规。咱们说哪个日子好,就是哪个日子好,选什么选!"

赵构眉头微皱道:"卿还要朕说什么呀?"

苗傅移目王世修:"你给他说。"

王世修双手抱拳道:"陛下,您既然同意禅位于皇子,就得颁一道禅位诏书。"

赵构道:"这朕知道,朕已命小黄门取笔墨纸砚去了,待笔墨纸砚一到,朕就书。"

王世修道:"您还得颁一道赦免'兵谏'将士的诏书。"

赵构道:"是应该颁一道这样的诏书,但写诏书也得有笔墨纸砚呀!"

王世修又道:"您已经同意对'兵谏'者加官晋爵,您说一说怎么加,怎么晋吧!"

---

① 隆祐皇太后:即元祐皇太后。为避太祖(小字元郎)之讳,改为隆祐太后。

赵构双手一摊道："这事这会儿也办不成。"

王世修问："为什么？"

赵构道："加官晋爵不能没有诏书呀，没笔墨纸砚怎么写？"

王世修道："您可以先来一个口谕嘛，让这些兵谏者高兴高兴！"

赵构凝眉沉思良久，低头对叛军说道："加封苗傅为武当军（在今湖北省均县一带）节度使、刘正彦为武成军（今河南省滑县）节度使、王世修为武胜军（今河南省邓州市）……"

王世修大叫道："停！"

苗、刘等一脸不解地瞅着王世修。

王世修一脸讽刺地对赵构说道："陛下，您可真行呀！节度使一官确实够厉害的，特别是在唐代，能总揽一道或数州的军民财政。我朝呢？朝廷收回了兵权，节度使成了一个虚衔。这样的虚衔，不要也罢！"

赵构道："卿要朕怎么封？"

王世修道："来点实的。御营司的都统制和观察使不是都空着吗？为什么不可以授给苗将军和刘将军呢？"

赵构佯附道："卿说得对。卿呢，卿任一个什么官好呢？"

王世修故作谦虚道："臣才识学浅，给一个中书侍郎就可以了。"

赵构道了一声"好"，又道："下边该封谁，封什么，卿不妨拟一个名单呈朕，朕与宰执们斟酌后再封。"

王世修道："拟一个受封名单呈您可以，但您这一斟酌，臣等不放心。"

赵构道："那就按卿所拟名单封吧。"

王世修和苗傅、刘正彦嘀咕一番后，拟了一个受封名单，用箭射上门楼。

赵构将名单看了一遍说道："朕照单全收。"

他将名单折了两折，交给朱胜非，目视"叛军"道："卿等的要求，朕全部答应。朕不负卿，但愿卿等也别负朕，请将部队撤回营去，各司其职。"

苗傅正要说好，王世修朝他摆了摆手说道："别急，小弟还有话要给皇上说。"

苗傅道："你说吧。"

"陛下，臣还有个请求，说出来您千万莫要拒绝才是。"

赵构道："说来听听。"

王世修不慌不忙地说道："老皇帝退位，新皇帝上位，是一个非常时期，稳定是第一要务。为了稳定,第一,我们得掌管三省(门下省、中书省、尚书省)、六部(吏、户、礼、兵、刑、工)、枢密院、三衙(殿前司、侍卫马军司和侍卫步军司),以及内使省(管理宫廷内部事务的机构)。第二,您已经不是皇帝了,应该迁出皇宫,我们为您选了一个去处,叫显宁寺。"

赵构打了一个寒颤,心中暗自骂道:"王世修,你这个王八蛋,千刀万剐的王八蛋!你这是把朕往死里整哩,朕若依你,莫说无法儿颁诏勤王,连性命都在你手心里攥着,不能依你!但是,彼为刀俎,我为鱼肉,又不能硬拒。"

王世修见赵构凝眉拧目,大声说道:"陛下,臣所求之事,你到底答不答应?"

赵构强作笑脸道:"卿要掌控三省、六部、枢密院、三衙和内侍省,朕不敢不同意。但是,一下子换这么多官员,怕是要引起动乱。"

王世修道:"臣说的掌控,并不是要把这些衙署原来的官员全部换下来。"

赵构道:"不把原来的官员换下来,汝等如何掌控?"

王世修道:"每个衙署,我们派一个人去坐镇,照样可以掌控。"

"这……"赵构道:"也可,撤兵之事……"

王世修道:"臣等这就撤。"

第二天,也就是宋建炎三年三月五日,三岁的皇子赵旉即皇帝位,隆祐太后垂帘听政,尊赵构为太上皇,改元明受。

赵构迁居显宁寺居住,随侍的宦官十人。这十个宦官,还是经过苗傅、刘正彦、王世修精心挑选,入选的条件:一、进宫的时间,不能超过半年。二、进宫以来从未服侍过赵构。三、年纪在十八岁以下。四、得有两名"叛军"相荐。有这样的人随侍赵构,他的一举一动,尽在"叛军"掌握之中,莫说下诏勤王,连一根针也送不出去。

赵构又气又怒又悲,天天以泪洗面,也曾想到死,被吴芍药劝止了。每一天,吴芍药陪他吃,陪他睡,陪他行。每当有人觐见他的时候,一身戎装的侍立在侧。

叛军可以掌控赵构,也可以掌控朝廷,但他们不能遮天。朝廷换了新主人,不能不诏告天下。这一诏告,引出几支勤王之师。

张浚,原为礼部侍郎,见赵构南逃,上书谏阻,黄潜善、汪伯彦忌之,将他踢出朝廷,出任平江留守。新天子登基的诏书发到平江,他看了后觉着奇怪,当今天子才二十三岁,风华正茂,又没听说患什么疾病,却要禅位于皇子,于理不通,于是连夜派心腹冯幡前往杭州打探。冯幡还报说,苗傅、刘正彦兵变,逼皇上禅位,皇上迁居显宁寺,生不如死。

张浚嚎啕大哭:"吾世受皇恩,皇上蒙难,居然不知,枉为人臣!吾这就率部前去勤王,不成功,便成仁!"

他点集人马,正要杀向杭州,冯幡问:"大人,当年曹孟德挟天子以令诸侯,各路诸侯为什么不率兵勤王?"

张浚道:"一是投鼠忌器,二是没有打胜曹孟德的把握。"

冯幡又问:"大人自忖,凭大人这一旅人马,可打得过叛军?"

张浚道:"胜负难料。"

冯幡又道:"既然您没有必胜的把握,为什么还要兴兵?"

张浚道:"打胜了更好,如不胜,也算尽了做臣子的忠心,就是死了也不遗憾!"

冯幡道:"大人忠心可嘉。但不知大人想了没有,您若兴兵讨贼,贼必定大怒。若激怒了贼人,对皇上有什么好?古人尚知道投鼠忌器,大人难道不知道吗?"

张浚反问道:"以汝之言,这贼就不讨了?"

冯幡道:"不是不讨,是想方设法把那些有志勤王的将军、同僚联合起来,共同讨贼。"

张浚颔首说道:"汝这主意不错。"遂命所部各回各营,加紧操练。

他修书四封,分别送给江宁的吕颐浩、镇江的刘光世、盐城的韩世忠、洪州(今江西省南昌市)的范琼,邀他们兴兵勤王。最先回信的是吕颐浩,次之刘光世,他们不但同意"勤王",还愿意接受张浚节制。

张浚连道了两声"好",对冯幡说道:"有吕、刘二公相助,讨贼的胜算已有七分了,若是韩世忠同意加入,胜算就是九分。"

韩世忠的消息虽然没有盼到,却收到一份额外之喜。御营军副都统制张俊,虽然是一个既贪财又贪色的家伙,但他善于察言观色,打仗也有一套,故而深受赵构器重。苗、刘兵变后,拼命打压赵构的人,将他踢出御营军,出任秦凤路安抚使。

笨!苗傅和刘正彦笨得可以。他们稍有一点头脑,像张俊这样的人,要么杀掉,要么囚禁起来,要么圈在京城里不让出门。他俩倒好,把张俊贬出京城,这无疑是放虎出笼。放虎出笼也罢,他们不该听了朱胜非的"高见",还让他带走了八千人马,为虎添翼。

张俊一出京,便改变了方向,直奔平江而来。他这一来,又为张浚的"勤王"增了一成胜算。

张浚大喜道:"可以行动了!"遂率所部和张俊的人马向杭州进军。距杭州尚有二百里,停了下来,一边等候吕颐浩和刘光世,一边遣冯幡去杭州见苗傅、刘正彦,劝他们改过自新,复赵构之帝位。

苗傅、刘正彦假意应允,邀张浚进京面议。

张浚的脑袋比他俩的脑袋加起来尚聪明十倍,岂会上当!当即回书一封,谎称张俊所部有袭己之意,不敢贸然离队,所议皇上复辟之事,由冯幡全权代理。

苗傅、刘正彦见他不肯上当,便将假面皮扯下,放话说:"他们若来勤王,就杀了赵构!"

吕颐浩来了。

刘光世也来了。

四只人马会合后,就下一步的行动商议了许久,一致认为,既不能激怒叛军,也不能放弃勤王。干什么呢?

一、遣冯幡再次去杭,与苗、刘虚与委蛇。

二、暗结朱胜非,让他设法保护皇上安全。

三、复遣一使,前去盐城,敦促韩世忠。

去盐城之使还未上路,前次所遣之使骑驴归来,报张浚曰:"小的受命之后,日夜兼程,赶到盐城。韩将军阅了大人之书,拍案而起,曰:'叛贼可恶,吾这就起兵勤王。'他命小的先行一步复命。小的命运不济,途中宿于贼店,为贼所算,财物被劫,人也被勒昏了,抛于荒野。小的半夜醒来,靠乞讨为生,晕倒在一个小庙门口,那僧人不仅救了小的一命,还给小的借了一头毛驴。若非这头毛驴,再有十日,小的怕是也见不到大人。"

张浚安慰道:"汝辛苦了,爷赏汝钱三十贯,汝这会儿就可以去找判司簿尉①领取。"

那小校谢过张浚,牵着毛驴,喜滋滋地领赏去了。

张浚满面异彩,对张俊、吕颐浩和刘光世说道:"韩世忠这一出山,勤王就有了十成的把握。咱们明天拔寨起营,进军杭州!"

吕颐浩摇头说道:"别急。听那小校之言,韩世忠起兵勤王,应该没有问题,但世忠行到何处,吾等并不知晓。当务之急乃是遣使联系世忠,待有了准确消息,再进军杭州,也不为晚。"

---

① 判司簿尉:负责军队后勤的官员,从九品或九品。

张浚颔首说道:"吕大人所言甚是。"

他正要遣使去联系韩世忠,一谍人来报,韩世忠将至秀州(辖嘉兴、海盐、华亭、崇德四县)。

张浚道:"很好,很好。秀州距杭州,和咱们这会儿距杭州的距离差不多,可以进军杭州了。"

刘光世道了一声别急:"秀州是朝廷的储粮之地,让韩世忠占据秀州,比进军杭州的意义还要大。"

张浚道:"刘将军所言甚是,我这就遣使去告知韩世忠。"

秀州守军不到五千人,哪里是韩世忠对手,弃城而逃。

苗傅正在用饭,听说韩世忠据了秀州,手一抖,筷子落地。苗傅和刘正彦出身名将世家,什么张浚、刘光世、张俊、吕颐浩,统统没有放在眼里,唯有对韩世忠非常忌惮。

二十三　赵构复位

苗傅、刘正彦听说韩世忠据了秀州,把梁红玉抓起来,要斩首示众。

赵构暗道,这两个家伙不通文墨,又傻得可爱,我何不要他们一要!

朱胜非突然向赵构跪了下去,叩首说道:"臣有罪,臣不能再任相职。"

韩世忠,字良臣,延安(今陕西省绥德县)人。因其在族兄族弟中排行第五,又泼皮胆大,绰号"韩泼五"。

一日,他去米脂会友,饮到二更方散。返家时,城门已闭,他勃然大怒,单手硬生生将门栓拉断。

他去绥德城闲逛,被相士席三瞧见,说他命贵,当位及三公。拜相才能封公,如此大的官,韩世忠连想都不敢想。听了席三的话,又一个勃然大怒:"操,你敢讽刺我!"

打!他把席三打得皮开肉绽,差点儿驾鹤西去了。

崇宁三年(1104年),宋徽宗欲对西夏用兵,在延安郡招募勇士,韩世忠当选。第一次上阵,攻打银州城。数万宋军攻了几天,硬是没把银州拿下。他将胸脯一拍道:"看我的!"夜四更,他独自一人爬上城楼,把守城夏军杀死,打开城门,迎接宋军进城,全歼西夏军。迁官都头①。

第二阵,敌强我弱,带队的宋将欲弃寨而逃。他又来了一句:"看我的!"赤裸着上身,单刀匹马杀向敌军,只一刀,便将西夏军首领——第十军监军、驸马郎君兀昭砍去了脑袋,超迁为陪戎校尉②。

方腊起义,韩世忠从宦官童贯讨之,隶前军统领辛兴宗。方腊败逃帮源洞,韩世忠

---

① 都头:军职名。宋时,都是一个军事单位。宋朝军队编制,五人为伍,设伍长一人;两伍为什,设什长一人;十什为都,设正副都头各一人。

② 陪戎校尉:军职名,武散官,从九品上。

率军卒九人,追至帮源洞,生擒了方腊。返军途中,与辛兴宗相遇,辛兴宗夺方腊而冒其功,迁官忠州、眉州节度使。韩世忠以酒浇愁,为官妓梁红玉所知,击登闻鼓为其鸣冤,二人相惜相知相爱,结为伉俪。

韩世忠虽然是个粗人,又起自部伍,但他深谙为官之道,自己领兵在外,却把梁红玉留在都中。用意有二,第一,告诉皇帝,我韩泼五没有二心,您看,我把我的爱妻质给了您。第二,梁红玉独自留在京城,有充裕的时间去结交内宫,为他拉关系探消息。

针没两头快,有一利就有一弊。这不,弊来了。

苗傅、刘正彦听说韩世忠据了秀州,把梁红玉抓起来,要斩首示众。

关键时刻,朱胜非站了出来,他找到苗傅、刘正彦,问曰:"秀州距杭州多远?"

苗傅回曰:"六舍之地。"

朱胜非又问:"六舍之地,步兵得行多久?"

苗傅回道:"正常行军,得三天。若急行军的话,一天半即至。"

朱胜非复问:"骑兵呢?"

苗傅道:"正常情况,得一天。"

朱胜非再问:"特殊情况呢?"

"不到五个时辰。"

朱胜非道:"既然不到五个时辰,以韩世忠之勇,他为什么不来攻打杭州?"

苗傅摇了摇头。

朱胜非道:"只有一个解释。"

苗傅道:"请讲。"

朱胜非道:"他首鼠两端。"

苗傅道:"诚如相公之言,为之奈何?"

朱胜非道:"他既然首鼠两端,你就不能杀梁红玉。若是杀了梁红玉,等于您逼着他向张浚靠拢。"

他见苗傅不吱声,又道:"您不只不能杀梁红玉,还应当对梁红玉加封。不只要对梁红玉加封,还得给她一个官帽,一个加封韩世忠的官帽,让她拎着这个官帽去见韩世忠,韩世忠就是对您有所怨恨,为了他的官帽,为了他的前程,也会收回叛心,归顺朝廷。"

苗傅叹道:"有人曰,'听君一席话,胜读十年书'。我总以为这话酸,酸不可耐。今日方知,箴言也!依相公之见,封梁红玉一个什么官?又给韩世忠一个什么官帽?"

朱胜非道："若依我之见，最好加封梁红玉一个诰命夫人①，如果觉得不合适，也可封她一个淑人什么的。韩世忠呢，给他一个三衙②主官的帽子也就可以了。"

苗傅想了一想，移目朱胜非道："那就加封梁红玉一个淑人、韩世忠一个侍卫亲军步军都虞侯怎么样？"

朱胜非鼓掌说道："诚如此，韩世忠一定会为朝廷所用！"

苗傅当即下令，释了梁红玉，且入白隆祐太后，封梁红玉为淑人，命她前往秀州，劝韩世忠收兵返盐（城）。

梁红玉获释后，怕苗、刘反悔，也不入宫谢恩，匆匆回到家中，携了儿子，纵马来到秀州。韩世忠仰天大笑道："天赐成功，令我妻、子重聚，我好安心讨逆了。"当即拟书一封，送达张浚，约定进军杭州的日子。

张浚收书大喜，回书韩世忠，四月一日，会师杭州城下。

此时为三月二十七日，距会师杭州还有四天时间，除了修理器械和筹集粮草之外，张浚总觉着还应该做点什么！

做点什么呢？应该发一个《讨贼檄文》。《讨贼檄文》拟好后，以八百里加急送达杭州。

苗傅、刘正彦读了《讨贼檄文》，"鞋底长草——荒了脚了。"

朱胜非不失时机地出现在他二人面前，问曰："二位将军自忖，可是张浚、韩世忠他们对手？"

苗、刘俱摇头说道："非也。"

朱胜非又问："他们讨伐咱们的理由，是不是因为咱们废了太皇，把咱们当作了乱臣贼子？"

苗、刘二人忙将头点了一点："正是。"

朱胜非献计道："咱们若是让太皇复位，咱们还是贼吗？咱们既然不是贼了，他们还讨谁呢？无贼可讨，他们就没了进军杭州的理由。没了理由，就得乖乖地回去。他们一回去，这事不就完了吗？"

苗、刘二人一想，是这么个理儿，双双进宫，告白隆祐太后。隆祐太后巴不得赵构复

---

① 诰命夫人：泛指受朝廷封号的贵妇人。大凡对朝廷有贡献的官员，其妻子、嫡母、祖母都有机会册封。此封始自于唐。"诰命夫人"只能授予一、二品官员的祖母、母亲和妻子；三品官员的祖母、母亲、妻子可以授淑人；四品授恭人；五品授宜人；六品授安人；七品之下授孺人。

② 三衙：宋中央军事机构——殿前都指挥司、侍卫亲军马军都指挥司和侍卫亲军步军都指挥司的合称。三司最高长官为都指挥使和都虞侯。

位,忙书诏书一道,付于苗、刘。苗、刘捧了诏书,来到显宁寺,把赵构请回宫中,复了皇位;削去明受年号,仍用建炎,新天子复号皇子;隆祐太后不再垂帘。

张浚得到消息,忙聚众商议。他认为,皇上既已复位,如果继续用兵,师出无名,也会授苗、刘口实。

吕颐浩摇手说道:"我不这么认为。"

张浚道:"请讲。"

吕颐浩道:"皇上虽已恢复帝位,二贼犹握兵居内。咱得清君侧,咱得追穷寇,否则,西楚霸王的下场,便是咱们的下场!"

是退是进,张浚犹豫不决,遣使去征求韩世忠的意见。韩世忠明确表示:"不杀二贼,誓不罢兵!"

张浚这才决定,继续向杭州进军。

苗傅、刘正彦闻勤王之师抵达临平(今杭州市临平区),忙遣将截击,被韩世忠等人杀得大败,逃回杭州。

苗、刘又惊又惧,自忖再留杭州凶多吉少,二人一道去见赵构,要求外任。

赵构巴不得将这两个瘟神送走,当即颁诏书一道,拜苗傅为淮西制置使、刘正彦为副。二人谢恩而出。未出宫门,又折了回来,请求赵构赐他们一人一个免死铁券①。

赵构暗自冷笑道:"真是一对傻蛋,我想杀你,莫说赐你们一个免死铁券,就是十个、百个,也救不了你们的命!"

又一想,不行,我虽有生杀予夺之权,但若赐了人家免死铁券,还要杀人家,会受到世人的抨击,史书上也会记上一笔。

有了,这两个家伙不通文墨,又傻得可爱,我何不来一个文字游戏,耍他们一耍!

对,就这么办。

遂口谕一旨,在免死铁券上刻上:"除'大逆'外,余皆不论。"

你俩连皇上都给废了,还能不算"大逆"吗?这样的免死铁券,莫说颁你一个,就是颁你一百个,又有何用?

但苗、刘以为有了免死铁券再无性命之忧,谢过龙恩,携着免死铁券,率精兵两千,

---

① 免死铁券:外形如同瓦状形的铁制品,是皇帝赐给功臣、重臣,作为一种带有奖赏的盟约性质的凭证,允许世代享有优厚待遇及免死罪的一种特别证件,也叫免死券。

出涌金门南遁。

王世修听说苗傅、刘正彦南逃,忙骑马追赶,迎头撞上韩世忠,被他一把抓住,牵付御史。

张浚、吕颐浩未曾进城,已闻苗、刘逃走,是进城谒见赵构,还是追贼,正犹豫不决,刘光世赶到,曰:"功高莫大于救驾,擒贼为二。"

一句话提醒了梦中人,三人并马入城,进谒赵构,伏地说道:"臣等救驾来迟,让皇上蒙辱,罪该万死!"

赵构将他们一一扶起,慰勉有加,并解下身上玉带,赐给张浚。

不一刻儿,韩世忠亦来觐见,赵构又将他慰勉一番。

这一天,赵构特别高兴,宴请勤王功臣。由朱胜非作陪。张浚位列第一,次之韩世忠,次之吕颐浩,次之刘光世,次之张俊。

宴后,赵构将朱胜非留下,商议如何封赏"勤王"功臣。朱胜非突然朝他跪了下去,叩头说道:"臣有罪,臣不能再任相职!"

赵构一脸讶然道:"卿这话从何说起?快起来,快起来。"一边说一边伸手去搀。

朱胜非长叹一声道:"苗刘作乱,臣义当即死,偷生至此,正为今日。现幸圣驾已安,臣理该退职了。"

赵构道:"卿不必自责,苗刘之变,若非卿从中斡旋,事情会更糟,若论功行赏,卿不亚张浚,卿不能退职。"

朱胜非叹道:"苗刘之变时,臣为首相,有着不可推卸的责任。臣若还赖在这个位上不走,必将引起言官弹劾,到那时,不只臣,连陛下的颜面也不好看,臣还是辞官的好!"

赵构默想了一会儿,说道:"卿的话有一定道理,朕同意卿辞官。但卿辞官之后,宰相一职当由何人继承?"

朱胜非道:"张浚、吕颐浩都可以胜任。"

赵构问:"他二人各有何长,又有何短?"

"浩练事而暴,浚喜事而疏。二择一的话,用浚更好一些。"

赵构点头说道:"朕明白了。"

朱胜非再拜而起。

翌日,诏下:拜吕颐浩为尚书左仆射,韩世忠、张浚分为御前军左右都统制,刘光世为御营副使;凡勤王将佐,各加秩晋爵。且禁内侍,干预朝政;重正三省官名,改中书门下侍郎,为参知政事①,不再设尚书左右丞。

翌日,又颁一诏,封淑人梁红玉为护国夫人。

两次封赏,大出朱胜非之料。赵构问及宰相人选,他明明将张浚排在吕颐浩之前,张浚不但没有拜相,所封之官还排在韩世忠之后。若说"勤王"之功,张浚可是位列第一呀!他不解,唯有叹息而已。

张浚心中尽管有气,但从未表示过不满。

吕颐浩虽然有些粗暴,但他知道,这个相椅,不应该由他来坐,故而对张浚、韩世忠非常尊重,将相和睦。

忽一日,吕颐浩屈驾张浚府上,酒过三巡,吕颐浩笑微微说道:"将军刚才不是说我无事不登三宝殿吗?我这一次,就是想听一听将军对圣上还驾扬州的意见。"

张浚反问道:"皇上想还驾扬州?"

吕颐浩道:"不是皇上想还驾扬州,是一些大臣上书,请皇上还驾扬州。"

张浚问:"给出的理由是什么?"

吕颐浩道:"朝廷口口声声说要中兴宋室,却一逃再逃,岂不让国人心寒,为了鼓舞士气,就得回驾中原。暂时不能回去,可回驾扬州。"

张浚频频颔首道:"这话说得对。况且,皇上是被金人追着屁股,从扬州逃到杭州,太失面子了。我赞成回驾扬州。"

吕颐浩双手抱拳道:"谢谢,谢谢,有您这句话,我知道该怎么做了。"

三天后,朝廷做出了还驾扬州的决定。还驾前,赵构命韩世忠为浙江制置使,与刘光世一道追讨苗傅、刘正彦。

韩世忠受命后,率领所部出杭州南下,追至浦城(今福建省浦城县),听说苗、刘正在鱼梁驿歇兵,单人单骑,追了过去。

苗、刘侦知韩世忠追来,慌忙布阵。阵还未成,韩世忠杀来,挡者皆死。刘正彦怒吼一声,挺枪来战韩世忠。五合后,苗傅见刘正彦有些招架不住,忙持戟来助。又十合,苗傅之弟苗翊、苗瑀,及刘正彦内弟张逵,各挺戈戟,来助苗傅和刘正彦。

韩世忠虽勇,以一抵五,渐渐有些不支。

---

① 参知政事:简称"参政",相当于副宰相。初置于唐,称"参议政事",位次于宰相,不押班,不知印。宋初沿置,与宰相、枢密使及副使合称"宰执",为朝廷最高政务官。元丰三年(1080年)废。以门下、中书二侍郎、尚书左右丞代其职任。

二十四　摇尾乞怜

安慰了赵构一番后,张浚密奏道:"那个人得把他除掉!"

金人南侵,不是为了认孙子,而是为了要他赵构的江山。

为了求和,赵构不只装孙子,而且装狗,向金人摇尾乞怜。

韩世忠以一抵五,正有些不支,贼阵出现骚动。不只骚动,是纷纷退往两旁。

韩世忠举目一瞧,乃是救兵到了。当先一将,豹头环眼,骑一匹乌骓马,手持双锤,杀到跟前。

韩世忠暗自喜道:"有王德(刘光世部下第一悍将)相助,贼的死期到了!"精神陡长,一刀将张逵劈为两半。

刘正彦正要掉头去战王德,见内弟被劈,忙拨转马头,再战韩世忠。

苗翊不知王德厉害,单人单骑,去迎王德,只一合,手中之戈,被王德震落,拍马而逃,被王德赶上,结果了性命。

苗瑀见王德杀了乃兄,瞪着一双血红的眼睛,来战王德,勉强战了三合,被王德锤杀。

苗傅又惊又怕,对刘正彦说道:"撤!"掉头西窜。王德暴喝一声:"哪里逃!"拍马追了下去。

刘正彦欲逃,怎奈被世忠粘着,只得硬着头皮再战,两合后,被世忠抓住腰带,生擒过来。

王德追杀苗傅,将至建阳(今福建省南平市建阳区),不见其踪,抱恨而返。韩世忠传檄各州县,悬赏缉傅。不到数日,建阳人詹飘将苗傅拿获,解到军前。世忠依着赏格,给付鲁飘,遂把苗傅押送江宁,与刘正彦一并伏法。

江宁府,初置于南唐,寓意为"江外无事,宁静于此。"

江宁又称金陵、南京,得名于楚成王熊商。

赵构行至江宁,借口扬州不靖,不想走了。

什么不靖?他分明是惧怕金人。

他不想走,吕颐浩也不敢硬劝,君臣便在江宁停了下来,把江宁改名建康,作为临时行都,立赵旉为太子。

赵旉既无福做皇帝,也无福做太子,竟生疟疾,病得奄奄一息。

屋漏偏遇连阴雨,船破又遇顶头风。一天晚上,刘宫女进赵旉的卧房送东西,不小心踢翻了铜火炉,清脆的响声,将赵旉从梦中惊醒,抽搐成痉,越宿而亡。赵构悲愤交加,将刘宫女杖毙。

赵构唯一的儿子死了,大臣们当然要安慰一番。这些大臣也包括张浚。

安慰了赵构一番后,张浚密奏道:"那个人得把他除掉。"

赵构问:"谁?"

"平寇前将军范琼。"

赵构道:"是因为他做过伪楚的官吗?"

张浚道:"不全是。"

赵构道:"请讲。"

"做过伪楚官员的人,不是一个两个。但真正卖国的并不多。范琼是实实在在地卖国。他的卖国,还不是在做了伪官之后,而是在此之前。

"靖康二年二月,他奉金人之命,持剑驱逼先皇及太后,前往金营。对于那些阻拦的人,大开杀戒。他投靠张邦昌后,又骗杀了反张的吴革及其门徒百人。

"建炎二年十月,金军入侵,臣、世忠并范琼奉旨讨贼,范琼不战而走,致臣和世忠腹背受敌,败退东平府(今山东省东平县州城镇)。苗、刘之变时,臣发函四封,约吕颐浩、刘光世、韩世忠、范琼一道勤王,范琼不但不应,反逼臣使观其活剥人皮,恫吓臣使。苗、刘被捉后,他又上书朝廷,为苗、刘求情。如此之人,不杀何以正国法,儆百官?"

赵构道:"卿说的事,朕全知之。朕之所以没有对他下手,就因为他手握重兵,弄不好会引起叛乱。"

张浚颔首说道:"陛下所虑甚是。"

三天后,张浚再一次觐见赵构,说他有办法除掉范琼,还不会引起叛乱。

赵构道:"那你就除吧。"

张浚的办法很简单,以升官之名骗范琼进京,矫旨诛之。

这办法来自他的幕僚刘子羽。刘子羽者,刘韐之长子也。

诛了范琼,张浚却有些后怕了——矫旨可是灭族之罪!

刘子羽微微一笑,将"圣旨"双手递给张浚。张浚展开一看,"圣旨"上竟无一字,没有字就不算矫旨。

张浚哈哈大笑,伸着大拇指赞道:"这一招,实在高!"

张浚因除范琼有功,迁知枢密院事。这一年,他三十三岁。

三十三岁做宰执,这是自北宋开国以来第二人。第一人是寇准,他做宰执时虽然比张浚小了一岁,但他是以枢密副使的身份进入宰执的。寇准这个宰执,比张浚小了一个档次。

张浚执掌枢密院后,立即向赵构上书,言中兴宋室大计。

首倡中兴宋室的是李纲,被赵构撤了宰相;次之宗泽,而且还制定了北伐金国,迎回二圣的具体方案,赵构没兴趣,下旨要宗泽不可轻举妄动。如今,张浚又提,赵构不好意思拒绝,反问道:"朕也想中兴宋室,苦无良策,卿有吗?"

张浚回道:"臣之中兴宋室,与李伯纪(李纲的字)、宗汝霖(宗泽的字)不同,他们都主张北伐金国,迎回二帝。请问,咱朝有北伐的能力吗?没有。"

赵构频频颔首道:"卿说得对,说下去。"

张浚道:"臣说的中兴宋室,可分两步走。第一步,自保。何谓自保?自保就是保住现有的疆土。要保住现有疆土,当自关陕①始。关陕若不保,东南亦不可保,臣愿为陛下前驱,肃清关陕,陛下可与吕相同赴武昌,以便相机趋陕。"

赵构最惧的是金军,要北伐,不能不与金军交战,这事他不敢干。经略关陕,并不和金军直接发生冲突,他愿意干。

既然愿意干,就得同意张浚的中兴宋室之大计。即日颁旨,拜张浚为川、陕、京、湖宣抚处置使,允许他便宜行事。这一"便宜行事",等于把川、陕、京、湖的军政大权和生杀予夺大权全部交给了张浚。

张浚刚一离开建康,金军南侵的警报迭至,言说金国大元帅完颜宗翰的先锋金兀术,连破我磁、单、密诸州,进逼兴仁府(在今山东省曹县西北)。

---

① 关陕:指陕西地区。陕西古名关中,故称。

赵构慌了、怕了,遣微猷阁待制①洪皓及工部尚书崔纵为使,分道出使宗翰大帐和金之上京。

洪皓行前,赵构将一封致完颜宗翰御书,亲手交给他。御书自称康王,开头这样写道:"宋康王构谨致书元帅阁下。"书中还表示,只要金国同意议和,"愿用正朔,比诸藩臣。"

康王,是赵构未曾为帝前的封号。也就是说,赵构自降身份,由帝为王。正朔,正统之意,正朔体现在年号上。也就是说赵构愿意以金国的年号做宋的年号。

待遇嘛,比照藩国。

贱,真是贱到了极点!

他贱也好,装孙子也好,并未博得金人的同情和好感。金人南侵,不是为了认孙子,而是要他的江山。

此时,金军已陷兴仁府,兴仁府距建康的距离,要比上京(今黑龙江省哈尔滨市)近得多。故而,洪皓到达宗翰大帐的时间比崔纵到达上京的时间早了一个多月。

洪皓来到宗翰大帐,说明来意,并将赵构的御书送达完颜宗翰。完颜宗翰不但不同意罢兵讲和,反强迫洪皓降金,遭到洪皓拒绝,一怒之下,把洪皓流放冷山(今黑龙江省东南百余里冲河镇附近一座终年积雪不化的大山)。

崔纵的下场比洪皓更惨,他来到上京,呈上求和国书,金帝吴乞买和完颜宗翰一样,不但不与宋和,还将他押送到一个穷荒之地,缺吃少衣,没几天便死了。

金人既然不同意与宋讲和,当然要继续南侵了。

吕颐浩送走了张浚,本拟奉圣驾去武昌,听说金军南来,遂便易前议,劝圣驾依然留在东南。

此举正合赵构之意,但赵构觉着,南京距长江太近,金人一旦过江,跑都跑不及,欲都杭州,命升杭州为临安府,授端明殿学士、权知枢密院事李邴前往杭州,规划一切;授中书舍人滕康为同签书枢密院事②,护送隆祐太后并六宫嫔妃和皇室成员前往杭州。

赵构既然要把都城定在临安,为啥还要留在建康?

第一,既然要把临安定为都城,就得好好规划一番,建设一番,这需要时间。

---

① 微猷阁待制:官名,徽宗大观二年置,从四品,位在学士、直学士之下,掌更直,备顾问。
② 同签书枢密院事:北宋始置,多以官资较浅的枢密直学士任之。南宋任此官者多加端明殿学士称号,待遇同执政。

第二，东京留守杜充，把胸脯拍得啪啪响——臣已练就十万精兵，金军胆敢南侵，叫他死无葬身之地！

他哪里知道，杜充是一个外强中干，贪生怕死的家伙，听说金军放出话来，要拔掉汴京这个钉子，尔后南下。他怕了，玩了一招"金蝉脱壳"，命副留守郭仲荀守城，自己则率东京留守司的主力部队，轰轰烈烈地向南撤退。

岳飞是杜充的爱将，自然也在南撤之列。接到南撤的命令，岳飞闯进留守府，劝杜充曰："中原之地尺寸不可弃，况社稷、宗庙在汴京，陵寝在河南，尤非他地比。留守以重兵硕望，且不守此，他人奈何？今留守一举足，此地皆非我有矣。它日欲复取之，非捐（牺牲）十万之众，不可得也！"

杜充一心逃命，哪里听得进去。他一撤再撤，渡过淮水，又渡长江，径奔建康。

大姐做鞋，二姐有样。你杜充会"金蝉脱壳"，我郭仲荀难道不会！杜充撤离汴京不到两舍之地，郭仲荀便将留守汴京的重担砸在留守判官程昌寓身上，自己则带着数十个亲信翩然南下。程昌寓呢？又把留守汴京的重担砸给了一个叫上官悟的判官……

杜充擅自撤离汴京，赵构不但不罪，反迁他做枢密副使。不可思议，又一个不可思议。

数年后，经高人点拨，朱胜非方悟出了其中的道理。很简单：第一，赵构从未有过收复中原的打算，既然没这个打算，死守汴京就没有什么意义。第二，杜充手里所握的军队，虽然没有十万，但五六万应该有的，他不得不迁就。

至于平叛（苗、刘之变）之后的张浚，明明居功最伟，也有宰相之才，赵构却把宰相一职赏给了吕颐浩，吕颐浩不只功不如张浚，还曾依附过伪楚。韩世忠，功也不如张浚，而且，平叛之前，官没有张浚高，却做了御前左都统制，官职也在张浚之上。道理也很简单，张浚威名很盛，且又年纪轻轻，若是让他做了宰相或枢密使，一旦生了异心，响应者众，危及朝廷。别看赵构抗金不行，心中的小算盘拨得挺精呢！

本以为汴京丢定了，顷刻之间，金军就会南下，赵构故伎重演，遣京东转运判官杜时亮及修武郎①宋汝为使，同赴金营求和。

求和少不了国书。这一次的国书，依然由赵构亲自撰写，比前一次更加无节和卑鄙，令人作呕。书曰：

---

① 修武郎：宋代阶官名，宋徽宗政和（1111—1117 年）中，定武臣官阶为五十三阶，修武郎为第四十四阶，以代旧官内殿崇班。

古之有国家而迫于危亡者,不过守与弃而已。今以守则无人,以奔则无地,所以鳃鳃然,惟冀阁下之见哀而已。故前者连奉书,愿削去帝号,是天地之间,皆大金之国,陛下何必劳师远涉而后快哉!

从前,太祖的时候,征藩国南唐,南唐帝李煜,遣使求和,好话说尽,太祖不许,曰:"卧榻之侧,岂容他人鼾睡!"你的祖宗尚且不允许藩国的存在,况戎狄蛮夷乎?古今之理,唯力是听,有力足以制彼,无力必为彼制。你就是哭死房廷,乞怜再四,房也不会放下屠刀!赵构此为,叫做妾妇行为,只可行于床笫,不能行于国际之间!

赵构为了求和,不只装孙子,甚而装狗,向金人摇尾乞怜,得到的是藐视和羞辱,是金军继续南下。起居郎①胡寅见赵构如此作践自己,愤然上书,直陈赵构之失,并胪列七策,恳请施行。

(一)罢和议而修战略。
(二)置行台以区别缓急之务。
(三)务实效,去虚文。
(四)大起天下之兵以图自强。
(五)都荆、襄以定根本。
(六)选宗室贤才以备任使。
(七)存纪纲以立国体。

宰相,乃一人之下,万人之上。说国事不好,不只皇帝不高兴,宰相也不高兴。吕颐浩撺掇赵构将胡寅踢出朝堂,回衡阳教书去了。

金兵继续南下,"寇警益急,风声鹤唳。"赵构心中,只装着两个字——和、逃。

和是不可能,只有逃了。

往哪里逃,赵构召开御前会议。有人主张移驾临安,有人主张移驾长沙。

赵构选择了临安。

韩世忠竭力反对,曰:"陛下若是移驾临安,建康怎么办?国家已失河北、山东,不能再失江淮了。"他的话刚一落音,十几个人站起来响应。

---

① 起居郎:史官,唐太宗始置。宋沿置。

二十五　铁浮屠

李纲罢相后,水军成了没娘的孩,兵越来越少,船越来越破,能够上阵的水军,不足一百人。

杜充除了爱好杀人之外,还爱好饮酒,天天邀人饮酒,不醉不休。

这个兀术,自出娘胎便异于常人,他面如火炭,发如乌云,单手能举千斤鼎。

吕颐浩对赵构的了解,就像了解自己的左右手——赵构既然想逃,谁也阻拦不住。既然阻拦不住,那就成全他吧!

他轻咳两声说道:"诸位,听我说两句。近来,金人的谋划,专伺皇上的行址。建康距长江,直线距离也不过二十几里,金军若是过了长江,半个时辰,骑兵就可到达建康城下,实在太危险了。为社稷计,非得迁都不可。临安,诸位也知道,早已作为新都的选地,且已遣李邴前去规划。依我看,皇上还是去临安好。至于建康,我自荐留下坐镇。如果皇上信得过我,我连江淮防守的责任,一并承担下来。"

他这一说,韩世忠等人哑口无言,赵构一脸感激地瞅着吕颐浩说道:"卿真忠臣也!但是,朕身边不可无相,卿应随朕同行。建康并江淮一带,付诸杜卿便了。"

把建康和江淮的防线交给杜充,等于把宋的社稷交给了杜充。这个信任,这份殊荣,足以使人热血沸腾,血脉偾张。但是,杜充并不高兴。他深知,信任和殊荣的背后,还有责任。他负不起这个责任。

他正要站起来婉拒,赵构又开金口:"朕任命枢密副使杜充兼江淮宣抚使,留守建康,王燮佐之;韩世忠、刘光世,受其节制。"

听着听着,杜充那锁着的眉头,渐渐地舒展开来,这官还不能辞呢!韩世忠、刘光世既是当世之人杰,又是皇上爱将,居然做了我的麾下,有他二人在,金军即使来犯,也不用惧了。实在不行,再来一个金蝉脱壳。他一脸灿烂地接受了皇命。

他高兴,有人不高兴。最不高兴的莫过于韩世忠和刘光世。前者满脸阴云,后者一脸不屑地看着杜充。

杜充,一个残忍好杀的家伙,一个异想天开的家伙,一个擅自脱离战场的家伙!

——他以防止金之谍人混进沧州为名,把那些自辽归宋的难民,不论男女老幼,概杀无论!

——他为了阻挡金军的进攻,下令决开黄河大堤,结果,非但没有阻止住金军,反使当地百姓被淹死二十余万,死于瘟疫的近百万,北宋时最为富饶繁荣的两淮地区毁于一旦!

——他畏敌如虎,听说金军要进攻汴京,来了个"鞋底抹油——溜了!"

他凭什么要做枢密副使?还兼了个江淮宣抚使,节制我韩世忠和刘光世!哼,节制个屁!

韩世忠和刘光世的不满,已经写在了脸上,赵构能看不到吗?他看到了。正因为他看到了,朝议后,将韩、刘二人留下,百般安慰——赐韩世忠玉带一条,改任浙西制置使,驻军镇江;迁刘光世为江东(指长江以东地区,又称江左)宣抚使,驻军池州(今安徽省池州市)。

这一赐一迁,把韩世忠和刘光世安抚住了。

但"按住葫芦起了瓢",杜充这边闹起了情绪,他声称自己得了中风,上书辞官。

赵构慌了,屈驾杜府,又是安慰又是赞扬,赞扬到让人肉麻的程度。唐朝郭子仪再造唐朝,宋潘美、曹彬、王全斌,有灭国之功,也没被君主这么夸过。

他夸杜充"徇(殉)国忘家,得烈丈夫之勇;临机料敌,有古名将之风";"比守两京,备经百战",以至于"夷夏闻风而夺气,兵民矢死而一心"。

杜充心中尽管十分受用,但高帽子再好,既不顶吃,也不顶喝,他想要点实惠的东西,这东西不给他,他就不收回辞官的表章。赵构不得不迁他的官——尚书右仆射,而且,还许诺他——韩世忠、刘光世依然受他节制。

尚书右仆射就是右相。他不只掌军,还掌政,乃宋立国以来第一人。

他心满意足,"中风"不治而愈。赵构还未走出杜府大门,他便一骨碌爬了起来,沐浴更衣,赴东西二府①视事去了。忙活了十几天,集结了十几万军队,开赴长江沿岸布防。

---

① 东西二府:即政事堂和枢密院。政事堂是宰相办公的地方,因其位于枢密院之东,故称东府;枢密院则称西府。

长江天堑,易守难攻,金人不习水战,只要在沿江布下一支水军,就可以御敌于江北了。当年李纲任宰相的时候,建了一支水军。可他做了几个月的宰相,便被罢免了,水军成了没娘的孩,兵越来越少,船越来越破,杜充接手的时候,能用的战船只有一艘,能够上阵的水军不到一百人。当务之急是扩建水军和修船、造船。

杜充不这么想,他总觉着金军入侵的目的是抢掠,他们的优势是骑兵,不可能渡江而战。

好,就算金军不可能渡江,水军不用管,但你得管一管步兵和骑兵吧,督促他们训练,整理器械什么的。他也不管。

这也不管,那也不管,金军打来了,靠什么抵抗?立威!怎么立威?杀人!他不只杀士兵,也杀百姓,只要他觉着某个人不顺眼,拉出去就杀。史说他"专以残杀为政,斩人无虚日。"在死亡气氛的笼罩下,他的士兵,他治下的百姓,无不"唯其马首是瞻"。

盗贼呢?盗贼依然我行我素,杀人放火、抢东西。

江淮最大的盗首叫李成,勇力绝伦,能挽两石五的硬弓;使两柄长刀,每柄重二十七斤,舞起来水泼不入,绰号"天王"。他由宋军的一名骁将沦为巨盗,又由巨盗变为宋将,隶属老将宗泽,与岳飞共事。此后,或为宋将,或为巨盗。建炎三年十月,金军连寇宋之应天府、寿春、黄州(今安徽省黄州市)、宿州(今安徽省宿州市),他紧步他的好友王善后尘,与金军暗中勾结,再次反叛朝廷,率部攻打滁州(今安徽省滁州市),把滁州官员全部杀死,扬言要进军建康。

若是换作别人,早就慌了。可杜充不慌。他除了爱好杀人之外,还爱好饮酒,天天邀人喝酒,不醉不休。

岳飞忍无可忍,闯进大帐,厉声责道:"杜公,内寇李成作乱滁州;外寇近在淮南,睥睨长江,包藏不浅。卧薪之势,莫甚于此时,而相公却终日宴居,不省兵事。万一敌人窥吾之急,举兵乘之,吾必败无疑,金陵(建康)若失,临安岂能全乎?"

这一番话,若是换做别人,早被杜充拉出去砍了。可岳飞是他的爱将,是他唯一可以倚仗的爱将。他不但不怒,反成全了岳飞,命他率部跟随王燮前去滁州平叛。

王燮惧于李成大名,一路磨磨蹭蹭,行至瓦梁路,徘徊不进,反遭李成袭击,损失颇重。

是时,岳飞方渡宣化镇,闻之,急进兵掩击,一败李成于瓦梁路,二败李成于真州六合(今江苏省六合县),三败李成于长芦,四败李成于滁州。李成弃军而逃,径奔江西,余部五百骑,为岳飞所获。

十数日后，也就是宋建炎三年十一月十一日，金军大举进攻建康。杜充依然杀人、饮酒。他正喝得高兴，岳飞又一次闯帐，把他吼了一顿，他这才传令升帐，调兵遣将，前去迎敌。带队的将军依然是王燮，都统制陈淬佐之。岳飞、戚方、刘立、路尚、刘纲等十七人为偏将，随军出征。

　　敌我双方在马家渡相遇。金方领军的元帅是金兀术。金兀术可是个厉害角色，看过《说岳金传》和《精忠岳飞》的人，没有不知道他的。他是金太祖完颜阿骨打的四儿子，故称四太子，他的金国名字叫完颜宗弼，又叫斡啜、斡出、乌珠、晃斡出。"兀术"是用汉字记女真语的读音。这个兀术，自出娘胎，便异于常人，他面如火炭，发如乌云，阔口圆睛，单手能举千斤鼎，惯使一柄金雀大斧，每到战酣时，把头鍪取下，往地上一掼，嗷嗷叫着往前冲。

　　金保大二年（1122年），他初次参战，追击辽天祚帝时，斧断柄，矢用尽，被三百名辽骑团团围住。他毫无惧色，夺过辽骑之枪，连杀八辽骑。辽骑惧而走，他奋起直追，又生擒五人。

　　金天会四年（1126年）正月，金军第二次南下，兀术在东路军任万户长①，取汤阴，俘宋军三千人，进逼汴京。闻宋徽宗出汴京南逃，以百骑追之，获马三千匹而还。其后，又败宋将郑宗孟、赵成、黄琼等军，克青州（今山东省青州市）、陷临朐（今山东省临朐县）。再其后，三万余宋军偷袭金营，为兀术所败，斩首万余人。

　　兀术屡战屡胜，横行天下，除了他的神勇之外，还得益于他的骑兵。

　　金军的优势是骑兵。

　　兀术虽然神勇，但绝对不是一个莽夫。他在对辽对宋作战中，积累了丰富的军事经验，拐子马、铁浮屠，就是他在前人的基础上创建的一个新兵种。

　　何为铁浮屠？铁浮屠又叫铁塔兵，身披两重铠甲，头戴铁兜鍪。鍪周匝皆缀长檐，其下乃有毡枕。三人为伍，以皮索相连，后跟拒子马，人进一步，移马子一步，有进无退。

　　何为拐子马？也就是轻型或重型骑兵，每遇战，以铁骑为左右翼，对敌军迂回包抄，而后突击。

　　金兵的拐子马，士兵骑术精湛，作战凶悍，每骑配有兵器和弓箭，既能作为骑射进行远距离进攻，又能作为突击力量近身搏杀。所用的弓箭，弓力只有七斗，为了方便在马上拉弓，把箭造得很长。别的骑兵是一人一骑，拐子马的骑兵，一人备二至五匹战马，当

---

① 万户长：又叫万夫长，相当于现在的师长。

所乘的马出现疲态或伤情时,就立刻换上另外的马。

面对金人的铁浮屠。面对那些人马皆披铠甲的士兵,三人一排,端着长枪,向前,向前,不断向前;捅出,捅出,再捅出!宋军傻眼了,宋军害怕了,王燮率先逃去。

他这一逃,其他人也跟着逃。

岳飞虽然有心杀贼,一是所部兵少,二是他还没有想出对付铁浮屠的办法,不得不撤。

这是他此生所打的第一次败仗,也是唯一一次败仗。他垂头丧气地回到建康复命,却找不到杜充。

杜充哪里去了?

要说杜充,还得先说一说刘豫。

刘豫,字彦游,永静军阜城县(今河北省阜城县)人,元符(1098—1100年)登进士及第,宣和元年(1124年)任河北提刑①。金军陷河北,改任济南知府。他不想上任。他怕,他怕金人一旦南下,济南首当其冲。

于是,他到处托关系,找到了汪伯彦。也不知道汪伯彦对他印象不好,还是钱没送到,汪伯彦绷着脸说道:"汝是败军之将,能够给汝一个知府,已经很不错了。想干,立马前去上任。不想干,回家种地。"

他不敢再说什么,乖乖去了济南。

他还没有把知府的宝座暖热,金将完颜昌率兵打来,他不得不遣他的宝贝儿子刘麟和提辖②关胜,率兵前去迎敌。

刘麟虽然没啥本事,但关胜有本事。关胜本是关云长的后人,精通兵法,惯使一口青龙偃月刀,人称大刀关胜。

金军不知关胜厉害,两战两败。捷报传到刘豫耳中,他并无喜色。他没见过铁浮屠和拐子马,但他听说过铁浮屠和拐子马——只进不退,无坚不摧,无敌不破。胜,乃是侥胜。铁浮屠、拐子马一出,必败无疑。

于是他悄悄地收拾金银细软,做好了随时开溜的准备。

谁知,一个意想不到的惊喜出现了。

---

① 提刑:官名。宋提点刑狱公事的简称。宋初设于各路,掌所属各州的司法刑狱和监察,兼管农桑等事。
② 提辖:宋提辖兵马的简称,统辖一路或一州一府的军队,兼掌督捕盗贼、维持治安等事。

二十六　搜山检海

　　杨邦义脱下上衣,咬破手指,在上衣上写下十个血字——宁做赵氏鬼,不做他邦臣。

　　蒲芦浑叹道:"倘若宋人人人都者彼,赵氏何至如此!"

　　赵构手中的筷子应声落地,颤抖着声音问道:"是不是金人又来了?"

　　铁浮屠和拐子马,是金人的核武器,但并不是每一支部队都可以拥有的,也不是每一战都必须出动的。入侵济南这一支金军,就没有铁浮屠和拐子马。正因为他没有这样两支部队,才不想与宋军硬磕。

　　金人对辽对宋的惯用伎俩——和、战并举,或和或战,因势而定,打得赢就打,打不赢就和。到了后来,发展到招降。

　　这三招,用得最好的是完颜昌。偏偏,完颜昌就是这支金军的首领。

　　完颜昌,又叫挞懒,为灭辽灭(北)宋,立下了赫赫战功。他仔细地研究过刘豫之后,决定用招降这一招。

　　他给刘豫写了一封书。书中,先把刘豫恐吓一番,什么铁浮屠、拐子马一出,管叫玉石俱焚,汝等死无葬身之地,等等。尔后,又开出了非常优厚的投降条件——汝若归顺我朝,汝可做东平知府;汝儿刘麟可做济南知府,我朝黄河以南的地盘,皆交汝管辖。

　　如此优厚的条件,刘豫能不动心? 他当即向金使表态——我愿归顺贵国。

　　他愿意,城中的军民不愿意,反对最激烈的是关胜。刘豫佯称不再降金,用毒酒鸩杀了关胜。

　　刘豫,论出身,农家子的一个,论官也不过一个小小的知府,降金,给予这么高的待遇,让不少人眼红。

　　杜充虽说也眼红,但他不能降金。不能降金的原因是他在南宋的地位太高,官职太大,金人给他的官职和待遇,不可能超过南宋。

而今,今非昔比。马家渡之战的败讯传到建康,他也没有多想,跃马而逃,一口气逃到真州(今江苏省扬州市真州镇),躲进了长芦寺。

他的部下到处找他,没有找到,却被金军找到了。金兀术派人对他说:"你投降吧,你若投降大金,大金会像对待张邦昌那样对待你,册封你做中原的皇帝。"

马家渡之败,杜充正愁着没法向朝廷交待。不,不仅仅是没法向朝廷交待的问题,而是朝廷会治他一个什么罪!这一下好了,不但不用担心朝廷治罪,而是要当皇帝!他欣喜若狂,连夜赶回建康,与守臣陈邦光密议了一番,打开城门,恭迎金军进城。

金兀术进城后,所有宋将宋官都进帐参拜,唯有通判杨邦义不去,杜充派人去催,杨邦义脱下上衣,咬破手指,在上衣上写下十个血字——"宁做赵氏鬼,不做他邦臣"。

杜充居然命人把他绑起来,送到金兀术大帐。金兀术敬杨邦义是一个忠臣,亲自劝降,并以高官厚禄相许。杨邦义不但不降,反大骂兀术,兀术叹息一声,令人将他拉出去斩首。

堂堂宰相投敌,这在大宋历史上还是第一个。消息传到临安,赵构如遭五雷轰顶,仰天号叫道:"杜充、杜充!朕待你何其厚矣,你擅离汴京,未战先逃,朕未片言相责,还擢你为宰相,你居然投敌,是何道理?呜呼,呜呼!"他满脸泪水,"不食者累日。"

吕颐浩入宫劝道:"陛下,事情已经发生,您恨也无用。您身为万乘之尊,国家安危,系于一身,您应该振作起来,否则,咱大宋真要完了!"

赵构一脸沮丧地说道:"杜充降金,致使长江防线崩溃。这一崩溃,江南失去了屏蔽。江南失去了屏蔽,这临安还能保得住吗?朕这条命是否保得住,在两可之间,还谈什么振兴?"

吕颐浩微微一笑,安慰道:"陛下把话说到哪里去了。孔夫子乃是一个布衣,周游列国至于宋,宋大司马①桓魋想杀他,有人劝孔夫子赶紧逃避,孔夫子说了一句名言,'天生德于予,桓魋其如何'!您是真龙天子,'天生'德于予,金贼岂如何!"

赵构叹道:"听卿这么一说,朕这心中亮堂了许多。但是,朕依然认为,临安难保,咱还是找一个比较安全的地方好!"

吕颐浩想了一想道:"最好的地方是海上。"

---

① 大司马:掌全国军政的官,初置于春秋之宋国。

赵构道："讲下去。"

"金人只会骑马，不会乘舟，我们跑到海上，他们就束手无策。等金人退去后，我们再回到两浙，'彼入我出，彼出我入，'此乃兵法之奇计也！"

"好一个兵法之奇计！"罩在赵构面上的阴霾，一扫而光，他击案说道："就这么定了！"

建炎三年十二月初，寒气逼人，天空下起了大雪，赵构一行冒雪抵达明州（今浙江省宁波市）。兀术闻之，遣都统阿里薄芦浑率精骑五千南追赵构。

警达明州，赵构又要逃命，逃命就得继续下海。下海之前，他将参知政事范宗尹、御史中丞赵鼎，以及刚从越州赶来的张俊召到御前，命他们留守明州，许诺说："捍敌成功，当加王爵！"

王爵的诱饵不谓不大，但范、赵、张三人面上没有一点喜色。

为什么没有喜色？赵构肚如明镜，但他急着逃命，连一句安慰的话都没有，乘船入海，嫔妃只带了两个——吴芍药和张昭容。

行至温州，遭遇大风，把他的船队被吹散了。他所坐的御船，大大小小的侍卫三十几人，莫说金军追来，就是遇到海盗，可能也会出事。赵构寝食不安。

他本不信佛，却在舱头点了三炷香，面向南海，祷之曰："大慈大悲的观世音，请您多多保佑：一、保佑海上再无大风，二、保佑朕别遇海贼，三、保佑明州不要被金军攻破，四、保佑隆祐太后并皇室平平安安！"

自为帝以来，他干了那么多不合事理，甚而有些混账的事，为他自己，为大宋社稷种下了恶果，单凭三炷香、一番祷告就可化解？不可以！此时的越州，已为金人所陷。

薄芦浑奉命进军越州，宋越州宣抚使郭仲荀不战而逃，知府李邺出降。

李邺，你道何人？就是靖康元年（1126年），宋徽宗内禅钦宗，那个自告奋勇使金，由金营归来，盛赞金军"人如虎，马如龙，上山如猿，入水如獭，其势如泰山，中国如累卵"的人，世人给他取了个绰号——六如给事。在朝野的强烈抨击下，钦宗罢了他的给事中，回家种地去了。如此一个人，赵构为帝的第三年，也就是建炎三年，居然将他复官。未几，又迁越州知州。

薄芦浑据了越州，照例来了一个巡城，行至南关，忽有一大石飞来，与头颅相近尺许。他急忙躲闪，幸免击中。当下命令军士，拿住刺客，亲自审问："汝何姓何名，所司何职，为甚要来行刺？"

刺客大声回道:"爷姓唐,名奇,乃越州厢军一屯长①也。尔犯我大宋,戮我同胞,爷恨不得击碎尔首,方才泄恨!爷今为尔虏,虽死,仍得为赵氏鬼,死而何憾!"

薄芦浑叹道:"倘若宋人人人若彼,赵氏何至如此?"略顿又道:"李邺贵为汝之知州,尚举城降我。汝一屯长也。就是为国报仇,也轮不到汝出头!"

唐奇扬声说道:"什么轮不轮的,国家兴亡,匹夫有责!"说至此,见李邺在旁,怒目视邺道:"我月受石米,尚不肯悖主;汝享国厚恩,甘心降虏,尚算得是人么?"

李邺满面通红,恨不得找个地裂缝钻进去。

薄芦浑尽管看不起李邺,也不想让他过于难看,喝道:"快将这个狂士拉出去砍了!"

唐奇一边走一边骂,砍了头,那尸体许久方才倒下,人皆奇之、敬之!

这些人,当然也包括薄芦浑。他下令厚葬唐奇,留偏将琶八守城,自率兵再进,渡过曹娥江,直扑明州。

张俊命统制刘保出城迎战,大败而归。第二天,再派统制杨沂中、知州刘洪道,水陆并进,杀死金人数千名。

翌日,是腊月二十,金军至明州城下,攻了一天,无果。

腊月二十四,金军再次攻城,不利,伤数百人。

是日夜,张俊遣杨沂中袭击金营,杀金兵无数。金军惧,奔窜余姚。

这一仗是张俊一生最为成功,也最为得意的一仗。只可惜,像这样的仗,只打了这么一次。只因这一仗,引来了坐镇建康的金兀术,他亲率主力部队,浩浩荡荡驰往明州。

张俊蔫了!金兀术距明州尚有一舍之地,他便连夜出城,逃往台州(今浙江省台州市)去了。

刘洪道听说张俊逃走,大怒曰:"你张俊有两条腿,我刘洪道难道没有两条腿,你会逃,我也会逃!"

他这一逃,再也没有露面。有的说,他隐居了;有的说,因他携带的金银珠宝太多,被他的亲兵杀了。

他二人这一逃,金兀术没费一刀一枪,便占据了明州城。

汉人重视年,受汉人的影响,金人也开始重视年。这一日是正月初二,金兀术命属下杀猪宰羊、放鞭炮,继续过年。

---

① 屯长:古代军制,五人为伍,设伍长一人;二伍为什,设什长一人,五什为屯,设屯长一人。

赵构也在过年。他的年是在海上过的。

除夕夜,赵构把船停泊在台州境内的章安镇,在吴芍药和张昭容的怂恿下,他扮作儒生,上岸散心。一路行走,只见万家灯火,行人如织。除夕的北方可不是这样,常常是一家人围坐在一起,吃过饺子后,或饮酒,或聊天,一直坐到午夜,称之为熬年。

仨人正逛着,突然传来一阵金鼓之声,一群人一边喊着"来了,来了!"一边奔跑。

赵构以为是金人来了,魂飞天外,掉头返回船上,面无血色,连声喊道:"开船,开船!"

喊了几声,方有一小内侍急匆匆跑来,禀曰:"启奏陛下,船工全都去了镇上,这船无法儿开。"

赵构怒道:"他们去镇上干什么?"

小内侍低首回道:"大伙在船上呆了已经二十几日,憋得难受,见您上岸,他们以为没事了,也上了岸。"

赵构道:"快把他们找回来。"

小内侍掉头趋出,约有半个时辰,方将船工找回。

赵构黑虎着脸问:"船家,岸上有狐狸精,把尔等的魂都勾去了!"

船家笑嘻嘻地回道:"不是有狐狸精,是在掉狮子。"

赵构绷着脸反问道:"掉狮子?"

"这是章安的风俗。除夕时,一班贫民用纸扎成五彩狮子,待到上灯时候,拿到镇上,前边十数人,敲打着锣鼓引路,每到一个店铺门前,他们便停了下来,舞动狮子,讨一些赏钱过年,不给不走,俗称掉狮子。"

赵构暗道了一声"惭愧"!是我误会了,怪不得听到锣鼓声,却不见居民逃难。

船家见赵构久久无语,陪着小心问:"还启船不?"

赵构道:"大除夕的,启什么船。去,好好过尔等的年吧!"

正月十三日午,赵构正在用饭。那饭半糠半米,配着一盘炒河虾。

一内侍闯了进来,气喘吁吁道:"陛下,快走,快走!"

赵构手中的筷子应声落地,他颤抖着声音问道:"是不是金人又追来了?"

"是。"

赵构又问:"您不是说,金人在明州杀猪宰羊,欢度新年,今日才正月十三呀!"

小内侍回道:"金兀术在过年的同时,遣谍人打探您的消息。谍人回曰,您的船队被大风吹散了,东一只船,西一只船。有的船靠了岛,有的船靠了岸,抑或是依然在海上漂泊。金兀术放出狠话,全军出动,就是搜山检海,也要把您……"他将话顿住。

他虽然没有把话说完,赵构已经知道下半句的意思,惶声说道:"启航。"

内侍问:"开向何处?"

"大海深处。"

这一日,船正行间,忽有一条二斤多重的黄鱼跃入船中,赵构正感到奇怪,吴芍药趋前说道:"臣妾给官家贺喜!"

赵构哭丧着脸道:"朕在海上漂泊了一个多月,吃的是白水煮鱼,有甚喜可贺?"

吴芍药指着那条黄鱼:"此周人白鱼之祥也。"

说到"白鱼之祥",赵构立即想到了周武王。周武王伐纣时,并无胜算,闷坐舟中,一条鲤鱼跃入舟中,结果,大获全胜。赵构想到这里,脸上的愁容不见了:"好一个'白鱼之祥!'朕若安安全全回到临安,便封卿为'婉仪①'。"

吴芍药忙跪地谢恩。

船继续在海上漂泊。

---

① 婉仪:皇帝嫔妃名,宋代,位居内命妇第二品。

二十七 击鼓战金山

韩世忠早就料定,金兀术在江南折腾够了,必定要返回北方,便把他的所有兵力,集中在金兀术的必经之地——镇江。

只听"咚咚咚"一阵鼓声,惊天动地,金兀术扭头一看,擂鼓的并非别人,乃楼橹上那个女裙衩。

金兀术并不知道自己已走进了绝地,像没头苍蝇一样,在黄天荡里转了一圈又一圈,就是走不出去。

金兀术经过二十几日的搜山检海,以伤亡数百人的代价,搜出了赵构的去处。

既然查到了赵构去处,那就得追。金兀术命船家挂满帆,向大海深处追去。

金兀术追呀追,追了数百里,不见赵构踪影。是追,还是掉头?正当他犹豫不决之时,上天给出了答案——掉头吧!这答案写在风里,写在雨里。在狂风骤雨的袭击下,金军所乘之船,像一片片树叶,一会儿抛上浪尖,一会儿跌进谷底,金兵脸色苍白,又晕又吐,吐得厉害的,把胆汁都吐出来了。

俗话说,"南人习水,北人擅马。"这话,金兀术开始不信,他总觉着在水上打仗靠的是船,不是士兵的水性,只要有船,照样能打败南人。这一次,他服了。他一连下了两道命令:第一道,搜山检海活动结束。第二道,所有船队靠岸,由陆路返回。

他走了一路,抢了一路,杀了一路,放了一路火。因抢的东西太多,装了数百车还没装完。

有人建议把装不完的东西全部烧掉,也有人建议改用船运。

全部烧掉,金兀术舍不得。用船运,他又怕水。杜充笑劝曰:"用船运好,既快又安全。"

金兀术把双眼一瞪说道:"货倒是安全了,人呢? 不晕死,也得吐死。"

杜充道："那是在海上，海上风浪大，北方人不习水，晕船很正常。您这一次凯旋，走的是京杭大运河，无风无浪，安全得很。"

金兀术"噢"了一声道："有道理，有道理！"遂命丁佚将所抢的东西全部搬上船去，浩浩荡荡地北返。

将至平江，金兀术遣骑兵前去探路，平江留守周望、知府汤东野弃城而逃，兀术将平江洗劫一空，经常州直奔镇江府。一路上，数百只船队，扬帆前行，蔚为壮观。

到了镇江，一件意想不到的事情出现了。

赵构办了那么多不明智，甚而有些混账的事，但有一件他办对了，值得大书特书。那就是让韩世忠做浙西制置使，镇守镇江。

镇江地处长江三角洲的西北部顶点，绝大部分是五陵、宁镇山脉，茅山山脉也在它的境内。山脉之间是中国南方最重要的水系——长江，京杭大运河在镇江府境内交汇，历来为兵家必争之地。

韩世忠早就料定，金兵在江南折腾够了，肯定要返回北方，而镇江是金兵回家的必经之地。他将所有兵力——八千步骑，全集中在镇江，专候金兵到来厮杀。

金兀术来到镇江，见江上布满战船，斗大的"韩"字旗随风飘扬。

金兀术不认识韩世忠，但他听说过韩世忠大名，知道他是一个汉子，是南宋少有的忠臣良将，用对待其他宋将宋官的办法——恐吓抑或是诱降，是不行了，唯一可行的办法是战。他自信，韩世忠再能打，也不是他的对手。

他满怀信心地拟了一份战书，送给韩世忠。

韩世忠候在这里就是准备打他，见了战书，忙道了声"好"，约定翌日决战。

那日，梁红玉也在军中，金使一走，忙从后帐趋出，对韩世忠说道："我兵不过八千人，敌兵却不下十万，若与他交战，就是以一当十，也恐抵挡不住。要想胜敌，非用奇计不可！"

韩世忠道："夫人说得对，夫人既然这么说，怕是已经奇计在胸了。"

梁红玉笑嘻嘻地说道："也没有什么奇计，只是有一个想法，说出来，将军千万莫要耻笑！"

韩世忠道："夫人不必自谦！夫人天生聪慧，又熟读兵书，夫人的想法必有出奇之处，说吧，嗯，说吧。"

"明天与敌交战，妾也上阵。"

韩世忠道："好！"

"妾不只参战,妾还想夺您兵权,代您指挥。"

韩世忠又道:"好,说下去。"

"明朝,妾代您坐镇楼橹之上,管领中军,专任守御,只用炮弩射住敌人,不与交锋,将军可领前后二队,视中军大旗而行,大旗指向东,将军便率军杀向东,大旗指向西,将军便率军杀向西。将军冲杀时,妾亲自擂鼓相助,管叫杀金人一个人仰马翻,自此不敢再窥我江南!"

韩世忠道:"此计甚妙,为夫也有一计在此。此计若成,省却了许多麻烦。"

梁红玉一脸兴奋地问道:"什么妙计,请讲!"

韩世忠道:"金兀术自出师以来,从无败绩。何以如此?除了勇猛之外,粗中有细,在未曾开战之前,必定要找一个地方,窥探我军虚实。"

他指着不远处一座山,继续说道:"那个山叫金山,是这一带最高的山,山上有龙王庙。登上龙王庙,数十里的地形尽收眼底,金兀术不察看地形便罢,若察看,此山是最好的选择。"

梁红玉满面欣喜道:"妾知道了,您是想伏兵龙王庙,待那金兀术一到,来个瓮中捉鳖。只要捉了金兀术,金兵不战自败。好计,好计呀!"

韩世忠笑眯眯地说道:"谢谢夫人盛赞!夫人以为此计可行,为夫这就遣人去龙王庙埋伏。"

梁红玉道:"当然可行!"

韩世忠当即召偏将呼延通、王权进帐,命曰:"你二人各率健卒一百人,登龙王庙,呼延通伏庙中,王权伏庙下岸侧。俟闻江中鼓声,王权先出,杀向龙王庙,呼延通后出,见敌即擒。"

待二偏将领命去后,梁红玉问韩世忠:"这二人妾眼生得很,有何来历?"

韩世忠道:"这二位都是大有来头之人。"

梁红玉问:"什么来头?说来听听。"

韩世忠道:"说呼延通你不知道,说呼延赞你不会不知晓,呼延赞是大宋的开国元勋,呼延通就是呼延赞的后人,武艺高强,为人豪迈,但有点鲁莽。王权呢,邓州人,政和年间(1113—1118年)武进士,官居陪戎校尉,曾随童贯征方腊,屡立战功,童贯忌其直言,屡隐其功,一怒之下,辞官归里。靖康二年,在家乡拉起一支队伍,众达三千,前往汴京投奔宗爷爷……"

梁红玉插话道:"是老将军宗泽吗?"

韩世忠回了一声"是",继续说道:"王权将至汴,闻宗爷爷病逝,杜充代其职,不容义军,转而为寇。经为夫派人晓之大义,方改邪归正,投了为夫。"

梁红玉轻轻颔首。

两刻钟后,夫妇二人登上楼橹,置鼓坐旁。二人一边说着闲话,一边望着山上。

又两刻,有五人五骑,皆著金服,缓缓登上龙王庙,向山下指指点点。

韩世忠抓起鼓槌,用力擂鼓,声应山谷。

呼延通听到鼓声,率兵从庙内杀出。五金兵兜马而走。

也是韩世忠考虑不周,他只想着埋伏庙内,骑兵多有不便,全是步兵。两条腿的如何跑得过四条腿的?

也不尽怨韩世忠,王权所部如果能及时出现,金兀术就是插上翅膀,也是难逃。

偏偏那王权晚了一步,没有兜头将金骑截住,只有跟在呼延通身后,追击金骑。

眼看着金骑渐行渐远,呼延通急中生智,取下肩上硬弓,扯满弦,"嗖"的一声,朝殿后的金骑射去。那金骑应声而倒。

他的那些健卒,纷纷效仿,箭射金骑,又倒下了三个。剩下的那一个急奔被蹶,坠而复起,竟得逃脱。韩世忠望将过去,见此人穿着红袍,系着玉带,料知定是金兀术,见他脱身而去,不禁长叹道:"可惜,可惜!"

俟呼延通将四金骑押来,审之,那逃窜的金骑果真是金兀术,愈觉叹息不止,遂将王权责了数语,回营去了。

第二天一大早,梁红玉头戴雉尾,足踏蛮靴,满身裹着金甲,登上楼橹。

两刻钟后,金兀术坐着大船杀了过来。遥望中军楼船,坐着一位活像昭君出塞的女裙钗,也不知她是何等人物,一脸的惊诧。转而一想,管她是什么人物,先杀将过去,再作计较。当下传令攻击。

只听一声梆响,万弩齐发,箭如飞蝗。又有轰天大炮,接连发声,数十百斤的巨石呼啸而至,触着处不是毙人,就是碎船,任你如何兵强卒锐,都是无用。兀术这才知道,楼船上的女将,比他以前遇到的男将还要厉害,忙下令转船,从斜刺里东走。

只听"咚咚咚"一阵鼓声,惊天动地。金兀术扭头一看,擂鼓者并非别人,乃楼橹上那个女裙钗,恨得咬牙切齿!

此时此刻,恨不能解决任何问题,唯一的出路是逃。

梁红玉弃槌执旗,把旗往东一摆,斜刺里冲出数十条战船,为首一员统帅,乃是威风凛凛的假世忠。兀术不辨真假,令它船敌着,自己又转舵向西,拟从西路过江。

谁知,那旗又摆向了西方,复有一员大将,领兵拦住了他的去路,仔细一瞧,仍是韩世忠,这个韩世忠,乃是实实在在的韩世忠,兀术暗自思道:"我今日见鬼了,那边已派兵抵住了他,为何此处他又到来。"正百思不得其解,旁边闪出一人,大喝一声道:"韩泼五,你欺人太甚!"一边喝一边跃上韩船,挺着长矛,向韩世忠刺去。

兀术举目一瞧,跃上韩船的,乃是爱婿龙虎大王,知道他不是韩世忠对手,欲要制止,已经来不及了。只见那韩世忠身子一闪,躲过龙虎大王的长矛,大喝一声,劈头朝龙虎大王砍去,龙虎大王亦将身子一闪。韩世忠这一刀是虚砍的,趁他闪身的机会,腾身而上,一把抓住他的腰带,将他生擒。众金兵欲上前去救,被韩世忠身后的呼延通拦住,人不但没有救回,又搭上十几条性命。

兀术又惊又愤,正要登船去战韩世忠,被杜充一把拽住:"四太子,韩世忠绰号韩泼五,单手拉断城门门栓,方腊就是被他生擒的,您是龙子,不屑与他性命相搏,至于龙虎大王,一时半会儿,他们也不会加害,为殿下计,莫如先退兵,尔后,再找机会救龙虎大王。"

金兀术长叹一声,命令退兵。韩世忠哪里肯舍,追了十数里,听不到鼓声这才收军。

他返回楼船,见梁红玉已经下楼,忙上前拉住她的柔荑说道:"夫人辛苦了!"

梁红玉微微一笑道:"为国而战,道什么辛苦?兀术未能拿住,实乃憾事!"

韩世忠道:"未曾拿住兀术,拿住了他的娇婿。"

梁红玉道:"甚好,但不知我方伤亡如何?"

"伤了几名健卒。"

梁红玉道:"这些健卒是为国受伤,一定要好好医治。妾忖,兀术不会善罢甘休,您也去好好歇息歇息,以备再战。"

韩世忠重重地点了点头。

不料,那金兀术是一个欺软怕硬的家伙,当天便致书韩世忠,情愿尽归所掠,一是放他一条生路,二是放还他的爱婿。

韩世忠不许。

第二天,金兀术又致书韩世忠,除了尽归所掠之外,增添名马五百匹。世忠仍不许,为了绝他求和之路,当着金使面,砍下龙虎大王人头。金兀术得知爱婿丢命,又气又恨,但又无可奈何。

求和无望,金兀术便自镇江溯流而上,他想避开韩世忠,到其他地方碰碰运气。

韩世忠见金兀术的船动了,也赶紧开船。金军沿南岸,宋兵沿北岸,夹江而行,到了夜间,彼此的击柝声,互相应和,甚为有趣。

到了黎明,金兵进入黄天荡。

黄天荡是建康和镇江之间的一个大水湾,距镇江有八十余里,里边纵横三十余里,只有进路,无有出路。韩世忠眼看着最后一条金船驶进黄天荡,大喜道:"这一次,金兀术死定了!"遂命将士,把所有战船,都集中起来,堵在入口处。金兀术并不知道自己走进了绝地,像没头苍蝇一样,在里边转了一圈又一圈,就是走不出去,叫苦不迭。

赵构被金军吓破了胆,金军已不再搜山检海十几天了,他还在大海里躲着。

忽一日,有一条小船向他的停泊处驶来。他以为是金兵追来了,忙命开船。他在前边行,小船在后边追。因为有风,小船的速度远不如大船,哪里追得上。但那小船很顽强,明明被甩掉了,两天后,又追上来。再甩。继续追。

两只船在海上玩起了捉迷藏的游戏。

龙船上本来就缺粮,又不敢靠岸补充,空着肚子跑了三天,实在撑不下去了,找个地方泊岸,让内侍们分头去岸上寻找食物。一因沿海的居民大都逃匿;二因这些内侍骄横惯了,见了留守的居民,横眉立目、吆五喝六,渔民别说手中无粮,就是有粮,也不愿意卖给他们,乘兴而去,败兴而归。再一次泊岸的时候,吴芍药对赵构说道:"官家,看来,内侍们是指望不住,你我一道,微服去岸上碰碰运气,也许能找到点吃的。"

赵构道了声"好"。

张昭容道:"妾也去。"

一行三人登岸后寻寻觅觅,来到一个叫祥符寺的地方,向老和尚乞食。老和尚见他仨气质不凡,忙拿出三个炊饼,一人给了一个,赵构像饿鬼一样,一眨眼便吃完了,抬头瞅着吴芍药,吴芍药只咬了两口,见他一脸的贪婪,忙将咬过的炊饼递了过去。他也不谦让,接过来就吃。张昭容轻叹一声,也将未吃完的炊饼递给他。

吃下三个炊饼之后,意犹未尽,老和尚长叹一声道:"看来是饿透了。请施主忍耐一会儿,老衲这就给施主煮粥去。"

待老和尚把粥煮好,来邀赵构,赵构一行却不见了,心中甚为诧异。

二十八　放我一马吧

　　金兀术被困黄天荡,正一筹莫展,杜充趋至,且献计道……
　　良久,兀术问道:"咱们能不能在岳飞他妈身上做点文章?"
　　那飞石小的如碗,大的如磨盘,击在船上,一击一个洞。

　　被赵构多次甩掉的那只小船,又追了上来,且泊在大船的旁边,从小船上下来三个人,在内侍的带领下,一路寻觅,也来到了祥符寺。
　　赵构正在殿檐下散步,听到脚步声,还以为是金兵追来了。他这么以为,自有他一定道理:此庙破旧不堪,不可能有什么香火。没有香火,哪来的香客?老和尚呢,去后院烧粥,就是烧好了粥,也不可能经大门送来。
　　他正要向大殿逃去,忽听有人喊他"陛下",知道是自己人到了,忙止步转身。
　　喊他陛下之人,紧走几步,"扑通"一声朝他跪了下去,口称:"御前右军统制杨沂中参见陛下!"
　　紧跟在杨沂中后边的那两个人也朝赵构跪了下去,内中一个呼道:"尚书右仆射吕颐浩参见陛下。"
　　赵构又惊又喜道:"卿等平身。"
　　待他仨人平身之后,赵构问:"卿等因何到此?"
　　吕颐浩回道:"寻您呗!哎,为寻您,臣等跟在御船的后边走了七八天。"
　　赵构一脸不好意思道:"朕不知道是卿,朕还以为是金兵的船呢。喂,金兵呢,撤了没有?"
　　吕颐浩道:"早就撤了。"
　　赵构道:"他们为什么撤?"
　　吕颐浩道:"一是海上风浪太大,颠得他们受不住。二是当地居民自发地组织起来,袭击他们,杀死了他们数百人,他们自知再待下去伤亡会更大。"

赵构点了点头,移目杨沂中:"留守明州的军队,少说也有五六万,怎么说失就失了呢?"

杨沂中长叹一声,把明州失陷的过程徐徐道来。赵构亦是一声长叹。

略顿,赵构移目吕颐浩:"金军如今在做什么?"

"北撤了。"

赵构喜道:"北撤了?"

吕颐浩将头点了一点。

"撤至何处?"

吕颐浩道:"平州。"

赵构道:"咱也撤。这就撤,走!"

吴芍药劝道:"要走,也等吃了老和尚的粥再走。"

吕颐浩笑微微说道:"咱船上能吃的东西多着呢,就是想吃粥,咱也能做。"

赵构道:"甚好,走。"

他当先走出寺门,船行了百里靠岸,入驻台州城。那些退避和流落台州一带的官兵,听说圣驾在台州,纷纷来投。台州渐渐热闹起来。

这一日,谍人来报:"金兵行至镇江,遭到韩世忠拦截。"

赵构一脸不悦道:"这个韩世忠,他走就走呗,你拦他干啥?你这一拦,不知道又要惹出什么事端。"他朝谍人挥了挥手:"再探。"

第二日,又一谍人来报:"金兀术率四骑登上金山,察看地形,险些被我预先埋伏的健卒捉住。"

赵构又惊又喜道:"真的吗?"

"真的。"

赵构道:"请道其详。"

谍人便将韩世忠夫妇如何密谋,金兀术如何逃生,绘声绘色地讲了一遍。

赵构愈加高兴:"再探。"

第三日,谍人又报:"陛下,好消息,好消息!梁夫人亲自击鼓,敌我双方在金山大战一场,打得金兀术抱头鼠窜,其爱婿龙虎大王也被韩将军活捉!"

正坐在龙椅上的赵构一跃而起:"太好了!"他吩咐当值太监:"速召吕相国见驾。"

不一刻儿,吕颐浩趋入,向赵构行了一礼,未曾开口,赵构一脸喜色道:"韩世忠大败金兀术,实在可喜可贺,朕想赠他玉带一条,请卿辛苦一趟。"一边说,一边解下腰中玉带。

吕颐浩双手接过玉带,带了十个禁军,骑马径奔镇江。

金兀术被困在黄天荡中,正一筹莫展,杜充趋至,且献计道:"中原有一俗谚,'重赏之下,必有勇夫。'殿下可悬一榜文,若有人助我军走出黄天荡,赏金一千两,也许奇迹就会出现。"

金兀术想了一会儿,又点了点头,依杜充之计而行。那悬赏的榜文贴出的第二天,来了一位渔民,揭了榜文。看守榜文的金兵押着这个渔民来见兀术。

兀术和颜悦色地问道:"汝有办法,让我军走出黄天荡?"

渔翁点了点头。

兀术又问:"什么办法?"

"此间往北十余里,有一古道叫老鹳河,全长三十余里,为淤泥所塞,只要除去淤泥,就可行船,直达建康。"

兀术道了声"多谢",命帐中小校取一千两黄金赏给渔翁。

送走了渔翁,金兀术传令三军,掌灯时分一齐动手,清除古道淤泥。兵士都想逃命,分外卖力,一夜掘出三十多里的通道。等韩世忠察觉,金军已经从黄天荡鱼贯而出,转向建康去了。

行至牛头山,天已薄暮,突然鼓角齐鸣,一彪人马拦住去路。兀术还道是留守的金兵前来迎接,拍马当先,自去探望。遥见是一支黑衣军,因天色苍茫,辨不出是金军还是宋军,正迟疑间,突有一位铁甲银鍪的大将挺枪跃马,带着百骑,如旋风般地杀来。兀术见情况不妙,忙转了回去,且大呼道:"宋军来了,须小心对敌!"部众急持械列阵,那大将如猛虎般冲入金军阵中,凭着一杆丈八长的沥泉枪,左挑右刺,盘旋飞舞,神出鬼没,无人可挡,死在他枪下的不计其数。

杜充有心上前拦住那个宋将,走了几步,又退了回去。

金兀术见那宋将实在太厉害,不敢应战,策马而逃,一口气跑到新城(在今江苏省句容县北),才敢转身回顾,见后面全是本部败兵,并不见宋兵追来,心下稍宽,便问部众道:"使枪的那个宋将,究是何人,端的如此厉害?"

有一卒脱口应道:"就是岳爷爷。"

"岳飞?"兀术惊叫一声道:"果然名不虚传!"

是晚,兀术命部众在新城扎营,且命巡卒留心防守。就是兀术,也不敢安寝,待到夜静更阑,刚刚睡去,梦中听人喊道:"岳家军来了!"

金兀术豁然跃起,披甲上马,弃营而逃,金兵也跟着逃。岳家军紧追不舍,慢一步的都做了刀下鬼,惟脚生得长,腿跑得快的,侥幸脱网。

兀术逃至龙湾,见岳家军不再追赶,检点兵士,十成中伤亡了四五成,忍不住长叹道:"我在建康的时候,就担心岳飞断我后路,特命王善等留驻广德境内,倚作后援,难道王善等已经失败了吗?此路不通,如何是好?"

杜充进言道:"我等不如回军黄天荡,再从原路过江。"

兀术将眼一瞪道:"放屁,我等好不容易逃出黄天荡,岂能再回去送死!"

杜充一脸媚笑道:"殿下息怒,末将要您返回黄天荡,自有末将的道理……"

金兀术绷着脸问:"什么道理?"

"俚语曰,'大隐隐于世,小隐隐于野'。俚语又曰,'最危险的地方,反倒最安全。'我们若是回趋黄天荡,看似危险,其实安全。何也?韩世忠已经知道我们杀出了黄天荡,还会在入口处布防吗?我想,应该不会。"

兀术摇手说道:"汝不必说了,我知之矣。"遂传令三军,返回黄天荡,且命杜充和他同乘一舟。

船正行进中,兀术突然问杜充:"岳飞好像是你的部将?"

杜充点了点头。

兀术又道:"既然是你的部将,刚才你就应该上前把他招降才是!"

"不行呀!"杜充摇头叹道:"这个人虽然是个武夫,但一肚子愚忠愚孝,他第三次从军时,他的母亲亲手在他背上刺了四个大字——尽忠报国。我若招降他,他肯定不从,说不定还会骂我一个狗血喷头,倒不如把话留下暖暖自己肚子。"

兀术欲言又止。

船继续前行。

良久,兀术方道:"以你所言,咱们能不能在他妈身上做点文章?"

杜充道:"怎么做?"

"把他妈抓起来,逼他就范?"

杜充道:"不行。"

"为什么?"

杜充道:"岳飞他妈就会变成徐庶的妈。"

"徐庶是谁呀？"

杜充道："三国的一个谋士。"遂将徐庶母子的故事给金兀术讲了一遍。

兀术沉吟良久道："曹孟德这一手干的不算失败，徐庶虽然未为他用，但也不再为刘备所用了，如果能让岳飞做到这一点，也是不错的。"

杜充道："殿下说得对，等咱脱险后，我就想办法把岳母抓来。"

船继续前行。

兀术突然又来了这么一句："岳飞的部队为啥叫岳家军？"

杜充笑回道："因为他姓岳嘛。"

"你的部队为啥不叫杜家军？还有，韩世忠那么牛，他的部队为啥也不叫韩家军？"

杜充想了一想回道："我和韩世忠的部队，不是私人武装，是朝廷的队伍。"

兀术又问："照你这么说，岳飞的部队属于私人武装了？"

"是的，他原跟着我干，我归顺咱大金，他就脱离了我。脱离了我，就是脱离了朝廷。一脱离朝廷，粮没有了，饷也没有了。为了生存，他不得不自行筹粮筹饷。要筹集粮饷，就得有自己的地盘。于是，岳飞进军宜兴（今江苏省宜兴县），以宜兴为据点，四面出击，也曾六败我大金军……"他自知失口，忙将话顿住，一脸惶恐地瞅着金兀术。

兀术道："你不必害怕，本帅爱听的就是实话，说下去。"

"岳飞的地盘越扩越大，名气也越来越大。我的旧部大都是河北人，岳飞也是河北人，故而，许多人投了岳飞。岳飞又趁机收抚了几支流寇，众达八千余人。岳飞不仅能打，还会治民。把一个民不聊生的宜兴，治理成了一方净土，许多外地人纷纷迁居宜兴避难，歌之曰：'父母之生我也易，公之保我也难。''各图其像，老稚晨夕瞻仰，'并在周将军庙旁，为岳飞建一生祠，就连宜兴周边的那些签军（强征汉人组成的军队，有点类似我们所说的伪军），也呼岳飞为岳爷爷，纷纷携械相投……"

他正说得口吐白沫，兀术怒喝一声道："够了！"

他悚然一惊，自己骂自己："看我这张臭嘴，真是该打！"说着，他真的打了自个儿两个嘴巴。

兀术斜了他一眼，闭起双目假寐，随着船的晃动而晃动。

船进入黄天荡前行二十余里，突然停了下来，兀术问随侍的亲兵："怎么回事？"

那亲兵回道："我去前边看看。"

他刚一抬脚，一金将从前舱急匆匆走了进来："殿下，殿下，大……大……大事不好！"

兀术一跃而起："出什么事了？"

"那个韩泼五还没有走！"

金兀术结结巴巴道："韩泼五他，他，他还堵在黄天荡的入口？"

金将将头点了一点。

金兀术一屁股蹲在凳子上，面无血色。

金将道："韩泼五欺人太甚，咱干脆和他拼了！"

兀术叹道："也只有如此了！"

金将道："那就请殿下传令！"

兀术道："莫急，今且休息一宵，养足锐气，明日与他拼个你死我活！"

韩世忠见金船泊在黄天荡不动，遂传令一道："严守荡口，敌不动，我亦不动。"

一夜无事。

第二天一大早，金军饱餐一顿，鼓噪而出，欲冲击宋船。

宋船呢？横在荡的水面，一字儿摆开，每两条船之间，留一条三丈宽的通道，呼延通与韩世忠夫妇，并排站在中间这条船的船头，只听呼延通高声说道："金狗听着，俺家韩元帅恭送尔等出荡。尔等若是有胆，尽可前行。若是无胆，赶紧返回。"

插有先锋旗的金船，船头立着一位赤红脸膛的金将，他将宋船自左而右扫了一遍，又自右而左扫了一遍，退回后舱，把呼延通的话，以及他见到的情况遣人禀报金兀术。

不一刻儿，金兀术传下话来："看来，韩世忠的兵力有限，故意布了一个疑阵，这不只是想吓退我们，更是对我大金的藐视！两军相逢，勇者胜，继续前行！"

前行的结果，从宋船里飞出一条条连着利钩的大铁链，钩住了金人的船板。每条宋船上跃出两位会水的健卒，钻到金船底下，或用刀，或用凿，去破坏金军的船底，金船上的人明知宋人在凿他们的船，却无能为力，眼睁睁地看着，金船进水、下沉、没进水中。

金船不敢前行了，后队变前队，撤向老鹳河。他们原以为，宋人非追不可，但宋军没有追，只是用飞石给他们"送行"。那飞石是用发石机发出来的，小的如碗，大的如磨盘，击在木船上，一击一个洞，汤水唱着歌儿钻到船里，船慢慢下沉，再下沉。

金人又损失了十几条船。

退了十几里，金兀术传令叫停。他叫停的原因，是老鹳河的出口，已被岳飞封锁。加之河面窄，不利于水战。再之，他已领教过岳飞的厉害，不敢招惹岳飞。他再一次被困黄天荡。

第一次困了十七天，这一次困了二十天，还没有想出逃出黄天荡的办法，只得厚着脸皮去求韩世忠。他站在小船船头,韩世忠站在大船船头,二人进行了一场颇具戏剧性的会谈。

金兀术一脸落魄之相,苦苦哀求:"韩元帅,我把船上的财物全部留下,另送您一千匹战马,请您放我一马,自今之后,誓不再犯!"

韩世忠一脸笑靥,左手拿着酒杯,右手拎着酒壶,自斟自饮:"好酒,好酒!"

他一连喝了三杯,方才说道:"看汝说得可怜。本帅答应放汝一条生路……"

金兀术喜形于色道:"谢韩元帅。"

韩世忠将手摆了一摆说道:"你先别谢,本帅还没把话说完呢。本帅答应放你一条生路,那是有条件的。"

金兀术忙问:"什么条件?"

韩世忠扬声说道:"还我两宫,复我疆土!"

这两条,金兀术不敢答应,因为他不是皇帝。即使他是皇帝,这么大的事情他也做不了主。金国祖制,凡重大事情,必须通过勃极烈制才能决定。

金兀术戟手指着韩世忠曰:"韩泼五,你不要欺人太甚,杀人不过头点地,咱明天,兵对兵将对将,来一番大战,你敢吗?"

韩世忠微微一笑道:"我韩世忠这一生,从不知道什么叫怕。"

二十九　岳飞探母

王狗儿反问金兀术："请问四太子,二十五天前,贵军后撤时,韩世忠为什么不追?"

韩世忠像个孩子一样,抱头痛哭,谁劝也不听,梁红玉只用了六句话,便把他劝住了。

岳飞明明知道这是一个梦,忍不住哭了起来。第二天一大早,便把张宪、王贵召进大帐。

第二天,金兀术怂了,躲在战船里没有露面。

他还算明智。单挑,他不是韩世忠对手,韩世忠单手拉断城门门栓,他没这个本事。群殴,他的金兵也不是宋兵对手。第一,金人擅马,宋兵擅水,水战是宋人的强项。第二,宋人船大,可以把金船装到肚子里摇摇,双方若是开战,宋人不用动手,只须用船去撞,也会把金船撞个人仰马翻。

怂也好,躲也好,不能从根本上解决问题。当务之急,是想一个办法,逃出黄天荡。

他想了三天,想得头疼,也没想出来,于是不得不放下架子,邀了五个汉人为他出谋划策。

杜充也在被邀之列。

他明明知道,那四个汉人的智商加起来也不顶杜充一人,为啥还要邀?

金兀术也是一个死要面子的人,自得知韩世忠依然堵在黄天荡出口的那一刻起,他就对杜充冷眼相向,并把他赶出了自己的坐船。二十三天,二十三天来,他没有和杜充说过一句话。如今,黔驴技穷了又想求计于杜充,却拉不下脸。拉不下也得拉。但他又不想直接拉,以开诸葛亮会的名义,把杜充邀了来。

他说出意图后,那四个"诸葛"面面相觑,不出一言。他不得不把求助的目光转向了杜充。

杜充轻叹一声道:"我也没有什么好计。但我觉着,前次被困黄天荡,殿下悬赏求计的那个办法就很不错。"

一句话提醒了梦中人,金兀术拍了拍自己的脑袋瓜说道:"看我这人,看我这人,这么好的办法为什么不用?"

他又来了一个悬赏求计,而且,把赏格由一千两黄金增加到一千五百两。

又一个面目可憎的、应当千刀万剐的汉人出现了。这个汉人是福建人,姓王,名字呢,史无载,暂且叫他王狗儿吧。

王狗儿一见金兀术,反客为主:"请问四太子,二十五天前,贵船后撤的时候,韩世忠为什么不追?"

金兀术如实回道:"我也觉着这事有点奇怪,什么原因,直到现在也没有弄明白。"

王狗儿道:"韩世忠不是不想追,是因为他的船又高又大,船械虽然精良,没有足够的风力,无法启动。"

金兀术"噢"了一声:"原来如此!"

王狗儿继续说道:"殿下要想安全走出黄天荡,第一,把宋船变成一个不会移动的靶子;第二,您的不少士兵不识水性,怕水、晕船,站都站不稳,如此之军队,怎能和擅水的宋军对敌? 第三,小船的航速太慢。"

金兀术道:"你说到要害上了,关键是如何解决?"

王狗儿道:"解决这三个问题并不难。贵军一坐船便晕,那是船小又轻,经不住风浪,受不得颠簸。如果能在船里放一些土,甲板上再铺上木板,船就会变得又平又稳。

"小船的航速慢,也不是一个问题,你们可以在船舷上挖洞,多安橹桨,问题不就解决了吗?

"至于如何让宋人的大船变成不动的活靶,这得等天气,等风平浪静的天气。"

金兀术由衷赞道:"你真行,你就是诸葛亮转世,本殿下就依你说的办。"

所缺者,风也。

风,巫术可以左右,特别是会行萨满的巫术。恰巧,兀术本人就精通萨满术。

他在没有行法之前,又听从了王狗儿建言,造火箭,一夜之间造了大量火箭。

一切准备妥当,到了四月二十五日,金兀术开始做法,先是刑白马,剔妇人心,自割自额,最后祭天。

刑白马时,天还有些阴,且刮着五级风,祭天结束后,风突然停了,天也放晴了,头顶上红日高照，金兀术传令他的船向宋军发起进攻。

　　船小的优势出来了，金军一个个精神抖擞，把船划得飞快，还不时地用火箭，射向宋船的篷樯。由于宋船又高又大，没有一定的风力不能启动，待在那里像一个个不动的活靶，纷纷中箭、起火，船上的人不是被烧得乱窜，就是跳水，命好的逃得一条性命，命不好的被金船追上，或被生擒，或被乱枪戳死，水面上漂浮的尽是宋兵的死尸。

　　也许是韩世忠命不当绝，危急关头，二僧人带着一支头裹红军，船插红旗的义军闯进了黄天荡，见着金船就撞，见着金兵就杀，金军避之如洪水猛兽。韩世忠率着残部，突围而出，退到瓜洲，检点人马，伤了两千，死了三千。韩世忠像个孩子一样抱头痛哭，谁也劝不住。

　　梁红玉来了，只说了六句话，便把韩世忠劝住了。

　　第一句，胜败乃兵家常事，您不必把这件事看得太重。

　　第二句，我方死伤的人数是五千，金方呢？是五万，该哭的是金兀术。

　　第三句，金兀术自出兵以来，横行天下，从未打过败仗，却被我军困在黄天荡四十五天，两次放下向您苦苦哀求，放他一条生路，您不答应，该哭的还是金兀术。

　　第四句，金兵足有十万，我军才八千，以八千对十万，虽败犹荣。

　　第五句，男子有泪不轻弹，亏您韩世忠还是一个顶天立地的男子汉！

　　第六句，是男人，是个真男人，就该哪里跌倒，还在哪里爬起来！擦擦眼泪，振作起来，找金兀术复仇去！

　　韩世忠果真不哭了，用右手臂抹了一把眼泪说道："我这就遣谍人去打探金兀术行踪！"

　　梁红玉一脸欣喜道："这才像我梁红玉的男人！"

　　谍人还没回来，吕颐浩来了，他所看到的，满街都是缠着白布的伤员，眉头越拧越紧，见了韩世忠略略安慰几句，便打道去了宜兴。至于玉带，他依然带着，准备转赐岳飞。

　　他之所以对韩世忠如此冷淡，那是中了金兀术的反间计。金兀术在黄天荡被困四十五日，还失去了爱婿。求和时，又当面遭到韩世忠羞辱，对韩世忠恨之入骨。一出黄天荡便散布谣言：韩世忠召妓；韩世忠天天饮酒作乐；韩世忠刚愎自用，不听忠言，才有黄天荡之败；韩世忠目无朝廷，口出狂言……

　　不，也不尽是谣言，比如，韩世忠饮酒作乐，召妓什么的，确有其事。又如"刚愎自用，不听忠言，才有黄天荡之败"之语，也非空穴来风。宋船的优势和劣势不少人都看到了,梁红玉曾两次劝他,不能老让这些大船,横在水面上,一定要横在水面上的话,也应多派一些小船,为它保驾护航,他不听。至于目无朝廷、口出狂言一事,纯属无中生有,偏偏吕颐浩最在意这件事。经他查证"落实",那言不只狂,还有怨恨:"苗刘之乱,我韩世忠居功第一,不说拜相,至少应当给个枢密使做做,可我呢?只弄了御前左军都统制。这一次,金兀术犯边,拥有十几万御营军的皇上,居然被金兀术撵得到处乱窜,那金兀术还发出狠话,搜山检海捉赵构。我韩世忠呢,只有八千人,八千对金兀术十万,我反把他赶进了黄天荡!他想投降,没门!我要全歼他,我要让普天下人看一看,是朝廷厉害,还是我韩世忠厉害!"

他这一"厉害",吕颐浩恼了,不仅把玉带带走,还想寻找一支可以和韩世忠抗衡的力量。

他选中了岳飞。岳飞的大名吕颐浩还是听赵构说的。岳飞身上充满了传奇,是一个少见的难得的将才,就是有些过于执拗,我得把他好好捶打捶打,必能成为朝廷的栋梁之材。

岳飞不在军营。他只见到了张宪、王贵和吉倩。

因为没有见到岳飞,吕颐浩又把玉带带了回去。但他向张、王、吉三人明确表态:"汝等干得不错,牛头山这一仗,将会留名青史。本公回去之后,定要说动皇上,将岳家军编入枢密院军籍,望尔等努力!"

这么好的消息,应当早一点儿让岳飞知道。

岳飞干什么去了?岳飞去了相州。

自相州完全沦陷后,岳飞五次遣人去汤阴寻找母亲和妻儿,都没有找到。

前天,他做了一个梦,梦见母亲的腿被狗咬伤了,鲜血淋淋,他的二子岳雷跪在奶奶腿边,不停地用小手为奶奶揉腿;长子岳云,将拍碎的茅辣子①敷在奶奶的伤口上,并从衣襟上扯下一片布,为奶奶包扎。一位虬髯汉子,突然蹿了过来,一把将小岳雷拽起来,夹在腋下就走。

岳母一跃而起,拽住虬髯汉胳膊,大声斥道:"大白天抢人,还有王法没?"

虬髯汉冷笑道:"赵氏完了,如今是金人的天下,爷是签兵,爷的话就是王法!况且,爷也没有抢人。"

岳母怒责道:"你这还不叫抢人?"

---

① 茅辣子:又叫香茅,是一种直立的多年生草本植物,具有清毒和缓解疼痛的作用。

虬髯汉道:"你儿媳已经把这小孩卖给爷了!"

岳母问:"我儿媳在哪儿?"

虬髯汉朝半箭开外的当铺一指道:"她就在这家当铺里坐着。"

岳母道:"我找她去。"

虬髯汉道:"你找也无用,她不会见你的。"

岳母道:"她不见我,怎见得她把雷儿卖给了你?"

"有卖人契为证。"

就在虬髯汉和岳母对话的时候,岳雷拼命挣扎,岳云赶过来帮他,撕扯中,一口咬住虬髯汉的手臂。虬髯汉惨叫一声,将岳云推倒在地,头磕在石头上。那虬髯汉仍不解气,又朝岳云恶狠狠地踹了几脚,岳云昏了过去。

岳母托起岳云脑袋,不迭声地叫道:"云儿,云儿,你醒醒,你醒醒呀!"

回答她的是血。

血把岳云后脑勺上的头发都染红了。

岳母"嚎"的一声哭道:"云儿,云儿,你不能走啊!"

岳云没有应声。

岳母见岳云"死了",腾地一下跳起来,朝虬髯汉扑去,虬髯汉飞起一脚,将岳母踢倒在地……

谯楼上的更鼓,一连响了三下,把岳飞惊醒。他明知道是一个梦,还是忍不住哭了,哭得一哽一哽的。第二天一大早,便把张宪、王贵召进大帐,流着眼泪讲了他的梦。

他说:"忠孝虽然不能两全,但可以兼顾。我自第三次从军以来,三年了,大大小小的仗打了数百场,也算为国尽忠了,况且,经过黄天荡这两仗,金兀术也知道了我朝的厉害,年二半载他不敢轻举妄动。趁这个机会,我回汤阴一趟,看一看老母。军里的事由你两个暂摄!"

当天中午,岳飞带上姚政,扮作签兵,踏上了去汤阴的大道。

这一日,行至浚州(今河南省浚县)赵岗,口渴难耐,将马拴在路边树上,走向旁边那个没有大门的院子。一个浓妆艳抹的中年女人正在用荆条抽打一个小男孩,旁边站着一个小婢女。这小男孩约有三四岁,瘦得像跟柴,光着脊梁跪在地上。

她每抽一下,小男孩便惨叫一声。这一叫,她抽得更凶,口中还数着"十一、十二、十三……"

小婢女终于忍不住了,上前劝道:"奶奶,别打了,你若是把他打出个好歹,老爷回来了,您咋给他交待?"

中年女人恶气恶声道:"怎么交待,如实交待,他还能把我吃了不成!"说毕,又朝小男孩脊梁抽去,小男孩一个前载,倒在地上嚎啕大哭。她一把将小男孩拎起来,吼道:"给我好好跪着!"

小男孩一边哭,一边在原地跪了下来。

"跪直一点!"恶妇命令道。

小男孩一边哭一边挺胸。

恶妇又将荆条高高地举了起来,小婢女欲再劝,想了一想又把张开的嘴合上了。她扭头瞅着岳飞,眼中写满了"求助"二字。

小婢女就是不求,岳飞也该说话了。

恶妇暴打小男孩这一幕,岳飞一进院子就看到了。他原以为是母亲在打自己的小孩,看着看着,觉得有点不对劲,打自己的小孩,哪有这么狠!及至听了少女和恶妇的对话,这才知道,这小孩不是恶妇的儿子。又见她这一次的荆条扬得特别高,若是抽下去,小男孩如何承受得了!他高声喊道:"大姐,不能再打了!"

自岳飞二人走进院子,恶妇就看到了,见是两个签兵,也没放在心上,故而,未加理睬。岳飞这一喊,她不能不理睬了。她二目瞪着岳飞道:"你不就是一个签兵嘛,休管俺的闲事!"

姚政把双眼一瞪说道:"大胆,你敢这样给俺们岳元……"

岳飞斥道:"姚政,休得乱语!"

姚政方知失口,将下半截话吞回肚去。

岳飞双手抱拳道:"大姐,这小孩尽管不是你的儿子,也是一条性命,人嘛,都有好生之德,请你手下留情!"

恶妇道:"不是我无情,是我胸中存了一口恶气,不打他,就无处发泄!"

岳飞道:"你有什么恶气,不妨说给在下听听。"

三十　赵岗奇遇记

一看到这个小杂种,我就想到了我那个混账男人。一想到那个混账男人,就想揍这个小杂种!

袁凤仙再坏,也是我的老婆,要管教也只能由我来管教,你是何人?竟敢跑到我庞荣家里撒野!

在岳飞所要做的事情中,找杨奔颅只能排在第二位。

袁凤仙原本有一个幸福的家,膝下两男一女,男人是开茶馆的,月入四五贯。

她三十四岁那年,认识了卖膏药的庞荣,小她两岁,既高大魁梧,又习得一手好拳,与人格斗,三五人近不了他身。这个人的嘴还特别能说,见了一次面,袁凤仙便迷上了,把家里的金银细软包了两大包袱,跟庞荣私奔了。二人在赵岗开了一家药铺,又买了一座宅院,小日子过得有滋有味。

好景不长,庞荣与邻村一个少妇姘上了,便把她冷落起来。

不知为甚,袁凤仙和前夫结婚三年,一年生一个孩子,跟了庞荣,居然不会生了。她又是求医又是求神,求了三四年,还是生不出来,庞荣便骂她是不会下蛋的鸡,一不高兴就揍她,揍得鼻青脸肿,她不得不赔着笑脸儿和庞荣相商,想把她和前夫的男孩弄来一个,延续庞家香火,庞荣不但不领情,反骂他想和前夫重续旧缘,谋他家产。

她说不是这么回事。但她越解释,庞荣打得越狠。

元宵节,庞荣的姘头去县城看灯,被巡逻的金兵撞上了,把她抓起来献给他们的头儿。

袁凤仙暗自高兴了没几天,庞荣领回来一个小孩,喏,就是跪在地上的这一位。庞荣指着小男孩说道:"袁凤仙,你给我听着,这个小孩是我领养的儿子,取名庞久根。你给我好好养着,他若出了半点差错,我就宰了你!"

袁凤仙的肚子几乎要气炸,但又不敢说不。

某一日,趁着庞荣喝多了酒,袁凤仙问他:"那庞久根顶多算您一个养子,您为啥把他看得比我还重?"

庞荣道:"他是一个奇货,就像当年的异人。"

袁凤仙问:"异人是谁呀?"

"异人就是秦始皇他爹。异人原本是秦国的一个王孙,还是一个不受待见的王孙,被遣到赵国作人质,过着寄人篱下的生活。有一个叫吕不韦的商人,觉得他是一个奇货,不只请他吃饭,还送他金子银子,还把自己有孕的爱妾嫁给他。在取得异人的信任后,又出巨资为他游说,异人得以回国,先做太子的样子,后又做了国王,为了报恩,拜吕不韦为相。"

袁凤仙道:"这个小杂种咋能和异人比?"

庞荣反问道:"为什么不能比?"

袁凤仙道:"异人有个好爹,这小杂种有吗?"

庞荣道:"有。"

袁凤仙道:"他爹是干什么的?"

庞荣道:"他爹是南朝一个将军。"

袁凤仙道:"咱这里是金国的地盘,他爹即使是南朝的将军,关咱屁事!"

庞荣道:"怎么无关?我听说,南朝出了几个很厉害的人物,一心要收复中原,中原若是姓了宋,我就把久根送还他爹,他爹一定会厚厚地赏我,说不定还能弄个一官半职呢。"

袁凤仙道:"南朝若是收复不了中原,你这心血不是白费了吗?"

庞荣道:"也不白费,我可以叫他继续当我的儿子,为我庞家传宗接代。"

袁凤仙口中说道,你这个梦做得挺好的,心中却道,我一定要把你的梦打碎!只有打碎了你的梦,才能把心中的恶气出出来。

当袁凤仙说道,他爹是南朝一个将军时,岳飞的心"咯噔"一下,不由自主地望向小男孩:"难道他是我的孩子?不会,我的两个孩子皆虎头虎脑,而这个孩子……况且,北人在南朝做将军的多了。别乱想,听她说下去。"

袁凤仙讲完了她和庞荣,以及这个小男孩的恩恩怨怨后,问岳飞:"军爷说,我该不该揍这个小杂种？"

岳飞道："不该揍。"

"为啥"？

岳飞道："你再恨庞荣,但小孩是无辜的!"

"这理我也懂。但一看到这个小杂种,我就想到了俺那个混账男人。一想到俺那个混账男人,就想揍这个小杂种!"

岳飞道："这不好。你先别反驳我,我想问你另外一个问题。"

"你问吧。"

岳飞道："庞久根的生父叫什么名字？"

"只听说姓岳,叫什么名字我不知道。"

岳飞的心猛地一颤,疾步向小男孩走去,伏下身子,一脸和蔼地问："久根,你原来是不是姓岳？"

庞久根点了点头道："是姓岳。"

"你父亲叫什么名字？"

庞久根眨巴了几下小眼睛回道："记不得了。"

岳飞有些失望,把身子直了起来,转而一想,不记得也很正常。我第三次从军,大儿子岳云刚刚八岁,二儿子岳雷还在吃奶。吃奶的娃娃,记得个啥。他不记得,母亲和玉凤应该告诉他呀？不,这是金国的地盘,玉凤敢告诉他吗？不敢。

他又伏下身子问道："你叫什么名字？"

"岳雷!"

岳飞又惊又喜道："果真是我的儿子!"张开双臂,把岳雷抱了起来。

袁凤仙暗道了一声"不好",扭头想溜,被姚政一把揪住了胳膊,她一脸惶恐地待在原地。

"雷儿,你离开奶奶和妈妈多久了？"岳飞问。

岳雷气鼓鼓地说道："我没有妈!"

岳飞一脸吃惊地问道："人人都有妈,你咋没有？"

"她跟人家跑了!"

岳飞问："她跟谁跑了？"

"二狗子（为金人做事的人）。"

岳飞似信非信道："不会吧？"

岳雷将头一扭,做出十分生气的样子:"你不信拉倒!"

岳飞忙换了一个话题:"你奶呢?"

"给一个王爷家洗衣。"

岳飞又问:"哪个王爷?"

岳雷将小脑袋使劲摇了一摇。

"你哥呢?"

岳雷道:"跟一个老头练武。"

"那老头叫什么名字?"

岳雷又将头摇了一摇。

"你六叔呢?"

岳雷再次摇头。

岳飞扭头直视袁凤仙。袁凤仙哪敢和他对视,忙将头低了下去。

岳飞怒喝道:"把头抬起来!"

袁凤仙不敢不抬,写在脸上的尽是惶恐。

岳飞放下岳雷,右手按剑,左手指着袁凤仙,横眉立目道:"你这个恶妇,心比蛇蝎还毒……"

院门外传来了"咚咚咚"的脚步声,岳飞扭头一瞧,来者将近四旬,人很高大,也很魁梧,但眉骨过分凸起。相书说,眉骨过分凸出的人,无论男女,皆是恶人。

岳飞暗道:"此人一定是庞荣了!我正想找他呢,他倒好,自己送上门来。"

此人就是庞荣,他正在药铺打理生意,一邻人跑来告诉他,你老婆正在打久根,突然来了两个签兵,你快回去看看。

他一进院,岳飞怒斥恶妇的画面便映入他的眼帘,他戟手指着岳飞,大声说道:"袁凤仙再坏,是我老婆,要管教也是由我来管教!你是何人?竟敢跑到我庞荣家来撒野!"

岳飞冷声说道:"爷行不改名,坐不更姓!爷就是岳雷的亲爹岳飞!"

庞荣大吃一惊,暗道:爷呀,怎么是他?莫说岳飞还有帮手,就是岳飞独自一个,我也不是他的对手,三十六计——走为上策。

他刚一转身,岳飞身子一晃,挡住了他的去路,身手之敏捷,世所罕见。

走是不可能了。他"嘿嘿"一笑道:"岳爷,不知您老来到,多有慢待,小人给您赔礼了。"说毕,双手抱拳向岳飞行礼。

岳飞既不还礼,也不说话,庞荣却是一脸的谄笑:"岳爷请,堂上请!"一边说,一边右手前伸,做邀客状。

岳飞终于说话了:"不用!爷就站在这里,爷问你一个问题,你可要如实回答。否则,爷有情,爷这宝剑无情!"

庞荣点头哈腰道:"小人听岳爷的,岳爷不管问什么,只要小人知道,一定如实回答。"

"好,爷开始问了。"

庞荣依然一脸谄笑,频频额首道:"爷问吧。"

"我的雷儿,是怎么来到贵府的?"

庞荣回道:"小人从相州买的。"

岳雷戟手庞荣道:"你说的是瞎话,不是买的,是抢来的!"

岳飞二目如剑,直刺庞荣双眼,沉声说道:"我儿子的话你怎么解释?"

庞荣点头哈腰道:"贵公子说得对,贵公子确实是抢来的,但小人不是主谋?"

"谁是主谋?"

"杨奔颅。"

只听"噌"的一声,岳飞宝剑出鞘,剑指庞荣:"你竟敢糊弄爷,作死!"

庞荣惶声说道:"小人哪敢糊弄您,那主谋真的是杨奔颅。"

岳飞道:"你说的杨奔颅,是不是相州魏郡王①府的杨大黑。"

庞荣道:"正是杨大黑。"

岳飞道:"他已经死了,如何主谋?"

庞荣道:"没有啊,上个月,他还来找我,我把他灌得鸡子不认鸭子。"

岳飞道:"这就奇了。前年,我和王(彦)都统制闹翻,率所部开赴太行山一带抗金,经济拮据,我向魏郡王府的韩肖胄②大人求助,韩大人筹粮千石、钱千贯,遣杨大黑送我,途中,遭流寇伏击,杨大黑战死,钱粮俱为贼掳。"

庞荣"吞儿"一声笑了:"骗你的,这件事也是杨奔颅的主谋,所谓的流寇,都是签兵扮的。"

---

① 魏郡王:韩琦的封号。韩琦(1008—1075年),相州人,两立皇帝,三朝为相,谥号忠献,宋徽宗时追封魏郡王。
② 韩肖胄:韩琦曾孙,徽宗朝宰相韩忠彦之子,历官承务郎、卫尉少卿、给事中、同签枢密院事,谥号元穆。

岳飞皱着眉头儿问道:"他为什么要骗我?"

"想私分那些钱粮呗。"

岳飞恨声说道:"杨奔颅现在还在郡王府做护院队长吗?"

庞荣道:"在。"

"走,请带我去找杨奔颅!"

一个"请"字让庞荣那颗悬着的心扑嗒落地,他忙道了一声"好",擦了一把脖子上的冷汗,暗道:"看来,他不会杀我了。"

在岳飞所要做的事情中,找杨奔颅,只能排在第二位。第一位是什么?是早点见到慈母。

自他听到慈母下落的那一刻起,他的心就分成了两部分,其中一部飞向了相州。

既然把见慈母放在了第一位,为什么还要庞荣带着他去找杨奔颅?那是他怕杨奔颅得了消息逃之夭夭。而杨奔颅的消息来源,第一个渠道就是庞荣,为了不让杨奔颅得到消息,就得堵住庞荣这个渠道,而堵住这个渠道的最好办法,就是让他跟着一块儿走。当然,袁凤仙和小婢女也是一个渠道。但是,带上她俩有些麻烦。

姚政建言,把她俩一刀"咔嚓"了。岳飞摇头说道:"且不说小婢女无过,就是袁凤仙,也罪不至死。"

姚政二次建言,把她俩嘴里塞上手帕,绑到堂柱上。

岳飞又一次摇头:"如此,岂不要把她俩饿死!这和直接杀了她俩又有什么两样?"

姚政说:"她俩不会死的。"

岳飞问:"为什么?"

姚政道:"袁凤仙有左邻右舍是不是?"

岳飞道:"什么意思?"

姚政反问:"左邻右舍会不会来串门?"

岳飞道:"也许会。"

姚政道:"左邻右舍只要来串门,还能不救她?"

岳飞道:"照理说应该会来串门,但不怕一万,就怕万一,左邻右舍一旦不来串门呢?"

姚政道:"她家是不是还开了一个药铺?"

岳飞道:"是开了一个药铺。"

姚政道:"药铺东家(老板)明明在家,一天不去药铺,两天不去药铺,三天还不去药铺,药铺的人能不找么?这一找,袁凤仙还能饿死吗?"

岳飞额首说道:"说得也是。"遂将袁凤仙和小婢女分绑到堂柱上,以手帕塞其口。

行前,姚政从厨房翻出八个炊饼,给了岳飞四个,岳雷两个,自己留了两个,岳飞只吃了一个,另三个分别给了庞荣、袁凤仙和小婢女。给袁凤仙和小婢女的时候,将她俩口中的手帕取下来,等她俩吃完后,又塞上。

岳雷吃了一个炊饼,再也不吃了,把另外一个硬塞给岳飞。岳飞也不吃,揣进怀里。

吃过了炊饼,饮过了水,四人两骑径奔相州。岳飞父子用一骑,姚政独自一骑,庞荣步行。

三十一　玉凤偷夫

　　三年不见,岳母苍老了许多,头发白了,牙也掉了,两眼朦胧,那腰佝偻得像个虾米。

　　玉凤正在与贾非贾干苟且之事,被岳母撞见了。

　　岳飞问庞荣:"我的军纪甚严,'冻死不拆屋,饿死不掳掠,'你受得了吗?"

杨奔颅他妈死了,死得很是时候。

就在岳飞快马加鞭往相州赶的时候,杨奔颅他妈死了。

杨奔颅虽然是个逆子,也不能不回去奔丧。

若按姚政的意思,追到他家去。

岳飞摇首说道:"不能那样做。"

姚政问:"为什么?"

岳飞道:"春秋大义,不伐有丧之国。有丧之家,岂可伐乎?"

姚政指了指庞荣道:"他怎么处置?"

岳飞叹道:"主凶尚且不伐,何论从者?让他去吧。"

姚政挥手庞荣:"滚!"

庞荣正要转身,岳飞道:"且慢。"庞荣心中"咯噔"一下,暗自道,他怎么变了?

岳飞道:"你还不能走呢!"

庞荣想问为什么,但又不敢。

岳飞道:"麻烦你送我们一程。"

庞荣暗道:什么送你一程,分明是怕我向金人告密。这个岳飞不只武艺出众,考虑事情还十分缜密。想到此,对岳飞除了害怕,又生出几分敬意。双手抱拳道:"小人遵命。"

由庞荣带路,岳飞顺利地见到了朝思暮想的慈母。

三年不见,慈母苍老了许多,头发白了,牙也掉了,两眼有些朦胧,那腰佝偻的像个虾米。岳飞鼻子一酸,泪如走珠。他疾走几步,"扑通"一声向慈母跪了下去,悲声说道:"孩儿不孝,孩儿让娘受苦了,孩儿向娘请罪!"他一连向岳母叩了九个响头。

岳母早已泪流满面,双手抚摸着岳飞的头说道:"这哪能怪你,自古以来,忠孝难两全!起来吧,嗯,起来吧,起来和娘说话。"

岳飞这才站了起来,把老娘扶坐到凳子上。岳雷忙趋到岳母身后,轻轻为她捶背。岳飞看在眼里,喜在心里,笑对岳母道:"您这个二孙子,是不是比您儿子还强,知道如何行孝!"

岳母喜笑颜开道:"这小家伙机灵得很,特招人喜欢,他失踪后,娘天天哭,再有几天他不回来,娘这眼非瞎不可!"

岳飞长叹一声道:"都是孩儿不好,孩儿若是不去从军,谁敢动您孙儿一根汗毛!"

岳母将脸一沉道:"你又胡道了,娘刚才还说,忠孝难两全。你为国尽忠,老天爷在看着呢,老天爷不会亏待忠良。这不,你的好儿子,娘的好孙子,不是毫发无损地又回来了吗?"

岳飞深作一揖道:"娘教训得对!"

"云儿呢?"岳飞问。

岳母道:"跟一个高人学艺。"

"这个高人叫什么名字?"

岳母道:"只知道姓裴,是唐朝裴元庆的后人,叫什么名字,他不说。"

岳飞又问:"这个人是干什么的?"

"是一个隐士。"

岳飞复问:"一个隐士,为何要传授云儿武艺?"

岳母道:"魏郡王爷有恩于隐士父亲,相州沦陷后,这隐士便来到魏王郡府,一是保护魏郡王爷一家,二是传授魏郡王爷几个孙子的武艺。咱云儿在一边偷学,被隐士发现,他见云儿是一个可造之材,便收之为徒。"

岳飞"噢"了一声道:"云儿什么时候回来?"

岳母回道:"二更以后。"

"我六弟呢?"岳飞又问。

"你在汴京时,他便嚷着也要从军,这一走,再无音信。"

岳飞安慰道:"六弟是有名的机灵鬼,他不会有事的。"

岳母叹道:"但愿他不会有事!唉,娘生了六个儿子,四个大的已经不在人世了,如今只剩你弟兄二人,他若有个三长两短,娘……"不禁潸然泪下。

岳飞一边为娘擦泪,一边说道:"娘,您放心,还是孩儿那句话,六弟不会有事的。孩儿把您接到军中后,孩儿就派人打听六弟下落。"

岳母又是一声长叹。

"玉凤呢,真的跟二狗子跑了?"岳飞问。

岳母道:"这事你怎么知道?"

"是雷儿告诉我的。"

岳母复又一声长叹:"你既然知道了,娘也就不再瞒你。玉凤确实跟一个二狗子跑了,但她跑时,那人还不是二狗子。唉,玉凤原本多好一个人,后来变了。唉,这也不能全怨她,是乱世把她逼到了这一步。金狗,可恶的金狗,乱我中华,害得我多少好人家家破人亡、妻离子散,娘咋是个女的呢,娘咋老了呢?娘若是再年轻二十岁,娘就跟你一块儿去杀金狗!"

她的眉头突然皱了一皱,用右手捂住胸口。

岳飞忙问:"娘,怎么了?"

"没事。"

"没事,您咋捂住胸口?"岳飞问。

岳母叹道:"前年,娘患了心口痛,虽然治好了,但留了个病根,见不得气,一见气就犯。一说金狗,娘就来气。"

岳飞道:"咱不说金狗,咱说点别的。"

岳母道:"说什么呢?对了,你不是问玉凤吗,娘就给你说一说玉凤。"

岳飞道:"别说她了!"

岳母道:"为啥?"

"孩儿怕一说她,您又来气。"

岳母道:"不会的。"

岳飞有些奇怪:"她为了自己,抛下您和两个孩子,跟人跑了,您难道不恨她吗?"

岳母道:"刚跑时有些恨,仔细一想,又不恨了。唉,她也难呐……"

金人犯汤阴,杀人放火,无恶不作,汤阴人纷纷出逃。别人家有男人撑着,还好一些,岳母上了年纪,身体又不太好,加上两个孙子,一家人的吃住行乃至安危全系于刘玉凤一身,作的那些难呀,一般人是想象不到的。她病倒了,病得奄奄一息。一个叫贾非贾的游方郎中出现,这郎中不仅治好了她的病,还帮她照顾岳母和两个孩子,日久生情,有了苟且之事。这一夜,二人又在一块儿苟且,被岳母撞见了。岳母并没说玉凤一个"破"字,是她自己觉着没脸面对岳母,跟贾非贾私奔了。人虽走了,但一半心思还在岳母和两个孩子身上,隔个三五天,还要偷偷送一些吃的过来。

金人听说岳飞在南宋为将,张榜缉捕他的家人,做了二狗子的贾非贾,两次通风报信,方使岳母及两个孙子幸免于难……

听到"缉捕"二字,岳飞心中又是一声"咯噔":"此地乃金人地盘,不可久留。"遂命姚政、庞荣去定一个客栈,再去经纪人家,请他觅肩舆一乘,或骡或马三匹。

约有半个时辰,二人返回报曰:"客栈已定,距魏郡王府约有半里之地,名唤平安;肩舆一乘,骡三匹,日出前送到'平安'。"

岳飞道:"甚好。"

他扭头对岳母说道:"娘,您和雷儿随姚政去'平安'歇息,孩儿留下等云儿。云儿一回来,孩儿就带他去客栈。"

岳母迟疑了一下道:"也好。"

二更一刻,岳云回到"家"中,见了岳飞,又惊又喜。当他得知,父亲这一次回来乃是专程接他以及奶奶和弟弟去江南团聚,高兴得跳了起来。但转瞬间,他的小脸突然布满了愁云。

岳飞忙问:"云儿怎么了?"

岳云道:"师父的本事,孩儿学了不到十分之一,孩儿不想半途而废。"

岳飞笑劝道:"爹自信,爹的武艺,即使不如你的师父,也不会差得太远,到了宜兴,爹亲自教你。"

岳云脸上的愁云一扫而光,欢天喜地说道:"爹,这可是您说的,到了宜兴,您可不能反悔!"

岳飞一脸郑重地说道:"爹不反悔。"

"爹,咱啥时候走?"岳云问。

"现在就走。"

岳云道:"现在?"

岳飞道:"你奶和雷儿,已经去了平安客栈,若不是等你,爹也去了。"

岳云道:"爹,您能不能再等我一会儿。"

岳飞道:"你是不是还有什么事情要办?"

岳云道:"师父教了孩儿将近半年的武艺,恩同父子,孩儿想去给他辞个行。"

岳飞道:"爹陪你去。"

父子二人从裴隐士居室出来,已经三更了。自金人陷了相州,便实行宵禁①,巡逻的金兵,在街道上走来走去,一发现行人就抓。父子二人不敢走大道,或行小道,或穿房越脊,三更一刻,方来到平安客栈。

岳母临窗而坐,不时地朝窗外张望,直到岳飞父子走进客栈,这才上榻歇息。

第二天,日出有时,方有七个一身短打的人,牵着三匹瘦骡,抬着一乘肩舆,走进平安客栈。岳飞、姚政依然骑马,岳母乘舆,庞荣及岳云兄弟各骑一匹骡子,出相州,奔汤阴,再浚州,一路南下,直奔汴京。行至赵岗,岳飞命姚政去庞荣家瞧瞧。

姚政笑问道:"庞荣家有什么好瞧的?"

岳飞道:"去瞧一瞧袁凤仙。"

姚政道:"瞧她是死了,还是活着?"

岳飞道:"对。"

姚政道:"咱们不是分析过了,她不会死的。"

岳飞道:"分析是分析,还是瞧一瞧放心。"

姚政本想说你这么关心袁凤仙的生死,何不放了庞荣,叫他自己去瞧,话到口边,忽觉不妥。这个庞荣还不能放呢!若是一放,他向金人告了密,岂不是自寻麻烦!想到此,策马向庞荣家走去。

庞荣虽说讨厌袁凤仙,毕竟还是夫妻,也曾轰轰烈烈地爱过,不忍心让她活活饿死,见岳飞对袁凤仙的生死如此牵挂,心生感激。且萌生了这样一个念头:"我要不要跟着他干?"

行至滑州,姚政追了上来,笑对岳飞说道:"咱们离开赵岗不到半个时辰,袁凤仙的一个邻居来她家借米,看见她被缚在堂柱上,当即解了缚她的绳子。她看见我扭头就跑,跑得比兔子还快。您放心,她绝对死不了!"说得岳飞哈哈大笑。庞荣也跟着笑,笑过之后,要不要跟着岳飞干的念头,又蹦了出来。

---

① 宵禁:禁止夜间的活动。

一行人继续前行,到了汴京,支走了舆夫和骡夫,改乘船,不到两天,便到了宜兴。岳飞拿了一个五十两的银锭,要送庞荣。庞荣不但不接,反提出要跟岳飞干。

这一请求,大出岳飞之料。

岳飞曰:"实话告你,我已脱离朝廷,粮饷全靠自筹,两三个月难得发一次军饷。而且,我的军纪甚严,'冻死不拆房,饿死不掳掠',你受得了吗?"

庞荣曰:"我受得了!况且,我陪您去相州接母接子,事虽密,不可能不传出去。一旦传出,金人岂能饶我?我若回去,死路一条。同样是死,何如跟您抗金,即使死,也死他个重于泰山!"

岳飞犹豫不决。

庞荣二目移向姚政,满眼的求助。

一路上,庞荣刻意讨好姚政,姚政尽管还未认可庞荣,但他觉着,庞荣一旦加入岳家军,一定会视他马首是瞻,无形中,加重了他在岳家军的分量。他微微一笑说道:"岳元帅,庞荣既然铁心相投,您就收下他吧。"

岳飞轻叹一声道:"也可。"

庞荣见岳飞允其所请,欣喜万分,忙向岳飞拜谢。

岳飞道:"你先别谢,我总觉着,你乃江湖人士,受不了我的约束,你加入我军,我欢迎;你若想走,我也不拦,但愿你好自为之!"

庞荣连连称是。

岳飞移目姚政道:"就把庞荣编入你部吧!"

姚政道:"好。"

岳飞又道:"先让他从什长做起。"

姚政复道了一声"好"。

岳飞话音刚落,张宪、王贵率领一班将领飞马而来,挨个给岳母行礼,乐得岳母眉开眼笑。

岳飞又命岳云、岳雷上前拜见众将。众将见他弟兄二人眉清目秀,甚是讨人喜欢,拉住他俩问寒问暖,问东问西。张宪双手将岳雷举了起来,抛向空中,又接住。

岳飞抱拳说道:"诸位,这里不是说话的地方,咱们回营再说。"

三十二　猛人赵立

　　金兀术对杜充说道:"这个岳飞,简直不是一个宋人。宋人俗称浓鼻涕,他咋这么狠呢?"
　　赵立每言及金人,"必啮齿而恨,凡所俘金人,一律磔之以示众。"
　　金人疑赵立诈死,不敢登城。守兵亦感赵立忠勇,依然照旧守城。

岳飞回到军营,将应做之事做了安排,带着偏将徐庆前去越州面圣。

赵构得知岳飞前来觐见,非常高兴,不只命吕颐浩去城外迎接。还赐宴宫中,并赐其玉带,恩遇之隆,开国以来少见。

这恩遇已经足以让人眼红,赵构又给了岳飞三样很实惠的东西,第一,把岳飞的军队收编。第二,授岳飞武德大夫、常州安抚使,兼兵马都总管①。第三,赐岳飞钱五万贯。

谚曰:"天上不会掉馅饼。"

可那馅饼不停地掉,就在岳飞将要离开的前一天,赵构再次宴请他。赵构如此厚待岳飞,乃是要他出兵收复建康,岳飞不加思索便答应了。

一出行宫,徐庆抱怨岳飞:"您不该答应皇上。"

岳飞笑微微道:"为什么?"

徐庆道:"那建康不是好收复的。"

岳飞又问了一个"为什么"。

"金兀术虽然是咱手下败将,但金兀术的势力比咱大得多。金兀术的军队,少说也

---

① 兵马都总管:地方高级军政职称,诸军兵马都总管府的长官,其下为某兵马副总管、同知某兵马事、兵马判官等官职。

有八万人,咱的部队呢?不到一万。以一万去对八万,本来就无胜算的把握,金人还有铁浮屠、拐子马,金人还是守方,而且是守着一个经过一番重新修缮的古城,又是以逸待劳。"

岳飞又是微微一笑说道:"我不赞成你的看法。赤壁之战是中国古代一个很有名的战例,你不会不知道吧?"

"知道。"

岳飞道:"面对气势汹汹的曹(操)军,东吴分成了两派,一派以张昭为代表,认为抗曹必败,张昭只看到了曹军的优势,没有看到劣势。一派以周瑜为代表,认为抗曹必胜,他不只看到了曹军的优势,也看到了劣势,结果呢,赤壁之战曹军大败,从而奠定了三国鼎立的基础。"

徐庆道:"那就请您说一说,金军的劣势是什么?"

"第一,'搜山检海',使他失去了当年的锐气;黄天荡之战,差一点全军覆没;牛头山一役,又被咱们打得落花流水,沮丧之情、思乡之情,弥漫了军营。当然,他还有他的优势——铁浮屠和拐子马。不过,我已经想好了破铁浮屠和拐子马的办法。"

徐庆喜曰:"如此说来,收复建康有望了。"

"不是有望,是百分之百!"

徐庆道:"您何以如此自信?"

"有老天爷相助呀!"

徐庆欲言又止。

岳飞道:"我问你,今天是立夏第几天了?"

"第五天。"

岳飞又问:"立夏以后,天气会不会变得越来越热?"

徐庆觉得他问得可笑,但又不得不回答——是。

岳飞复问:"盛夏时,南方人穿什么?"

"富人穿轻纱,穷人光着膀子。"

岳飞道:"'南人畏寒,北人畏暑。'畏寒的南人尚且光着膀子都嫌热,畏暑的北人能不热吗?特别是那些金军,那些铁浮屠将士,能不热吗?当然热!这一热,他们就得北撤。所以,我们只要坚持到盛夏,他们自己就会撤离建康北归。"

徐庆频频颔首道:"您这一说,我明白了,建康一定能收复。"

岳飞道:"我现在所想,不是建康的收复,而是在金军北撤之前,怎样给他一个

三十二 猛人赵立

重创!"

由于完颜昌的一封书,他失去了重创金兀术的机会。

完颜昌陷济南、收刘豫、陷汴京,犯楚州(今江苏省淮安市)时,却被楚州守将挡在城下,不得不邀兀术相助。兀术正拟北撤,便卖他一个人情,将建康洗劫一空,又放了一把大火。俟岳飞得到消息,兀术已过六合县,遂率轻骑急追,获其辎重、粮草一百余车,救回所掳宋人近万。

兀术对杜充说道:"这个岳飞,简直不是宋人!宋人,俗称浓鼻涕,他咋这么狠呢?还有那个韩世忠,也不是一个宋人。楚州赵立呢,是一个什么样人?"

"也是一个猛人。"

"与韩泼五、岳飞相较若何?"

杜充道:"毫不逊色!"

兀术似信非信:"真的吗?"

杜充将头点了一点。

兀术道:"那就请你说一说赵立咋个猛法。"

赵立,徐州张益村人,生性豪迈,容貌雄壮,善骑射。初投军时,和岳飞一样,是一名"敢战士",打起仗来,极为凶猛,砍敌头如切葱,累功迁武卫都虞侯[①]。

建炎三年,金人围徐州,他站在城头督战,"中六矢,战益勇。"城破,赵立率部与金人巷战,被金人击晕倒地。夜半,下小雨,方苏醒过来,杀掉守城门的金兵,逃出徐州城,纠集旧部及乡勇,袭击金兵,并将徐州收复,迁官右武大夫[②]、忠州(今重庆市忠县)刺史。时值金帅完颜昌犯楚州,朝廷命赵立驰援,经过七场恶战,突破金人七道防线,胜利进入楚州城。途中,他"颊中流矢,不能言,"只能用手势指挥战斗,入城后拔出箭镞,鲜血喷射,睹者为之色变。

赵立虽大字不识一个,却天性忠义,每言及金人,"必啮齿而恨,凡所俘金人,一律磔之以示众,"从未向赵构献过一个战俘。

[①] 武卫都虞侯:禁军将领,主掌军法。
[②] 右武大夫:宋代定武臣为五十三阶,右武大夫为第十四阶。

听杜充讲完了赵立，金兀术叹息一声道："既然赵立是个猛人，这楚州咱就不去了。"

他见杜充将嘴张了几张，没有发出声来，忙解释道："本殿下并非怕他赵立，你也知道，咱这次江南之行，收获颇丰，当下最要紧的，是把这些战利品安全送回上京。"

杜充媚笑道："您是战神，逢鬼杀鬼，逢魔杀魔，您能会怕谁？我有个想法，不知道说好还是不说好，犹豫不决。"

兀术道："你说吧。"

"挞懒（完颜昌）元帅未能攻下楚州，不是因为赵立猛，是他自己不得方法……"

兀术催促道："咋不说呢，说下去。"

杜充道："欲破楚州，须先截他的粮道。没了粮，城不攻自破。"

兀术道："好一个'欲破楚州，须先截粮道'，说到点子上了！本殿下就依你说的这么干！"

这一干，赵立慌了，一天连遣三使，向朝廷求救。

求了两个多月，没求来一兵一卒。

是朝廷没有接到他的告急文书吗？

不是。

既然接到了，朝廷为什么不发救兵？

他们在搞窝里斗。

相斗的双方，乃是吕颐浩和赵鼎。

赵鼎，解州闻喜（今陕西省闻喜县）人。幼孤，崇宁五年（1106年）登进士及第。靖康元年（1126年），迁官祠司干办公事，上书钦宗，强烈反对割让太原、河涧、中山三镇与金。翌年，金人立张邦昌为帝，赵鼎不肯就伪职，回家闲居。后因张邦昌请孟太后垂帘听政，这才返回汴京，出任京畿提刑、权转运副使，为张邦昌还政赵构奔走呼号。赵构南渡后，一迁再迁，官拜御史中丞。鼎与浩素来不和，屡屡劾浩，专权自恣。浩反劾鼎，无事生非，阻挠国政。诏改鼎为翰林学士，鼎拒不受命，又改吏部尚书，鼎依然不肯到位，且上书极论颐浩之失，洋洋洒洒数千言。

吕颐浩本来就是一个庸才，见赵鼎没完没了地纠缠，顿生去意，上书求辞。诏下，罢吕颐浩之相，改任镇南军节度使、醴泉观使；迁赵鼎为鉴书枢密院事。

赵鼎完胜后，这才想起了楚州的赵立，忙遣距楚州最近的张俊前去救援。

张俊素与浩善，浩败给赵鼎，窝了一肚子气，怎肯听赵鼎指挥，谎称有疾，拒不受命。

张俊乃赵构宠臣,威望又在赵鼎之上,鼎不敢勉强,改遣驻防扬州的刘光世。

刘光世畏金军如虎,是有名的逃跑将军,伪装受命,却不动身,朝廷迭次下诏催促,装聋作哑。

赵构又想起了岳飞,命他星夜驰援楚州。赵立望眼欲穿,不见救兵。内无粮草,外无救兵,但他斗志不减,昼夜守在城墙上,指挥军民,抵御金军一波又一波的进攻。

完颜昌见宋军粮绝援断,与兀术相约,加大了攻城的力度。

赵立下令将内城墙沿线的房屋,统统拆掉,掘为深坑,坑内置以干柴,燃起火来。每有金人登上城墙,便被守城军民用飞爪钩钩住,投掷火中,活活烧死,惨叫之声,传到城外,完颜昌又气又恨,发誓定要攻下此城,先是选死士挖地道入城,仍然是有去无回。又命兵士运来发石机,向城轰击。

"你有你的金刚钻,我有我的铁布衫。"凡轰塌之处,赵立随缺随补,仍然无隙可乘。又相持了数日,赵立闻东城炮声隆隆,亟去东城,督兵防守,不意,一石飞来,不偏不倚,正中立首。立血流满面,尚是站着,左右忙去救他,立慨然道:"我不行了,所憾之事,再也不能为国杀敌了,众且勉之。"言讫而逝,身却不倒。

众将士含泪将赵立背下城去,殓葬于州衙花园。

金人疑赵立诈死,不敢登城。守兵亦感赵立忠勇,依然照旧守城。又过了十余日,城中掘地罗鼠不得,树皮难觅,兵士无力再战,楚州城遂为金人所陷。

岳飞行至邗江(今江苏省扬州市邗江区),闻楚州已陷,叹息而还。

赵立殉国的消息传到越州,赵构为之流涕,追赠赵立为奉国节度使,谥忠烈。

金军陷楚州,庆贺了一番后,便整装欲归。忽闻京、湖、川、陕宣抚使张浚,自同州(今陕西省大荔县)、鄜延(今陕西省富县)出兵,要在中途截击北归的金军,兀术当即变了归计,拟转趋陕西,来一个先发制人。可巧金主亦有命令,调他入陕,遂自楚州引兵西行。到了陕西,与娄室相会。

娄室第一次犯陕,很不顺利。新店之战,金之大将孛堇黑锋,被宋之秦州都监[①]刘惟辅一槊洞胸,坠马而亡。青溪岭一战,又为宋人吴玠所败,军威扫地,不得不收兵北返。

第二次犯陕,娄室一改去年那种一味纵深突击的做法,稳扎稳打,从东部逐步往西推进。

---

① 都监:宋代置于路、州、府、军、监的武官。州府以下都监,掌本城屯驻、兵甲、训练差使之事。

建炎二年(1128年)九月二日,娄室率部沿渭水西进,连克华州、薄州、同州。

九月十三日,又克长安。

当金军沿渭水西进之时,宋陕西制置使王庶便命令各路经略安抚使①,率部到耀州(今陕西省耀县)集结。

各路安抚使不买他的账,只象征性地遣了数百名老弱残兵到耀州应卯。加上自己的原有人马,勉强凑了一万余人,正要寻娄室决战,部将曲端,向他盹了蹄子。

曲端,镇戎(今宁夏固原)人。以父荫授三班借职②,因抗金抗夏有功,迁官鄜延经略安抚使。他自以为功高赏薄,又欺王庶是个文人,不愿受其节制。

王庶不是不知,但他觉着曲端能打,是个将才,上书朝廷,将曲端擢为自己的副手——陕西制置使司都统制、兼河东经制使。

曲端不但不领情,反更加瞧不起王庶了。故而,接到王庶要去耀州集合的命令,借口没有接到朝廷的命令,拒不执行。朝廷的命令来了,他又说有病,已经向朝廷递交了辞呈,不便再指挥军队。

王庶这才意识到,自己根本指挥不动曲端。

指挥不动那就求呗。

曲端铁了心不出兵,求也无用。

王庶发怒了,指着曲端鼻子斥道:"你不知好歹!既然都统制你不想当了,这会就把都统制的大印交出来,还有河东经制使的大印,一并交!"

他这一硬,曲端软了。

他能不软吗?拼杀了半辈子,才挣来这么两顶官帽,能轻易交吗?

不能!

不能就得服软,就得给王庶说好话。

老实说,曲端的官,不是王庶说免就可以免的。他见曲端服软了,就不再逼他交那两颗大印,命他带领所部,火速去耀州集结。

曲端口中嚅嚅,却遣了两个偏将——贺师范和刘任忠率兵一千,开赴耀州,自己则带着部队去了邠州(今陕西省彬县),把王庶气得顿脚大骂。

骂归骂,那金还得抗。

---

① 经略安抚使:边州军事长官,掌一路兵民大政。初置于唐,宋不常置。
② 三班借职:北宋低级武阶官。

金正进军丹州,闻王庶将至,弃丹州而奔延安(府)。王庶急忙回援,延安已破。延安号称"五路①"襟喉,也是陕西制置使司的治所。延安沦陷,弄得王庶无家可归。他越想越气,跑到邠州找曲端算账,要收回那两枚大印。

曲端倒打一耙,反责王庶指挥无方,致使延安为贼所陷,把他抓了起来。

---

① 五路:即鄜延路、环庆路、泾原路、熙河路、秦凤路。

三十三　双国士

折可求奉金命来到晋宁城下,向亲家徐徽言劝降,只听"嗖"的一箭,折可求应声倒地。

徐徽言见晋宁难守,"置妻子室中,积薪而焚。"

寨门突然洞开,李彦仙单枪匹马,像旋风一般冲了出来,一枪将带队的金将捅倒在地。

曲端正要杀掉王庶,陕西抚谕使①、主客员外郎谢亮来访。闻之大惊:"王庶既是朝廷的二品大员,又是你的直接上司,他纵然犯有大罪,也不是你就可以杀的!"

这一番话救了王庶一命,他灰溜溜地离开颁州,找赵构诉苦去了。

赵构虽然没有治曲端的罪,但在脑海里给他画了重重的一笔。

娄室陷延安府后,挟战胜之威,返寇晋宁军(辖今陕西省佳县、吴堡两县)。

两宋,朝廷虽弱,但屡出猛人。岳飞算一个,韩世忠算一个,赵立算一个,知军事②的徐徽言也可以算一个。

徐徽言,字彦猷,衢州西安(今浙江衢州市)人,文武双全。

他十五岁参加武科考试,艺压群雄,高中状元。初仕,为保德军(治今陕西省保德县)监押。因抗击西夏有功,迁知晋宁军、兼岚(岚州,今山西省岚县)石(石州,今山西省离石县)路沿边安抚使。

金军犯宋,害怕西夏与宋结盟,便把本属于大宋的麟、府、丰三州赐给西夏,大宋朝

---

① 抚谕使:南宋时代表朝廷向地方宣扬朝廷旨意、安抚百姓之官,掌巡查官吏、采访民间利病、伸民冤屈及措置营田等事务。

② 知军事:宋代,与府、州、监同一级的政区有军,其长官,以京官出知其事者称之知军事,简称"知军",其职掌略同于知州和知府。

廷也同意了。可他不同意,把西夏军打得落荒而逃,收回了麟、府、丰三州。

翌年,北宋为金所亡,他将河东路宋之残兵败将召集起来,加以训练,组成一军。又连结了数十万汾、晋豪杰义士,两次上书朝廷,明确提出,要"捣太原,取雁门,克复中原",但为朝廷所拒,只得仰天长叹。

这一下好了,娄室自个儿送上门来。

为了确保战争的胜利,徐徽言致书河东路提点刑狱使兼权知府州(位于今陕西省榆林市府谷县东部)的折可求,约他一道夹击金人。

折可求满口答应,并遣其子彦文前往晋宁军,与徽言面商击敌之事。返回途中,彦文为金人所擒。

折可求可不是个一般人,他的名气比徐徽言还大。

说到大宋的将门,一般都会想到杨家将、呼家将和种家将。实事上,杨、呼、种三家的将军加起来也没折家将多。

折家将,是中国历史上延续时间最长的将门,从唐朝开始,历经五代十国,直到北宋,时间长达二百六十多年。戏剧《杨家将》里的佘太君,并不姓佘,而是折。

折家十世为将,先是和契丹作战,到了北宋,又要抵御辽和西夏的进攻,为保卫中国西北的领土作出了巨大贡献。

折家世居府州。府州是中原王朝在西北的重要屏障,战略地位十分重要。到了宋朝,更是宋、辽、西夏都要争夺的地方。赵匡胤当了皇帝,做出一个破天荒的举动——授予折家世袭府州知州的待遇。

折可求是折家将的第十代传人,名气很大,却没骨气。自宣和七年(1125年)以后,他率部与金军大战三次,无一次胜绩,对金人遂生怯意,今见娄室来势凶猛,府州难保,加之救子心切,居然举麟、府、丰三州而降,把个娄室笑得合不拢嘴。他设宴帐中,与折可求推杯把盏,喝到有七八分酒意,笑问折可求:"折大人,听说彦文是徐徽言的娇婿?"

折可求点头称是。

娄室又问:"这么说你和徐徽言就是儿女亲家了。"折可求又点了点头。

娄室道:"既然你和徐徽言是亲家,我想让你去晋宁城一趟,劝一劝徐徽言,只要他愿意归顺我朝,照样知他的晋宁军。"

折可求迟疑了一下说道:"折可求性情刚烈,怕是不会如将军之愿。"

娄室道:"晋宁东面是黄河,西面是西夏,北面是麟、府、丰三州,南面是延安。他若不降,死路一条!徐徽言只要还想活,投降是唯一出路。"

折可求道:"那我就去试一试吧。"

两天后,折可求和娄室一道来到晋宁城下,唤徐徽言答话。

"徽言呀,大宋气数已尽,你不要死吊在她那棵树上。娄室将军说了,你只要归顺金国,照样还做你的晋宁知军,否则的话……"

只听"嗖"的一声,折可求应声而倒。

这一变故大出众人意料,全都怔住了。

晋宁的城门突然大开,宋军呐喊着冲了出来,娄室扭头便走。

他这一走,金军亦走。

不是走,是逃。

也是折可求命大,那一箭并未伤其要害,爬起来狂奔而去。

徐徽言纵兵追击,毙敌两千余人。娄室之子完颜和尼也被宋军乱刀砍死。

娄室痛失爱子,恨不得把晋宁吞下肚去,纠众十万,前来攻城。

徐徽言激励将士,死守城池,打退了金军数百次进攻,硬是把敌人挡在城外三个月。

三个月呀!

一个城的储粮该有几个月?

为了弥补粮食之不足,徐徽言把城中那些会水的士兵和男子全部组织起来,让他们潜出城濠,偷运粮食。

缺粮的问题得到了缓解,"死穴"也给暴露出来。

晋宁的外城广阔,由黄河引水护城,水深数丈,城墙高大雄固,有固若金汤之誉。

因为有黄河护城,城中没有水井,饮用水是由城外的佳芦河引入,如果切断了佳芦河的水源,晋宁城将无水可饮。

人可以七天不吃饭,但不能七天不饮水。

人若是三天不饮水,就会死。

水是晋宁城的死穴。

娄室便紧紧抓住了这个死穴,派人把佳芦河上游给堵住了。

一天没有水,尚且可以忍耐。两天没有水,一些人便出现了脱水的症状——皮肤干燥、头晕、各器官慢慢衰竭。

第三天早晨,监门官石赟打开了晋宁外城门,金兵蜂拥而入。

徐徽言自知不敌,撤入内城,"置妻子室中,积薪而焚。"

虎毒尚且不食子,徐徽言亲手把自己一家人烧死,心中那份悲痛可想而知!

他盯着冲天的火焰,泪流满面道:"儿啊,妮啊,不是爹心狠。孔北海①九岁的儿子尚且知道,'覆巢之下,安有完卵?'汝等已经成人,岂能不知!儿等今日死在为父之手,免受了许多羞辱,也算不幸中的万幸!你们走好,爹跟你孙叔叔说几句话,便去找你们。"

他扭头对太原路兵马都监孙昂说道:"你不比我,家中尚有老母需要奉养,逃也行,降也行,我不怪也!"

孙昂正色说道:"吾知大人,大人不知吾。我孙昂和您一样,'宁做大宋鬼,不为胡虏人。'我先走一步了!"飞身纵入火中。

徐徽言哈哈大笑道:"孙昂,我的好兄弟,哥这就追你去!"

说毕,就要蹈火,被几个亲兵死死抱住。

他一边挣扎,一边大喊:"放开我,放开我!"

正喊着,金兵已至,把他绳捆索绑,押送娄室。

仇人相见,分外眼红。娄室咬牙切齿道:"徐徽言,我要把你碎尸万段,包括你的家人!"

徐徽言微微一笑道:"你来晚了,我的家人,你找不到了。"

娄室冷笑一声道:"你也太小瞧我了!我知道你一家老少都在城内,我就是掘地三尺,也要把他们找到。"

徐徽言悲声说道:"他们已经被我火焚了,你莫说掘地三尺,就是十尺,也找不到他们了!"说毕,泪如雨下。

娄室怔了一怔,问挚徽言的金兵:"他真的把一家人烧了?"

金兵微微颔首。

娄室移目徐徽言,盯了足足有饮半盏茶的时间,长叹一声说道:"服了你了,你是一个真好汉,我们女真人最敬的人就是好汉。杀子之仇我不报了,只要你愿意投降,我还让你做晋宁知军。"

徐徽言双手抱拳道:"你的话让我感动,但我们中国人有句古话,叫'一女不侍二夫,一臣不保二主。'我的一家人都在那边等着我,你还是早点儿送我上路吧!"

---

① 孔北海:孔融的雅称。孔融,字文举,鲁国(今山东省曲阜市)人,东汉末年文学家,孔子的二十世孙、"建安七子"之一。因他曾任北海国相,时人称之孔北海。因触怒曹操而被杀。收捕孔融时,两个儿子在侧,大者九岁,小者八岁。融谓使者曰:"冀罪止于身,儿可得全不?"长子徐徐进曰:"大人,岂见覆巢之下,安有完卵乎?"

娄室长叹一声道:"好,我这就送你上路。"

晋宁既破,娄室乘胜攻陷鄜州、坊州(今陕西省延安市黄陵县西北隆坊镇)。未几,复破巩州。秦陇一带,几乎全部沦陷。唯有与关中毗邻的陕州,却岿然不动。

拿下它,我一定要拿下它!遂遣一万户长,率军两万,去伐陕州。

说到陕州,不得不说南宋的另一猛人——李彦仙。

李彦仙,字少彦,名孝忠,宁州彭原(今甘肃省宁县)人。

他少有大志,精于骑射,所结交的都是豪杰之士。靖康元年(公元1126年),金人犯汴京,他毁家纾难,募兵勤王,初补承节郎①,又迁校尉②,因上书弹劾王时雍,受到有司追捕,逃匿陕州。

陕州第一次沦陷,为将为官的,或逃之夭夭、或沦为二狗子。他却挺身而出,扛起了抗金的大旗。

他激励大家说:"我是个外乡人,家园祖庙都不在这里,但我愿意舍生和你们一道,坚守此地,保护祖庙和家园!"

众人感奋涕零,振臂呼曰:"吾等愿从将军,头可断,血可流,抗金的志气绝不变!"

李彦仙连道三声"好",将队伍拉到一个叫三觜寨的地方,经常出其不意地攻击金军。金将大怒,纠众万余,扑向三觜寨。

李彦仙故意示弱,命人关了寨门,任你金军如何挑衅,闭门不出。

金军以为李彦仙真的怯了他们,放松了警惕。他们骂累了,便跳下马,席地而坐,喝着自带的美酒。

寨门突然洞开,李彦仙单枪匹马,像旋风一样冲了出来,一枪将带队的金将捅倒在地,还没等他爬起来,李彦仙兜马而回,一俯身,将他像飞鹰抓小鸡般地拎了起来,"得得得"地返回。等金军反应过来,李彦仙已进了寨门。

寨门重新关闭。

奇辱,奇耻大辱!

金军嗥叫着,向三觜寨发起了一轮又一轮的猛攻,皆被箭矢射回。

---

① 承节郎:宋武阶官名,从九品。
② 校尉:宋武散官名,秩自六品至九品不等。

金军正为是撤兵还是继续攻寨犹豫不决之时,李彦仙事先安排好的伏兵从金军背后杀出,金军不得不返身迎战。

寨门再次洞开,李彦仙率部冲出寨门。

金军腹背受敌,哪敢再战,丢下千余名尸体和三百匹战马,逃之夭夭。

李彦仙一战成名,附近州县义士、百姓,纷纷来投,队伍由两千人,扩大到一万余人。

他乘胜进军,渡过黄河,在中条诸山安营扎寨,从者如蚁,连蒲城、解州(今陕西省运城市解州镇)和太原的义军也纷纷前来归附。

他先是进军安邑(今山西省夏县)、次之虞乡(今山西省永济市虞乡镇)、芮城(今山西省运城市芮城县)、正平(今山西省新绛县)、太原,连战连捷,且屡屡献俘于越州,赵构"喜而不寐",授李彦仙陕西知州兼安抚使。未几,又迁武节郎①,并赐之袍带、枪箭。

建炎三年(公元1128年)冬,金将乌鲁撒拔犯陕(州),双方大战七天七夜,金兵败北。娄室亲自率兵来伐,扬言三天之内,"踏平陕州,活捉李彦仙。"

行至中条山,伏兵突起,金兵大溃,娄室身受三创,在亲兵的掩护下,逃得一条性命。

他不甘心,引兵十万,再次来犯陕州。

李彦仙闻之,笑对左右说道:"女真(金人)自夸,'女真兵不满万,满万天下无敌'。吹,吹牛皮不要本钱!他今日来了十万,是我军的十倍,我也不必惧他!"

说毕,号令陕州:坚壁清野,加固城墙,严阵以待。

娄室仗着兵多械良,将兵士分为十部,从正月初一开始,轮流向陕州城发起攻击,昼夜不停。

第一轮攻过之后,李彦仙登上了西城门楼,他双手抱拳,向金兵说道:"诸位弟兄,你们不远千里,来到敝地,正过年哩,还在攻城略地,实在太辛苦了!我有心敬你们一人一杯酒,怎奈这酒有点少,不够敬,我就代你们饮吧!"

身边的亲兵忙斟了一杯酒递过来。

他接杯在手,轻轻啜了一口道:"好酒,好酒!"

只听"嗖"的一声,一只响箭从城下飞上城楼,直奔李彦仙。

---

① 武节郎:武阶官名,为武臣第三十七阶。

三十四　啼哭郎君

娄室拈弓搭箭,只听"嗖"的一声,那箭飞向美少妇。
男女老幼哭喊着李彦仙的名字,爬上屋顶,用瓦块投掷金军。
金军死的死,伤的伤,血流成河,遍地断肢残臂和无头之尸。

李彦仙疾出右手,接了飞箭,俯视城下,高声问道:"是哪位弟兄干的?"
金将移剌哈大声回道:"是爷干的!"
李彦仙笑道:"你的性子,未免有点急了吧,我无法用酒慰劳你们,还有别的方法慰劳你们嘛,譬如,给你们演个戏什么的!不,这城楼太小,装不下那么多优人。这样吧,来个独角戏——鼓儿哼。鼓儿哼你们听说过不?它是由邓州鼓词发展而来,也叫鼓儿词、犁铧大鼓、南阳鼓词,它的唱腔朴实流畅,加之鼓和钢片相伴,非常好听。"
他扭头对亲兵说道:"还不快请'万人迷'登场。"
不一刻儿,一个年约二十四五岁的美少妇,携着唱鼓儿哼的家什,缓步登上城门楼。
她理了理乌黑的鬓发,只朝城下望了那么一眼,引来一片欢呼之声。
他们能不欢呼吗?
俚语曰,"从军三年,见了母猪也发情。"何况,他们见到的不只是真真切切的女人,还是女人中的美人儿——黑色的长裙、洁白的皮肤、一对小酒窝儿均匀的分布在脸颊两侧,外加一对会说话的眼睛,莫说金兵,任人见了也切切心动。
移剌哈居然没有心动。
不是他没有心动,他是怕众金兵为美少妇所迷,失去了战斗力。
他再一次挽弓,要射"万人迷",被另一金将喝住:"你咋尽干暗箭伤人的勾当?何况,她还是一个手无寸铁的女子!"
移剌哈辩道:"你不要小看女人,特别唱鼓儿哼的女人,她那张嘴能抵百万雄兵呢!"

金将道:"我不信。"

移剌哈道:"你听说过九哥没有?"

金将道:"没有。"

移剌哈道:"她也是个唱鼓儿哼的,两军阵前,一阵哼哼,把西夏军的军心给哼散了,本来占绝对优势的西夏军,反被宋人打垮了!"

金将道:"你说这事,也许是真的。就是真的,我也不许你伤害那个唱鼓儿哼的!"

"为什么?"

金将道:"我好久没见美女了,我想多看她两眼。不只我,你问你身边这些人,谁不想多看两眼呀!"

正说着,只听"嘣"的一声。金将忙举首望去,只见美少妇右手举着犁铧钢片,左手的小木槌,正在击打架子上的小扁鼓。

"嘣、嘣、嘣!"美少妇将小扁鼓连敲三下说道:"诸位,说书不说书,先说几句大实话,'白羊身上白,黑羊身上黑,想叫老母猪上墙,那真叫个不中'! 嘣、嘣、嘣!"

城下金兵哈哈大笑。

等笑声稍减,美少妇又将小扁鼓敲了三下,右手甩动犁铧钢片,发出有节奏的"兵当当、兵当当"的响声。

"啊嗯……"她压着嗓子哼了一会儿唱道:

正月初一是新年,
合家欢聚庆团圆。
众军爷有家不能归,
众军爷有亲不能见,
顶风踏雪陕州来,
大动干戈,为哪般——(拖腔①)

"为哪般"三字,全用哼音,七弯八转。这哼,哼的众金兵满脑子思乡之情,你瞅瞅我,我瞅瞅你。

---

① 拖腔:鼓儿哼特有的唱法。每当唱了一段之后,落尾时要哼,而且,这哼声较长较重。

只听得"嘣、嘣、嘣"三声鼓响,美少妇甩动犁铧钢片,又唱了起来:

> 人生在世一张楼,
> 摇来摇去土里头。
> 纵靠杀伐得千金,
> 两腿一蹬全是空。
> 何如早些把家还,
> 孩子老婆热炕头——(拖腔)

众金兵又是你瞅瞅我,我瞅瞅你,发出轻轻的叹息。
"嘣、嘣、嘣!"
美少妇甩动犁铧钢片,继续唱道:

> 种瓜那个得瓜,
> 种豆那个得豆。
> 行下春风,才有秋雨。
> 因果报应自古有,
> 放下屠刀能成佛,
> 多行善事惠来生——(拖腔)

她正微闭着双眼哼哼,娄室来了。

娄室本在南城门外督战,听说李彦仙上了西城门楼,纵马赶来。正撞上美少妇唱鼓儿哼,且哼的众金兵眼迷心乱。心中暗自骂道:"小贱人竟敢扰我军心,作死!"

他拈弓搭箭,只听"嗖"的一声,那箭飞向美少妇。负责保护美少妇的宋卒,忙举盾去挡。

谁知,来箭力道奇大,差一点儿将盾击飞,吓得宋卒脸色苍白。

李彦仙大声喊道:"快扶'万人迷'下城。"

话音未落,娄室的第二支箭,又飞向了"万人迷"。李彦仙纵身挥剑,两个动作一气呵成,硬生生将娄室来箭拨飞。

娄室挥着硬弓喊道:"众将士,给我射!"

移剌哈率先响应。

箭如飞蝗,直扑李彦仙和"万人迷"。

李彦仙一把将"万人迷"拽到城垛后边,传令宋军,不许还击。

是他怕了吗?

非也。

李彦仙心里清楚,他的箭有限。指望援军送吗?不靠谱。

娄室犯陕的消息,早在七天前李彦仙已经得到了,当即遣使向曲端求援,曲端支支吾吾。

曲端靠不住,只能靠自己了。所以,那箭得省着点用。

金兵朝城上射了一通箭后,不见城上还击,娄室下令攻城。

他一攻城,城垛里冒出两千多颗人头,或用刀砍,或用枪刺,金兵不死即伤,娄室不得不下令停止进攻。

靠箭不行,人也不行。

火炮①呢?

肯定行。

他征调了上百台火炮。

数十斤、上百斤的石头,抛向城头,抛向城内,砸伤了不少宋军。

宋军更绝,把落在城头和城内的石头捡起来,一块一块砸到了城下。

看来,单靠抛石头是不行的。

抛火球,抛毒药烟球,抛蒺藜火球呢?

肯定行。

抛的结果,给宋军造成很大伤害,不少人中毒;不少房屋,包括城门俱被烧毁。越烧,越让军民看到了金军的卑鄙、歹毒,更加坚定了他们抗金的决心。

陕州城岿然不动。

这也不行,那也不行,困你总该行了吧!

困上你三五个月,没了粮吃,你自会缴械投降。

---

① 火炮:不是我们现在所说的火炮,是一种抛掷火器,初名发石机,用以抛掷石头,后来发展到可以抛掷火球、烟球、蒺藜火球。

娄室这一招已在李彦仙预料之中,他一方面遣将出城,继续向曲端求援;另一方面选死士深夜缒城,由他自己带队,抢金人的粮草,但是,收获颇差,损失也很大。

好在曲端那里有了消息,他愿意带着粮草前来救援。

他不是愿意,是他迫不得已。

他原以为赶走了王庶,他自己就可以做陕西的老大,节制五路军马。

谁知,朝廷派来一个张浚。

张浚收到李彦仙求救书后,严令曲端率兵驰援陕州。

晚了。

他还没有走到陕州,陕州已经沦陷,李彦仙的身上插着密密麻麻的羽箭。

城陷之日,男女老幼,哭叫着李彦仙名字,爬上屋顶,用瓦块投掷金军。裨将邵云率领残兵,与金军巷战,受伤被俘。金军向其劝降,遭到邵云痛骂。娄室命人,用大铁钉将他钉在门板上,折磨了五昼夜,又用小刀将他一刀一刀割死。

娄室陷陕州,大庆大贺了一番之后,挺进关中平原,剑指环庆路(今甘肃省庆阳市与环县地区)。

先锋撒离喝①率部先行,陷麻务镇后,径奔邠州。张浚得报,命曲端率部拒敌。

曲端这一次很乖,接到命令后,立马遣他的爱将吴玠出兵庆州的彭原店,截击金军,他本人则率主力部队,驻于邠州宜禄(今陕西省长武县),作为策应。

吴玠,字晋卿,德顺军陇干县(今甘肃省静宁县)人,年不满二十从军,在抗(西)夏、击金(国)、镇压方腊和宋江(余部)义军中屡立战功。青溪岭一战,威名远扬,金人惮之。一迁再迁,官至泾原路马步军副总管。

吴玠是南宋猛人之一,堪与岳飞和韩世忠比肩。他的弟弟吴璘也是一个猛人。

他哥从军,他也从军,立下赫赫战功,那官也是一迁再迁,官至翊麾校尉②。

吴玠受命后,率领所部,以日行六舍之速度,赶到彭原店,抢占制高店,凭高列阵,先是弓弩手,次之长枪手,再次之是持狼牙棒、大铁锤的重装骑兵,最后是大刀队。

金军一出现,万箭齐发。金军伏地避之,长枪手呐喊着冲了过来,朝金军一通乱刺。金军不得不爬起来逃命,重装骑兵又杀了过来,又是一番猛敲重砸……金军死的死,伤

---

① 撒离喝:金世祖劾里钵的养子,在金国开国的舞台上,他的表现并不比完颜斜也(又名完颜杲)差,也是一个杀得宋军听到名字就害怕的人物。

② 翊麾校尉:古代官名。宋置,为武散官,从七品上。

的伤,血流成河,遍地断头残臂和无头之尸。金将撒离喝被这种场面吓得哇哇大哭,被世人讥为"啼哭郎君"。所幸,他还有几个心腹亲兵,将他背出阵地。

这一仗,撒离喝全军覆没。

因他是金国的百战名将,娄室不但不加罪,反给他拨了两万人马,命他重返彭原店,以雪前耻。

所幸。又一个所幸。双方正打得难解难分,曲端溜了。很明显,他这是想借金人之手灭了吴玠。

卑鄙。

卑鄙至极!

曲端之所以要灭吴玠,源于一个月前,吴玠与张浚那次会见。

张浚慕吴玠之名,一到川陕,便召吴玠前来宣抚制置使署,征求治陕方略。曲端总以为,吴玠是他一手提拔起来的,是他的私有财产,如今居然绕过自己去拜张浚的码头,是对他的背叛。奶奶的,你无情,就别怪我曲端无义!

娄室听说曲端撤离了宜禄,忙率部赶往宜禄,从背后捅了吴玠一刀。

吴玠腹背受敌,他尽管英勇,但寡不敌众,兄弟二人,各受创十余处,杀出重围。

他恨透了曲端,哭诉于张浚。

张浚来一个先斩后奏,将曲端贬为海州团练副使、万安军(治今海南省万宁县,辖境相当今于海南省万安、陵水、琼海等市、县地)安置。迁吴玠为永兴路经略安抚使。

曲端人品不怎么样,但他乃陕州名将,手中握着陕西最精锐的部队,还是川陕宣抚使署的副帅,那官职仅比张浚差一级,张浚说贬就把他贬了,谁不害怕?

张浚不仅立了威,又把川陕最精锐的部队抓到自己手中,便开始实施自己向赵构所献的中兴大计

——当自关陕始:控五路之师,据两川之粟,左通荆襄之财,右出秦陇之马,从侧翼威胁金国。天下大势,斯可定矣!

为了实现自己的中兴大计,张浚命令熙宁、秦凤、泾原、环庆、永兴等五路兵马前往富平集结,下书向娄室挑战。

张浚的五路兵马,对外号称四十万,实事上没有那么多——战马七万匹、士兵十八

万。张浚在挑战娄室的同时,传檄沦陷各州县,劝他们反正。各州县纷纷响应,杀金人,回归大宋。

你别说,张浚这样一整,娄室慌了,一面上书金主,一面向兀术求援。

金主收到娄室之书,颇为紧张,诏告兀术,速去陕西相助娄室,这才有了金兀术的陕西之行。

兀术日夜兼程,来到下圭(今陕西省渭南市),与娄室相会。娄室见他所部不足七万人,轻叹了一声。

兀术笑曰:"你莫不是嫌我兵少么?我却觉着有点多!张浚,书生一个,只知纸上谈兵,赵括的下场就是他的下场!"

三十五　高参刘子羽

张浚听了马屁精之言，又修战书一封，连同女服一件，送到金营。

韩常伸手拔出眼中之箭，从地上抓了一把土，按了上去。

张浚跑到兴州，还要跑，被刘子羽拦住马头："大人，再跑的话，您的川陕宣抚使就得改名了！"

对于张浚"决战富平，全歼金军"的宏伟蓝图，一些宋将并不看好。第一个站出来反对的是王彦。

对，就是王彦！"八字军"的首领，曾为岳飞的顶头上司。因对汪伯彦、黄潜善把持朝政不满，愤而辞职，在家赋闲。张浚出任川陕宣抚处置使后，慕其大名，登门恳请，方才出山，任张浚的前军统制。

王彦推心置腹地对张浚说道："陕西兵将素来互不联络，很难协同作战，倘或并出，一有挫失，五路俱殆，不若令各路分屯要隘，俟敌入境，檄令来援，即使不胜，或是不应命，所关仅是一隅，尚易挽救！"

第二个站出来反对的是吴玠，所论与王彦相同。

然而张浚好大喜功，哪里听得进去，定要照着所绘之图来干，吴玠叹息连连。

王彦久经沙场，比吴玠老辣，他料到张浚此番必败，不想坏了自己一世英名，请求辞官归里。张浚想了又想，同意他辞去前军统制，到和州路任兵马钤辖去了。

建炎四年九月十五日，张浚骑着高头大马来到富平，驻军于卤泊川北岸。

吴玠进言道："我军以步军为主，山地战是我之长，此地地势偏低而又开阔，利于骑兵。不如向西撤退数十里，依山布阵，既可利用后面山体的掩护，防止金骑的迂回攻击；又可凭高据守，化解金骑仰攻冲锋的攻势。"

"娃娃家懂个啥!"张浚指着地图说道:"你看见了吗?我军的前方,是一大片苇泽地,怎会利于金兵冲击?他们不来则已,一来,定会深陷泥潭,不能自拔。届时,我们只管去收割脑袋了!"

说毕大笑。一副成竹在胸的样子。

吴玠苦笑一声,摇头而退。

是晚,张浚设宴帐中,宴请刘子羽和五路统帅。

哪五帅?

刘锡(熙河路)、孙偓(秦凤路)、刘锜(泾原路)、吴玠(永兴路)、赵哲(环庆路)。

刘子羽,何许人也?竟位列第一!

刘子羽,字彦修,建州崇安(今福建省武夷山市)人。资政殿大学士刘韐长子,是个文武双全的奇才。

建炎初年,刘子羽任直秘阁修撰①兼知池州(今安徽省池州市),上书朝廷——《论天下兵势当以秦陇为本》,恰与张浚的主张相吻合,张浚引为知己。张浚之所以能顺利的除掉范琼,就是他的主意。张浚出任川陕宣抚使时,力荐其为川陕宣抚使参赞军事②。

宴间,谈及对金之战,张浚道:"我所担心的,不是战争的胜负,而是金军不敢应战怎么办?"

赵哲顺竿子爬了上去:"我也担心这个问题。"

吴玠欲言又止。

刘子羽皱着眉头反问道:"赵经略,有道是,知己知彼,百战不殆。你了解娄室和金兀术吗?"

赵哲道:"了解。"

刘子羽又问:"那就请你说一说他俩是一个什么样的人。"

赵哲道:"他俩的名气很大,什么百战名将呀,什么战神呀,其实啥也不是!特别是那个娄室,中条山之战险些死在李彦仙手里。虽说他后来打败了李彦仙,那是因为曲端太不是东西。金兀术呢?黄天荡之战,差点全军覆没;牛头山之战,被岳飞杀得丢盔卸甲。"

---

① 直秘阁修撰:直秘阁,宋文史官,掌缮写密藏、供御典籍图书,与秘阁校理共掌阁事;修撰,史官名,掌修日历,抑或是掌修实录。

② 参赞军事:南宋御营使、都督、宣抚使等统兵官的高级僚属,参与军事谋划。

刘子羽道:"你说的这些事倒也属实,但你只看到了关云长夜走麦城,你没看到关云长过五关斩六将。娄室在灭辽的战争中,所向无敌。在进攻我大宋的战争中,从东北战场一直打到西北。他生擒耶律大石(西辽开国皇帝),追捕耶律延禧(辽末帝),神一般击溃西夏主力,让党项人立即臣服!金兀术呢?比娄室还要厉害,以一偏之师,驰骋大江南北,还来一个搜山检海。你放心,他们不会不来应战!"

这话看似在说赵哲,真正的目的是说给张浚听。为该不该决战富平,刘子羽和王彦、吴玠的看法一样,也曾几次向张浚进言,张浚不听。

张浚不傻,岂能听不出弦外之音,黑虎着脸说道:"决战富平,吾志已决,请诸位不要再说三道四。"

略停又道:"大战在即,士气可鼓而不可泄。为鼓舞士气,我宣布,能生擒娄室、兀术者,授节度使,并赏银(两)绢(匹)各三万!"

说毕,派人将战书送到金营。

娄室故意示弱,将决战的日期一推再推。

张浚皱着眉头问左右:"娄室不敢应战,奈何?"

马屁精献计道:"羞辱他,刺激他。"

"怎么刺激?"

马屁精又道:"仿效诸葛亮,送女人衣服给娄室。"

张浚喜道:"这倒是一个办法。"

遂又修战书一封,遣使连同女服一件送到金营。这一弄,娄室非常生气,在战书上批道:欺人太甚,决战的日子,定在九月二十五日辰时一刻。

此时,距决战的日子还有三天,张浚不但不积极备战,反把部队交给刘锡,跑到颁州泡小妞去了。

九月二十四日,天还没亮,娄室提前一天行动,他遣大将折合孛堇率领三千精骑,背着沙包土袋,奔向宋军阵前的沼泽区,将沙包土袋有秩序的投抛沼泽中,霎时,泥淖俱满,与平地相似,胡马纵辔而过。兀术率骑兵两万,紧随其后。不少人劝兀术,要他直接进军宋军大营,兀术道:"不,应该先击宋的软肋。"

娄室问:"宋军的软肋是什么?"

"为了对付我们,宋军不是设了一个弓弩区吗?弓弩区外,住的全是民夫,我若攻击民夫的营房,驱赶他们冲击宋的本阵,那弓弩还有用吗?只要突破了弓弩区,我就百无禁忌,尽情驰骋了!"

娄室将头一连点了三点。

果如金兀术所料,弓弩区的宋军见民夫们如蚁涌来,明知后边有金军,也不敢放箭、发弩。

金兀术越过弓弩区,再无顾忌,率先冲向宋军大本营。

大本营立马乱了套,"奔乱不止。"

关键时刻,刘锜出现了。他不只迅速稳住了自己部队——泾原军,反向金兀术发起了进攻。

宋金开战以来,金军不是没有吃过败仗。譬如黄天荡之战、牛头山之战,金军确实败了,而且败得一塌糊涂,那是因为金军不备。

凡金人有备,他们从未吃过一次败仗。

这一次,金人不但有备,还采用了奇袭的方式,状态非常的好。纵使韩世忠出战,胜负尚在两可之间。

刘锜居然胜了,击溃了金兀术的骑兵,连伤金兀术两员枭将——赤盏晖和韩常,连金兀术也对他心生怯意。

赤盏晖,金人也。十五岁从军,官居万户长,是金兀术帐前四太保之一。一交手,便被刘锜挑下马去,生死不明。

韩常,字元吉,汉人,位列金兀术四太保之首。他非常善射,能开三石的硬弓,这在宋金两国中,只有岳飞、韩世忠和他是同一个等级。

他没有跟岳飞交过手,不知道岳飞的厉害。但他和宋人交过手,死在他刀下的不计其数。所以,根本不把名不见经传的刘锜放在眼里。

大意失荆州!

瓦罐不离井上破,将军难免阵前亡。

一只飞箭,向他飞来,射中了他的左眼。

他勃然大怒:"老子玩了一辈子鹰,居然让鹰给啄了眼!耻辱,天大的耻辱!"

他伸手拔出眼中之箭,从地上抓了把土按了上去,嚎叫着要找刘锜拼命。一小校劝道:"四殿下被那一边的吴玠给缠上了,死战不能脱身,快去救驾!"

他这才舍了刘锜,在乱军中找到金兀术,保着他舍命杀出。

宋军胜了。

宋军转败为胜,一个个喜笑颜开。

他们高兴得有些早了。

娄室拿着秘密武器——拐子马,闪亮登场。金兀术立马来一个返身再战。

双方大战了半个时辰之后,娄室看出了宋军的破绽——永兴、泾原、秦凤、熙河四路的经略使全都在阵前指挥,唯有延庆路的经略使赵哲躲在阵后,便带领铁骑直扑延庆军。赵哲望见,掉头就跑,其部遂溃。

这一溃,右翼的秦凤军也跟着溃退。

刘锜、吴玠,被拐子马一冲,有些立脚不住,又见延庆、秦凤两路军溃走,惊出一身冷汗,偏偏兀术领军杀回,哪里招架得住,且战且走。

刘锡见五路败了四路,无心恋战,呼啸一声,率军遁去。

张浚驻节邠州,专候佳音,忽见败兵陆续逃回,暴跳如雷。见到刘锡,劈面便是一拳,继之大骂。骂过之后,挥起"先斩后奏"的法器,将刘锡贬为海州(今江苏省连云港市海州区)团练副使、合州(辖区在今重庆市)安置。

至于赵哲,再也没有露面。

张浚处置过刘锡,饬刘锜、吴玠等各还其路,上书行在,自请待罪。

未几,赵构手诏到来,对张浚未有一言相责,反慰勉有加,把张浚感动得涕泪交流。

皇上啊,您真是我的好皇上,我张浚的再生父母!我得为您争气,我得哪里跌倒哪里爬起来!

哪里跌倒,真的能从哪里爬起来?

他不只问了自己,还问了刘子羽。

刘子羽明确回答:"能!"

"何以见得?"

刘子羽回道:"第一,仅泾原路一支人马,就把金军的战神打得落花流水,可见金军也是人,很一般的人。第二,我军虽然败了,金军没有追击。他为什么没有追击?有两种可能,一是追不动,二是不敢追。不管是哪种情况,足以说明,金军已是强弩之末,虽然胜了,是险胜。既然金人是险胜,而且,我一个路的军,就能打败他们的战神,我们若是重整旗鼓,选好将帅,指挥得当,完全可以哪里跌倒,再从哪里爬起来!"

张浚频频颔首道:"你说得对,我这就把遣散的五路大军再集中起来。"

晚了。

五路军返回各路后,被金军一个个分别击破,熙河军如鸟兽散;环庆军的大当家赵哲生死不明,二当家慕容渝举庆阳而叛,引金军来犯泾原;泾原军的二当家、三当家降金,刘锜孤掌难鸣,跑到岐山去了;秦凤军的孙偓掌控的军队,不足千人;永兴军吴玠不知去向。

这种局面的造成,责任全在张浚。他自知无力回天,又误听谍人之报——"金军要犯颁州,搜山检海抓张浚。"

他也不辨真假,拔腿就跑。

他先是跑到了秦州(今甘肃省天水市秦州区),再跑到兴州(今陕西省略阳县)。到兴州后,还要跑,被刘子羽拦住了马头:"宣抚大人,再跑的话,就到四川了。一到四川,岂不把陕西给丢了,这一丢,您的'川陕宣抚使',就得改名为四川宣抚使了!"

张浚怔了一怔:"那,那就不跑了,下一步当该何处?"

"留守兴州,内不负关中百姓之望,外可安巴蜀百姓之心……"

张浚道:"说下去。"

"速派官巡关,呼号诸将,收集流散,分布险隘,坚壁固垒,敌不犯则已,若犯,叫他头破血流。诚如此,四川方可保。四川若保,中国西线方可保。西线若在,胡虏就别想在中国立足。"

张浚道:"你的建言很好,只是,为富平之败,我贬了刘锡,还杀了几个逃兵,那些流散的将士还会来吗?"

刘子羽道:"您只须榜示天下,不再追究富平战败的责任,他们就会回来。"

张浚道:"参军所言甚是,我当立即施行。"言罢,召诸众参将入帐问曰:"孰可为我出关召集散亡将士?"

参将们你看看我,我看看你,无一人应声。

三十六　伪齐诞生记

富平兵败,川陕宋军无不垂头丧气,或逃或匿,唯有吴玠冲破金军占领下的凤翔,抢占了大散关。

吴玠单枪匹马冲下原来,只一刀,便将迎战他的金军千户长砍去了脑袋。

卖国求荣的刘豫,穿戴着不金不宋的衣冠,郊过天,祭过地,南面称尊。

刘子羽挺身而出:"我去。"

两个月后,刘子羽返回:"已招回将士十二万。"

张浚连道两声"好"。

刘子羽又道:"吴玠那里也有了消息。"

张浚忙问:"他在哪?"

"屯住大散关。"

张浚道:"他在干什么?"

"招兵买马"

张浚又道:"招有多少?"

"加上原来的将士,约有一万人。"

张浚复问:"他为什么不来与我相会?"

刘子羽道:"他不能脱身。"

"为什么?"

刘子羽道:"大散关乃川陕咽喉,历来是兵家必争之地。"

张浚不以为然道:"有那么重要吗?"

刘子羽道:"有!"

大散关,为周朝散国之关隘,故称散关。它位于宝鸡南郊秦岭之北麓,北邻渭河之支流,南通嘉陵江之上源,当山川之会,扼西南、西北要道,亦称崤谷。这里是川陕咽喉,历来为兵家必争之地。韩信曾在这里"明修栈道,暗度陈仓。"历史上在这里发生的大战达七十多次,陆游有诗曰:"楼船夜雪瓜洲渡,铁马秋水大散关。"

　　富平兵败,川陕宋军无不垂头丧气,或逃或匿,唯有吴玠率领的几千名永兴军士卒,冲破金军占领下的凤翔,沿陇山向南,直奔大散关,抢占这个极为重要的关隘。

　　张浚频频颔首,且赞道:"照你说,吴玠这个人用对了,这小子既有胆量也有眼光。我将那些溃兵败将安置一下,就去看他。"

　　"怎么安置?"

　　秦凤帅孙偓率领本部兵马驻防凤州(旧治在今陕西省凤县西北);迁熙河军副帅关师古为正帅,率领本部兵马驻防巩州(今甘肃省陇西);降刘琦为延边安抚使,率领本部兵马驻防绵州(今四川省绵阳市)。

　　安置过溃兵败将,张浚果真去了大散关。

　　吴玠不在大散关。

　　他去了哪里?

　　和尚原。

　　"原"有平原之意,但这个"原"没有。

　　这个原是一座山,山自西来,为秦岭一支,不独为秦、蜀之界,亦为中国南北之界,形如和尚的脑袋,山势虽然陡峭,但山顶宽平,便于屯军,且易攻难守。

　　张浚来到和尚原,巡视了一番后不住点头,连道:"好地方!"

　　他将要离开和尚原时,不知受了何人蛊惑,突然对吴玠说道:"阻止金人入川,以此地为据点固然好。但是,依我看来,不如移军汉中(今陕西省汉中市),顶在蜀川的咽喉之地,更利于防守!"

　　吴玠摇了摇头说道:"那样反倒不好。"

　　"为什么?"

　　吴玠道:"如果撤往汉中,一旦汉中守不住,就只能退往四川了。这一退就等于敞开了陕西通往四川的大门,敌人会一步一步追下来的。"

　　张浚道:"你只想着汉中一旦失守,和尚原就不会失守吗?"

　　吴玠道:"咱先不说和尚原,咱先说大散关。大散关紧紧扼守着巴蜀,是出入关中的咽喉,出可以攻,入可以守。敌人即使占据了大散关,也不敢扣关南下。"

"为什么?"张浚又问。

"从大散关南下入蜀的话,全是逶迤曲折的羊肠小道,先不说前进路上会遇到什么样的困难,只要和尚原在,只要和尚原上的军队从后面发起进攻,敌兵就无可救药了。就算和尚原上的军队不尾随追击,只要堵死了下边的道路,就切断了敌人的粮道和援军,敌人依然得死!所以,要想不让敌人自陕入蜀,必须守住和尚原!"

张浚还想说什么,嘴张了几张,没有出声,却把双目移向刘子羽。

刘子羽笑微微地说道:"吴玠说得有道理。"

张浚长叹一声,对吴玠说道:"好好干,我把阻止金兵自陕入川的希望,寄托在你身上了!"

吴玠那颗悬在心上的石头"扑嗒"一声落地。

他双手抱拳道:"谢谢宣抚大人对末将的信任,有末将在,敌绝不敢越末将而进!"

送走了张浚,吴玠择险立寨、训练士卒、筹集粮食,静候金军来犯。

这粮筹得特别有意义。

一不花钱买,二不向百姓征。

抢!

去哪抢?

去金军设在凤翔的粮仓里抢,一抢便是三十万斛。

负责抢粮的这个人也是个猛人——叫杨从义。

杨从义抢粮回来,等了三个月,金军那里才有了动静。

三个月的时间不算长,也不算短,金军在干什么?

第一,娄室病死,不能不治丧。

第二,金国的谙班勃极烈(皇储)完颜杲(与斜也重名)也死了,为立储事,金主召南下诸大将回上京。金兀术是大将中的大将,自然要回。行前,将陕西军队交撒离喝打理,要他见机行事。

撒离喝经过三个月的精心准备,兵分两路,由偏将完颜设立和乌勒折合率领,扑向和尚原。

乌勒折合腿快,跑到完颜设立的前边。依约,他应等完颜设立到后,一人在原北,一人在原南,同时向和尚原发起进攻。

但他立功心切,率先行动了。

不巧的是,他的对手是吴玠。吴玠见金军来攻,来一个先声夺人,单枪匹马,冲下原来,只一刀,便将迎战他的一个曹姓千户长砍去了脑袋。

金军无不惊骇,由于乌勒折合在后边督战,只得硬着头皮迎战宋军。俟完颜设立赶到,乌勒折合已经败下阵来。

完颜设立顿脚骂道:"这个乌勒折合,真不是个东西,成事不足,败事有余,待我拿下和尚原再和他算账!"能吃过天饭,千万别说过天话。他的下场和乌勒折合一样。不,不一样。乌勒折合只死了一个千户长,他死了两个,还都死于同一人之手。

这个人叫杨从义。捷报传到兴州,张浚喜笑颜开,大笔一挥,迁吴玠为忠州防御使,兼掌泾原路。

完颜设立和乌勒折合逃回金军大帐,垂首而立,听候撤离喝发落。

撤离喝不仅不加惩罚,反安慰道:"宋人有一俗谚,叫做'胜败乃兵家常事。'还有一谚,叫做'从哪里跌倒,再从哪里爬起来。'我给你俩一人增兵两千,再去攻打和尚原,我自率大军策应,但愿不要让我失望!"

二人挺胸说道:"我们一定不负元帅之望,若这一次攻不下和尚原,提头来见!"

说毕,昂首出了大帐。

三天后,完颜设立、乌勒折合各率其部,一北一南扑向了和尚原。战斗自五月二十日开始,一直战至五月二十七日,金军死伤二千余人,依然没把和尚原拿下。

看来,指望现有的军队很难攻下和尚原。

撤离喝,你怎么还不来?

撤离喝无法来了。

昨天。

对,就是昨天。他行至和尚原北边的箭苦关,突然蹿出来一支宋军,为首的将军乃是那个连杀了完颜设立两个千户长的杨从义。

杨从义绰号小李广。汉朝李广,以误射石虎而闻名天下。杨从义射的是真虎,是一只吊睛白额猛虎,而且是一箭毙命。

撤离喝尽管强悍,遇上这样一个人。而且,这个人还是突袭他,他若是不败,反倒有些反常了。

他这一败,完颜设立和乌勒折合彻底无望了。

溃退,再溃退。一直溃退到凤州(今陕西省凤县凤州镇),方才止步。

败讯传到上京,把金兀术气得破口大骂。

骂归骂,他分身无术。

上京这里,为立谁当谙班勃极烈,明争暗斗,他怕他一走,他所支持的人会名落孙山。

金主召他们回上京,除了确定谙班勃极烈人选之外,还有一件大事,就是确立伪帝的人选。

金国,原本是契丹统治下的一个小小的部落,名不见经传。直到五代十国时期(公元908—960年),方见于史籍。从起兵反辽至今,也不过十几年的时间,灭辽灭(北)宋,吞并了整个辽国,及宋国的大部分国土,他如何消化得了。

正因为他消化不了,才立了一个伪楚,让张邦昌代他们统治。

也许是张邦昌自己不争气,也许是张邦昌看到了人心的向背,主动还政于宋徽宗的九儿子赵构,致使金人,"竹篮打水——一场空。"

空就空呗,谁叫你金人"有眼不识金镶玉",选了一个窝囊废!

金人不甘心,一不做,二不休,我自己出兵。

他出兵的结果,很是辉煌了一阵,把南宋皇帝撵得到处乱窜。但是,他的统兵元帅,险些命丧黄天荡和牛头山。想了又想,还是再立一个宋人做皇帝好。这个伪帝,不只可以代他们统治中原,也可以为他们挡住南宋的反击。

立谁好呢?

备选者三个

——杜充、刘豫、折彦质。

折彦质,乃完颜宗翰所荐,但是,被勃极烈们拍死了。

——他在府州的根基太深,一旦不听话,就麻烦了。

杜充,乃金兀术所荐,他的优势是,在投金的宋官宋将中官最大,南宋的将领有三分之一出自他的麾下,有号召力。

刘豫,乃完颜昌所荐,优势是,父子俩都有自己的地盘,刘豫父子不只"掌握"了大半个中原,还掌握了整个河北。

杜充的后台硬,刘豫的后台也不弱。完颜昌招降刘豫后,攻陷汴京,还打败了援救汴京的五马山寨义军,把中原和河北那些反金的游兵散勇,赶得无处匿身,他的军功绝不在金兀术之下。

到底是立杜还是立刘,金主犹豫不决。

金主犹豫了,如果哪个人站出来表个态呢?

肯定行。

这个人是谁呢？国相完颜宗翰！

杜充和刘豫都去做完颜宗翰的工作。

完颜宗翰的态度是："我既不向潘（仁美），也不向杨（六郎）。"

你不向我，我就讨好你，巴结你，感化你。你就是一块石头，我也要把你暖热，让你孵出小鸡来。

半个月后，小鸡真的孵了出来。完颜宗翰慢吞吞说出五个字——"我看刘豫行。"

行的为什么是刘豫，而不是杜充？

孔方兄。

孔方兄起了作用。

刘豫有地盘。

只要有地盘，还能没有钱？

用钱砸。

钱不只能通神，还能让鬼推磨。

宋高宗建炎四年（1130年）九月，即金天会八年，从大名府（今河北省大名县）走出那位卖国求荣的刘豫，穿戴着不金不宋的衣冠。郊过天，祭过地，南面称尊，即伪皇帝位。国号曰齐，史称伪齐。用金之年号，沿称天会八年；拜张孝纯为丞相。

张孝纯，字永锡，滕阳（今山东省滕州市羊庄镇北台村）人。

他天赋很高，因家贫不能入学。邻人吉员外邀他到自己的书馆里读书，大比之年进京赶考，中了个二甲第四名，授雉县（今河南省南召县）主簿。说媒的踢破门槛，他非大凤不娶。

大凤者，吉员外长女也，天天药罐不倒。

十年后，大凤死了，此时的张孝纯已官至正七品翰林侍读学士，负责给皇帝讲解经文，前途无量。说媒的比中举那年还要多。他又来一个非二凤不娶。

二凤者，大凤亲亲的妹子，是个瞎子。

十七年后，二凤又死了。吉员外觉得对不起张孝纯——自己的两个女儿误了张孝纯青春，非要把十六岁的三女儿三凤嫁给张孝纯。

张孝纯那时已年过半百，坚决不同意，吉员外便来了一个"霸王硬上弓"，吹吹打打，把三凤送到张孝纯内衙。张孝纯三娶姊妹花，被朝野传为佳话，他的官"噌噌"地往上升,五年时间,蹿到河东宣抚使、知太原府。

金人首次犯太原,吓退了主军的童贯,张孝纯和太原副都总管王禀一道坚守太原。在内无粮草,外无救兵的情况下,守太原二百五十余日。城破之时,王禀自杀,张孝纯身受九创,昏倒在地,为金人所俘,将他囚至云中,并以灭他九族相协,张孝纯不得已降金。

三十七　拿李成开刀

赵构把脸一沉,质问张俊:"你作为中兴大将,你给朕说一说,你为中兴宋室都出了什么力?"

贼目赵万成,不知岳飞厉害,抢出阵来,要战岳飞。只一合,被岳飞刺于马下。

一丈青曰:"妾也闻岳飞好生了得,但未曾亲见,如果他真是一个顶天立地的英雄,降也不妨。"

远在越州的赵构,听说刘豫称帝,大怒。南宋的大臣全都以为,赵构一定会出兵讨伐刘豫。

等了三个月,赵构不但没有出兵,反倒下诏,"厚恤"伪齐官员在南宋的家属。还来了一个自我表扬,这叫"以德报怨。""人心都是肉长的,朕如此相待他们,相信刘豫和伪齐的官员,也会像张邦昌一样,来一个迷途知返,回归朝廷。"

他错了。

刘豫不是张邦昌,他当了皇帝,尽管是儿皇帝,也有人三呼万岁,还有三宫六院。大小事只要金人不插手,都是自己说了算。这个皇帝,他不但要做,还要世世代代做下去。尊奉母亲为皇太后;立自己的宠妾、宋徽宗的宫女钱氏为皇后。

次年,改元"阜昌",将都城迁往宋朝旧都汴京,并将他家历代祖先的牌位迁入北宋太庙。

伪齐的建立,缓解了南宋对金的压力。另外,金人还利用"伪齐",招来了一批无耻之徒,充当爪牙。诸如邵青、张用、李成,等等。

赵构可以容忍刘豫的存在,却不能容忍这些汉奸巨盗的存在。

刘豫称帝,并不妨碍赵构偏安江南,依然做皇帝,称孤道寡。张用等人的存在,是要

三十七　拿李成开刀

在赵构的地盘上抢粮抢钱,甚至还想要他的江山!

在诸多叛臣、巨盗中,对赵构威胁最大的是李成。

赵构决定先拿李成开刀。

建炎二年(1128年),李成被岳飞赶出滁州,流窜到江浙一带。日子过得很惨,常常吃了上顿没下顿。

吃不饱肚子的不只李成,还有许许多多的难民、流民、兵痞、盗贼,为求一饱,他们纷纷聚集到李成旗下。

李成虽为盗,但武艺高强,每阵必冲锋在前;士卒不食己不食,有病者亲视之,深受士卒拥戴。不到两年,队伍发展到十多万人。

人多了,势大了,李成动起了当皇帝的念头,哪怕做一个伪帝也行!

伪帝也不是谁想做就能做的。

首先,金人得支持,实打实地支持。

可金人并不看好他。

他不同于杜充、刘豫和折彦质,只是巨盗一个,既没有背景也没有固定的地盘。

背景这东西,没法补,但地盘我可以抢。

——抢哪里?

洪州。

俟赵构得到消息,李成的大兵已经走在去洪州的路上。剿,坚决不能让李成得逞。派谁去剿呢?

张俊!

赵构第一个便想到了张俊,命其为江淮招讨使,往讨李成。

张俊知道李成的厉害,不肯奉命。赵构把脸一沉道:"世人都道你是朕的中兴大将,你给朕说一说,你为中兴宋室都出过什么力?"

张俊见赵构发怒,不敢不奉诏命,但他提了一个条件:"臣为使,当以岳飞为副。"

赵构想了一想,同意了。

张俊遂约岳飞会师。岳飞正在讨伐巨盗戚方,不能前来。俊不得不独自率军去讨。行不及三舍,谍人来报,江州为李成所陷。俊率所部,硬着头皮继续前行,但行军的速度像蚂蚁爬的一样。

谍人报:"李成陷筠州(今江苏省高安市)。"

俊大骇,停止前进,一边就地扎营,一边遣使催岳飞来会。

岳飞正好破了戚方。戚方降飞,飞便偕戚方来见张俊。

在岳飞未到之前,李成所部的第一骁将马进,率兵三万,攻击张俊,张俊不得已出兵,屡战屡败。今见岳飞到来,如溺水之人,抓到一根救命稻草,挚其手曰:"吾与马贼前后数战,皆失利,请君为吾伐之。"

岳飞道:"李成贪而不虑后,若以骑兵三千,自上流绝生米渡(今江西省新建县生米镇),再用重兵潜出贼右,攻他无备,定可破贼!"

张俊道:"此计甚好,绝生米渡,遣杨沂中即可。潜敌之右,攻敌不备的人选,汝以为遣何将为宜?"

岳飞自告奋勇道:"飞虽不才,愿担此任。"

三月初九,岳飞率骑兵三千,绕了一个圈子,绕到敌军右方,行近贼营,岳飞当先冲了上去,部下一齐随上。马进忙率众迎击,恰与岳飞相遇,二人战不数合,他自知非岳飞对手,拖刀而逃。岳飞率部追来,但见得人仰马翻,血飞尸积,不到一时,已将各座营盘夷为平地。马进率着残部,奔往筠州,岳飞追至筠州,驻军城东。他料贼不敢出战,想了一个诱敌的法儿,用红罗为帜,中刺岳飞,选精骑二百人,拥帜巡行,诱马进来追,自己却伏在城隅。

马进在城楼瞭望,见骑兵拥着"岳"字旗帜,往来城东,军中又未见岳飞,疑岳飞在扬旗示威,恐吓城中,又气又恨,打开东城门,引兵杀出。

飞骑见马进出城,立刻返奔。马进策马力追,行至城隅,迎面冲出一位白袍小将,高声叫道:"马进,小爷已经等你有时,还不快快下马受死!"

他欺来将年少,冷笑一声道:"乳臭未干,口气倒还不小。来来来,吃爷一刀!"

小将恨他出言不逊,舞着双锥来战马进,招招都是杀手,只五合,杀得马进头上冒汗。少不得问道:"汝何人也?"

小将回曰:"绰号赢官人①的便是在下。"

马进大吃一惊,暗自说道:"原来是岳云,都说这小家伙厉害,果然名不虚传,我不是他的对手。"虚晃一刀,拨马而返。谁知,来路已被岳飞所断,不得不夺路而逃。

众贼见马进逃去,谁还有心恋战?像没头苍蝇一样,到处乱窜,岳飞大呼道:"诸贼

---

① 赢官人:官人,宋代对男人的尊称。赢,常胜不败的意思。

听着,我岳鹏举从不滥杀。佛曰,'放下屠刀,立地成佛。'尔等不愿死的话,请把刀放下,坐地候命,我绝不杀汝。"

众贼纷纷弃械而坐,岳飞按名录簿,共得两万余人,好言慰谕,遣归乡里。

马进逃了十数里,不见岳飞父子来追,心下稍安,放慢了马速。

突然,路旁冲出一彪人马,一位高大魁梧的宋将高声呼道:"马进,御前中军统制杨沂中在此恭候多时,还不下马受降!"

马进冷笑一声道:"这真应了古人一句话——'虎落平川遭犬欺。'杨沂中,我马进倒是愿意投降,可我马进手中这把大刀不答应!"

他纵马向前,二人一来一往,斗了三十回合。杨沂中正有些不支,张俊率大军赶来。杨沂中精神陡长,又与马进大战起来。

马进见势不妙,一边战,一边寻思脱身之计。当杨沂中又一刀向他砍来之时,来了一招举火烧天,架住杨沂中大刀,大声说道:"杨统制,马进愿降。"

杨沂中大喜,收刀说道:"好,很好!识时务者为俊杰,你便是那识时务的俊……"

"杰"字未曾出口,马进兜头一刀,砍向杨沂中,杨沂中躲避不及,右臂被马进砍中,若非身着重铠,那一条胳膊也就完了。

马进砍过杨沂中后,纵马而逃,张俊紧追不舍。

追了约有五里,马进的援兵到了。那领兵的大王就是李成,所引之军,约有十万。

张俊本就怕着李成,所率之兵,又不及李成三分之一,心中害怕,正欲后撤,岳飞率部赶到,大声说道:"鹏举,你来的正好!"

他用马鞭朝李成一指道:"快快代我,杀了此贼!"

岳飞拍马舞枪,奔向李成。

贼目赵万成,不知岳飞的厉害,抢出阵来,要战岳飞,只一合,被岳飞刺于马下。李成见了,拨转马头,向北窜去,贼众亦窜。

岳飞率部急追,追到朱家山,夜幕降临。李成以为岳飞不会再追了,下令就地安营扎寨。

营未及安,岳飞赶到,李成大怒道:"岳鹏举,你欺人太甚,我跟你拼了!"

他挺枪去战岳飞。战不到五合,便出了一身臭汗,眼看要败下阵去,旁边闪出一骑,来助李成。岳飞左挑右拨,三匹马盘旋多时,那来骑手下略松,被飞刺落马下。

李成大骇,纵马而逃,岳家军跟着主帅,追将下去。

那落马之人你道是谁?

马进。

马进坠马后，并没有死。李成这么一逃，岳家军这么一追，万马奔腾，把马进踏成肉泥，魂归西天去了。

张俊见岳飞大胜，忙率大军跟将下来。

杨沂中那伤，本就不重，包扎了一下，也率部跟进。

李成在前边跑，三支宋军在后边追。

追了十余里，岳飞传令三军，停止追击。

张宪、王贵问曰："兵败如山倒，正是乘勇而进，收获战果的时候，您为什么不让追了？"

岳飞笑微微地说道："兵家云，穷寇勿追。但这不是主要的，主要的是，我军自与马进开战以来，将士们已经一天没有进食了，该让大家吃点东西，歇息歇息。此外，咱已杀死马进的贼兵数千人，受降两万余人；杀死李成的贼兵两千余人，受降一万余人，战功已经不小了，咱不能把所有的功立完，让友军空着双手……"

岳飞正说着，张俊、杨沂中驰到。张俊笑语岳飞道："岳先锋天生神力，无往而不胜，但部众未免劳苦，应休息为佳，待我等追杀一阵，如何？"

岳飞道："甚好！"

张俊遂与杨沂中一道，引军追贼，约行十余里，为河所阻，对岸遍立贼营，蚁屯蜂集。

杨沂中语张俊道："贼势尚众，不应力敌，须用智取。今夜由我从上游渡河，绕到贼后，招讨可绝流径渡，腹背夹攻，必胜无疑。"

张俊道："此计甚妙。"遂依计而行。约一时许，料知沂中已到达对岸，便击鼓渡河。

李成听得鼓声，忙传令迎敌，双方正在交锋，不防后面的杨沂中杀到，那贼众多半乌合，统是胜不相让，败不相救，一遇危急时刻，便四面乱窜。

越窜，死的越快。十万多贼兵，被张、杨二军首尾截杀，伤毙了三四万，招降了两三万，逃去了一两万。只剩得三千余人，跟着李成，越江遁去。

张俊越江追击，到了黄梅县，方才追上。

贼中有识得张俊的，惊呼道："张铁山追来了，快逃！"

张铁山者，张俊也。因其面目黧黑，世人称之为张铁山。

这一呼，贼众溃败。李成本想阻止，哪里阻止得了，也跟着狂奔起来，一直奔到汴京，投了刘豫，任开德（原澶州）知府。

在众贼中，李成的势力最大。其次是"没角牛"杨进、"大刀"王善、"张莽荡"张用等。

张用也是相州人,和岳飞不只同乡,还同过事,为杜充所逼,不得不反。他的妻子,乃马皋之妻,曾封护国夫人,马皋死,嫁给了张用。

此女勇猛非凡,武艺超群,披甲上马,千人不敌,人送绰号"一丈青。"

张俊赶走李成后,把矛头对准了活动在汉中一带的张用。

他把岳飞召到大帐,笑容可掬地把一顶高帽子扣到岳飞头上:"吾剿张用,想了又想,非公,无可遣者。"

"高帽子虽是假的,但人人爱戴。"这个人人,也包括岳飞。

岳飞,你应该知道,张用拥兵五万余,而你的兵马才一万两千人。而且,你刚刚剿过李成,你的将士需要休整。

可他居然不假思索地答应了。

岳飞虽然勇猛,勇猛到天下无敌。但他从不鲁莽,《孙子兵法》他烂熟于心——百战百胜,非善之善者也;不战而屈人之兵,善之善者也。

他行至金牛驿,扎下营盘,致书张用道:"吾与汝同里人,吾之行之为,汝素知之。'陈桥驿'之战,汝面击之,汝自忖,若能打得过吾,就放马来战。若不敌,就率部来降,朝廷不会亏待汝!"

张用得书,商之"一丈青",有投降之意。

一丈青曰:"妾也闻岳飞好生了得,但未曾亲见。如果他真是一个顶天立地的英雄,降也无妨,但只怕他是浪得虚名!"

张用道:"以夫人之见,与他战上一战,再作决定?"

一丈青道:"不,双方一旦交手,就得死人伤人,就得结仇。以妾之意,咱可以降,但有一个条件,要岳飞单人来咱营中走一趟。"

张用赞道:"这个主意不错,这样做,不只考了岳飞的胆识,也能试出他对咱们的诚意!妙!实在妙!"当即修书一封,命贼目王全送达岳飞。

岳飞看过张用之书,对王全说:"今天天色已晚,明日午时一刻,让张用在他大帐等我。"此言一出,一片哗然,不只张宪、王贵反对,张俊也不同意。他道:"张用反复无常,去他军帐,如蹈虎狼之窝。去不得,万万去不得!"

岳飞微微一笑道:"当年,关云长单刀去赴鲁肃之宴,传为历史佳话,我岳鹏举尽管不才,也想学一学关云长,做一次英雄!"

张俊道:"你的安危,系之全军。此行,若有不测,一是我不好向朝廷交代。二是张用若乘机杀来,何人抵挡?"

岳飞又是微微一笑道:"招讨放心,张用为人,我了解,没事!"说毕,翻身上马。"得得得"蹄声由近而远,送行的人皆为岳飞捏了一把汗。

三十八　金兀术剃须

金兀术纠兵十余万,浩浩荡荡地向和尚原推进,从宝鸡到神岔,列栅三十余里。

金军躲闪不及,纷纷成了筛子,惊叫声和惨叫声交织一起,充满山谷。

金兀术身重两箭,不得不"剃去须髯",扮作小校,才逃得一命,耷拉着脑袋回了上京。

张用夫妇明知岳飞到了,却端坐帐中。

张用的大帐,设在哪吒庙的正殿,从正殿到大门,当在三百步以上,石铺甬道。甬道两侧,列的是手持利剑的彪形大汉,两两一对。岳飞每前进一步,便有两个大汉扬剑、顿脚、呼"嗨"。

岳飞一脸鄙夷,目不斜视,大踏步地前行,直到进了大殿,张用夫妇方才站了起来。

张用双手抱拳道:"不知将军大驾光临,有失远迎,还请将军原谅。"

岳飞"嘿嘿"一笑道:"汝本一直人,今天也会拐着弯儿说话了。"他朝阶下一指道:"汝若不知道我岳鹏举光临贵营,何以有如此多彪形大汉相候?"

张用满脸通红,无言以对。

一丈青笑盈盈地代张用回道:"谁不知您是一个顶天立地的英雄,您能光临敝帐,是俺夫妇的荣幸。为了迎接您,俺夫妇想了又想,方才想出这个法儿,博您一笑。见谅,见谅!"

一边说一边打躬作揖。

岳飞沉着脸道:"有一笑,就会有二笑。第二招是什么,还请早些儿见告。"

一丈青道:"您既然把这事挑明了,我也不再捂着盖着。人都道您的箭术,天下无双,我想看一看您的箭术。"

岳飞道:"怎么看?"

一丈青道："我把我的佩剑，举到头顶，您连射三箭，若有一箭射不到剑尖，算您输。我若眨巴一下眼睛，算我输。"

岳飞道："我岳鹏举好赖也是一个男子汉，要射，也是你射我。"

一丈青暗自喜道："我要的就是您这句话。"口中却道："恭敬不如从命，您举剑吧。"

岳飞把佩剑举过头顶。

一丈青连射三箭，箭箭射中岳飞剑尖。岳飞呢，愣没有眨巴一下眼睛。

一丈青双膝跪地，仰面说道："岳将军，我一丈青服了你了。我一丈青甘愿接受您的节制，不管是上刀山，还是下火海，若皱一皱眉头，天打五雷击！"

在一丈青跪下的同时，张用也跪了下去。

岳飞忙将张用夫妇一一扶起。

张用这一降，江西诸盗，望风而降，张俊飞表上奏朝廷，有诏晋飞为右军都统制，驻军洪州。

刘光世、韩世忠见张俊剿平了江西巨盗，不甘落后，或剿或抚，把各自辖区的巨盗，一一搞定，东南遂安。

自古以来，凡统治者，奉行的治国方略皆为"安内攘外。"

内已安，下一步就是攘外了。

外敌有二，一是完颜昌，二是金兀术。

完颜昌所荐之人击败所有对手当了皇帝，比完颜昌自己当了皇帝还要高兴。为了防止南宋给刘豫捣蛋，他亲率大军三万，犯宋泰州。

要犯泰州，兴化缩头湖乃必经之地。

说来也巧，这里驻扎了一支水军，这水军头儿，名唤张荣，原是梁山乐渔人，金军第一次南下，聚舟数百，专劫金人。三个月前被朝廷招安，拜官武功大夫，闻完颜昌来到缩头湖，忙率舟师截击。

他见敌舰不多，只用小舟出击。

老天爷也许看不惯金军那种猖狂，两个月了，居然没有一滴雨，湖渐涸，敌舰为泥潭所阻，不能前进。张荣分军为二，一半用舟，一半登陆。宋舟大呼而进，奋击敌舰，敌舰不能行驶，眼见荣兵四面围裹上来，只好从舟中跃出，褰裳登岸，急不暇择，脚忙手乱，不是溺毙水中；就是陷于泥淖，不能自拔，为荣兵所杀。侥幸逃达彼岸，又被荣兵截住，乱杀乱剁。完颜昌见势不妙，指挥健卒，冲开血路，方才走脱。

张荣收军回营，检点俘馘，约五千余人，遂奉表告捷。诏下，擢荣知泰州。

完颜昌败退楚州,立脚未稳,闻刘光世引兵来攻,不敢逗留,退屯宿迁(今江苏省宿迁市),未几,北去。至此,江东已无金人,只有陕西一带,金兀术还在那里上蹿下跳。

金兀术想立杜充为伪帝,未成,揣了一肚子怨气,来到陕西。

这口气得撒。

若是不撒出来,会把他憋死。

找谁撒呢?

当然是吴玠了。

"奶奶的吴玠,居然趁老子不在,阻我入川之雄兵,杀我将士数千,此仇不报,誓不为人!"

哪里跌倒,哪里爬起来。

哪里跌的最狠,就从哪里爬起来。

这话是金兀术的口头禅。他骂过吴玠后,纠雄兵十余万,亲自率领,浩浩荡荡向和尚原挺进,沿途筑起连珠营,垒石为城,从宝鸡到神岔,列栅三十余里。

神岔是进军和尚原的必经之路,也是一个隘口,号称"一线天。"

两座山峰之间的间隙很小,从间隙往外看,只能看到一条直线一样的天空。

这样的隘口,那真叫"一夫当关,万夫莫开!"且是,那守关的将军就是去金营抢粮的杨从义。

金兀术并非不知道"神岔"和杨从义的厉害,但他"明知山有虎,偏向虎山行。"他准备以死三千到一万人的代价,拿下神岔。

当他的部队,开到神岔时,竟看不到一个宋兵。

这是怎么了?

他百思不得其解。

于是,他遣了一支数十人的骑兵队,走进了神岔。

神岔内,依然不见宋兵。出神岔前行十数里,还是不见宋兵。

金兀术皱着眉头儿说道:"这就有些怪了,难道是宋人怂了?"

一说到怂,他立马想到了完颜宗翰击鼓退敌,和他"搜山检海捉赵构"的煌煌伟业。

想着想着,他不由得哈哈大笑,传令三军:"挺进和尚原,有斩得吴玠的,封千户长;有生擒吴玠的,封万户长!斩敌一首,按敌之官阶大小,赏银十至一千两。"

此令一出,人人振奋,个个踊跃,行军的速度也提高了四成。

他们做梦也没想到,在前面迎接他们的,既不是鲜花,也不是成群的俘虏和满山遍

229

野的胜利品,而是吴玠训练了很久的"驻队矢"。

"驻队矢"也叫阵脚兵。这种兵手持弓箭,一旦遇敌就射向对方,既是威胁,也是给两军对阵时的距离定下了基调。

金军之利在于马,宋军之利在于步。

"驻队矢"既是步兵的王牌,也是吴玠的杰作,他们的武器就是弓箭,弓箭中的王牌是神臂弓和弩。

弩,发明于春秋战国时期,原名"大风弩",由绞盘上线,射程较远,但是精确度不佳。经过诸葛亮等人的不断研发,到了宋代,无论是威力和精确程度,都得到了大幅度的提高。是时,弩的种类,靠腰发力的叫腰弩,靠双足发力的叫踏弓弩。此外,还有床弩、三弓床弩等。

三弓床弩是弩中最厉害的一种。弩臂上装有三张弩弓,前端两张,后端一张,前后相对。由于这种弩力道很强,所以又叫"八牛弩",表示用八头壮牛的力量才能拉开它。用人力开弩,一般需二十至一百人,一次可以发箭多枚。箭是特制的,大小和一般士兵使用的长枪差不多,箭头是三棱形,箭末的三片铁翎宛如三把利剑,射程可达三百步,是当时世界上最强大的重型远程武器。

神臂弓,又称神臂弩,它的历史较短,是神宗朝李若水发明的,弓身长三尺三,弦长二尺五,射程可达三百四十多步,成为宋军弩手的制式兵器之一。

"驻队矢"见金军来到,万箭(弩)齐发,"连绵不绝,箭如雨注。"

金军躲闪不及,纷纷成了"筛子",惊恐声、惨叫声交织在一起,充满山谷。

兀术不寒而栗。

但一枪未抵便退兵,岂不要惹人耻笑!

他一咬牙,命令士兵往上冲。

连冲了三次,又被射了回来,满山遍野都是死尸。

眼看夜幕就要降临,金军又饥又累又惧,士气低落到了极点,金兀术不得不下令撤退。

这里不是你金兀术的厨房,你想进就进,想走就走。这里是和尚原,是吴玠的地盘,你金兀术想撤,得付出一定的代价。

他撤,吴玠追,追着屁股打,一直打到神岔。

神岔成了金军的鬼门关。

那个玩失踪的杨从义,用树枝乱石把神岔给堵住了。金军若不弃马而行,回应他们的不只是箭,还有滚木礌石。

退是不可能了。

只有返身再战,也许还有出路。

他这个决策非常"英明"。

第一,宋军虽勇,满打满算不足万人,偌大一个和尚原,他们无法控制。

第二,夜幕下,"驻队矢"的威力难以发挥。

第三,在人数上,金军占绝对优势,就是拿两条命,甚至五条命,换宋军一条命,优势还在金军那里。

返身再战的结果,金军付出了沉重的代价,包括金兀术自己,他身重两箭,不得不"剃其须髯",扮作小校,才逃得一命。

这一战,是金兵入侵中原以来败得最惨的一次。这一战到底死伤了多少金兵,史无记载。但是,却记下了金兀术的亲兵营活着回来的人数——六人。还记下了两个很有来头、却死于是役的人名——完颜宗翰的女婿和完颜宗翰的侄子。金兀术欲哭无泪,耷拉着脑袋回了上京,接受朝廷的惩治。

走前,他把军队托付给了撒离喝。

金廷对他还算仁慈,只是将他由都元帅降为元帅左都监,在家闲居。

和尚原之战的意义远远大于韩世忠的黄天荡之战和岳飞的牛头山之战。黄天荡之战先赢后输,牛头山之战也只是将金兀术击溃。而和尚原之战则是完胜,这不只保住了四川,也保住了江南,给了南宋立国的根本保障。

消息传到越州,全城一片欢腾,赵构传旨天下,对吴玠军给以嘉奖,迁吴玠为镇西军节度使。这一年,吴玠才三十九岁,他是南宋第一个因"军功"而建节的大将。

但是,决定南宋命运的还不是他,是一艘从北方开向南宋方向的船。

这条船从"燕京"出发,抵达地是涟水军(今江苏省涟水县)。

燕京与涟水军,一北一南,这么远的距离,两地还不是一个国家,一个姓金,一个姓宋。且是,中间还隔了一个伪齐,而金齐又是一体。

这条船,居然穿越正在战斗的三个国家,行程两千八百里,满载着日用品和北方的特产,诸如海东青、人参、蜜蜡、北珠、生金、细布、松实、白附子、西瓜等。

且不说这船上还有人。

还是一家人,有老有少,有男有女。

还有男仆女佣。

这条船一靠岸，便走出一位管家模样的人，打听去涟水军署的道路。刚好，涟水军的一个小吏带着几个巡卒来到这里，见他的穿戴非金非宋，便盘问起来。

越盘问，越觉得不可思议。

奸细。

金国派来的奸细。

杀了他！

在一片喊杀声中，从船中走出了一个白白净净的中年汉子，这个汉子腮帮子一动一动的，好像在嚼着什么。

管家忙趋到他的面前，指着小吏说道："他说咱们是奸细。"中年汉子移目小吏道："汝知道秦桧不？"

小吏将头摇了一摇。

中年汉子有些失望，复道："秦桧官居左司谏，反对与金国议和。汴京沦陷后，被金人抓到金国，这样一个人，汝等居然不知道？"

小吏依然摇头。

中年汉子长叹一声道："太让人失望了！"

他扫了一圈围观者道："诸位中有读过书的吗？"

应者六人。

中年汉子指着应者道："你们几位既然读过书，应该知道秦桧的大名呀，他不只官居左司谏，在书法上也颇有造诣，乃中国当代五大书法家[①]之一。中国的五大书法家，诸位难道也没听说？"

一应者道："听说过。"

中年汉子道："都有谁？"

众人纷纷说道："有苏轼"、"有黄庭坚"、"有米芾"、"有蔡襄"，"对了，还有秦桧。"

中年汉子点着自己的鼻尖，笑微微地说道："鄙人就是秦桧。"

众人似信非信。

[①] 五大书法家：据说因秦桧名声太臭，把五大书法家改为四大书法家，且将蔡襄取代了蔡京。

三十九　南自南　北自北

何铸拷问了秦桧一番,决定带他去见赵构。

赵构突然问秦桧:"如欲天下无事,依卿看来,朕应当何为?"

自古至今,不是混蛋到了极点,哪有做儿子的去清算老爹的道理?

秦桧见众人似信非信,正不知如何解释,一个长脸、薄唇、耳朵奇大的汉子,拨开人群,来到秦桧面前,恭恭敬敬地给秦桧行了一个礼说道:"司谏大人受苦了!"

秦桧又惊又喜道:"汝认识吾。"

那人道:"认识。"

秦桧道:"汝高名上姓,又是如何认识吾的?"

那人道:"免贵,小人姓王,贱名玉贵,宣和年间(1119—1125年),在张龙图府上当差,您每隔三五日,总要去他府上一次,故而小人认识您。"

这个王玉贵,本是山东人,是个小商人,开过饭店,卖过酒,还卖过花戏苔①,嘴特别的能说,你不管说啥,他都知道,人送绰号"百事通"。

听了百事通的话,秦桧暗自发笑,这个人真能喷(胡说)。

宣和年间,任龙图阁学士、直学士、大学士的,姓张的只有一个,叫张叔夜,而张叔夜的龙图阁直学士,还是加官,并不在京任职。到京任职,是在靖康元年的十一月。而且,我和他私下并无交往。他即使真的在张叔夜家当过差,也不可能认识我,更不可能每隔三五日,便看见我去张叔夜家一次。胡喷,胡喷!

明知是胡喷,也要当真话对待,就像溺水的人,从上游飘过来一根稻草也要去抓,还

---

① 花戏苔,一种小孩吃的零食,用糖稀把爆米花粘成小圆球状,串成串,可以一串一串地卖,也可以一个一个地卖。

得赶快去抓。

他歪着头,笑微微地向王玉贵问道:"汝说的张龙图可是张叔夜大人?"

王玉贵使劲点了点头。

秦桧叹息一声道:"张大人死得好壮烈呀!"遂把张叔夜的死绘声绘色讲了一遍。

他这一讲,又有王玉贵作证,众人不再怀疑他是奸细,簇拥着来到涟水军。

涟水军副都总管何铸,乃秦桧的同榜进士。早年,他有些瞧不起秦桧,常以"秦长脚"呼之而不名。

"秦长脚"者,秦桧之绰号也。

秦桧本就脚长,在太学读书的时候,善于干一些跑腿的小事,同学们戏称其为"秦长脚"。

靖康元年(1126年)十一月,金军包围汴京,要求割让宋之三镇——太原、中山、河涧与金。宋廷分为两派,一派主张割让,称之为主和派;一派反对割让,称之为主战派。秦桧不但坚定地站在主战派一边,而且,还成了主战派的核心成员,名声大噪,何铸这才不再蔑视秦桧,每次相见,不喊同年①不说话。

何铸听说同年到了,忙出署相迎,且设宴相款。但是,他脑袋里总是有一个阴影挥之不去。酒至半酣,何铸试探着问道:"同年,金邦五国城(今之黑龙江省依兰县)距涟水四千余里,您是如何逃回来的?"

秦桧停樽回道:"我不是从五国城逃回来的。"

何铸道:"那您从什么地方?"

"从燕京。"

何铸又问:"咱这里都说,二帝被关在了五国城,您没和他们在一起?"

秦桧道:"到上京时,羁押在一起,三年后,金人将二帝北迁到五国城。愚弟的字,你也知道,写得尚可。娄室听说了,先是让愚弟到他府上抄抄写写,后又叫愚弟教授他的子弟。故而,二帝北迁时,他硬是把愚弟留了下来。后来娄室死了。再后来,刘豫当了伪齐帝,完颜宗翰把愚弟派到了燕京,作伪齐的'参军事',实是让愚弟监视刘豫。愚弟哪里监视得了刘豫,反被刘豫监视起来。唉,这个差事,是'老鼠钻到风箱里——两头受气。'愚弟实在受不了,又思国心切,便设计杀死了监视愚弟的人,弄了一条不大不小的船,带着全家逃了回来。"

---

① 同年:科举时代称同榜或同一年考中者。

何铸叹道："您的经历,可以写一本书。大难不死,必有后福。来来来,愚弟敬您三樽。"

三樽酒敬过,又对饮了三樽,何铸笑眯眯地说道："酒虽然是个好东西,但好物也不可多用。明天您还要去越州,这酒隔天再饮吧。"

秦桧频频颔首。

何铸又道："我这就让人带您去驿馆。明早,戌时一刻,我去驿馆陪您用餐,用过餐咱就上路。"

秦桧又惊又喜道："您要亲自陪我去越州?"

何铸点了点头。

秦桧一脸感激道："还是同年亲!"

赵构听说秦桧逃归,很是高兴,原定第二天就要召见,因一些大臣的反对而作罢。反对的理由很充足——这么远的距离,且不说中间还隔了个伪齐,他带着家眷和一船财富,安然归来,其中恐有猫腻,在没有搞清有没有猫腻之前,就无法确定秦桧身份。连秦桧是红是黑都不知道,皇帝贸然召见,极为不妥!关键时刻,首相范宗尹站了出来,说秦桧不是奸细。

范宗尹,字贵民,襄阳人,宣和三年(1121年)进士,出仕不到五年,蹿到双料言官的首脑——侍御史兼谏议大夫。

他很会察言观色,见主和派势大,便站在主和派一边,坚决支持割让北方三镇于金,与秦桧大唱反调。张邦昌称帝,他是张邦昌的红人,张邦昌还政于赵构之前,他受命去南京(今河南省商丘市)和赵构接洽,给赵构留下了很好的印象。赵构称帝后,他跟着赵构也来了一个南渡。吕颐浩和朱胜非落马时,张浚正在大西北和金军厮杀,"山中无树,茅草为王",他荣登首相宝座。

为了让反对者禁口,范宗尹义愤填膺地说道："诸位都知道,靖康之变时,对金是战是和,分成截然不同的两派,我主和,秦桧主战,俺二人水火不容,我不可能为他秦桧张目!再之,一个坚决反对割让太原等三镇于金,且三次上书朝廷,坚决不当割地使的人;一个面对横眉立目的金人,坚决反对'立异姓为帝',且'乞立赵氏为帝'的人,岂会做金人奸细!不会。一千个一万个不会。但是,这样的人居然遭到一些国人的怀疑,称之为奸细,太让人气愤和不解!"

说到末一句,眼睛里好像要冒火。

他这一番话，怀疑秦桧是奸细的人全都闭了嘴，至少在公开场合不会再说了。

秦桧既然不是奸细，那他就是苏武①一类的英雄。对于英雄，岂能慢待！

赵构在后殿召见了秦桧，两人一见如故，从中午聊到下午，聊到掌灯，午膳和晚膳，都是在宫中吃的。

通过这次聊，赵构知道了父亲、母亲、哥哥、弟弟，以及北掳的那些皇室成员的情况。

为什么是一些，而不是全部？因为有些事，秦桧不便说，也不能说。譬如，徽宗的嫔妃曹才人离队小便，被金军的一个百夫长奸污；金军的一个千夫长当着徽宗的面，将十九岁的李昭仪拽到一个破屋里。又如，徽钦二帝到达上京的第六天黎明，北掳宋人，不论男女老少，一律押到金太祖庙行献俘礼。献俘礼后，女的或分到浣衣院为娼为妓，或分给达官贵人为奴为妾。再譬如，赵构的亲娘——韦贤妃，先是做娼，后又给盖天大王②做妾，还为盖天大王生了两个孩子。

譬如。

譬如太多了，这能说吗？

聊过了赵构的亲属，又聊金国的风俗、物产，以及金军的军事和官场斗争。

赵构想听什么，秦桧便说什么，而且，还说的有板有眼，头头是道。

聊着聊着，赵构突然问道："如欲天下无事，依卿看来，朕应当何为？"

秦桧微微一笑道："陛下的意思，莫不是要做一个太平天子？"

赵构将头轻轻点了一点。

秦桧道："如欲天下无事，须是南自南，北自北。"

赵构道："你的意思，咱重开南北议和之路？"

秦桧将头点了点。

赵构轻叹一声道："朕倒是想和，金国不同意，奈何？"

秦桧故作高深莫测道："这事得慢慢来。"

"慢慢来"三字，吊起了赵构胃口，口谕一旨，封秦桧为礼部尚书。

秦桧回到家中，已是三更三点，长舌妇正等得有些心焦，见秦桧一脸的灿烂，忙问："之哥，谈的不错吧？"

---

① 苏武（前141—前60年），杜陵（今陕西省西安市）人。汉武帝时为郎，出使匈奴被扣留。匈奴又是威胁又是利诱，欲使其投降。他不降，押送北海牧羊十九年。汉与匈奴和好后回国，汉宣帝将他列为大汉功臣，图像麒麟阁（共十一位）。

② 盖天大王：即完颜宗贤，为人果敢刚勇，精于骑射。少时从军，在灭辽伐宋的战争中屡立战功。累官迁左丞相，封幽国公，为完颜亮所杀。

"好极了!"

长舌妇又问:"他打算怎么用您?"

"封我为礼部尚书。"

长舌妇惊呼一声道:"太好了!你北掳之前,只是一个四品言官,如今成为正二品的六部(吏、兵、刑、工、礼、户)大员。太好了!哎,咱吃水可别忘了挖井人,若非范相竭力为您说话,哪有您的礼部尚书!"

秦桧道:"你放心,我不会忘记范相的。"

长舌妇问:"在汴京时,范相和您并无交往,为啥对您这么好?"

秦桧微微一笑道:"哥对他有恩。"

"什么恩?"长舌妇问。

秦桧道:"咱大宋不是盛行榜下捉婿①吗?宣和年间,哥在太学教书,想弄几个钱补贴家用,也加入了榜下捉婿的行列。宣和三年,范宗尹来汴京参加礼部试,我见这人才华横溢,便从中搭桥,将他捉到梁师成家,做了梁师成的侄婿。哎,梁师成你知道不?"

长舌妇道:"他是北宋六贼之一,小妹岂能不知?"

秦桧道:"他不只是六贼之一,还是六贼的核心,号为'隐相',连六贼之首的蔡京,也要向他献媚,待之如父,称其为恩府先生。"

长舌妇"啊"了一声道:"怪不得范宗尹爬得那么快!"

范宗尹不只爬的快,又有"主和"和依附张邦昌的劣迹,但他的本质不坏,而且有志,有大志。为了中兴宋室,他做了四件大事。在做这四件大事之前,他力荐秦桧做他的助手——参知政事。

第一件,改元。改"建炎五年"为"绍兴元年",改行在"越州"为"绍兴府"。

"兴"者,中兴也;"绍"者,有继往开来之意。

第二件,收军权。废御营司(行营司),恢复枢密院,由首相兼掌枢密院。枢密院置于北宋初年,掌军。枢密院的设立,就是想通过军政分治,来削弱相权。这倒好,首相又成了一人之下,万人之上的百官之长。

第三件,增置镇抚司。镇抚司均置于与金和伪齐接壤的地区,最高长官为镇抚使。

---

① 榜下捉婿:宋代的一种婚姻文化,即在殿试发榜之日,各地高官达人和富绅们全家出动,争相挑选登第之士做女婿,坊间称其为"榜下捉婿"。因系榜下捉来的,内中有不少已经是有妇之夫,竹篮打水一场空。为了有的放矢,在举子未曾参加礼部试之前,就有人出面接洽,如系未婚,便提供各种方便,甚而包吃包住,这人一旦中榜,便捉去给达官贵人和富绅们做婿。当然,从事这种活动的人,会得到丰厚的报酬,后来竟形成了一个产业。

在所辖区域内,除茶、盐由朝廷专卖外,无所不统。它的设立,是鼓励那些义军、巨盗、地方势力,与金国和伪齐相斗。这在当时情况下,不失为英明之举。

第四件,清算。他以为,北宋之亡,不只亡于金国。朝廷的公开腐败,也是一个重要原因。腐败有多种,滥赏就是其中之一。滥赏的范围很广泛,不只滥赏物,滥赏钱,还滥赏官。要解决腐败,必须对滥赏来一个彻底清算,把所有的滥赏一个个追回来。

还没等他付诸行动,官场便炸了锅。有几个官员没有受过滥赏的恩惠?

包括你范宗尹,出仕不到五年,便蹿到了双料言官的首脑,这是不折不扣的滥赏。

不但官场炸了,赵构也不高兴。要清算滥赏,滥赏的罪魁祸首是谁?是他老爹——宋徽宗!

自古至今,不是混蛋到了极点,哪有作儿子的去"清算"自己老爹?

赵构一不高兴,范宗尹的好日子便到头了。初贬温州,再贬临海(今浙江省临海市),郁闷而死。

范宗尹遭贬,秦桧居然毫发无损。

他之所以毫发无损,因为他太精明了。

他原本是跟着范宗尹走的,范宗尹说黑狗是白的,他也跟着说白。

跟了一段后,发现风头不对,忙躲到一边。再之后,他顺从"民意",反戈一击,站在了反范斗争的最前沿。

范宗尹走了,吕颐浩回来了。

秦桧虽然比吕颐浩小了将近二十岁,但他红得早。钦宗朝时,他的官也比吕颐浩大。而且,他是当朝唯一副相。首相走了,应该让他来接。

他虽然没当上宰相,但从无一句怨言,而且,还表现出很高兴的样子,对新首相非常尊重,一切唯其马首是瞻。

尤为难能可贵的是,人前人后,他不停的念叨吕颐浩的丰功伟绩,说他自幼生长在西北边疆,娴熟军旅,智谋超群,无论是面对张牙舞爪的内贼,还是高鼻梁、髭发的外贼,都能处变不惊,巧与周旋。军队若能由他亲自指挥,定能建不世之功,周瑜、谢安不足道也。

四十　撒离喝犯宋

秦桧放出话来，他有二策，能"耸动天下"。

关键时刻，利夔路制置使居然下令"闭籴"，断了吴玠粮源。

王彦发觉上当后，率轻骑立马返回金州，与撒离喝三战三败。

这话一传两传，传到了吕颐浩耳朵里，他很是受用。

他是一个外向人，喜欢热闹，不想一天到晚坐在政事堂，处理那些没完没了的事务。若能让他指挥千军万马，驰骋疆场，那会把他喜坏。

秦桧就像他肚中的蛔虫，不失时机地向赵构进言："遍观满朝文武，真正懂军的是吕相，最好让他主外，臣主内，内外一体，中兴大业，指日可待！"

这明明是一篇鬼话，也明明是想把吕颐浩赶出朝堂，由他秦桧独相。

说完这番话，秦桧心中像"十五个吊桶打水——七上八下。"

我如此露骨地向皇上要权，皇上会怎么想？

赵构居然采纳了他的进言，诏下，命吕颐浩治军，秦桧处理庶务，如文种、范蠡故事。

秦桧的目的达到了，当然高兴。

吕颐浩也高兴，他终于不用每一天闷在政事堂了。

诏下的第二天，他便扬鞭策马，奔赴抗金前线。

他还没有到达目的地，秦桧便效法蔡京的"讲义司"，成立了一个"修政局"，自己提举局事。下设参详官、侍从官、参议官、检讨官等。以讨论省费、裕国、强兵为名，行政事堂之实，事无大小，皆由"修政局"议处。

这一议处，把政事堂给架空了。架空了政事堂，也就是架空了宰相。

他这一招来得有些陡。

你秦桧当副宰相才几个月，蔡京当了多久呀？

他当了十几年,还当的是首相!

他和皇帝是啥关系,你秦桧和皇帝是啥关系?

蔡京和皇帝是莫逆之交,是亲家,连他的儿子都敢和皇帝开玩笑!

你秦桧呢?

和皇帝没有一点交情。

不只没有交情,还对你的来历,划过问号。他之所以用你,是因为认同你那"如欲天下无事,须是南自南,北自北"的主张,是为了和金国早日议和,从而做他的太平天子。

你凭什么要学蔡京?

你学得了吗?

这一学,黄鼠狼没逮住,反惹了一身骚。

吕颐浩正在兴州张浚的大帐里高谈阔论,听说后院失火,急匆匆赶回绍兴,与赵构长谈了两个时辰。

诏下:一、罢修政局;二、召江州居住的朱胜非回朝,拜尚书右仆射、同中书门下平章事,位列秦桧之前。

秦桧很不爽,一边上书求辞,一边又放出风来,他有二策,能"耸动天下"。

因为他有"耸动天下"的"二策",赵构不仅不同意他辞官,还在御书房召见了他,讯其"二策"。

"二策"之第一策——允许南北两国互通书信。

"二策"之第二策——南北双方,保持现在的边界,互不侵犯。

赵构哂笑道:"卿之'二策',乃是重弹'南人归南,北人归北'的老调。"

他轻叹一声道:"这个调不好弹呀!哎,卿不是分别给完颜宗翰和完颜昌去了书吗,有无消息?"

秦桧道:"没有。"

"问题出在哪里?"

秦桧道:"完颜宗翰和金兀术皆反对议和。"

"为什么?"

秦桧道:"和尚原之战,完颜宗翰失去了两个亲人,他要为亲人报仇。"

"照卿这么说,卿之'二策',岂不要胎死腹中吗?"

秦桧"嘿嘿"一笑道:"还不能这么说,有道是好事多磨。说完颜宗翰和金兀术反对议和,也只是传说而已。以臣度之,是金人没收到书。若是收到了,同意或不同意,应该有个态度。这样行不行? 咱再遣一个使者,直接面见金主,得个实信。"

赵构问道:"卿看遣何人合适?"

"遣资政殿大学士宇文虚中如何?"

赵构道:"好。"

宇文虚中奉命使金,赵构像盼星星盼月亮般盼他归来,半年了,一点消息也没有。

秦桧进言道:"自绍兴至金之上京,两千余里,又途经伪齐。毛贼、巨盗,随处可见。宇文虚中,乃一文人,会不会途中出事?"

赵构说道:"很有可能。"

秦桧道:"臣想再荐一人,出使上京,这个人一定不会负陛下之望。"

赵构道:"卿所荐者何?"

修职郎王伦。

赵构击掌说道:"这个人行。"

一个小小的修职郎,竟得到皇帝的首肯,必有他的过人之处。

他确有过人之处。

至于如何过人,请看《宋史·列传》。传曰:

> 王伦,字正道,莘县(今山东省莘县)人,文正公旦(王旦)弟勖玄孙也。家贫无行,往来两京(汴京和洛阳)间,数犯法,幸免。汴京失守,钦宗御宣德门,都人呼喧不已,伦径造御前曰:"臣能弹压之。"
>
> 钦宗解所佩宝剑以赐,论曰:"臣未有官,岂能弹压?"
>
> 钦宗取片纸书曰:"王伦可除①兵部侍郎。"伦下楼,挟恶少数人,传旨抚定,都人乃息。
>
> 宰相何㮚,以伦小人无功,除命太峻(快),贬修职郎,斥而不用。
>
> ……

王伦这一去,又是半年,没有一点消息。

赵构失望了。

---

① 除:在中国古代,把离开旧职担任新职称为"除",后授官也称为"除"。

失望了的赵构，在群臣一片反桧声中，罢了秦桧的官，而且，还"终身不复用"。

当秦桧灰溜溜地离开朝廷之时，吴玠又大展身手，先是进军金军占据的水洛城（一座边境要塞），一举而克。继之又进军金军所据之临州（今甘肃省临潭县），又一举而克。

熙河帅关师古，奉吴玠之命，收复了秦州和泯州（治今甘肃省岷县）。乍一看，形势一片大好。

孰不知，大好的背后，暗流涌动。

吴玠缺粮了。

是时，四川划为四路——利州路、成都府路、潼川府路和夔州路。

四川，虽然被称为天府之国，但是，并不等于每个州每个县都富得流油。譬如，利州路和夔州路就不行，到处是崇山峻岭。土地本来就少，又特别贫瘠。而川陕宣抚司的军队，大都屯驻在利州路。军粮来源有二，一是成都府路，一是潼川府路，这两路都在利州路的千里之外。

远还在其次，利（州）、夔（州）路制置使居然下令"闭籴"。

这一"闭籴"，粮食就不能出境。

你道利夔路的制置使是谁？

王庶。就是那个差点儿被曲端杀了头的王庶。

张浚出任川陕宣抚使后，力荐王庶做他的宣抚司参赞军事，兼利夔路制置使和兴元府知府，赵构欣然同意。王庶受命后，带着两千多名士兵和一百匹战马到兴元上任。

他之所以要闭籴，源于曲端。他总觉着吴玠是曲端的人，孰不知，吴玠早就和曲端闹翻了。

他为了报曲端一箭之仇，把吴玠给捎上了。

吴玠购不来粮，便把王庶告上了。张浚下令严查严惩，这一查查到了王庶头上。因王庶是张浚要来的，不忍心严惩，便好言相劝。王庶不但不听，反向张浚叫穷。张浚一怒之下，将他调离兴元，知嘉州（今四川省乐山地区）去了，遗职由刘子羽接任。

刘子羽走马上任，把粮食源源不断送到吴玠的驻地河池（今甘肃省徽县）。

是时，缺粮的不只吴玠，还有王彦。

王彦驻军金州（治今陕西省安康市），他的粮源也来之于兴元。

城门失火——殃及池鱼。

王彦得以复出，也是张浚的功劳。张浚入陕时，不只带来了王庶，还带来了闲赋在家的王彦——官拜前军统制。

王彦上任后，自请为先锋，"沿路平贼，所过肃清。"富平之战前，因王彦反对在富平与敌决战，触了张浚虎须，将他调离抗金前线，改任利州路兵马钤辖兼提举。

建炎四年，又改为金、均、房州安抚使，知金州。

金州，是中原入蜀的西大门，不仅金军窥伺，巨盗也窥伺。

有一巨盗，本是王彦"八字军"的一员，姓桑名仲，脱离王彦后，占山为王，几年的搏杀，他的队伍发展到三十万。这数字虽然有些夸张，十几万还是有的。

他攻陷了淮安、襄阳后，进军西向，又陷均州、房州。下一个目标，就是四川了。

入川，金州是必经之地。

他还不算太坏，致书王彦，说是"借道"。

这道，敢借吗？

王彦帐下诸将，皆以为可以借道，不然，金州难保。

王彦坚决不同意，遣统领官门立为先锋，前去拒敌。白土关（今陕西省平利县城）之战，王彦大胜，斩敌数万。

此后，巨盗王辟、董贯、董贵、祁守忠，以及哗变为盗的权西南路副总管李忠等，引兵窥蜀，亦为王彦所败。张浚大喜，亲到金州犒军，且作诗曰："原头雹散千钧弩，汉上风驰八字军。"并命王彦节制商、虢、陕、华四州。

王彦升官后，意气风发，进军商、虢，直抵卢氏，与伪齐大战了三次，收复商州。

正当他雄心勃勃，进伐伪齐的时候，王庶"闭籴"。大愤，在张浚面前告了一状，王庶之所以调离兴元，并非吴玠一人之故。

粮食问题解决了，来自金国的风暴悄然而至。

绍兴三年（1133年）春，有消息说，金军将要大举犯川，由川顺江而下，一举灭宋。

入蜀之道有六条，一、陈仓，二、褒斜，三、党骆，四、子午，五、库谷，六、武关。

张浚分析来分析去，把重点兵力摆在了陈仓一线。

吴玠，你去守。

吴玠欣然领命。

次点呢？

张浚认为应该是库谷道和武关道。特别是武关道，道路平坦，利于骑战。

王彦，你去给我盯着。

王彦勉强受命，他觉着，金人最不可能走的就是武关道，若从武关道入蜀，得兜一个很大很大的圈子。

还有三道，让谁守呢？

刘子羽。

金军可不管你宋军怎么想，按照既定方针出兵了。

屯驻熙河路的金军倾巢出动，沿祁山道直扑大散关。

王彦长出了一口气，看来金人是要走陈仓道了。

张浚道："不一定。"

三天后，屯驻秦州的金军与伪齐联军，又一个倾巢出动，沿祁山道直扑仙人关。

王彦哈哈大笑道："看来，我的预料是对的，敌人就是要走陈仓道！"

他错了，金军无论是进军大散关，还是进军仙人关，都是虚张声势，给人营造一种由陈仓入蜀的假象。一支号称十万的金齐联军，在撒离喝率领下，顶风冒雪由京兆府（辖长安等十三县）扑向子午道。

子午道虽是刘子羽的防地，但距离刘子羽的大本营兴元要远于金州。如果让刘子羽从兴元府出兵截击，肯定来不及了。根据张浚事先的安排——不管金军攻打哪一个防区，其他防区必须出兵相救。

这一救，他的部队全部开向了子午道的姜子关，静候金齐联军。

撒离喝进入子午道，走了数十里，立马调整了方向，悄悄地转向武关道。

王彦发觉上当后，率轻骑立马返回金州，与撒离喝三战三败。

他自知金州城难保，尽烧城中之粮，并将城中军民全部撤出，撒离喝得到的是一座空城，气得哇哇大叫。

金人乃游牧民族，靠打谷草①起家，素来是以战养战。王彦这一把火，烧得撒离喝无粮可筹。

粮。

要命的粮呀！

没有了粮，撒离喝不敢再由武关道入蜀。

他再次调整方向，直奔兴元府，想从兴元府搜刮一些粮食，补足给养，尔后入蜀。

这一次，宋人的谍报非常及时，张浚第一反应——王彦，你去松林关（即黑松林关，

---

① 打谷草：契丹（金）军以牧马为名，四出劫掠，充为军饷，俗称打谷草。

在今四川省松潘县东北五十里),给我守着,待金军渡汉水时,"半渡而击",延缓一下他的进军步伐。然后,向饶风关集结。

张浚第二反应——刘子羽,带上你所有的部队,进驻饶风关。

在张浚没有作出反应之前,王彦已经料定撤离喝攻陷金州后,必定要去兴元府抢粮,而松林关是他的必经之路,集结所有能集结的人马,悄悄地进驻松林关。但是,他的人马还不到三千人,以三千人去挡十万人,是挡不住的。

不,撤离喝此时所率的军队,已经不是十万了,是三十万。就是没有三十万,也有二十万。

咄咄怪事,一般来说,人马会越打越少,撤离喝的人马怎么越打越多了呢?

经过金州之战,撤离喝的军事目标已经明朗化了,两支伪装攻打仙人关和子午道的军队,除了留少数士兵继续伪装外,大部队悄悄地回归撤离喝指挥。

王彦这一次等对了,当撤离喝纵马渡江时,他率兵杀出,打了撤离喝一个措手不及,金军大溃,被生擒者数百人。

撤离喝大怒,我三十万大军,竟败在三千宋人手里,这真是奇耻大辱!

再渡。

分三十路再渡,齐头并进,看你王彦还能阻止得了!

四十一　饶风关之战

　　迎接金军的,不只是弓箭和礌石,还有人。宋军居高临下,冲了下来。
　　天渐渐黑了,撒离喝暗传军令,整装待撤,一个汉人出现了。
　　曲端自知必死,连呼数声:"铁象可惜!"

王彦见撒离喝分兵三十路渡河,凭着自己这不足三千人马,无论如何也是拦不住的。
他一边打一边撤,撤往石泉(今陕西省石泉县),找刘子羽去了。
刘子羽的人马,加上王彦的人马不到两万人。不到两万人对三十万,显然不敌,刘子羽忙遣人召吴玠来援。
吴玠点起精骑数千,自河池出发,一日夜趋三百里,至饶风关,用竹筐盛了几百枚黄柑,遣使前去"犒赏"撒离喝。
说是"犒赏",实是下战书。书曰:"大军远来,聊奉止渴。何日决战?恭候君决!"
撒离喝大惊,以杖击地道:"尔来何速,真令人不解呢!"
在所有宋将中,撒离喝最怕的就是吴玠。彭原店之战,他被吴玠打得满地找牙,以致放声痛哭。
怕也不行。
他所率将士,是宋的十倍,若因为吴玠的出现而退缩,以后这兵还咋带?
打。
什么时候打,却是一个学问。
他一边安排人热情款待前来"犒赏"的宋使,一边督军仰攻饶风关。
他这一手,吴玠早就料到了。
因为料到了,便做好了充分准备。当金军攻关的时候,"驻矢队"弓弩齐发,兼用飞石。

四十一　饶风关之战

金军每攻一次，失败一次。

每失败一次，便留下一片死尸。

战斗进行到第四天，金国的"铁浮屠"出现了。

"铁浮屠"本是骑兵，因为饶风关一带是山地，不得不以步兵代骑兵。每人身披两重铠甲，三人一伍。

这三人，一人在前，两人在后，前者持盾，后两人持长矛，呐喊着朝山上冲去。

吴玠仍以"驻矢队"应战——弓弩齐发，大石推压。

但"铁浮屠"作战，与一般金军不同，"铁浮屠"士兵的身后，都拖着拒马木桩，有进无退。每日数十战，其惨烈程度，较之赵构南渡"十三战"①，无一可及！

战到第七天，金军和往常一样，弯着腰往上冲。

但迎接他们的，不只是弓箭和礌石，还有人。宋军居高临下，呐喊着冲了下来，饶风关前躺满了金军的尸体。

这一次撤离喝居然没哭。

他不是不想哭，是强忍着没敢哭。

和尚原那一哭，使他臭名远扬，头上的官帽也差一点被金主捋了。

这一次不能哭。

坚决不能哭！

但他的脸上写满了沮丧和恐惧。

这仗不能再打了。

得撤。

但白天不能撤。

他怕宋人来个乘势追击。

夜里吧。

夜里撤安全。

在未撤之前，他又例行公事般向关上攻了三次。

天渐渐黑了下来，他暗传将令，整装待撤。

---

① 南渡十三战：也叫"南宋中兴十三处战功"，即明州、大仪镇、仙人关、和尚原、顺昌、胶西、皂角林、胥蒲桥、采石矶、蔡州、茨湖、确山、海州等十三战，也叫十三役。这"十三战"虽为南宋朝廷认定，但并不令人信服。这"十三战"多为小胜，有些还是败仗。而真正的几次大仗，未被列入，譬如岳家军的郾城之战、颍昌之战等。

一个汉人出现了。

这个汉人,是从饶风关上溜下来的。他对撒离喝说:"我有一个办法,可以拿下饶风关。"

撒离喝哂笑道:"我三十万人马,攻饶风关七天,尚且攻不下来,你一个办法,就可以让我拿下饶风关?这牛吹得有些大了吧!"

汉人道:"我不是吹牛,就是吹牛,也不敢跑到您跟前吹。您如果信的话,我就说;不信,我这就走人!"

俗话说:"有病乱投医。"何况,这医生还是自己送上门的。

"说吧,如果你真有办法让我拿下饶风关,我荐你做我的千夫长。"

汉人摇了摇头说道:"我不是为做官而来。"

撒离喝道:"那你是为钱?如果是为钱,我若拿下饶风关,赏你黄金千两。"

汉人道:"我也不是为钱,但您硬要赏我,我也不嫌钱扎手。"

"那你为了什么?"

汉人道:"借您之手,杀了吴玠!"

撒离喝道:"你和吴玠有仇?"

汉人点了点头。

撒离喝道:"什么仇?"

汉人道:"吴玠,您大概也听说过,好色,非常的好色,就是行军打仗,也要带十几个官妓。这些官妓,陪他吃,陪他睡,陪他歌舞,将士们若是多看上一眼,他就破口大骂。昨天晚上我喝多了酒,捏了一把一个官妓的脸蛋,被他知道了,若非弟兄们跪下为我讲情,我这脑袋早就搬家了!"

他说的是瞎话,他是在修筑工事时,偷偷溜出去喝酒,被吴玠打了三十板子,怀恨在心。

撒离喝见他说得有鼻子有眼,"噢"了一声道:"你们中原人有一个成语,叫什么来着……叫'只许州官放火——不许百姓点灯'。吴玠就是那个州官。说,你有什么办法,让我拿下饶风关?"

汉人道:"您也知道,和尚原与饶风关不同,和尚原是大散关的制高点,可饶风关是建在半山腰,有一条非常隐蔽的小道,可以绕到饶风关的背后……"

这真是喜从天降,还没等汉人把话说完,撒离喝连声说道:"好,好!我知道该怎么办了。"

他拍了拍汉人的肩膀道："你就是黄天荡那个渔夫,我不会亏待你的!你能不能给我带个路?"

汉人道:"能"。

撤离喝命乌勒折合监视关上宋军,自率三万人,在汉人的带领下,绕到饶风关背后,杀宋军一个措手不及。

宋军大溃。

吴玠退保仙人关(古代关隘名,在今甘肃省徽县东南)。走前,他邀刘子羽同去。刘子羽不但不去,反邀他同守定军山(位于今陕西省勉县城南五公里)。

吴玠以为定军山难守,与刘子羽分道扬镳,径奔仙人关。

此时的刘子羽,只有残兵三百人,金军又在背后追着打。他原计划直接退守定军山。走了数十里,又折回兴元府,把积贮的粮草,一把火烧了,这才率领残部撤向定军山。

行至三泉(今山西省新绛县三泉镇),谍人来报,一支金军,正在向定军山挺进。

看来,定军山是不可守了。

既然不可守,那就留下吧。

他带的粮食很有限,没几天便吃完了,他一边取"草芽、木甲(树皮)充饥";一边致书吴玠,"誓与三泉共存亡!"

致书的目的很明显,想要吴玠帮他。

吴玠不傻,能不知道刘子羽的用意?但他的士兵不到一万人,若分兵去援刘子羽,撤离喝打来怎么办?

仙人关既是汉水进入汉中的要地,又是由陕入川的咽喉,撤离喝不可能不来。

吴玠故意装迷,既不回书,也不发兵去援。他的爱将杨政看不下去了,大呼道:"刘待制待我等有恩,节使(节度使的简称)不可负刘待制。否则,政等亦会舍节度自去逃生了!"

吴玠一脸歉意道:"对不起,是我一时糊涂,我这就去援助刘待制。"

他自率一军,携粮二百石,抄小道去会刘子羽。

刘子羽要他留下共守三泉,吴玠道:"仙人关是西蜀门户,不能轻弃。"乃留兵千人,助刘子羽守三泉,自己则回了仙人关。

刘子羽送走吴玠,巡察三泉的地形,见附近有一山,名唤谭毒,峭壁陡绝,其上宽平有水,乃督兵筑垒。垒方筑就,金兵大至,相距不过数里。

子羽命人在垒口放了一张胡床,端坐其上。

将士见之，无不为刘子羽的安全担心，纷纷劝道："这里危险，非待制坐处，请待制速速回营。"

子羽道："死生有命，子羽命中该死，就死在这里，汝等不必为我担心。"

话音未绝，金兵蚁涌而来，仰见子羽戎服雍容，安然坐着，心中生疑，止步不前。

撒离喝闻报，亲往视之，也疑刘子羽使的是诱敌之计，不敢近前。况又山势陡绝，易守难攻，即使用箭上射，未必能及，长叹一声，下令退兵。

刘子羽见金兵退去，方起身回营。诸将均服他胆识，益加敬佩。

撒离喝后退十里扎下营寨，召诸将商议对策。有人建议对子羽进行招降，撒离喝点头同意，遂遣十人往招子羽。子羽将九人斩首，独放一人归去，且谕道："归语尔帅，想打，尽管放马过来，我刘子羽奉陪到底；想招降，他撒离喝找错了人！"

金使还报撒离喝，气得他嗷嗷乱叫，也不敢去招惹刘子羽，撒兵凤翔。

金兵历来是以战养战，王彦、刘子羽一人一把火，把粮食给烧了，金兵没了粮食，只能杀马而食。子羽复约吴玠，百人一队，分头夜袭金营，弄得金军连觉都睡不安生。

马越杀越少，撒离喝便杀人以充马肉。

初时，只杀百姓，杀着杀着，连签军也杀。导致"腥膻汹汹"。到了四月，瘟疫流行，死者枕藉。

撒离喝不得不下令北撤，退出了汉中。

刘子羽、吴玠，见金兵想溜，出兵掩击。金兵统有归志，一击就垮，"堕溪堕涧者数以千计"，所有辎重，尽行弃去，为宋军所得。王彦乘势，收复金、均、房三州。

饶风关之战，金军看似胜了，实是败了。

表面上看，金军转战千里，在汉中盆地纵横驰骋，打得宋军丢城弃地，到处乱窜。但是，金军的结局很惨，退出汉中时，清点伤亡人数，达十五万人之多。

南宋朝廷看不到这一面，他们看到的是宋军的惨败。故而，当宋军丢了饶风关后，一些朝廷大员纷纷上书弹劾张浚。

这些大员包括右相兼知枢密院事的朱胜非："陛下，张浚言大而夸，朝廷派他出任川陕宣抚处置使时，他大言不惭地说，'中兴要计，当自关陕为始'，'臣愿为陛下前驱，肃清关陕，陛下可与吕颐浩同来关陕过元宵节。'可他到陕西三年了，不但没有肃清金狗，连大半个陕西也丢了，这样的人，哪有能力独当一面。"

朱胜非的话尚在赵构耳边回荡，御史中丞辛炳又参一本，为曲端鸣冤叫屈，且把陕西诸地失守的责任也算到冤杀曲端的头上。

曲端该不该杀，说法不一。有人说该杀，说该杀的人，不只他一手提拔起来的吴玠，还有王庶。说他不该杀的，也大有人在。曲端这人虽然不大地道，但他打仗勇敢，又善待士卒和百姓，从秦凤路队将，一步步爬上康州防御使、泾原路经略安抚使、威武大将军的高位，且颇有人望。他的被杀，引起西北一些军民的同情。

依笔者来看，曲端该杀，但不该杀于此时，更不该采用一种不光明的手段。

曲端之死，他自己也有责任，他明明知道，西北军中有许多人仇恨他，安置万州后，就应该老老实实地在那里闲居，却三番五次给张浚写信，要重返西北战场，为大宋建功立业。

张浚，你也明明知道曲端与王庶、吴玠有宿怨，而你依靠的对象又是吴玠，你还同意让曲端复出。

你张浚既然让曲端复出，就该设法保护，只因吴玠、王庶一番话，你便定他谋反，将他下狱。

不只下狱，还将他交给与他也有宿怨的路康来审。路康便来了一个公报私仇，命狱吏把端絷住，用纸糊其口，外燀以火。端口渴求饮，给以烧酒，遂致七巧流血而死。

端有良马名"铁象"，日驰四百里，豢爱如子。及被逮下狱，闻路康负责审他，自知必死，仰天连呼数声："铁象可惜"。曲端死后，铁象来了一个不食而死。

赵构的耳根子素来就软，朱胜非这么一谗，辛柄又这么一劾，便把张浚召回绍兴，让他去枢密院任职。

朱胜非已经兼知枢密院事，他能做什么？

顶多做一个同知枢密院事和签书枢密院事。

有消息说，朝廷要张浚回来，就是要他做签书枢密院事。

签书枢密院事，虽然也是枢密院的副长官，但那是为资浅者设的。

我张浚早在建炎三年就当上了知枢密院事，资能算浅吗？

如果这消息是真的，那是对我张浚的侮辱，我坚决不干，遂上书求辞！

用不着他辞，赵构便把他"落职奉祠①"，到福州居住去了。

接到贬他的诏书，张浚先是一愣，继之大哭。

---

① 奉祠：宋代设宫观使、判官、都监、提举、提点、主管等职，以安置五品以上不能任事或年老退休的官员，这些人只领官俸而无职事。因宫观使等职原主祭祀，故称奉祠。

经多方打探,方知是又有人弹劾他了。

弹劾人叫常同,刚上任的侍御史,他和常同从无交往,却被常同恶狠狠砸了一砖。

——他说张浚,"丧师失律,难逃误国之刑;刻众积於罪,尤致深骇闻听!"

张浚有冤无处诉,只得卷起铺盖,气鼓鼓地前往福州。他的职务,由吕颐浩的亲家——知成都府的王似取而代之。另外,朝廷又给王似配了一个副使,他的名字叫卢法原,北宋时做过吏部尚书。

张浚还没有离开绍兴,刘子羽也接到了遭贬的诏书——贬刘子羽为单州(治今山东省单县)团练副使、白州(今广西壮族自治区博白县)安置。

刘子羽是张浚的人,吴玠难道不是?

张浚、刘子羽遭贬后,吴玠心中一直忐忑不安,做好了卷铺盖走人的准备。

四十二　金兀术复出

　　杨政幼孤,又黑又丑又矮,人送绰号"杨克毯"。花钱买了一个老婆,他一从军,老婆便跟人私奔了。

　　关师古闹粮荒已经一年多了,问朝廷要,不给,没办法,就去敌人的军营里抢。

　　金兀术登上大散关绝顶,披襟临风,遥望西方,挥拳而噤。

　赵构非常好色。

　有一部私史叫《靖康稗史笔证·青宫译语》,写到赵构的私生活,直言不讳地说道:"康王目光如炬,好色如父,侍婢多死者。"

　他的父亲宋徽宗,好色到什么程度,笔者不加评论,但笔者给你说两件事。第一件,挖地道去嫖娼,这个妓女,就是大名鼎鼎的李师师。

　第二件,金人将他掳到金国五国城为囚,那地方冰天雪地,荒无人烟,缺吃少穿,还没自由,过着猪狗不如的生活,他居然还有心情睡女人,生孩子,且一生就是十二个。

　宋徽宗如此好色,也没听说弄死过女人,但赵构弄死的还不止一个,是"侍婢多死者。"

　如此一个人。

　如此好色的一个人,那玩意儿自建康元年二月初三被吓软后,非常痛苦。

　他找了上百人治,吃了上千副药,可那玩意儿没有一点起色。

　正当他几乎绝望之时,一个叫王继先的自荐进宫。

　王继先也是汴京人,八世为医,擅长针灸,他还有一个绝活——治阳痿。药是自制的黑虎丸,一丸一两银子,吴芍药虽然不认识他,但听说过他的名字。

　赵构一连吃了两个月的黑虎丸,那玩意儿有了一些起色。三年多没干那事,居然干了,虽然不理想,但很高兴,搂着吴芍药说了半夜情话。

吴芍药突然问："诸将帅,您认为谁最能打?"

"韩世忠、岳飞和张浚。"

吴芍药道："妾不这样认为。"

赵构道："卿怎么认为?"

"张浚不如吴玠。"

赵构想了想道："也许是吧。"

吴芍药道："韩世忠也不如吴玠。"

赵构略显惊讶道："卿真的这么看?"

吴芍药道："单论个人勇力,韩世忠不会比吴玠差;若论带兵打仗,韩世忠就不如吴玠了。黄天荡之战,韩世忠将金兀术困在黄天荡四十多天,那是金兀术不备才造成的。困的结果,不但让金兀术跑了,还反败为胜。吴玠呢,清溪岭之战,首次与金军对阵,杀得金军落荒而逃。彭原店之战,吴玠二战金军,弓箭手、长枪手、大刀队和重装骑兵,迭次而进,杀得金军血流成河,遍地都是无头之尸,吓得金军元帅撤离喝哇哇大哭,被世人讥为'啼哭郎君'。和尚原之战,吴玠三战金军,杀敌一万余人,金兀术身中两箭,剃须髯而逃。饶风关之战,吴玠四战金军……"

赵构笑阻道："卿不要说了,卿今夜如此盛赞吴玠,莫不是想为他求情吗?"

吴芍药笑嘻嘻道："'聪明不过帝王',这话说的就是官家您呀!"

赵构报之一笑。

吴芍药道："官家,臣妾斗胆问您一个问题。"

赵构道："卿问吧。"

吴芍药道："您明明知道吴玠能打,为什么还想罢他的官?"

赵构道："朱胜非和吕颐浩都说,吴玠是张浚的人。既然张浚不用了,吴玠也不能用。"

吴芍药反诘道："那吴玠还是曲端的人呢!"

她见赵构不接腔,继续说道："有一次,您召臣妾令尊进宫聊天,臣妾就坐在一边。聊着聊着,您俩聊到了王安石和司马光,令尊说,'这两个老夫子当国时,最大的失误是用人,以事划线。王安石当政,凡拥护变法的,不管你是啥样的人,我都用。司马光呢,凡拥护变法的,不管你是啥样的人,我都不用。人呀,是多面的,也善变,今日是朋友,明天可能成了敌人。'您频频颔首。臣妾也觉得令尊说得对,别的不说,就拿吴玠和曲端,不是由朋友变成敌人了吗?"

四十二 金兀术复出

赵构"嘿嘿"一笑道："卿这是变着法儿谏朕呢。"

翌日，赵构降旨一道，迁吴玠为宣抚处置司都统制，节制兴（治今陕西省略阳县）、文（今甘肃省文县）、龙（今四川省平武县）三州军马。

对于吴玠的迁官，王似和卢法原心中甚是不爽，但又无可奈何，便以调整防地为名，给吴玠一个小小的警示

——皇帝说了也不行，县官不如现管。

调整后的诸将，及防地如下：

吴玠屯驻仙人关，负责防守秦州、凤州和洋州（今陕西省洋县）；王彦屯驻梁州（治今四川省渠县），负责防守金州、房州、巴州（治所在今四川省巴中市）、达州（今四川省达州市）；刘锜坐镇巴（州）西，负责防守文州、龙州（治所在今四川省江油市北）、威州（治所在今四川省汶川县威州镇）、茂州（治所在今四川省茂县）；关师古屯驻阶州，负责防守洮、岷、阶、成诸州。

此外，将秦州知州郭浩擢为利州路经略安抚使，兼知利州；将义军首领田晟擢为权知兴元府。

对于王似的警示，吴玠肚如明镜，但他的志向是如何收复失地，如何中兴宋室，故而并未放在心上。

为了实现他的抱负，他一到仙人关，便把他的爱将杨政"赶到"秦州，让他寻机向秦州以北的沦陷区挺进。

杨政何许人也。

杨政就是那个非常关键时刻，说了一句非常关键的一句话的那个人

——"节度（吴玠）不可负刘待制（刘子羽），否则，政等亦会舍节度，自去逃生了。"

就因为这句话，吴玠幡然醒悟，给刘子羽送粮送兵。

他这一送，三泉才得以守住。

三泉若是一失，巴蜀也难保。

吴玠"爱"杨政，并非一开始就"爱"。

"爱"有一个过程。

吴玠之识杨政,识于担任泾原路进义副尉①、权任队将②时。

杨政幼孤,也不知道是营养不良,还是遗传因素,长得又黑又丑又矮,人送绰号"杨克毯"。

他不止貌丑,又没读过书,花钱买了个老婆。他一投军,老婆便和村中的无赖私奔了。

这样的男人,没有人瞧得起。

这"没有人"中就包括吴玠。

通过半年的相处,吴玠变了。

杨政确实长得丑,但他有个好爹。

他爹杨志,宋军的弓箭手,因抗击西夏军战死。那一年,杨政才七岁,悲伤哀嚎却像是一个什么都知道的成年人,其母大为惊异,说他,"孝于亲者,必忠于君,光大吾门者,必此儿也!"

杨政不止有个好爹,他很自强,剽学③了一身武艺,作战又很勇敢。吴玠便"爱"上了他。宣和二年(1120年),吴玠因镇压方腊起义有功,迁忠训郎④、权任泾原第十一正将⑤。他一上任,便擢杨政为队将。此后,每当吴玠升官,杨政也跟着升官。他俩不是兄弟,胜似兄弟。

杨政奉了吴玠之命,克日北进,他的首选目标,是清水县莲水寨(今甘肃省清水县莲花镇),一举而克。

返师途中,行至腊家城,与金齐联军不期而遇,血战了两天,终因寡不敌众,丢下了上千具尸体,逃回秦州。

与此同时,关师古单骑降了伪齐。

关师古是因为部队缺粮而降的。

关师古的部队,有两万余人,闹粮荒已经一年多了,问王似要,问卢法原要,都不给。问朝廷要,也不给。没办法,就去敌人的军营里抢。第一次得手,第二次得手,第三次又得手。

---

① 进义副尉:宋代,属无品武阶官。
② 队将:宋神宗行将兵法,分天下之兵为九十二将,每将下设队将,约领兵五十人。
③ 剽学:土语,没有通过拜师学来的本领。
④ 忠训郎:宋代正九品武阶官。
⑤ 正将:军职名,正七品。北宋神宗行将兵法,每路设一名或多名统领,统领者称为正将,统兵三千人。

俗语不俗,"只有再一再二,没有再三再四。"他第四次又去敌营抢粮,中了埋伏。他哭着对诸将说道:"我关师古无能,把尔等带到绝路上,但是,我不想让尔等陪我去死,救尔等的办法只有一个,派人去和伪齐谈,让他们放我军一条生路,当然,他们不会轻易放的。我们必须牺牲一些我们的利益,而且是很大的利益。什么利益呢?第一,我屈节仕敌。第二,献出洮、岷、阶、成四州。"

他把话停住,目扫众将一周又道:"献出洮、岷等四州,实是一句空话,诚想,我若全军覆没,那洮、岷四州,还会姓宋吗?最惨的是我,我会被国人视为卖国贼,落万世骂名。"

说至此,泪如雨下,诸将亦是满面泪水。

关师古擦了一把泪眼说道:"伪齐若是允我,我请尔等做两件事。"

他伸出右手二拇指说道:"第一件事,尔等谁也不投,就投吴统制,吴统制是咱西北人,性情豪迈、功勋卓著、深受皇上倚重,他会把尔等带上一条光明、幸福之道。"

他又伸出右手中指说道:"第二件事,我屈节仕敌后,朝廷、国人必将视我为卖国贼,我这个卖国贼是怎么当的,请尔等加以说明!"

说到此处,泣不成声。

他目扫众将,泪眼婆娑道:"尔等若是不反对的话,就这么定了。"

良久,方有人泣声说道:"这样做,可是苦了您了!"

关师古苦笑一声道:"苦我一人,换来万人生,这个苦我关师古愿意吃。我再问一遍,有反对的没有?"

除了抽泣声和叹息声外,再也没有别的声音。

关师古长叹一声,遣使前去敌营,那伪齐居然答应了。

吴玠正在调集部队,准备再次进攻黄水寨,为死难的将士报仇。关师古所部将士一齐来投,又惊又喜,亦为关师古的屈节感到同情和遗憾。当然,还有对王似、卢法原的不满。

同情也罢,不满也罢,皆莫大于惊喜。在川陕宣抚司所辖区域,屯驻的宋军也不过十万多一点,而吴玠独领三万五千人,关师古独领二万五千人,这两支部队合并后达六万人,占川陕宣抚司所有驻军的一半以上。

战乱年代,有没有发言权和决定权,不只看你官职的大小,更要看你的实力,也就是说,你手中是否掌握了枪杆子和掌握枪杆子的多少!

我吴晋卿手中既然握了川陕宣抚司一半以上的兵力,我还怕你王似个鸟!你王似愿意也罢,不愿意也罢,我吴晋卿就照着我的既定目标——收复失地,保住巴蜀。保住巴蜀就是保住了江南,只有保住了江南,才能谈中兴宋室。

我一定要中兴宋室。

宋室也一定能中兴!

他筹备粮草、整理器械、抚存劳貔①,尽捐家财以助军。正当他摩拳擦掌,准备找金军大干一仗的时候,金军送上门来。

饶风关之战后,撒离喝再也无力伐宋,这就为金兀术的复出提供了一个契机。

经过一番游说,金主同意金兀术重返川陕战场,全权指挥那里的金军和伪齐军。

金兀术一到凤翔,便召撒离喝以及诸将商议,由哪条路线破陕的问题。撒离喝说了五条,他一一否之。撒离喝不得不压住怒火问道:"以四殿下之意,应走何条路线?"

金兀术用不容置疑的口气:"走和尚原!"

"为什么?"

金兀术恨声说道:"我完颜宗弼从哪里跌倒,还要从哪里爬起来!我要让吴玠跪倒在我完颜宗弼的脚下!"

金兀术的性格,在场的人无人不知,要么说好,要么闭口无言。

第二天,金兀术亲率十余万金齐联军,冒着鹅毛大雪,悄不声息地扑向和尚原。

和尚原是田晟的防区,他也认为,和尚原这一条路,金军不会走。

何也?这一条关隘最多,也最不好走,因走这条路,差一点儿把金兀术摔死!

他太不了解金兀术,如果金兀术害怕摔跤,他就不是金兀术了。

因他误判了金兀术,加之大雪,便放松了警戒,让金兀术一举拿下了和尚原。

金兀术登上大散关绝顶,披襟临风,遥望西北,挥拳嚎道:"吴晋卿,我完颜宗弼已经从和尚原爬了起来,你若有种,就待在仙人关别动,看我怎样扭下你的狗头!"

他挥师西北,直扑仙人关。

仙人关,西临嘉陵江,南接略阳北界,北有虞关紧临铁山栈道,既是关中、天水进入汉中的要地,又是由陕入川的咽喉,屯守仙人关,左控祁山道,右扼陈仓道,自古为兵家必争之地。

---

① 貔:即貔貅,传说中的一种猛兽。在这里喻指勇猛的军队。

就因为这个地方是兵家必争之地,吴玠才特别重视,并移师于此。而且,在仙人关东北的山岭筑了一座营垒,取名"杀金坪",从而构建了"仙人关—杀金坪"的防御体系,且在"杀金坪"驻军一万人。

用一万人去抵挡十余万人,孰优孰劣,傻子也知道!

四十三　精忠岳飞

仙人关一战,吴玠再一次横空出世。

关攻下了,那个猛人却逃跑了。

如果单打独斗的话,岳飞、韩世忠也不一定斗过此人。

吴玠所领导的宋军,满打满算六万人。这六万人,分驻在河池、仙人关、饶风关,以及秦州、凤州、洋州等地。而饶风关的五千人,已经被金兀术吃掉了,现有兵力五万五千人,能在杀金坪驻上一万军队,也就很不错了。

能否守住杀金坪,就看分布在其他地方的宋军能否早一点赶到。

谚曰:"打虎亲兄弟,上阵父子兵。"

关键时刻,荣州(今四川省荣县)防御使、知秦州的吴璘,听说金兀术进军仙人关,没等吴玠招呼,自阶州出发,经七方关(今陕西省汉中市),与金军转战六昼夜,赶到杀金坪。

吴璘者,吴玠幼弟也,字唐卿,比吴玠小十岁。自小好骑射,喜兵书。若论武艺,比乃兄稍次一点;若论"三韬六略",绝对在乃兄之上。

他除了能守,还善于进攻,创造了以步制骑的著名阵法——"叠阵"。还著有《兵要》一书,主张以己之短制彼之长,以分队制敌骑兵,以劲弓强弩制刀枪,以远封近,以强制弱。

吴璘从军时十九岁,和吴玠并不在一支队伍里。直到建炎二年(1128年),吴璘才转到乃兄麾下。翌年,因军功晋升为武副尉①,掌乃兄帐前亲兵。

自1128年后,这对龙兄龙弟,经常出现在各种大战中。

---

① 武副尉:南宋武散官名,列第五十六阶(共六十阶)。

第二个赶到"杀金坪"的是杨政,继之田晟、杨从义、郭震……

宋金双方在距杀金坪四十里开外的地方展开了激战,一日达三十余阵,到处血肉横飞。由于郭震的退却,金军撕开一个口子,攻进了"杀金坪",吴玠兄弟被迫后撤。

仙人关近在咫尺,由于天黑,加之地形不熟,金军停了下来,安营扎寨。

这一天,是绍兴四年(1134年)的二月二十七日。

就在这一天,吴玠上关巡视,正好金兀术也在阵前察看地形,两人不期而遇,遥遥相望,心里都知道对方是谁。

突然,从金军中跃出一骑,来到关下,向关上喊道:"请吴都统制答话。"

吴玠道:"我就是。"

金骑道:"我们四殿下让我转告你,赵氏已衰,不可扶持。公若能归顺大金,加封王爵,享有百里富庶之地。"

吴玠微微一笑道:"请转告你们四殿下,吾已奉赵氏,不敢有二心。想叙兄弟情,用刀剑来叙!"

那人长叹一声,转回营去,告知兀术,兀术命令兵士加强警戒。在兀术看来,熟悉地形的吴玠,一定会对远道而来的金军进行夜袭。

这一夜,出奇的安静。

第二天,宋军依然没有动静。

你不动,我动。金兀术命令炮兵(负责大型投石机的部队),将三十多门大炮拆散后运到山上,组装后,浩浩荡荡运到仙人关。

有炮兵为他开路,金兀术信心百倍,又一次叫嚣道:"吴晋卿,你的死期到了!"

话刚落音,前哨来报:"前方有路障。"

金兀术纵马往视,满眼都是丛林似的鹿角、木栅,把路全堵死了。

到了此时,他方才明白,宋军为什么一整天没有动静,原来是在悄悄地设置路障。

金兀术冷笑一声道:"吴晋卿,你也太天真了,靠这些破玩意儿若能挡住你宗弼爷爷的路,那你宗弼爷爷还能叫战神么?"

他当即传令炮兵:"清除路障!"

为清除路障,死在宋军弓箭下的金军数百人。

你有弓箭,我有大炮。用大炮轰,我完颜宗弼不相信你的弓箭,比我的大炮厉害!

轰!

轰了一阵后,又让签兵清除路障。

就这样,轰轰停停,停停轰轰。以牺牲两千名签兵的代价,终于将路障清除了。

正当金兀术扬鞭催马,挥军西进的时候,前边又出现了一个关隘,那上边还写了五个红色大字——"杀金二坪"。

金兀术愣住了。

在进军"杀金坪"之前,金兀术一再甄问谍人,杀金坪与仙人关之间,有无关隘?谍人说没有。

谍人没有说谎。这个关隘是刚修的,是吴璘建议修的。

吴璘来到"仙人关"时,金军还没有到,他便自仙人关到杀金坪走了一遭:"哥,杀金坪离仙人关太远,险则险矣,但它是一条狭长的天然山岭,防线过于漫长,容易被敌人攻陷,必须在仙人关和杀金坪中间再筑一道防线。否则,一旦杀金坪失守,仙人关就危险了!"

经弟弟这么一提醒,吴玠如醍醐灌顶,动用了两万士兵,夜以继日地赶修出来一个"杀金二坪"。

待金兀术问明情况后,命令炮兵,集中火力,炮击"杀金二坪"。

不一刻儿,轰开了数十个豁口。

"签兵上!"金兀术命令道。

签兵蜂拥而上,被豁口的"驻矢队"一阵乱射,不是倒在地上,便是扭头逃回。

"再轰!"

金军的炮兵,又一阵猛轰,豁口又增加了数十个。

金兀术传令道:"拐子马上!"拐子马是金国的轻骑兵。

此时,已是黄昏。

二十九日的黄昏。

残阳似血,金骑呐喊着向"杀金二坪"发起了冲锋。

金兀术骑在马上,左手轻轻地捋着一绺小须,笑微微地目送着他心爱的将士。暗自说道:"吴晋卿,你还能守得住吗?"

金骑将要冲到"杀金二坪",又一件意想不到的事情发生了。

豁口处宋军,掂着傢伙蜂拥而出。

这种情况极为罕见。

骑兵是步兵的克星,骑兵一出,步兵只有逃跑的份儿。这一次,宋的步兵不但不逃,反而冲出来迎战。

就在金骑一愣的当儿,宋兵杀到跟前,一刀下去,人马俱碎。

是宋人突然变得厉害了吗?

也是,也不全是。

谚曰:"兵强强一个,将强强一窝"。吴玠强,他的兵自然也强。

再之,宋人手中的家伙厉害。

这个家伙,人们不常见,唐以前叫斩马刀;唐以后叫陌刀,双刃,《唐六典》卷十六载:"刀之制,有四,一曰仪刀、二曰障刀、三曰横刀、四曰陌刀,刀长七尺①,刃长三尺、柄长四尺,共长一丈一尺。"

这么奇特的刀,对付骑兵,简直是小菜一碟。

金骑败了,败得很惨。

但金兀术并不服输,第二天,他把他的秘密武器"铁浮屠"拿了出来。

原本以为,"铁浮屠"一出,百物禁忌!

谁知,吴玠不怕他的"铁浮屠"。

"铁浮屠"的士兵和战马,靠重甲护体,看似刀枪不入,但也有软肋。

——马不能蒙着双眼行路,士兵的两腋也无法用铠甲遮护,还有脸……

吴玠的敢死队由杨政、田晟、杨从义率领,手持长枪,专捅马眼和士兵的眼睛、脸,以及两肋,金兀术再一次惨败。

金兀术失眠了。

失眠了的金兀术一直在想一个问题——吴玠如此难惹,我是继续和他拼呢,还是撤退?

想了一夜,决心难下。

又想了一天,还是决心难下。

鼓打三更,吴玠替他下了决心。

"杀金二坪"的宋军倾巢出动,袭击金兀术营盘。

这一袭击,他不能不跑了。

他在前边跑,宋军在后边追。

他越过"杀金坪",又翻和尚原,下秦岭,奔凤翔,一口气跑了四百多里方停下来。

---

① 尺:度量衡单位,唐时的度量衡分为大小两种:大尺一尺为小尺的一尺两寸,一丈等于十尺,因此,小尺一丈等于三百厘米,大尺一丈等于三百六十厘米。若是按小尺计算,斩马刀长近三米三;若是按大尺计算,斩马刀长近四米。

仙人关这一仗,不仅使吴玠声威大振;更令金兀术"终生不敢窥蜀地";还使金主吴乞买放弃了攻取巴蜀,由巴蜀进军长江防线,进而灭亡南宋的野心。有诏授吴玠为川陕宣抚副使,吴璘为定国军承宣使。

仙人关之战,吴玠再一次横空出世,他的名气,他的风头,辗轧了所有宋将。

请记住,笔者说的是所有宋将。

既然是"所有宋将",当然也包括岳飞。

但是,随着岳飞不停地出场和精彩的演出,名头又盖过了吴玠。

岳飞小吴玠十岁。

吴玠在陕和金军死磕的时候,岳飞正在江淮一带平乱,他赶走了李成,收抚张用后,又去讨伐曹成。

曹成,汝阴(今安徽省阜阳市颍州区)人,他的实力与李成不相上下,拥众十余万。

他的军中有一个超级猛将,如果单打独斗的话,岳飞、韩世忠不一定斗得过。

关键是岳飞没有和这个人单打独斗。而且,这个人不该投靠曹成,谚曰:"兵熊熊一个,将熊熊一窝。"曹成与别人比还行,但与岳飞比,不能不熊,曹成熊了,这个人还能不熊吗?

曹成被岳飞撵的乱窜,窜到贺州(今广西壮族自治区下辖市)北二十里莫邪关的时候,被岳飞追上。曹成给帐下那个猛人留了三千人守关,自己率部向东北方向逃去。

那个猛人为曹成守了三天关,枪挑了包括岳飞弟弟岳翻在内的十三个宋将。

关攻下了,那个猛人却逃跑了。

那个猛人叫杨再兴。

这个杨再兴,传说是杨业后代,其实不是。

杨业是麟州新秦(今陕西省神木县)人,而杨再兴是吉州吉水(今江西省吉水县)人,两地相距三千六百里,八竿子打不着。因他用的兵器是银枪,习的也是杨家将枪法,人们便牵强附会,把他说成是杨业的后裔。

杨再兴失了莫邪关,又不知道曹成逃往何处,单人独骑,向西北方向逃去。

他逃,张宪追,一直追到静江军(今广西壮族自治区桂林市)地盘。

一条深涧拦住了杨再兴去路,他弃马跳涧,心中思道,对面便是深山,只要进了深山,岳家军也拿他没有办法。

但是,当他一跳下深涧,便后悔了。自己暗自骂着自己:"杨再兴,你真浑!你跳涧,岳家军绝不会跟着你跳涧。但是,他们有的是弓箭,他们会把你射成刺猬!"

他不想当刺猬,冲着涧上的岳家军大声喊道:"诸位弟兄,你们岳元帅是一条好汉,我杨再兴也是一条好汉。好汉惜好汉,我愿意投降岳元帅,请带我去见岳元帅!"

张宪也不想让他变成一个刺猬,想活捉他,把活的杨再兴带给岳飞,让岳飞手刃了杨再兴,为弟弟和诸将士报仇。

张宪命令士兵扔下去一条长索,杨再兴抓索而上,被众将士绳捆索绑,押到了岳飞面前。

岳飞早闻杨再兴大名,知他是一条好汉,把杀弟之仇放到一旁,亲解其缚,收到帐下。

岳飞得到了杨再兴,却失去了曹成的几万人马。

曹成从贺州逃到彬州(今湖南省彬州市),又从彬州逃到了邵州(今湖南省邵阳市),不知不觉撞到了韩世忠的枪口上。他久闻韩世忠大名,不敢与之战,乖乖地投降了韩世忠。韩世忠捡了一个大漏子,带着曹成喜滋滋地回驻地去了。

谚曰,"千军易得,一将难求。"话虽这么说,对于韩世忠收编曹成之事,岳飞心中很不舒服——那曹成可是我岳鹏举的菜呀,你怎么说收就收了呢,连声招呼也不打!

韩世忠明知岳飞不高兴,也未加理睬。

半年后,虔州、吉州驻军哗变,把隆祐太后吓得半死。

赵构把诸将搬了一个遍,觉着遣岳飞去平叛最合适。

一个命令,岳飞率部前往虔州,一战而擒虔州贼首彭友(绰号彭铁大)。再战,又擒吉州贼首李满(绰号李洞天),六万叛军如鸟兽散。隆祐太后致书赵构,要他重赏岳飞。

赵构本就对"岳飞功高赏薄有些歉意,"接了太后书,立马做了三件事。

第一,召见、宴请。

第二,赐物,不只赐给岳飞,还赐给了岳飞的儿子岳云,所赐之物,有铠甲、弓箭、金钱、战袍、金带、手刀、银缠枪、海皮鞍,等等。

此外,还赐了一面锦旗,上绣四个大字——"精忠岳飞"。

第三,升官,迁岳飞为镇南军承宣使,江南西路舒、蕲两州制置使,驻军江州。兵力除已有之外,江州傅选的部队、江西安抚使所辖的部队,以及舒、蕲两州的驻军,全归岳飞节制。

这样一来,岳飞实力大增,他雄心勃勃要创一番大业。恰在此时,伪齐李成,提兵攻宋,连陷襄阳、郢州、随州、唐州、邓州、信阳等六郡,岳飞上书赵构,请求出兵襄阳,灭了李成,收复六郡;尔后剿平洞庭湖的杨幺;尔后,收复中原,中兴宋室。

四十四　牛皋克随

岳飞正色说道："相公此言不妥,飞可以义责,不可以利驱!"

京超暗自思道："我乃大内一等高手,今被一个小孩追得无路可逃,纵使他不杀我,我也无脸活了!"

牛皋站了起来,语惊四座："岳元帅,末将不才,愿带三千人马,携四天军粮,粮尽之前,克不了随州,提头来见!"

刘豫虽然是金人的皇帝,由于赵构一直企图与金国媾和,怕因为招惹了刘豫惹金人不快,便严令与伪齐边境接壤的守将,不得招惹刘豫。

宋不招惹伪齐,伪齐并不感恩,命降将李成,大举犯宋,攻占了襄阳、邓州、随州、唐州、郑州、信阳等六郡。

襄阳是南宋的军事重地,降金的刘整一语道出了襄阳对南宋王朝的重要性——无"襄"则无"淮",无"淮"则江南唾手可下也。

金军为啥要拼了命地争夺川陕,就是想由巴蜀南下襄阳,由襄而淮,而江南,从而灭了南宋。

赵构纵然昏庸,这么重要的地方沦陷了,他能不怕,他能不惊,他能不想办法收回来?

要想收复襄阳六郡,除了拳头之外,别无二法。

纵观南宋诸将,拳头最硬的是岳飞、吴玠和韩世忠。

这三人相较,韩世忠的谋略稍差一点;吴玠呢,善守不善攻。

唯有岳飞,既有谋略,又能守能攻。

就是他了。

恰在此时,岳飞又来一个主动请缨。

诏下,命岳飞兼任荆南制置使,进军襄(阳)邓(州)。这是岳飞第一次北伐。

为了确保岳飞的北伐成功,诏命淮东①宣抚使韩世忠和淮西②宣抚使刘光世从泗水(今山东省泗水县)和陈州(今河南省淮阳县)分发精兵北上,与岳家军相呼应。

韩、刘二将坚不从命,一番讨价还价之后,韩世忠才勉强同意屯军泗水上游、刘光世屯军蔡州。

岳飞出师之前,宰相朱胜非抛之一诱饵:"将军若能克复襄阳,授节度使。"

岳飞正色说道:"相公此言不妥。飞可以义责,不可以利驱。襄阳之役,君事也,使(难道)讫事(讨襄阳)不授节,吾就坐视不为乎?拔一城而授予一爵者,是以待众,而非待国士也。"真个是掷地有声。

言毕,率军三万余,出江州,经鄂州(今湖北省鄂州市)渡江西进,船至中流,顾左右道:"飞不复襄,不涉此江!"

李成虽是岳飞手下败将,但此时的实力是岳飞的三倍有余。所以并不害怕,遣其亲信京超,镇守郢城(治所在今湖北省钟祥市),"恭候"岳飞。

京超,乃北宋末年,大内的一等高手,号称"万人敌"。加之所据之城,乃汉江名城,城池高大,你岳鹏举孤军远征,不只实力有限,也不会有重型的攻城器械,我怕你个鸟!

正因为他不怕,才站在城楼上,大放厥词:"岳鹏举,莫说克城,就是你的士兵有一个人能爬上我的城头,我便把头割下来给你当尿罐!"

放毕,回到州衙,召了几个军妓,喝起小酒来。从酉时三刻喝到亥时四刻,喝得连话都说不清楚,团练副使闯了进来,几不成语道:"岳家军打进城来!"

京超哂笑道:"开什么玩笑,想喝酒,坐下来喝两杯。"

副使道:"不是玩笑,岳家军真的打进城来。"

京超见他一脸惶恐,停箸问道:"真的?"

副使道:"真的。"

"他们是怎么进城的?"

副使道:"叠肩而升。"

京超皱着眉头问:"叠肩,叠什么肩?"

---

① 淮东:即淮南东路,又称淮左,北宋置,辖扬州、泰州、楚州、泗州、枣州、海州、通州、滁州、亳州、宿州、涟水军(今江苏涟水)、高邮军(今江苏高邮),共十州、二军。南宋时,海州、亳州、宿州、涟水军被金国控制,泗州仅余淮河以南的一半,改设为盱眙军。

② 淮西:即淮南西路,又称淮右,与淮左并称两淮。淮右辖:春州、庐州、濠州、舒州、和州、蕲州、光州(今安徽和县)、无为军(今安徽无为)、六安军(今安徽六安)。

"搭人梯。"

京超一跃而起,掂着一个五十五斤重的铁锤冲了出去。只见他的将士,满街乱窜,大声吼道:"跑什么跑,都给我站住!有我在,岳家军动不了你们一根汗毛!"

他这一吼,众将士不再跑了。

他将铁锤朝天一举喊道:"跟我来!"

喊毕,大踏步地朝郢州城南门走去,众将士紧跟其后。行了两箭之地,撞上了兵家军一个小将。

只见他,年方十四五岁,头戴紫金冠,身穿银铠甲,手提两个铁锥,但那锥,明显没有他的锤大。

京超暗自"啊"了一声,这小子,恐怕就是岳飞的长子"赢官人"岳云。若真是他,今天可就麻烦了。

转而一想,他果真就是岳云,这么轻的年纪,该有多厉害?武器呢?单个比,我的铁锤,要比他的铁锥重,我不妨来个以重欺轻。

想到此,举锤向岳云砸去,岳云忙用右手之锥去挡。

京超暗自喝彩道:"好,你这一挡,你的锥非脱手不可!"出人意料。

大出京超意料,岳云右手之锥不仅没有脱手,左手之锥,又朝他奔来。大骇道:"果真厉害,我不是他的对手。"侧身,收锤,掉头而逃,三个动作一气呵成。

他逃得快,岳云追得快,一直把他逼上城门楼。打呢,打不过,逃呢?逃不脱。暗自叹息一声道:"我京超乃大内一等高手,今被一个小孩子追得无处可逃,纵使他不杀我,我也没有脸面再活下去。唉!"

他长叹一声,双眼一闭,一头栽下城去。

郢州既下,岳飞挟战胜之威,直扑襄阳。

李成虽然知道他不是岳飞的对手,仗着兵多将广,率众迎战。

他将步骑分为两队,步兵列平野,骑兵临襄江。岳飞瞭视后,微哂道:"步兵利险阻,骑兵利平旷,今李成反其道行之,显违兵法,虽拥众十万,终败矣!"

他以鞭指王贵——"尔以长枪步卒,击他骑兵!"

又以鞭指牛皋——"尔以骑兵,击他步卒!"

两将奉令,分头而行。

侍立岳飞一侧的姚政小声问道:"牛皋行吗?"

岳飞道:"行。"

四十四　牛皋克随

"何以见得?"姚政又问。

岳飞不苟言笑,话也不多,但一说到牛皋,眉飞色舞。

牛皋,汝州鲁山(今河南省鲁山县)人,比岳飞年长十六岁。幼家贫,及长,靠卖柴为生。

他力大如牛,挑着上千斤的柴担,还健步如飞。

他的箭术很高,百步穿杨。

他的性格,鲁莽不失智谋,暴躁不失幽默。

建炎三年(1129年),金军陷鲁山,他振臂一呼,应者千人,取名鲁山军,一击金军于宋村,二击金军于邓家桥,三击金军于仓头。三战三捷,杀金军数千,活捉金军名将耶律马五[①],献俘行在。诏下,迁牛皋为蔡、唐、信三州(军)镇抚使。

绍兴元年元宵节,百官聚会,分三十席,牛皋坐第二十九席。

席间,官员们或嘘寒问暖,或饮酒作赋,只有牛皋不吱声,埋着头喝酒。

一个叫毕虎的官员,知道牛皋不识字,故意拿他开涮:"牛镇抚,鄙人听说,您文武双全,那诗做得不亚诗仙李白。这会儿能不能做上一首,以助酒兴。"

此言一出,众官窃笑,俱以鄙夷的目光,瞅着牛皋。

牛皋思索了一会儿,目视毕虎说道:"毕大人,恭敬不如从命,俺牛皋献丑了。"

他目扫众官员,轻咳一声说道:"在下讲一个故事,一个真实的故事。但这个故事,能引出一首好诗:

"话说宋哲宗绍圣五年(1098年),开封府责令各坊巷备大瓮贮水,有两个作用,一是防火,一是祈雨。恰好这一年,久旱无雨,朝廷命令祈雨。祈雨有一套古老的办法,就是往大瓮里插一些柳枝,扔三十七条小蜥蜴。据说,柳枝属阳可以招鬼魂。蜥蜴又名'四脚蛇','蛇'者,'龙'也。龙可以降雨。把柳枝和蜥蜴放入贮满水的大瓮之后,让一群穿青衣服的小孩围着大瓮唱歌。鄙人那年十一岁,跟着奶奶去开封府看一个做官的亲戚,那亲戚便让鄙人也穿上青衣服,参加祈雨。俺们当时唱的是,是什么呀?"

他故意拍了几下自己脑袋,装作幡然醒悟的样子说道:"鄙人想起来了,鄙人想起来了。当时唱的是:'蜥蜴蜥蜴,兴云吐雾,降雨滂沱,放汝归去。'蜥蜴这东西不好找,

---

① 耶律马五:原为辽将,降金为招讨都监。1126年,破宋兵于文水(今属山西)。1128年,从完颜宗辅取房州,略地汉上。1129年,从金兀术渡江,搜山检海捉赵构。

况且是急用。坊间找不来蜥蜴,便找了三十七只壁虎来冒充,它俩的样子很像,但蜥蜴会水,壁虎不会水。把壁虎往大瓮里一扔,没多久便死了。鄙人有感而发,带头唱道:'冤苦冤苦,我是壁(毕)虎,似恁昏昏,怎得为雨'?"

他把双手一拍:"诸位,鄙人这首诗做得怎么样?"众官员齐声说好,那个毕虎却羞得满脸通红。

听岳飞讲了牛皋,姚政长叹一声说:"谚曰'隔门缝看吕洞宾——把神仙给看扁了'。我就像隔门缝看吕洞宾的那个人。我第一次见牛皋,就对他印象不好,你看他:黑面庞、深眼窝、人高马大,又是砍柴出身,除了一身蛮力,能有什么本事?您这一讲,我服了。行,牛皋这个人真行,一定不负您的重望。"

姚政这话说对了,不一刻儿,便传来佳音,牛皋杀入敌阵,怒马驰骋,锐不可当。另一边的王贵,也带头杀入敌阵,专用长枪,刺敌坐马,马中枪即坠,骑将纷纷落马,死者无数,余骑多逼入江中,先是挣扎呼叫,呼着呼着沉入江中。

李成又一次败了,败得比上一次还惨,丢下三四万具死尸,飞马逃去。

克复襄阳后,岳飞一边出榜安民,一边遣张宪、王贵、杨再兴、徐庆、姚政分别将兵,前去收复随州、唐州、邓州、郑州和信阳军。

七天后,捷报频传,邓州、唐州、郑州和信阳军相继收复,唯有攻打随州的张宪,还在那里和伪齐军对撕。

据谍人报称,李成的主子刘豫,闻李成战败,一边大骂李成,一边向金国求援。金国很爽快地答应了。遣大将刘合孛堇①,率步骑三十万,支援李成,这会儿已经行至中牟了。

岳飞飞马传令:"张宪,随州一定要拿下,时间不能超过三天,超过三天我就换将!"

到了第四天,随州依然没有克复,岳飞不得不考虑换将了。

在岳家军中,张宪不只是最强的将领,也是岳家军的副帅。他攻不下的地方,谁还能攻得下来?

正当岳飞为遣何人去替代张宪的时候,牛皋站了起来,语惊四座:"岳元帅,末将不才,愿带兵三千,携四天的军粮,粮尽之前克不了随州,提头来见!"

---

① 刘合孛堇:刘合是人名,孛堇是刘合的官名。金国部落的首领有官名又有职名。官名孛堇,职名就是猛安、谋安。猛安者,千夫长也;谋安者,百夫长也。

岳家军全体侧目:吹什么牛屁,连张统制都啃不动的骨头,你居然四天就能啃下来!正要出言驳斥,岳飞朝他们摆了摆手,示意噤口。

他移目牛皋,笑微微地说道:"牛将军,我给你六千兵、八天的军粮,只要能克随州,我宴请你,我给你记头功。"

牛皋倔强地说道:"记功的事以后再说,我说我要三千兵,四天的军粮,您就给我三千兵,四天的军粮,如果硬要给我加兵的话,只加一个——赢官儿。否则就是信不过我!"

岳飞击掌赞道:"好!一切听你的"

他目视岳云:"岳云听令!"

岳云忙站了起来。

"牛将军既然点了你的将,你就跟他走一趟吧。"

岳云高声说道:"遵令!"

牛皋就是行,提前一天便把随州拿下了。报功的簿子上写了一串人名,位列第一的是岳云,"叠肩而上",首登随州东城墙。

位列第二的是张宪,"指挥有方,亲冒矢石。"

位列第三的是牛皋,"独抱巨木,撞开随州南门。"

牛皋不只行,是很行!

他是来替代张宪的,照理,他一到,张宪就得走人。可他死活不让张宪走,还硬把张宪推坐到主帅的座椅上,大小事都给张宪商量。

人,不是骇怕的,是敬怕的。对于阵前易将,张宪觉得有失面子,口中不说,心中甚为不悦。见牛皋如此相待,大为感动,竭尽全力支持牛皋。他主攻北门,登上城墙的时间,和岳云相比,仅是一分之差。

刚刚收复随州,刘合所率领的金齐联军,由中牟而许昌,而宛(南阳),而邓(州),在邓州西北安营扎寨,且遣使去襄阳面见岳飞,约来日决战。

刘合之所以敢挑战岳飞,在他眼里,女真人自立国以来,野战从未败过。牛头山之战,虽败在岳飞手中,那是金军自己不争气,撞上了岳飞的枪口,是属于飞蛾扑火,金军自己找死,并非真的为岳飞所败。至于和尚原、仙人关之战,宋军靠着天险,把金军给拦住了,金军不得不退。

我这一次,是有备而来,我的实力,又是你岳鹏举的十倍。岳鹏举,你给我乖乖地等死吧！

他太高看了自己。

到了决战那日，岳飞兵分十路。他亲率中军，纵马提枪，当先杀入敌阵，连挑金之千夫长、百户长五人。

岳云舞动双锥，紧随其后，连毙敌酋六人，可谓是青出于蓝而胜于蓝。

张宪、王贵、牛皋、杨再兴、徐庆、王俊、董先、吉倩、张用等，各率一路兵马，直捣敌阵。

没有埋伏，也没有任何计谋，只有两军的厮杀。

女真人自立国以来，大宋除了吴玠，还没有一支军队像岳飞这样，与金军骑兵面对面、枪对枪地野战过。

残阳如血，两军还在疯狂地厮杀！

四十五　大仪镇之战

当金军排山倒海向淮南压来的时候,刘光世和张俊都不见了。

魏良臣突然有了骨气,质问金人:"下国四次遣使贵国,只见其去,不见归来,是何原因?"

宋军伏兵,闻鼓而起,从四面八方杀来,如蜂如蚁。

夜幕刚一落下,刘合孛堇不见了。

不只是岳飞找不到他,他的将士也找不到他。

他单骑逃遁。

他的将士如鸟兽散,来不及逃的全做了宋俘,众达四万余人。

这一战,是南宋立国以来最大、也最成功的一次反击战。

这一战,与郑州、随州、唐州、信阳之战,合称襄阳之战。一战收复六郡,是南宋立国以来,收复失地最多的一战。

捷报传到绍兴,赵构又惊又喜道:"朕素闻岳飞既能治军,又能破敌,但如此神勇,朕万没想到!"

诏下,擢岳飞为清远军节度使,湖北路荆、湘、潭州制置使,武昌开国侯。

岳飞成为继刘光世、韩世忠、张俊、吴玠之后,又一位建节的大将。这一年,岳飞三十二岁,是五个建节大将中最年轻的一个。

襄阳之战的帷幕刚刚落下,江淮的硝烟又起。

通过和尚原、饶风关、仙人关和襄阳之战,金国和伪齐,不敢再招惹川陕和襄(阳)邓(州),便把战火引向江淮。

这一次,领兵的元帅是三太子完颜宗辅、副帅完颜昌,监军是四太子金兀术。

绍兴四年(1134年)十月,三十万金齐联军在汴京会师后,由汴河直趋泗州(今安徽省泗县)。尔后兵分两路,攻滁(今安徽省滁州市)的由金兀术率领;攻承州(今江苏省高邮县)的由金前将军聂儿孛堇率领,骑兵扬起的灰尘遮蔽了天上的太阳,大有吞食江南的气象。

赵构闻报,又急又怕,忙遣飞骑追回赵鼎。

赵鼎虽然能文擅词,但做官并无多大政绩,居然一升再升,官至参知政事。

三天前,又迁其为权知枢密院事,兼都督川陕荆襄诸军事,还许他"川陕之事,由卿做主,朕不遥制。"

赵鼎正走在去川陕路上,忽有圣旨召他速回京师,不得不回。

一见面,赵构劈头来了这么一句:"金齐联军分两道犯我,卿知之乎?"

"知道。"

赵构道:"知道就好。金齐联手寇我,国势极危,卿岂可离朕远去。"

赵鼎道:"金齐寇我,自有吕、朱二贤相佐陛下退敌,臣还是去川陕的好。"

赵构道:"吕、朱二相,遭御史台连章弹劾,他二人也多次上书求辞,朕已允之。这宰相一职,非卿莫属。卿先退下,是战是和,写一《劄子》①,后日入朝谢恩时呈朕。"

赵鼎行礼告退。

翌日,果有诏书来到,拜赵鼎为尚书右仆射、兼知枢密院事,迁御史中丞沈与求为参知政事。

赵鼎本就主战,《劄子》里自然也主战:"淮河区域即是决战地,长江防线是生命线,绝不允许战火再次烧进江南腹地!"

《劄子》还说,为了确保决战的胜利,第一,皇上必须亲征。第二,集兵十五万以上。第三,请张浚复出,都督诸路军马。

赵构看了赵鼎的《劄子》,当即批了一个"准奏"。

皇帝要亲征,这是自《澶渊之盟》(1004年)以来,凡一百三十九年,从未有的事,主战派奔走相告,欢呼雀跃。

那赵构却虚晃一枪,一边下诏将行在北移平江府,与金齐决战;一边将后宫嫔妃南移温州,便于下海逃生。

办完了这两件事,他缓缓地在皇宫里坐了下来,照样的吃喝玩乐,不管你怎么催,怎么劝,他自稳坐钓鱼台,把赵鼎气得长吁短叹。

---

① 《劄子》:即奏章,是古代臣属向帝王进言陈事的文书。

所幸，赵构集兵远在十五万以上，虽然没有让张浚复出，但中兴四将中的三大将——张俊、刘光世、韩世忠全出动了，甚而把掌管宿卫的神武中军统制杨沂中也派上了前线。四支大军相加，几达二十万。

韩世忠奉命进驻扬州，刘光世、张俊各有所守——一为滁州、一为六合。

当金齐联军，排山倒海般向淮南压来的时候，刘光世、张俊都不见了。赵鼎忙遣人去找，找了三天，方有了消息——刘光世跑到了建康，张俊去了平江府。

他二人给出的理由都非常充分，刘光世的老娘病了，他要回去侍奉老娘，尽一尽孝，自古以来，忠孝难两全，尽忠的事，让别人去做吧。

张俊呢？

他说："行在要迁往平江府，他得去那里保卫皇上，尽一尽忠。"

赵鼎大怒，命令他俩，从哪里来就回哪里去。

刘光世根本不听他的，仍然在建康快活。张俊倒是执行了他的命令，带军返回。但刚出了平江府，"马失前蹄，摔伤了腰"，莫说骑马，连坐都坐不住，掉头回去养病。

三大将走了两个，杨沂中还在路上磨蹭，有人劝韩世忠也来个一走了之。

韩世忠怒目说道："不战而逃，那不是我韩良臣的性格，我生是大宋人，死是大宋鬼，再言逃者斩！"

金齐联军分兵两路，他也来个分兵两路，一路由前军统制呼延通率领，进驻高邮，抵挡金齐步兵；一路由后军统制解元率领，进驻天长（市），侦察、抵御金齐骑兵。

赵鼎指挥不动刘光世和张俊，便告到赵构那里，赵构骨子里对金人抱有幻想，已经密遣秦桧的同年，官居吏部员外郎的魏良臣和王绘，带上厚礼去金营求和，便敷衍道："朕这就遣使责令刘光世、张俊重返淮南。"

使倒是遣了，但只是问问情况而已，刘、张依然按兵不动。

由绍兴前往金营，扬州是必经之地。韩世忠听说魏良臣和王绘都是赵构心腹，乃议和派的重要成员，自忖他们此行必是为议和而去，便来个将计就计，盛宴相待，酒足饭饱之后，亲送他俩出营。

魏良臣见士兵在撤帐篷，不解地问："将军要移师吗？"

韩世忠长叹一声道："皇上命我来扬州御敌，刚刚扎下营盘，突然又来了诏书，要我移师平江府。你看看，这不是在捉弄人吗？"

魏良臣道："皇上要您移军平江府，自有移军平江府的道理，你就好好地移吧。免得授金人以口舌，这议和就难成了。"

韩世忠连道："你说得对。"

金军先锋官聂儿孛堇正准备派侦骑侦察宋军行动,听说南宋使者到了。凡能做使者的,不是秦桧的亲信,也是个议和派。

和尚不亲帽亲。只要是议和派,就有几分亲近感,聂尔孛堇在兵营里非常热情地接待了魏、王二使,并直言不讳打探宋军情况。

他的第一问："你们韩爷爷有多少兵马？"

韩爷爷就是韩世忠。在金人眼中,他和宗泽、岳飞是一个档次。故而也尊之为爷。

魏良臣和王绘都是文官,也不知道是被金人吓傻了,还是有意讨好金人,把在韩世忠军营看到的情况和盘端出。

聂儿孛堇问："金齐联军几将打到淮南,道路不静,汝等冒着生命危险前来我营求和,这很让我感动。但是,汝主既然想和,为啥还要让岳飞北伐？"

遣魏良臣他们出使之时,赵构已经料到金人会有此问,交待魏、王二人道,就说襄阳诸郡,本是南宋之地,被李成强占了,我朝不得已才令岳飞前去收回,并非北伐。

魏、王二人,便照赵构之语回之。聂儿孛堇忙转变话题："你朝多次遣使来我朝商谈议和之事。我大金皇帝明确告汝之使,可和,但是,汝朝必须削去帝号,退居闽粤,汝朝为何还要盘踞江淮？"

不知因甚,魏良臣突然有了骨气,反问道："说到下国遣使之事,鄙人倒有一问,下国四次遣使贵国,只见其去,不见归来,是何原因？"

聂儿孛堇无言以对,传令开宴,将魏、王二人喝得酩酊大醉,架到一辆马车上,送泗州交完颜昌发落。

聂儿孛堇召集诸将,语之曰："韩世忠虽然是个猛人,奉旨移师平江。说是移师,实乃撤退,我若乘机追之,韩师没有不败之理,尔等以为如何？"

诸将道："将军所言甚是。"

聂儿孛堇道："既然汝都认为我说的是,咱这就拔营起寨,追韩世忠去。"

诸将皆曰"遵命"。

韩世忠送走了魏良臣和王绘,立即返回元帅大帐,传令道："兵开大仪镇(位于今江苏省扬州市西部十六公里)。

众将面面相觑。参军董旼双手抱拳道："请问节使,节使不是说要去平江府吗,咋又变成了大仪镇?"

韩世忠笑微微道:"天机不可泄漏。但眼下,必须听我号令,我叫干什么你们必须干什么!"

韩世忠把话说到这个份上,董旼不敢再言。

将及大仪镇,韩世忠命令诸将,或率数百人、或上千人,分头埋伏,伏点达二十余处。告之曰:"听到鼓声,就出来击敌。"

到了大仪镇,韩世忠自东而西扎了五个营寨,这五个营寨或凸或凹,每个营寨的兵力都在五千人以上。

两天后,孛堇率兵七万来到期江口,距大仪镇数里之地。别将挞不野急于立功,拥着铁骑骤马向前。距韩世忠营寨约有半里之地,韩营一片惊呼,抢出营盘,向西狂奔。

孛堇大喜道:"又是一群宋鼻涕,追!"

金军还没追出大仪镇,溃逃的宋兵突然停了下来。

不是停了下来,是返身找金军厮杀。韩世忠亲自擂响了大鼓。

另四座营寨的宋兵,及所布伏兵闻鼓而起,从四面八方向金军杀来。

挞不野虽然骁悍,怎奈一人不能四顾,东塞西决,南防北溃,正有些支持不住。蓦见有一队健卒,横入阵中,人持一斧,斧柄甚长,上揕人胸,下斫马足,眼见得金兵的人马,下饺子般倒了一地。挞不野心惊肉跳,三十计,走为上策。

他慌不择路,马陷泥潭之中,宋兵四至,围裹而来,将他生擒。金之将士遭毙遭俘的将近两万人。

韩世忠一边打扫战场,一边遣王权、曹成,分头援助天长和高邮。

天长倒没什么战事,王权还没赶到,解元便把来犯的三百余金骑包了饺子。

高邮的战斗非常激烈。从兵力来讲,金齐联军将近三万,是呼延通的十倍,且是有备而来。且是,内中的骑兵当在三千骑以上。呼延通想了又想,遣使金营,表示愿降。但有一个条件,他要亲自和金军大将黑头虎谈。地点呢?既不能在高邮,也不能在金营,就在高邮城下,金营大寨门口谈。

建炎三年(1129年)前,宋军成建制地投降金军是常有的事,但建炎三年以后,这类事再也没有发生。如今,呼延通要率全军来降,把黑头虎高兴得差点蹦了起来,连道三声好。地点吗?他不假思索地答应了。

四十六　钟相起义

金军目睹了呼延通的神勇,见宋军铺天盖地涌来,掉头而逃。

经过一番角逐,金太祖的嫡长孙完颜亶当了皇帝,史称金熙宗。

金军陷汴京,南逃的官员一个个狼狈不堪,唯有程昌寓带着十三房妻妾,悠哉悠哉地南下。

第二天,呼延通一身便装,骑着一匹乌骓马,带着二十几个亲兵,缓缓走出高邮城,又缓缓地走向金军大寨。

黑头虎闻报,一身戎装地骑马出寨,抱拳道:"有失远迎,谅……"

"之"字未曾出口,呼延通纵马上前,一把揽住他的腰。

金军先是一愣,待他们醒过神来,呼延通已挟着黑头虎沿着原路返回。金人不迭声地喊道:"快放了我们大王!"一边喊一边追。

追不及十里,有一名唤解营的村庄,突然响起一阵鼓声,三千宋兵从村中蜂拥而出。

呼延通将黑头虎交付几个小校缚了,拨转马头,率领伏兵杀了回去。金军群龙无首,又目睹了呼延通的神勇,见宋军铺天盖地涌来,掉头而逃。

呼延通挥军追了一程,杀了数百金兵,凯旋而归。

坐阵泗州的完颜宗辅闻两路兵败,遣完颜昌率七万大军扑向高邮。

恰在这时,曹成带兵赶到,两军同心协力,与金军大战了三日,死伤将士两千多人,正有些不支,韩世忠率军来援。完颜昌不想招惹韩世忠,渡淮水遁去。

躲在建康的刘光世和躲在平江府的张俊,得知完颜昌遁去的消息,提兵袭击滁州和六合的金军,迫使金兀术移军竹塾镇(在今江苏省盱眙县东南)。

一连串的捷报,雪片似的飞到绍兴,群臣相率庆贺,并为韩世忠请功,赵构赞韩世忠:"独抗金兵,功勋卓著,要算是中兴第一功臣。应当给予厚赏。"且面谕参知政事沈与求:"朕对世忠,当格外优奖"。遂超迁韩世忠为少保①,赏银三千两、绢三千匹;异姓亲属子孙补承信郎二人、五品服一人;五服②以内族人,封孺人③者三人,官帔④五道;

迁呼延通同州观察使,授解元武功大夫、吉州刺史,迁曹成武功大夫、忠州刺史。三人各赐钱五百贯。

如此厚的赏赐,前所未有,韩世忠回朝谢恩,下拜涕泣,赵构将他慰勉一番。韩世忠趁机进言道:"金齐联军,经吾等连挫,士无斗志。又因天下大雪,饷道不通,军中杀马而食,人心思归。如能调集江南军马,奋力击之,敌必不敌。在没有向敌发起攻击之前,臣愿移军淮河,监视敌军。"

赵构心有所动,召赵鼎商议,赵鼎非常支持韩世忠的建议,并鼓动赵构御驾亲征,赵构慨然允之,并命司礼监择一个出兵良辰。

司礼监奉命后,择日道:"腊月初六利出行,'煞北'。"

赵构自言自语道:"'利出行'易解。'煞'者,同'杀'也;'北'者,既指伪齐,也指金国。这个日子好,那就定在腊月初六吧!"

出兵的日子定了,却不商议调集军队之事,把赵鼎急得团团转,后经一个姓俞的高人指点,赵鼎不得不曲下身子,请杨沂中和几个大宦官吃饭。

不只吃饭,还一人送了一份厚礼。第二天便见到了成效,早朝后,赵构把赵鼎留下,商议北击金齐之事。

赵鼎自告奋勇,做北击金军的元帅,赵构笑微微地说道:"卿是朕的宰相,须臾不能离朕。"

赵鼎问:"陛下心中,莫不是已经有了元帅的人选?"

赵构轻颔龙首。

"谁?"

赵构道:"就是卿前次所荐的张浚。"

赵鼎道:"陛下圣明。"

赵构道:"孔圣人曰:'名不正,言不顺。言不顺,则事不成'。既然要张浚统率三军,掌军的枢密院得给他个位置。"

---

① 少保:古代官制有太师、太傅、太保,及少师、少傅、少保等,统称师傅、师保或保傅。宋代,少保是从一品,但没实权,只是一个荣誉职务。

② 五服:指五代或五辈,按照父亲家族的亲属关系来排,一、高祖父,二、曾祖父,三、祖父,四、父亲,五、本人。

③ 孺人:古代称大夫的妻子为孺人,明清时为七品官的母亲或妻子的封号。

④ 官帔:官夫人的首饰。

赵鼎道："陛下既然要臣留在您的身边，臣就不用带兵了。既然不用带兵，还戴着个'权知枢密院事'的帽子干什么？就把臣这顶帽子给张浚吧。"

赵构赞道："卿真是一个贤臣，公而无私！卿的右相已经做了半年多，若无卿，就没有大仪镇大捷。没有大仪镇大捷，哪有江左的安定？朕欲迁卿为左相。"

赵鼎双手作揖道："谢陛下隆恩！"

"张浚即使复出，恐怕也指挥不动刘光世和张俊。何也？他是一个遭贬之人。要让他做北击金军的元帅，就得大树特树他的威信，朕不但让他掌枢密院，朕还想让他做右相，卿以为如何？"

赵鼎心中"咯噔"一下，若是让张浚既掌军又做右相，实权比我还大……我。他有心反对，但找不出合适的理由，只得违心地将头点了一点："陛下圣明。"

一出宫，赵鼎便开始琢磨：皇上为啥突然对张浚这么好？但是，琢磨了几天，也没琢磨出来，便去请教俞高人。

高人曰："功高震主。"

赵鼎长叹一声，悻悻而返。

正当张浚调兵遣将，就要出兵泗州，谍人报称："金齐联军北撤。"

张浚有些不信："为什么？"

"原因有三，第一，军中缺粮，人心思归。第二，完颜宗辅病危，不想死在异国。第三，金太宗亦病危，命在旦夕，金主的桂冠，花落何人，乃是金廷上下非常关心的问题，完颜昌和金兀术能不关心？但身在异国的关心，与身在本国的关心，岂能同日而语。"

金军撤了，伪齐军能不撤吗？

撤！

金齐联军一撤，南宋北击金齐之事不再说了。但是，金军撤离泗州之时，做了两件事。第一件，放归两个宋使——魏良辰和王绘。第二件，由两个宋使带给赵构一个很霸道的草约，史称《宋金草约》。《草约》说，金国可以保留南宋藩国的地位，也同意册立赵构为王，但他必须退出江南，偏居闽粤之地。

赵构还没见到这个《草约》，金太宗已经挂了。

那一天，是金天会十三年（宋绍兴五年）二月九日。

经过一番角逐，金太祖阿骨打的长孙完颜亶当了皇帝，史称金熙宗。

金太宗不是没有儿子，有，而且达十四个之多。

他也不是不想把皇位传给儿子，想！

若是不想,就不会硬把长子完颜宗磐擢到国论忽鲁勃极烈的高位。

金太宗虽然做了十二年皇帝,但是军政大权并未掌握在他的手里。

作为一个皇帝,权力至高无上,他的话就是法律,但是,金太宗在世的时候,曾被他的臣子完颜宗翰和完颜宗干(勃极烈成员、金太祖庶长子)拖下帝椅,打了二十板子。

打了二十板子的原因,是他违背了祖制——除了打仗以外,无论谁,胆敢动用一文国库的钱,都要揍二十板子。

他动用的可不是一文钱,是五两银子。

干什么呢? 买酒喝。

完颜亶,不,应该称他金熙宗了。

金熙宗虽然是女真人,但他钟爱汉文化,不只熟读《四书》、《五经》,还会作诗。他对汉人,"马上可以得天下,不可以治天下"之说非常赞同。

再者,金人对宋是否用兵的私议,也传到了他的耳中——南宋的皇帝虽然无能,但他手下的几员战将厉害,特别是岳飞、韩世忠、吴玠、张浚等。

有此二因,他不像金太宗那样总想灭掉宋朝。

赵构,软骨头的赵构,一心想与金人议和的赵构。

遣忠训郎[①]何藓为使,带上丰厚的礼物,前往金国上京,一是吊唁,二是恭贺新君,三是商议修改《宋金草约》。

前两件事都好办,唯有后一件,难度很大。就连金熙宗自己也觉着,金方拟的这个《草约》太苛刻。但是,主战派完颜宗翰和金兀术仍持原议,他刚刚即位,不好多说什么,《草约》的事便搁置下来。

这一搁置,给赵构办了一件好事,使他腾出手来,全力以赴,进剿洞庭湖的杨幺。

杨幺,原名杨太,鼎州龙阳(今湖南省汉寿县)人,幼家贫,读过两年私塾,为人非常仗义,传说他是及时雨宋江转世。建炎四年,钟相聚众造反,他毁家相助,成为义军的一个首领。因他在首领中年纪最小,当地人管"小"叫"幺"。于是,称他杨幺。

要说杨幺,不得不说钟相。

钟相,鼎州武陵(今湖南省常德市)人。原是一个神汉,自称"弥天大圣",吹嘘说,

---

① 忠训郎:阶官名,为武臣官阶的第四十七阶。

他"法与天齐,包治百病,还能起死回生"。他成立了一个乡社,凡入社之人,只须根据自己财力,交一定的钱,彼此之间就可以"共济共助",为不少人解决了许多实际困难;他自吹自擂说自创了一个"大法"。只要他"行法",就可以"等贵贱,均贫富",一时间,吸引了无数善男信女,纷纷投在他的门下,虔诚地"拜爷"。

建炎四年二月,他聚众而反。不到俩月,占领了洞庭湖周围十九个县,建国曰"楚",年号天载,自称楚王,立其子钟昂为太子。立寨七十二。杨幺、黄佐①、杨钦、余端、刘诜、周伦等皆为寨主。

南宋境内,造反的人不是一个两个,势力比钟相大的也不是一个两个,是很多很多。

有多少呢?

十支也不止。

但是,除了钟相,没有一个敢称王,敢称孤道寡。

这还了得!

剿。

速剿。

第一个去剿钟相的叫孔彦舟,先做盗后做官;复做盗,再做官,反反复复中,那官越做越大,兵越来越多。

多到多少呢?

五万,几乎是钟相的三倍。

以三倍之兵来剿钟相,从兵力上,孔彦舟已经占了绝对优势;从个人能力来讲,孔彦舟是个既官又盗的两栖动物,从黄河以北的相州,一直抢到长江南的洞庭湖,不只与盗战,也与官军战,可谓是见多识广,作战经验丰富。钟相呢,乡巴佬一个,哪是孔彦舟的对手,只一战,钟相父子被擒,"献俘"赵构,孔彦舟得以迁官鼎州招讨。

这官已经不小了,可孔彦舟觉得自己功高赏薄,牢骚满腹。恰在此时,有言官弹劾他霸占自己的亲女儿为妾,为堵人口,逼他夫人说,这个女儿是前夫的。夫人不同意,他便把夫人脱光衣服,任军士奸淫,夫人不得不违心地承认,女儿是前夫的。此消息一经传出,舆论大哗,说他是禽兽的唾沫星子几乎要把他淹死。他一不做二不休,在鼎州抢掠一番后,带兵投降了伪齐,官拜河南尹。

孔彦舟走了,洞庭湖的事还远没有完。杨幺将钟相残部收集起来,自号"大圣天

---

① 黄佐:谋士,兼掌盘蛇寨,《说岳全传》中王佐的原型。

王",立钟相另一个儿子钟期为太子。

杨幺的本事比钟相大,运气也比钟相好。他主政"楚国"时,赵构刚刚结束上山下海的狼狈生活,川陕又起狼烟,这股狼烟是想要赵构的命,他得举全国之兵、全国之粮、全国之力去扑灭,哪里顾得上杨幺呀!直到仙人关大战后,金军退兵,川陕局势稳定下来,这才又着手进剿杨幺。

但是,这次所遣非人。

这个人是从开封过来的,叫程昌寓,他不是由盗而官,但他比那些盗呀贼的还坏。

北宋末年,金军打来了,身为蔡州知府的程昌寓,不是想着如何御寇卫国,而是逃跑,逃跑之前还把蔡州洗劫一空,反栽赃于义军。

他不只洗劫财务,还洗劫美女,有一个叫小心奴的戏子,混在难民中南逃,被他发现,强行拽进轿子,做了他的第十三房小妾。

金军陷汴京,南逃的官员,甚至是皇帝,一个个面黄肌瘦,衣衫不整。

唯有他,红光满面,坐着轿子,带着十三房妻妾,马车满载着金银丝绢,悠哉悠哉地南下,继续做官。

不,不是继续做官。

是升官。

——鼎州镇守使兼知鼎州。

他一上任,便领到了一个非常光荣的任务——剿灭杨幺。

剿贼剿盗,他不陌生,自当上县尉就开始剿,每剿一次就发一次财、升一次官。

剿贼剿盗能升官,这是个不争的事实,但剿贼剿盗还能发财,知之者就不多了。

无论是剿贼剿盗,都得花钱,这些钱,或者由朝廷拨,或者由剿贼剿盗的地方官自筹。

怎么筹?一是号召有钱人捐,二是摊派到辖区居民。特别是摊派一事,学问大着呢,只要有学问,就有钱可赚。做了多年的盗贼,能无积蓄吗?

当然有。

至于多少,朝廷不知道,百姓更不会知道。作为捕贼捕盗者,想报多少就是多少,余之全入了自己腰包。

汝说剿匪剿盗会不会发财?

不管汝怎么认为,程昌寓认为会发财,会发大财,所以,在进剿杨幺水军的时候,他的后边带了几条大船,这船上坐着包括小心奴在内的十几个内眷和上百个准备搬运赃物的家丁。

四十七　义收黄佐

　　杨幺越战越强,部队发展到十二万人,引起了伪齐的注意,遣使前来招降。
　　黄佐暗遣一使,潜入岳飞营中窥视,被飞营巡骑捉住,扭送岳飞。
　　张浚幕僚席益见岳飞按兵不动,密告张浚,言岳飞通寇。

　　八万官兵,水陆并进,世人都觉着杨幺这一次完了。
　　杨幺不仅没完,还抓了一批包括小心奴在内的俘虏,小心奴因祸得福,由程昌寓的一个小妾爬上了"天王妃"的宝座。
　　这样的事,三国的周瑜、孙权也干过,还造就了一个典故和四个歇后语。
　　典故:赔了夫人又折兵。
　　歇后语:周郎(瑜)妙计安天下——赔了夫人又折兵;孙权嫁妹——赔了夫人又折兵;周瑜骗孔明——赔了夫人又折兵;周瑜谋荆州——赔了夫人又折兵。
　　丢人呀!
　　这样的人,程昌寓还从来没有丢过。为报仇,他把自己攒了大半生的体己钱都拿出来,打造了四十三艘大船,每条船可载一至两千人,由芷江(今沅江上游)下水,气势汹汹地开向洞庭湖。
　　开得快,死得也快。四天后,全军覆没。有人问程昌寓,你的部队是杨幺的三倍,咋能败在他的手里?
　　程昌寓哽咽着说道:"出兵那天没有看日子。"
　　闻者,无不哂笑。
　　诏下,程昌寓落职为民。
　　荆南府、潭州、鼎州、澧州、岳州、鄂州制置使兼神武前军[①]都统制王燮,走马上任,

[①] 神武前军:南宋军名,神武军之一。建炎四年,宋高宗将御前军改为神武军,御营军改为神武副军。

担起了进剿杨幺的重担。

他久经沙场,哪能把杨幺看在眼里,第一次进剿才派了三千人,结果全军覆没。第二次进剿,派了三万人,死伤一万余人,大败而归。第三次进剿,倾巢而出,又一个大败而归。

杨幺呢?

越战越强,部队发展到十二万,被伪齐盯上了。伪齐两次遣使,谋求合作,被他绑起来抛到湖里。

他说:"我是堂堂汉人,你刘豫乃夷人的一条狗,我若跟着你走,岂不也成了汉人的败类、夷人的狗!我杨幺这一生,决不做夷人的狗!"

真个是义正词严,掷地有声。

赵构只听说伪齐遣使联系杨幺,并不知道杨幺的反应,暗自思道:一个杨幺就这么厉害,他若再与伪齐联起手来,我朝危矣!一定要不惜一切代价,尽快的剿灭杨幺!

遣谁去剿呢?

刘光世不行,张俊也不行,这两个家伙只知保存实力,根本不会为朝廷卖力。

吴玠呢?

善守不善攻。

韩世忠呢?

勇则勇矣,谋大局的能力有点不足,只可为将,不可为帅。

岳飞,岳飞文武双全,几乎没有打过败仗,对付一个杨幺应该没有问题。

就是他了!

赵构决心既下,便宣赵鼎、张浚等一班宰执进宫商议。

既然是商议,他就不能首先抛出自己的意图。

张浚如此受宠,总想着建一个什么大功,报答赵构。

建一个什么功呢?

剿灭杨幺,为皇上除去心腹大患!

作为朝廷的三号人物,请缨去剿杨幺,赵构心中尽管已经有了岳飞,但还是非常高兴,赞道:"卿勇于任事,请缨剿盗,真忠臣也!只是,卿身为右相,又掌枢密,不可远离京师。"

张浚道:"臣可以兼顾吗?"

赵构道:"怎么兼顾?"

"选一良将,做臣的副手,由他直接指挥剿盗之事。"

赵构问:"良将者何?"

"岳飞。"

赵构暗自笑了,说了半天,你张德远只是挂个名,事让岳飞干。如果这样,何如让岳飞直接挂帅?

不行,还不能让岳飞直接挂帅呢!

第一,文臣督军是我朝的惯例,这个惯例不能破。

第二,若不同意张浚挂帅剿盗,让岳飞建了灭国之功,何以为赏?赏倒不是一件大事,关键是功高震主!

想到此,赵构笑微微地说道:"德远所言,与朕不谋而合,就这么定了。"

次日,诏下:以张浚为都督;迁岳飞为武昌郡公、开国侯,兼清远军(治在今宁夏回族自治区同心县东)节度使并湖北路之荆、襄、潭州制置使,率领本部兵马,去洞庭湖剿盗。

又诏,湖南统制官任士安、王俊、郝晸等,一律到岳飞帐前听命。

出兵的日期定在五月。

岳飞的兵大都是北方人,属于旱鸭子一类,听说让他们去洞庭湖剿盗,天天打水仗,面有难色。

岳飞笑慰众将士道:"用兵讨寇,何分水陆?只要将帅得人,陆战胜,水战亦胜,本使自有良方,破这水寇,诸将士不用担忧。"

一番话,把众将士面上疑云尽皆扫去,跟着岳飞,兴高采烈地踏上征程。

岳飞未曾出征,便遣人去洞庭湖一带,广贴告示,招降"幺党",声言,未战先降,既往不咎;若能招徕同党,定有重赏;若执迷不悟,天兵到时,玉石俱焚。

盘蛇寨寨主黄佐,素来敬仰岳飞,见到告示,是降是战,犹豫不决,暗遣一使,潜入岳飞营中窥视,被飞营巡骑捉住,扭送飞帐,飞问明情况,不仅释了那人,还道:"黄佐乃杨幺谋士,智比范曾,所投非人,本使甚为他惋惜,若能来降,本使荐他做武义大夫①。"

那人去而复来,言道:"俺家寨主想请岳元帅去敝寨一聊。"

岳飞未及开口,牛皋、张宪等大声斥道:"放屁!俺家岳元帅什么身份,那黄佐又是什么身份?想降就降,不想降就战,耍什么诡计!"

---

① 武义大夫:宋阶官名,为武臣第二十一阶,正七品。

吓得那人汗流如雨,伏地请罪。

岳飞双手将那人搀起,安慰道:"牛、张二位将军对贵寨主不大了解,方有是言,汝不必在意,本使这就随汝去见黄寨主。"

牛皋高声叫道:"元帅不可行。"

岳飞问:"为什么?"

牛皋道:"这分明是黄佐施的诈,诓骗元帅入寨,擒之献功!"

岳飞哈哈大笑道:"贤兄想多了,黄寨主也不是那号人,我岳鹏举也不是那么容易擒的。"

牛皋道:"元帅执意要去,我也去。"

张宪、王贵、杨再兴、吉倩、姚政等,异口同声道:"我也去!"

岳飞摆了摆手道:"不必!我以坦荡之心待黄佐,他会报之以李的。况且,'不入虎穴,焉得虎子'。诸位如果实在放心不下,那就让再兴伴我可矣。"

他朝杨再兴招了招手,大踏步走出大帐,翻身上马,随那人去了。

黄佐派出那人后,一直焦急不安地等待消息,探卒来报:"董大回来了。"

董大者,就是出使飞营的那个人。

黄佐忙问:"他是一个人回来吗?"

"不是,还有岳元帅。"

他自知失口,忙改道:"不,不,小的错了,还有岳……岳飞。"

黄佐道:"就他两个人吗?"

"三个。"

黄佐道:"那一个,一定是岳元帅的亲兵了。"

说毕,一边命他内弟去迎岳飞,小寨安置;一边传召帐下诸头目,来大帐议事。

众首领到齐后,黄佐开门见山说道:"岳元帅文武双全,战无不胜,我若与他对敌,万无取胜之理,故而我想往降。实话告汝,岳元帅已经来了,而且,只来了两骑,其心之诚,足可感天。诸位中,愿降者,随我去迎岳元帅;若不愿降,也不勉强,此刻就可以走人。"

众首领异口同声道:"愿降。"

黄佐道:"好,请随我来。"

他带着众首领,来到小寨,见了岳飞,当先跪了下去,口称:"黄佐拜见岳元帅。"

岳飞笑容可掬地说道:"汝深明大义,率尔寨弟兄,弃暗投明,可喜可贺,快快请起。"

说毕,双手去搀黄佐。

待黄佐站起来后,岳飞笑对众首领说道:"诸位俱是深明大义之人。诸位既然归顺了朝廷,有几句丑话,也是实话,我得告知诸位:自今之后,尔等便是朝廷的人了,立功受赏,违法必究,望诸位好自为之!"

众首领齐道:"敬从元帅之教!"

"谢谢诸位,诸位请起。"

众首领叩首而起。

午宴,设在大寨的忠义厅。岳飞尽管戒酒多年,但此次重开酒戒,一一与众首领碰酒。过后朝黄佐丢了一个眼神,二人来到大寨一角。

岳飞直言问道:"杨幺可以招抚吗?"

黄佐道:"不能。"

岳飞道:"既然不能,咱就得消灭他。为了消灭他,汝等归顺朝廷之事,暂时还要保密。"

黄佐忙将头点了一点。

岳飞道:"本帅想请你办一件事。"

黄佐道:"无论何事,尽管吩咐,我一定尽力去办!"

岳飞道:"古智人言,用兵之道,'攻心为上,攻城为下;心战为上,兵战为下'。钟相、杨幺能掀起这么大的风浪是有人信他。你跟了他这么多年,他的劣迹、恶行,汝不会不知道。汝代我写一个《讨幺檄文》,广为张贴、散发,把他搞臭。"

黄佐忙道了一声"好"。

"汝多到君山寨(大楚的主寨,类似皇城)和各寨走走,一是了解杨幺的动向,秘密告我;二是把你的亲朋好友,以及有弃暗投明之心的策反过来。"

黄佐又道了一声"好"。

岳飞拍了拍黄佐肩膀道:"能不能早一些剿灭'幺党',汝至关重要。第一,归顺朝廷之事,汝和汝寨之人要绝对保密。第二,对于那些杨幺的死党,不要心软,能除掉的坚决除掉。第三,我这就回去上书朝廷,为汝讨封,请汝静候佳音。"

黄佐一脸感激道:"谢谢岳元帅。"

岳飞返回营中,当即上书朝廷,荐黄佐为武义大夫。

张浚有一幕僚,叫做席益,先期到达"都督府"。闻岳飞暗结黄佐,且又按兵不动,密告张浚,说飞通寇,请浚上疏劾飞。

张浚摇首说道:"飞忠孝两全,岂会通寇？兵有深机,非常人所能预测呢。"

席益遭浚一驳,羞惭而退。

五日后,岳飞赴潭州拜见张浚,叙及剿盗之事。张浚笑问道:"你来洞庭月余,一直按兵不动,何故？"

岳飞笑回道:"谁说我按兵不动？前天,剿周伦寨之盗,毙伤盗首两人、盗众三百五十六人,生擒盗首三人,招降盗众一万余。"

张浚赞道:"首战告捷,可喜可贺！节使下一步将有何为？"

岳飞道:"攻心为上,以盗治盗,辅之以战。"遂把如何招降黄佐,黄佐又如何代写、散发《讨幺檄文》,如何招抚同党,如何传递消息等仔细讲了一遍。结语时,还不忘为黄佐请功:"这个人太重要了,没有他的配合,就没有周伦寨的收复。我觉着,仅封他一个武义大夫,有些小了。"

张浚道:"节使以为,当封何职？"

"封一个右武大夫①怎么样？"

张浚道:"好,我这就上奏朝廷,为黄佐讨封。"

"还有什么事吗？"张浚问。

"湖南统制官任士安、王俊、郝晸,不服王燮命令,临阵脱逃,故有王燮之败。我欲整饬军纪,想拿他仨开刀,都督以为如何？"

张浚道:"我支持你,坚决支持你！"

岳飞道:"如此,我就放心了。您刚才不是问我,下一步将有何为？下一步嘛,我是这样想的……"

张浚听了岳飞的密言,大喜道:"甚好,甚好！"

岳飞告别张浚,返回营中,立马传任士安、王俊、郝晸进帐,历数其罪,一人加鞭三十。

鞭毕,岳飞戟指三人道:"汝等这会儿就去剿寇,只许胜不许败。若败,斩汝等之头！"

三人唯唯而出,各率所部入湖,自知非敌对手,一边进军一边呼道:"吾乃岳家军先

---

① 右武大夫:宋阶官名,从六品。

锋部队,岳元帅亲率二十万大军前来剿贼,想活命的赶快投降!"企图吓退"幺党"便可交差。

杨幺闻报,哈哈大笑道:"用兵,诡道也,哪有如此张扬,肯定岳飞没来,虚张声势也。就是岳飞亲来,我也不惧!"遂遣兵两万,前去迎战。

众"寇"出了寨门,见宋兵不到五千,领军的又是手下败将,勇气倍增,大呼着杀向宋军。任士安三人又惊又惧,更怕吃了败仗遭斩,不得不与敌死战。

四十八　智取杨幺

岳飞飞马面见张浚，立下军令状："八日灭杨幺"。

在众寇心中，杨幺是神，百战百胜，齐立船头观阵。

吴玠收到岳飞的礼物，回赠一个色艺双全的妓女。

战有一个时辰，任士安、王俊、郝晸再也支撑不住，败走一个叫苟陂山的地方。突然鼓声咚咚，伏兵四起，张宪、王贵、牛皋、岳云、杨再兴、吉倩各率一军杀出。

任士安、王俊、郝晸大喜，掉头复战众"寇"。这一仗，毙"寇"数千，俘"寇"一千余人。

如何处理"俘虏"？众将皆曰该斩。岳飞摇首说道："不可，不可也。"

"为甚？"

岳飞缓缓说道："用兵之道，攻心为上。我不只不杀他们，我还要给他们训话，请他们吃饭。"

那话是这样训的。

"尔等落草为寇，祸害一方，就是杀了尔等，也不足以偿死。尔等说，应该怎么处置？"

众俘默不作声。

岳飞继续问道："尔等之首，先是钟相，次是杨幺。钟相说他，'法与天齐，包治百病，还能起死回生。'尔等哪一个见过，他治过何病何人？如果能'起死回生'，他何不把自己'起死回生'回来？他还说，他的'大法'一行，就可以'等贵贱，均贫富'，全是一派胡言，尔等居然信他、从他、敬他，跟着他杀人放火，反抗朝廷，尔等说尔等蠢不蠢？"

众俘你瞅瞅我，我瞅瞅你，似有所悟。

"杨幺也不是一个好东西，造反起家，还自称是宋江转世。宋江最后不也是被招安了吗？不仅被招安，还奉旨去打方腊。归顺朝廷，是尔等最好结局。终究要归顺朝廷，何如早一点归顺？"

众俘又一次你瞅瞅我，我瞅瞅你，竟有人暗自点头。

岳飞本不善言辞，这一会却话如泉涌："谚曰，'做贼心虚'，尔等回忆一下，自从尔等做贼之后，躲在寨子里，过着提心吊胆的日子，有亲不能养，有子不能教，生何如死？！"

众俘再一次你瞅瞅我，我瞅瞅你，发出轻微叹声。

岳飞轻叹一声说道："人本性善，都是父母生父母养，谁不想在堂前尽孝？谁不想一家几代，生活在一起，其乐融融？而尔等不只不尽孝，不其乐融融，反跑出来作恶，岂不愧乎？"

众俘或是低头，或是轻叹。

"尔等之所以为贼，无非四种情况。第一，受妖人钟相、杨幺蒙骗；第二，家贫，想跑来讨个生活；第三，犯了法，不得不上'梁山'；第四，受了裹挟。不管哪种情况当了贼，只要放下武器从良，既往不咎。不但不咎，我还要请尔等吃饭，我还要发给尔等路费。"

说毕，传命开宴。

宴后，一人发二两银子。

众俘欢天喜地，离开岳营。直接回乡的多达三分之二，依然从"贼"的，或明或暗，大都说岳飞的好，或与岳家军秘密联系，提供情报。故而，杨幺的一举一动皆在岳飞掌握之中。他正想着何日出兵进剿杨幺，突然接到张浚一书，书曰："吾奉旨防秋①，即日入觐，洞庭事暂且搁置，俟来年再议。"

岳飞览了来书，飞马去见张浚，开口便道："都督且少留，待飞八日，即可破敌！"

张浚不信，微哂道："没这般容易吧？"

岳飞袖出小图，指给张浚看，且道："这是黄佐献来的洞庭全势，及杨幺平素守御，详列无遗，按图进攻，不出十日，可扫荡贼巢了。"

张浚道："水战可比不得陆战，王燮不是不能打，却栽倒在水寇手里。"

岳飞道："王燮用王师攻水寇，所以难胜。我用水寇攻水寇，自是转难为易。水战我短彼长，我以短攻长，如何不难？如今，我用幺寇的兵攻幺寇，剪他手足，离他腹心，使他孤立无助，然后用王师捣入，一鼓可平。八日内当献诸酋于都督。"

---

① 防秋：古代西北各游牧部落，往往趁秋高马肥时南侵，中原皇帝不得不调兵防守边疆，谓之防秋。

张浚沉吟良久方道:"你如此自信,我权留八日,八日后恕不相待了。"

岳飞应诺而出,回到营中,可巧黄佐求见,立即召入。

黄佐禀道:"杨幺族兄杨钦慕元帅大名,愿意来降,佐特与俱来,进谒元帅。"

岳飞满面欢喜道:"我素知杨钦骁悍,今前来归顺,大事成了,快引他进来。"

黄佐领命,引杨钦入见。钦至案前下拜道:"倾慕元帅盛名,久思拜谒,只因族弟谋逆,恐罪及同族,不敢轻投。今右武大夫黄佐,盛称元帅厚恩,不追既往,钦特登门请罪,还乞元帅宽恕!"

岳飞亲自下座,将钦扶起道:"吾未曾出征,已榜示天下,声言,凡从贼者,未战而降,既往不咎。若能招徕同党,定有厚赏。此言,今犹在耳,我不敢违也。汝若能再归湖中,招抚同济,我怎么待佐,便怎么待汝。"

杨钦满脸欢喜,叩谢而去。

越两日,杨钦引余端、刘诜等人来降,总道是岳飞会盛情款待,哪知行近案前,却见岳飞一脸怒容,弄得他丈二和尚摸不着头脑。没奈何向岳飞行礼,详禀招降情状。

忽听惊堂木响,岳飞厉声斥道:"杨钦,我叫你尽招诸酋,为何只招任人,便来见我?显得你是乖刁得很,左右快拖下去,杖责五十!"

杨钦未及分辩,已被岳飞帐下健卒七手八脚牵了下去,掀倒地上,杖责了五十板。

杨钦又气又恨,又无可奈何。帐上忽又传下号令,着杨再兴率将士百人,押杨钦等入湖,令他尽招诸酋。

杨钦边走边想,悔不该听黄佐之言,前来投飞。今他让我返湖,再招同党,我当诱他深入,杀他一个精光,方泄我心头之恨!

时已天晚,暮色苍茫,湖水为暑气所蒸,烟雾迷蒙,前后莫辨。

杨钦心中暗喜:"天助我也。"

他疾步而行,导再兴等人,曲曲折折的来到深巢。

深巢为一绝大水寨,驻兵数万人,传一口号,便有巡逻兵前来迎接。

杨钦正要入寨,忽听后面鼓角齐鸣,战船丛集,吓了一跳,回头一望,见牛皋、王贵、岳云、吉倩等,已从船头跃上水寨,顿时满脸惊疑,这是怎么回事?

这正是岳飞用兵的高明之处。孙子曰:"兵者,诡道也。"不诡无以用兵。杨钦是杨幺族兄,又是心腹大将,居然来降,是真是假,难以确定。

既然不能确定,我就以诈降相看,来它一个将计就计,故意发怒,杖责杨钦。待杨再兴押着杨钦等人走后,即遣牛皋、王贵、岳云、吉倩等,率兵数千,随杨钦潜入。那杨钦正在气头上,只管前边,哪顾后边。

到了此时,杨钦不得不把胸中的小算盘掷向湖水中去,招呼牛皋、王贵、岳云、吉倩等人一同入寨。

牛皋、王贵、岳云、吉倩等已受岳飞密嘱,岂肯轻易进寨?曰:"寨内人士,果愿降呼?如欲不降,我等便当杀入了!"

杨钦见问,不得不硬着头皮,大声呼道:"寨内弟兄听着,岳家军已经兵临我寨,众达数万,问尔等是降是战,若是愿降,请即迎谒;若是想战,这就放马过来!"

他这一喊,寨内乱了套,有的要降,有的要战。但要战的,不及五分之一,终是拗不过要降的,遂大开寨门,迎杨再兴、牛皋等人入寨。

牛皋等人,一边安抚众人,一边飞报岳飞。

岳飞接报,当即动身,见水寨正在君山脚下,地势险要。便登山四望,见湖右尚有贼舟,舟下有鼓轮激水,行驶如飞。两旁置有撞竿,所挡辄碎。长叹道:"怪不得前边官军常被撞沉呢!"

言毕,命众军士斩伐君山大木,穿成巨筏,塞堵港汊。又命用腐木乱草,从上游浮下,择水浅处,使兵士驾着水舟,前行诱敌,且行且骂。

众人听到骂声,竞来追赶,那诱敌之兵却徐徐驶去。

"贼"舟鼓轮撑篙,费尽气力,却驶不上去,好像胶住一般。

原来,舟轮都被乱草壅住,并有腐木拦着,处处都是障碍。进不能,退不甘。正当众人犹豫不决之时,官军的战船杀了过来。白袍银甲的岳飞,站在第一条船上,亲自督战。众人见了,无不惊慌,欲要沿原路返回,原路上又现官船,没奈何,奔向港中。

一到港口,便连声叫苦。

港口已被巨筏塞住。

塞还事小,那巨筏上还载着数不尽的官军。

这些官军争先恐后地跃上贼船,乱砍乱戳,贼众本就难以招架,港外又有官军杀来,不由得叫苦连天。

忽听有人喊道:"众弟兄莫慌,大圣天王来了!"

众人举目,果见杨幺的坐船向这里驶来,港口的官军,后队变前队,迎战杨幺。

在众人心中,杨幺是神,百战百胜。料这一次也必胜无疑,便停住了船,一齐涌到船头观阵。

谁知,这一次失败的不是官军,而是杨幺。

杨幺的坐船被官船撞了几个大洞。

听得官军大叫道："逆渠杨幺投水了！"

又听得官军拍手道："好好！逆渠被擒了。"

众贼探头遥望，果见自己的大圣天王被一黑面将军从水中擒出，跳上岳元帅的大船。

众人互相打听："那黑面将军是谁？"

有识者说道："牛皋。"

闻者道："听说这个人的陆上功夫很高，想不到水上功夫也如此了得，竟把咱们的大圣天王擒住。"

识者不屑道："高个屁，在岳家军中，牛皋的武艺连小将岳云都不及。"

众贼正议着，忽听官军大呼道："降者免死！"

听到"免死"二字，众贼慌忙放下武器，将双手高举过首。岳飞遣牛皋等收抚降众，自率张宪进攻杨幺总寨。寨中听说杨幺遭擒，大惊失色。又听说岳飞到了，自知难敌，忙开了寨门，挟着钟仪，迎拜马前。

岳飞进寨，登忠义堂，历数杨幺之罪，斩首示众，幺党尽皆股栗。

岳飞当场宣布，赦免余"寇"，令老弱归田，少壮为军。遂遣王贵，携杨幺首，至张浚处报捷。

浚得捷报，屈指算来，前后正好八日，不禁惊叹道："鹏举真是神算，无人可及！"乃令王贵返报，请岳飞屯兵荆襄，北图中原，自己则取道鄂州、岳州，转入淮东，至行在觐见赵构。

岳飞灭了杨幺，缴获钱粮、金银细绢无算，大小战船数百艘。他将钱粮拿出一半上交朝廷。又从战舰中拿出三条巨舰，分别送给韩世忠、张俊、刘光世。

吴玠呢？

雄踞川陕，巨舰对他用处不大，倒不如送他一些钱帛细绢实惠。

与中兴三大将相比，岳飞最年轻，资历也最浅。当他还是一个默默无闻的小卒时，韩世忠、张俊已经是官居二品的节度使。刘光世更牛，在诸将中，他第一个"建节"。就连吴玠也比岳飞"建节"早。

这四大将除了吴玠外，见岳飞屡立战功，既像鹤立鸡群，又像一颗冉冉升起的明星，光耀华夏。

妒忌！妒忌得眼中冒火。

尽管妒忌，岳飞把礼物送上门来，没有一个人拒收。

但是，收到后反应各异。

韩世忠拈髯说道："这小子行，不狂，眼中还有人，还有我这个韩世忠！"当即回书一封，表示谢意。

张俊呢，收到巨舰，冷笑道："显摆！炫耀！就像那下蛋的母鸡，下了一个蛋，'咯咯咯'叫个不停。哼，若非老子举荐，你岳鹏举哪有今天？"史书说他自此"对飞益忌之"。

刘光世呢，收到巨舰，既没说话，也不回书。

吴玠最逗，不仅回了书，还回赠了一份厚礼。

女人，一个非常漂亮的名妓。这个名妓叫毛媚儿，不只模样长得俊，还会唱，还会琴棋书画。

他为什么要回赠岳飞女人？因为在他心中，男人无不好色，"自古英雄爱美人——人不风流非英雄！"

所以，他非常好色。

他死时才四十七岁，有人说他的死是死在女人肚皮上。

四十九　大小眼将军

听说岳飞只有一个女人,相貌一般,我若回赠他一个美人,他能不高兴吗?

岳飞骤闻母丧,当即色变,说了声母亲,昏厥过去。

秦桧料知张浚、赵鼎为相,议和必不可成,遂换了一副面孔,讨好张、赵。

在南宋诸将中,岳飞没有崛起之前,吴玠最敬佩的人是韩世忠,黄天荡之战后,为了表示庆贺,他给韩世忠送了一个漂亮女子,韩世忠不仅笑纳了,还回赠他一把宝刀、二百条长枪。

韩世忠确实好色,好色的程度不亚于吴玠。

韩世忠娶了四个老婆。他从军离家,其妻白氏,耐不住寂寞,先是跟人鬼混,混着混着居然私奔了。他发迹后,白氏又返回头找他,他也不嫌弃,继续做他老婆,诰封秦国夫人。

他的第二个老婆,那可是无人不知、无人不晓——大名鼎鼎的梁红玉。

梁红玉原是一个官妓,诏封邠国夫人。

他的第三个老婆,也是一个妓女,还是杭州的名妓,原名吕小小,诰封吕国夫人。

他的第四个老婆姓周,还是一个名妓,被王渊所爱,花巨资为她赎身,做了小妾。

爱周妓的不只王渊,还有一个更厉害的人物——赵叔近。赵叔近不只是赵构的族叔,还是一个知宗①。

赵叔近听说王渊娶了周名妓,登门索要,王渊不敢惹赵叔近,把周名妓交给了赵叔近。

---

① 知宗:掌大宗正司。宋代,管理皇室的机构,一叫大宗正司,一叫宗正寺,一叫外宗正寺。任知宗者,必须是皇室成员,而且还是皇室成员中有德望的贤者。

两年后,赵叔近受了一个僧人蛊惑,居然起兵造反。韩世忠奉旨前去平叛,只一战,就把赵叔近给杀了。抄家时,把赵叔近一家数十口人全抓了起来,内中便有周名妓。因韩世忠曾为王渊属下,他便把周名妓送到王府。此时,王渊已经有了新欢,他知道韩世忠好色,也知道韩世忠曾对周名妓垂涎欲滴,便来个顺水推舟,将周名妓送给了韩世忠。

韩世忠已经有了四个老婆,给他回赠女人,他还那么高兴。

岳飞呢?听说只有一个女人,且相貌一般,我回赠他一个美女,他能不高兴吗?肯定高兴!

吴玠错了。岳飞的女人的相貌确实一般,出身也很卑贱,她叫李娃,字孝娥。长岳飞两岁,原是岳母的侍婢,岳母见她聪明贤惠,有大家闺秀之范,便让岳飞娶之为妻,生了一子,取名岳霖。

岳飞收到毛媚儿后,长叹一声道:"我知吴玠,吴玠不知我也。而今,国耻未雪,岂是大将安逸取乐之时!"

他当即便要把毛媚儿退回,张宪劝曰:"节使这样做,会伤了吴玠面子!"

岳飞想了一想道:"那就让她侍奉老娘吧。"

毛媚儿做妓时门前车水马龙,风光无限,如今让她去伺候一个老太婆,甚感失落,借口回乡省亲,在川地重操旧业,被吴玠发现,召而责之,毛媚儿据实以对。

吴玠叹曰:"我不如鹏举也。"致书岳飞,一表歉意,二表敬意。

岳飞哈哈大笑道:"吴玠还算知我!"

话刚落音,有诏,加封他为检校少保、兼任淮南西路和黄州制置使,以及荆湖北路、襄阳府路招讨使,移防鄂州。

诸将涌入岳飞大帐庆贺。

天空突然响了一个炸雷,震得窗户抖了几抖。

李娃的侍婢上气不接下气地闯进大帐,大声说道:"岳元帅,恭喜您,夫人生了一个虎子。"

诸将纷纷为岳飞贺喜,岳飞又一次开戒,喝得醉醺醺地回到卧房,见那婴儿一张肉嘟嘟的脸蛋上长了一个有点下勾的鼻子,和一个圆鼓鼓的双下巴,越看越爱,当即为他取了一个名字——岳震。

刚吃过岳震的喜面①,朝廷颁旨,任李纲为江西安抚制置使。

---

① 喜面:北方习俗,无论是生男生女,第十二天都要请客,吃面条。称之为吃喜面。

听说李纲复出的消息，主战派无不兴高采烈，奔走相告，就连伪齐的百姓也加额称好。

李纲的复出，张浚功不可没。

张浚自潭州回到绍兴，赵构当即召见，并赐宴便殿。宴后，二人密谈了一个时辰，其乐融融。张浚趁机将《中兴备览》（四十一篇）呈给赵构，且力荐李纲，说李纲对朝廷忠心耿耿，可堪重用，赵构轻轻颔首。

李纲自建炎元年罢相以后，也曾一度复出，任湖广宣抚使，兼知潭州。荆、湖、江、湘一带，流民溃卒，不可胜数，闻纲就宣抚使，均俯首帖耳。李纲日思规复中原，迭陈大计，不下万言，为二相（吕颐浩和秦桧）所忌，说他空言无礼，且在任，不闻善状，因而将他罢官。

赵构虽然罢了李纲的官，但对李纲所献之策还是很欣赏的。

——金、齐二寇，屡扰泗淮，非出奇无以制胜，应速遣骁将，自淮南进兵，约岳飞为犄角，东西夹攻，方可成功。

正当赵构想着，遣哪个骁将挂帅，进攻淮南，驻军楚州的韩世忠，遣解元前来觐见。

赵构在便殿召见了解元，曰："卿等那边的情况可好？"

解元道："说好也好，说不好也不好。"

赵构道："此话怎讲？"

解元道："我军在淮阳（今河南省周口市淮阳区），先是杀退金兵，后又被金兵赶了回来。"

赵构一脸惊疑道："淮阳不是伪齐的地盘吗，世忠怎能在那里杀退金兵？"

解元奏道："伪齐刘豫，聚兵淮阳，打算趁着秋高马肥进军我朝，为韩元帅所知，便来一个先发制人，引兵渡淮，杀到淮阳城下，适值金兀术来会刘豫，仇人相见，分外眼红，双方便干了起来。金方出战的是先锋牙合字堇（一译作叶赫贝勒），咱这一方出战的是呼延通。二人大战五十回合，未分胜败。两人相约，各将兵械弃去，徒手步战，约战了三刻，牙合字堇被呼延通扼住喉咙，拖回阵来。韩元帅麾军而上，将金军杀得大败，且克了淮阳城。两日后，金兀术、刘猊①引兵十万，前来复仇，将淮阳城团团包围起来，韩元帅

---

① 刘猊：刘豫侄儿，多次引兵攻宋。

命我杀出城去,向江东宣抚使署求援,可是……"

赵构道:"有什么话,但讲无妨。"

解元这才说道:"张(浚)宣抚不肯发兵。"

赵构心中暗喜:张浚这一次干得还不错,我一再嘱他,轻易不要招惹伪齐,免得引起金国不快。这一次,他倒听话!

口中却道:"张浚力主抗金、抗齐,这一次不肯出兵,怕另有隐情,后来呢?"

解元一脸愤色道:"我们只得突围而回。"

赵构挥了挥手,解元知趣而退。

半月后,张浚还朝,赵构问其淮阳之事。浚曰:"臣没有发兵相助,原因有二。一、陛下常告诫臣,不能轻易招惹伪齐,而这一次,韩世忠招惹的不止伪齐,还有金。二、对伪齐,臣一向认为,不招惹则已,一旦招惹,得把它打疼、打残,甚至打死!但就目前来讲,我们还不具备把伪齐打疼、打残、打死的条件。所以,臣才要韩世忠撤回来。既然要他撤兵,还能为他增兵吗?"

赵构频频颔首道:"卿做得对。卿的《中兴备览》,朕已仔细读过,写得非常好。卿为朕所绘'北伐伪齐,收复中原'之宏图,真的能够实现?"

张浚道:"只要朝廷能够修明政治,充实国力,用好诸将,一定能够成功!"

赵构道:"怎样才能用好诸将?"

张浚道:"令张俊屯盱眙,韩世忠仍屯楚州,刘光世屯合肥,杨沂中为张俊后援,岳飞还屯襄阳,寻机北伐。"

赵构轻轻颔首。

岳飞平定杨幺,收编叛军将近六万,大大地扩充了岳家军兵力。经报请朝廷批准,置十二军——背嵬军、前军、右军、中军、左军、后军、游奕军、踏白军、选锋军、胜捷军、破敌军、水军。这十二军,以背嵬、游奕和选锋三军最为精锐。

"背嵬"之名,始于西番,背嵬就是背影像山一样,雄壮巍峨。由这样的壮士组成的军队,当然是精锐了。何况,岳飞的"背嵬军"全部由骑兵组成,无论是长途奔袭,还是短距离发动冲锋,均是来去如风,以至于日后,金兵提起岳飞的"背嵬军",无不为之色变:"背嵬一来,寸草不留"。

游奕军是一支机动的轻骑兵。

选锋军的士兵,全是经过优选的"勇健无比"的士兵。

这十二军的统制,分别是杨再兴(背嵬军)、张宪(前军)、张用(右军)、王贵(中军)、牛皋(左军)、傅选(后军)、徐庆(游奕军)、董先(踏白军)、岳云(选锋军)、郝晸(胜捷军)、姚政(破敌军)、任士安(水军)。

此时的岳飞,拥军十万,在诸大将中,排名第一,就连张俊和韩世忠,各比他少两万。岳飞不无自豪地说:"有这十万雄兵,定能光复神州,迎回二帝,与关张同载史册!"

为了和关张同载史册,他再次上书赵构,建言北伐。

赵构又变了,致书岳飞:伪齐一定要伐,但时机未到,让他耐心等待。

岳飞心中有些不悦:这一等,也不知道等到什么时候?

就在他耐心等待的时候,眼病复发。

他的眼病已经六年了,每到盛夏,便发病,左眼重,右眼轻,看东西时,不得不右开左闭,时人戏称他为"大小眼将军"。

这一次复发,比以往都严重,"两目赤昏,饭食不尽","四肢堕废"。显然不适合执掌兵权了,便上书赵构,请求辞职养病。

赵构不允。坚决不允。

岳飞不得不一边治病,一边操劳军务,还屯襄阳之事暂搁一旁。

入秋后,岳飞的眼疾一天天好起来。他正暗自庆幸,忽接襄阳家报:"老夫人病逝了。"岳飞当即变色,说了声"母亲",便晕厥过去。左右忙将他掖住,齐声号叫,好容易唤醒了他,但见他仰天大恸道:"上未能报国全忠,下未能事亲尽孝,忠孝两亏,如何为臣?如何为子?"

左右竭力解劝,乃星夜奔丧,驰回襄阳。

既至襄阳,将母尸棺殓,扶梓至庐州守制,且上报"丁忧"。

丁忧,就得辞去官职,在家守孝,这是古礼,谁也不能违犯,否则就是大不孝。

只有一种情况,可以不丁忧,就是皇帝下诏,不让你守孝,要你继续为朝廷办事,这种情况叫"夺情"。

此时的岳飞统兵十万,又是金国和伪齐敬畏的英雄,赵构岂能让他丁忧?特赐银一千两,绢一千匹,又赠封其母为太夫人[①]。

不只不让他丁忧,又移他为京湖宣抚使。飞再次奏辞,赵构不允,只得泪别庐州,就任新职。朝廷又命他宣抚河东,节制河北诸路。

---

① 太夫人:汉制,列侯亡母称太夫人。后世沿之。

到了此时,岳飞只得移孝作忠,升帐点兵,遣牛皋收复镇汝军,杨再兴收复长水县,自督军攻克蔡州。又命王贵、郝晸、董先收复虢州及卢氏县,获粮十五万石,招降敌众数万,慨然上表,请求由唐州进军,收复中原。

赵构接表,在上边批了"暂缓"二字,飞长叹一声,乃召王贵等人返回鄂州。

张浚闻赵构未从飞奏,便自淮上入觐,面请赵构,驾幸建康,以励三军,收复中原。

赵构正犹豫不决,谍人来报:"伪齐调兵遣将,欲要南寇。"

赵构愤愤然道:"欺人太甚,朕就是一只兔子,急了也会咬人!"

遂召张浚、赵鼎入宫商议对策。

张浚又趁机劝他北伐;赵鼎则劝他进幸平江。

什么进幸平江,分明是去平江避敌!

赵鼎之言正合赵构之意,立表赞成,且曰:"朕去平江,绍兴不能不置一留守,朕觉着秦桧是一人选,二卿以为如何?"

秦桧被贬之时,本有永不复用的榜示,偏赵构是个没主见的主子,今日说他是恶人,明日又说他是善人。因此罢相一年,又令他知温州。未几,又令他知绍兴府。

秦桧性本奸诈,料知张浚、赵鼎为相,议和必不可成,不若虚与周旋,暂将"议和"二字搁起,换了一副假面孔,讨好张浚和赵鼎。

浚受其惑,荐其为醴泉观使①,兼官侍读。如今,皇上要他做绍兴留守,岂能不同意?赵鼎也来一个立表赞成。数月来,在用人上,这是张、赵二人唯一一次出奇的一致。

赵构很高兴,遂以桧为绍兴留守,孟庾为副,并准参决尚书省、枢密院事。

次日,赵构启驾平江,张浚前往江上(今江西省永修县江上村)。张浚到了江上,一杯茶还没喝完,谍人来报:"刘豫兵分三路入寇,且有金人相助。"

张浚沉吟半晌方道:"我料金人未必肯来。金人助豫数次,屡助屡败,难道还会相助吗?"遂将伪齐入寇以及自己所思,一并上奏赵构。

---

① 醴泉观使:即醴泉观察使。宋朝宫观名。仁宗至和二年(1055年)建醴泉宫观,后置使名——观察使,位次于节度使,虚衔,无定员。

五十　二相互掐

> 吕祉截住刘光世,厉声说道:"诏命已下,如有一人渡江,就斩你的人头!"
>
> 吴锡自恃骄勇,怒马突出,左持刀,右持盾,飞步上岗。
>
> 赵鼎心中有气,只能拿张浚泄愤,张浚说往东,他偏要往西。

金人的心思,果真被张浚猜中。

刘豫发兵南侵,曾向金乞师,金主完颜亶召群臣会议,完颜宗磐率先开言:"先帝立豫,无非让他作屏藩,使为宋害,今豫进不能取,退不能守,兵连祸结,无以休息,若屡从豫请,得了胜仗,唯豫受利,不幸致败,我且受弊。况前时因豫出师已遭挫损,难道还可许他吗?"

众臣齐道:"不可"。

金兀术欲言又止。

完颜亶想了又想道:"刘豫毕竟是先帝所立,既有所求,若是不允,有伤彼面。若允,正如卢虎(即完颜宗磐)所言,得不偿失,这样好不好,我佯为应允,遣一偏师,驻军黎阳(今河南省浚县),坐观成败。"

众臣皆曰:"陛下圣明。"

完颜亶移目金兀术道:"坐山观虎斗之事,就交给卿了。"

金兀术忙道了一声"遵旨",提兵两万,开赴黎阳。

刘豫见金主允其所请,分兵三路南寇。

第一路,由儿子刘麟率领,从寿春(今安徽省淮南市寿春镇)出发,犯合肥。第二路,由侄儿刘猊率领,从紫荆山出涡江(在今河北省怀安县东北),犯定远(今安徽省定远县)。第三路,由伪将孔彦舟率领,从光州(今河南省潢川县)出发,犯六安(今安徽省六安市)。

张浚得了消息,忙召集都督府几个要员,商议迎敌之策。

正议着,张俊偏将求见,虚张敌势,请求派兵援助。

张浚问:"伪齐军有多少?"

偏将回道:"十万。"

张浚道:"果真有那么多吗?"

偏将不敢应声。

张浚道:"伪齐军即使真的十万,张节使拥兵八万,相差不多。且是,张节使占着地利,以逸待劳;且是,又有韩世忠为邻;且是,拥兵八万的刘麟,进攻目标是合肥的刘光世,你们慌个啥?你们怕他个啥?汝回去后把我的话如实转告张节使,叫他守好阵地!"

偏将诺诺而退。

俄而,刘光世使者又到,言说,刘麟来势甚猛,请求撤退以避之。

张浚击案说道:"又一个畏敌⋯⋯"

他忽觉不妥,戛然而止,吩咐从吏道:"笔墨伺候"。

他修书两封,八百里加急分送张俊和刘光世。

刘、张接了张浚之书,当即拆曰:"贼豫以逆犯顺,若不剿除,何以立国?朝廷举兵,正为今日,只宜进战,不宜退保。我已命杨沂中率其部火速赶赴濠州(今安徽省凤阳县),做尔等援兵。"

刘、张二人,一边假装应敌,一边做逃跑的准备。

驻防楚州的韩世忠,虽然拥兵八万,一方面要对付刘猊军,一方面还要对付孔彦舟,兵力明显不足,张浚正想着如何从张俊、刘光世部队挖出一些兵来,支援韩世忠。赵构发来一个手诏,说张俊、刘光世怕是难以阻挡住伪齐军的攻势,倒不如让他二人退守江滨,飞调岳飞率兵东下,抵御伪齐。

张浚勃然大怒道:"这是谁给皇上出的馊主意?简直该杀!"

当即提笔,作书一封,遣都督府参军事吕祉驰奏赵构。书曰:

若让俊等渡淮,而淮南之险,与贼共有。淮南之屯,正所以屏蔽大江,倘使贼得江南,因粮就运,以为久计,江南岂可保乎?

我这时若是合兵掩击,可保必胜,若一有退意,则大事去矣。且岳飞一动,襄汉有警,何所恃乎?飞部不可调。

五十 二相互掐

吕祉出发后,张浚坐在大帐,正一脸焦急地等待消息,军吏来报:"刘光世带着他的六万兵马跑了,由合肥而庐州,再采石矶①。"

刘光世这一跑,把宋军的防线撕了一个缺口,伪齐军就可以从这个缺口长驱直入。张浚顿脚骂道:"刘光世这个混蛋,如此贪生怕死,这敌还怎么御?国还怎么保?我这就上书朝廷,对他严加惩治!"

言未绝,吕祉驰回,报曰:"皇上有旨,遵从相公之意,如各将有不用命者,军法从事!"

浚大喜,命吕祉驰往光世军,传达谕旨。

吕祉日夜兼程,追到采石矶,截住刘光世,厉声说道:"诏命已下,如有一人渡江,就砍下您的脑袋!"

刘光世见赵构动了真格,不觉股栗,忙率军返回,驻军庐州。

刘猊进军淮东,为韩世忠所拒,转趋定远。世忠遣兵袭之。

刘麟从淮西架三座浮桥,接连渡军,进袭蒙州、寿春交界。张俊出兵抵御,两负两胜。

刘猊素闻世忠大名,不想和韩世忠纠缠,自定远趋至宣化,欲攻建康。走到越家坊,"杨沂中"率军杀来。

刘猊料不可当,忙麾军退去,改向合肥进发,意欲与刘麟合兵,再定行址。

走到藕塘,望见前面有官军拦住,大旗上书一"杨"字,猊大惊失色道:"怎么又是这个髯将军?!"

怎么不是这个髯将军?前一个杨沂中,乃一偏将所扮。

杨沂中,又名杨存中,字正甫,代州崞县(今山西省平原县)人。

他身材魁梧,性情沉鸷,力气超人,作战勇敢,屡立战功,不只掌军,还掌宿卫之军,皇帝近臣中的近臣。因他生了一脸大胡子,时人便称他髯将军。又因他掌禁军二十余年,处处看皇帝眼色行事,时人又称他"髯阉"。

"阉"者——宦官也。

"髯阉"——带胡子的宦官。

刘猊见又出现一个杨沂中,不得不硬着头皮接战,但不是杨沂中对手,大败而去。

---

① 采石矶:又名牛渚矶,位于安徽省马鞍山市西南的翠螺山上,与城陵矶、燕子矶合称长江三矶。而采石矶以其险峻山势、绮丽风光,居三矶之首。

将至合肥,又被杨沂中挡住了去路,心中大感道:他难道是鬼!

杨沂中不是鬼,是他料到刘猊要去合肥,由间道而行,故而先刘猊一步,立营待着。刘猊又气又恨,咬牙切齿道:"杨沂中,我和你拼了!"遂列阵抵御。

那阵是据山而列,自以为有着居高的优势,命骑士挽弓立射,矢如雨下。

杨沂中命令军士伏地,待他射了三轮之后,士气已衰,这才命他手下第一枭将——统制吴锡,率精骑五千出击。

吴锡乃猎户出身,所在家乡有一山,山上不只有豹子,还有老虎,被他打得不敢在山上存身。他自恃骄勇,怒马突出,左持刀,右持盾,飞步上岗,众将士见了,勇气倍增,不管死活,拼命随上。

刘猊忙命将士拦截吴锡,哪里拦得住,自己的阵脚反倒乱了起来。

杨沂中自麾精骑横冲猊军,且大呼道:"贼破了,贼破了!"

刘猊忙纠正道:"胡扯,给我顶住!"

不只刘猊怕杨沂中,伪齐军也怕。而杨沂中的嗓门又特别大,盖住了刘猊的声音。伪齐军误认为真的败了,掉头狂奔。

他们在前边跑,宋军在后边追。

跑着跑着,一彪人马拦住去路,大旗书一"郭"字。

这彪人马的出现,不说刘猊吃惊,就连杨沂中也没想到。

这支人马也是宋军,率队的叫郭仲荀,奉张浚之命,自泗州来援合肥,正撞上猊兵败退,迎头而击,杀死猊兵无算。

刘猊突围而去,奔至李家湾,正想歇一歇腿,张俊统兵杀来,吓得魂飞魄散,欲夺路而逃,偏那张俊盯住不放,且指挥兵士,把他困住。

刘猊左冲右突,不能脱身,亏得谋士李愕令猊卸甲弃盔,钻进步兵队里,方免官军注目,从刺斜里溜出重围,才得走脱。猊与愕奔了数里,四顾无人,方敢少息。越想越觉恓惶,不由得痛哭起来,且用首触愕道:"不意此次用兵,遇到一个髯将军,真正晦气,害得我军覆没,真好苦啊!"

李愕问:"髯将军,何人也?"

猊带着哭腔道:"闻官军称他为杨殿前(因其部隶殿前司,故又称他杨殿前),大约就是杨沂中哩。他真是厉害,锐不可当!"

愕欲劝无词,只能任他抽泣、叹息。

俄而,有败军数十人,骑马逃来,统是盔甲不全,狼狈得很。愕语猊道:"此处非休息之地,恐追兵又要来了。"

刘猊慌忙起立,向骑兵索了一匹马,扬鞭遁去。

李愕也向骑兵索了一匹马,与刘猊同遁。

不一刻儿,杨沂中果真率众追来,失了马的二伪卒,落在后边,为沂中所俘。沂中又追了一程,不见刘猊和李愕,鸣金收兵。

这一仗,刘猊所统伪齐兵,死了三四万,降了五六万,伪齐元气大伤。

刘麟初闻刘猊兵败,忙退军数十里,不敢与张俊相持,所以俊得以转攻刘猊。

刘麟闻猊全军覆没,越发丧胆,兵撤泗州。

孔彦舟见二刘之军,一灭一退,忙撤六安之围,引众急还。

至此,伪齐南寇彻底失败了。

那刘豫依然不甘失败,遣使金国上京,乞求援兵,再寇南宋,不只未达目的,反遭金主诘责,说他无能。自此,渐失金人之欢。

刘豫这一次南寇,既暴露了他的无能,又遭金人厌恶。张浚心中暗喜,上书赵构,要乘胜进攻河南,且乞圣驾速幸建康。

此二言,遭到了右相赵鼎的反对。

他不但反对进攻河南,还劝赵构回跸临安。

建康与临安,一北一南,二者相距五六百里。鼎果欲中兴宋室,理应劝赵构北进建康,不应该让赵构南退临安!

鼎为南宋名相,志在收复中原,中兴宋室。张浚之言,应该正合其意,他为什么唱了反调?

这里边有隐情。

自张浚视事江上,常遣参军事吕祉回行在奏事,每在帝前常常夸张浚而抑百官,这百官,当然也包括赵鼎。弄得赵鼎心中很不舒服,少不得要呛他几句。

吕祉不爽,见了张浚,反说赵鼎妒忌张浚,"不只抑都督之功,凡涉及咱军之事,处处牵制,百般刁难。"

张浚居然信了,上书赵构,表示对赵鼎的不满。

赵构明知道二相有了误会,也明知道这误会来自吕祉,作为一国之君,就该想办法消除。他却不是这样,听之任之,甚而还假惺惺地提醒赵鼎:"张浚与卿生隙,出自吕祉一人,卿不能不防。"

这不是没事找事吗?

不，不只是没事找事，是在挑拨离间。

赵鼎听了，心中也是很不舒服，勉强笑了一笑回道："臣与浚本如兄弟，毫无谦怨，今既由吕祉离间，致启浚嫌，不若留浚独相，使他尽展才具，臣愿告退。"

赵构道："这事不急，待浚归来再议。"

他这一说，赵鼎心中更加不舒，暗自说道："您作为皇帝，有人挑拨是非，您就应该对挑拨者严惩，可您还要等张浚归来再议，这话，又不能向赵构说，只能拿张浚泄愤，故而，你张浚说向东，我偏要向西；你张浚说某事该做，我偏说某事不该做！"

唉，还号称名相哩！心胸狭窄如此，莫说名相，连个常人都不如！

一晃，几个月过去了，张浚见赵构依然安居平江，也不说北伐伪齐的事，便回到平江，觐见赵构，一是请他早日移驾建康，二是伐豫。说到讨伐刘豫，他突然想起刘光世。

"陛下，刘光世畏敌如虎，每临战或不出兵，或不战而逃，怎堪为将，请解除他的军权。"

是时，鼎亦在旁，驳之曰："刘光世累世为将，素称中兴功臣，手中握兵六万，突然解除兵权，恐要引起动乱。"

张浚见赵鼎和自己唱反调，愤然曰："朝廷正要北伐刘豫，收复中原，岂可让贪生怕死之人继续掌兵？是的，刘光世确定累世为将，但当金人打来的时候，他父子俩都干了些什么——跑。宣和四年（1122年），宋辽燕京之战，其父带着十万宋军，屯驻卢沟桥，辽将玩了一招'蒋干盗书'，便把他吓得屁滚尿流，烧营而走，十万人马，却让辽的五千人马追着屁股打，几致全军覆没。"

赵鼎"嘿嘿"一笑道："评价一个人，不能只看他走麦城，还得看他过五关斩六将。在燕京之战中，其父刘延庆表现确实不咋的！但他也有行的时候，比如，抗击西夏，他屡立战功，夏军畏之如虎……"

赵构把手摆了一摆道："刘光世的事，咱暂且不议，咱说一说刘豫，该不该伐？"

张浚应声说道："该伐！"

略顿又补充道："他刚刚被我军打败，伐正当时。"

赵鼎又唱反调："刘豫算什么东西，想什么时候灭他，就能什么时候灭他。但是，他的皇帝是金国所立，伐他就是伐金。"

他话音一落，张浚便顶了上去："刘豫固然是金所立，但他屡为我军所败，金国开始讨厌他了。所以，我伐伪齐，金军不一定上，就是上，他又不是老虎，而且，也曾屡屡为我军所败，我不必惧他！"

他知道赵构素来畏金，为了解除赵构的顾虑，继续说道："据我推测，我们若是讨伐伪齐，金人不会出兵！"

　　赵鼎冷声问道："你凭什么推测，金人不会出兵？"

　　赵构暗道："问的好。卿就是不问，朕也要问。"

　　张浚料到赵鼎有此一问，回曰："此次，伪齐集三十万大军伐我，伪齐向金乞师，金遣了一个金兀术，驻军黎阳，作壁上观，自始至终，未为伪齐说过一句话，出过一个兵。"

　　赵构问："卿觉得，我若伐齐，金国不会出兵相助？"

　　张浚一脸肯定地说道："不会。"

　　赵构道："刘豫只不过我朝的一个府官而已，居然屡屡跑到主人头上撒尿！不教训他一下，他忘了王二哥贵姓。"

　　张浚喜形于色道："陛下既然同意教训刘豫，剩下的事，就由臣办。不过，臣还想说一说刘光世的事……"

五十一　张浚造孽

赵构就腿搓绳,不再为太上皇和太后守制,上太上皇尊号曰徽宗。

岳飞接诏,兴奋得夜不能寐,披衣而起,拟《乞出师札子》一道。

张浚闻岳飞回庐山为母守孝,当即入宫,告岳飞黑状。

张浚盯着赵构,满目期待。

赵构道:"卿说吧。"

"要北伐,必须严肃军纪,刘光世不只畏敌,也不只是一味地保存实力,他那些士兵,军纪特别差,欺压百姓,抢夺民财,被人称之为'明寇'。若不整饬军纪,北伐很难成功。若不把刘光世拿掉,那军纪就很难整饬!"

赵构道:"既然这样,刘光世的事就交给卿了,卿想怎么处置,就怎么处置。"

张浚深作一揖道:"谢陛下。"

认知张浚,等于否定了赵鼎,赵鼎当即提出辞官,赵构一再挽留,赵鼎坚辞。

赵构轻叹一声道:"卿执意要辞,那就改任观文殿大学士,去绍兴做知府。"

赵鼎在朝时,身系二职,其参知政事给了刘大中,其权同枢密院事给了沈与求。

赵鼎还没离开临安,罢刘光世的诏书便颁了出来。

罢刘光世为万寿观使,其部改隶都督府。

张浚好生欢喜,遣吕祉前往常州,节制刘光世军。

沈与求闻之,面劝张浚道:"罢光世,其部怨气甚大,要节制他们,得遣一个威望很高的人。今让吕祉去,他镇不住台,怕是要让都督失望呢。失望倒事小,若是引出一些乱子来,不管是对朝廷,还是对都督您,都不好。"

张浚微微一笑道:"你对吕祉不大了解。他跟了我多年,我知道他行。"

沈与求叹息而去。

越日,张浚视师在京禁军,不告与求,既得旨,与求叹息曰:"这是军国大事,不得与闻,还掌的什么枢密院?"遂上书辞官,赵构不允,未几病殁。

张浚独掌军政大权,要风得风,要雨得雨,正踌躇满志地筹划北伐。王伦、魏良臣、高公绘、何藓等自金归来。

这些人本是南宋遣金之使,被金国扣留,久者长达八年。因刘豫南寇惨败,加之和尚原、饶风关、仙人关之战,使金人逐渐认识到,南宋并不好欺,这才将他们几个人释放。

这些人归来,带来两个消息,第一,金国不想和南宋死磕了。第二,道君皇帝及显肃太后相继告崩。

赵构听到道君皇帝和郑太后驾崩的消息,"嚎"的一声哭了起来。他一边哭一边说道:"隆裕太后爱朕如己出,不幸薨于绍兴元年。所望太上帝后,得奉迎还朝,借尽人子孝道,哪知复崩逝异域,使朕痛心疾首!悲乎,悲乎!"

说至此,又大放悲声,经众人力劝,泣道:"守制三年!"

文武百官大都不赞成赵构守制,纷纷上书谏止。

何也?

国不可一日无君。

况且,道君皇帝崩于绍兴五年(1135年)四月。郑太后去世,距道君皇帝仅隔数月,二人之崩,距今将近两年,只是南宋不知罢了。

赵构说要守制,只是说说而已。他龟孙若是真孝,他爹、他娘被掳北上,途经河北,就该前去解救,他不但不救,还带着十万人马,跑到济州躲起来。

这一谏,赵构就腿搓绳,不再守制,上太上皇道君尊号曰徽宗,郑太后尊号曰显肃;遥尊生母宣和皇后为宣和太后。

办完这两件事,又召王伦入朝,曰:"宣和太后春秋已高,朕日夜惦念,不遑安处,屡次屈己讲和,以便迎养,怎奈金人不许,令朕无法可使。今上皇及显肃太后梓宫①在金,不得不遣使奉迎。卿在金数年,与金酋熟稔,且去过五国城,觐见过先帝徽宗和显肃太后,朕欲遣卿出使金国,告之金主和宗颜,还我梓宫,归我母后,且不惜屈己修和。且河南一带,与其付与刘豫,不若仍归还我,卿其善言,毋负朕命!"

王伦唯唯而出。

即日诏下,任王伦为奉迎梓宫使,克日上路。

---

① 梓宫:皇帝棺材的尊称。

张浚见赵构又要议和,即入见赵构,请命诸大将,率三军发哀成服,北向复仇。

赵构默不作答。

张浚长叹一声,告退还府,想了又想,还是不能与金议和,连夜自修表章一道,呈于赵构:

> 陛下思慕两宫,忧劳百姓,臣之至愚,获遭任用,臣每感慨自期,誓报敌仇,十年之间,亲养阙然,爱及妻孥,莫之私顾,其意亦欲陛下孝养之心,拯生灵于涂炭,昊天不吊,祸变忽生,使陛下报无穷之痛,罪将谁执?
>
> 念昔陕蜀之行,陛下命臣曰:"我有大隙于此,刷此至耻,惟尔是属。"而臣侥幸成功,拒敌于国门之外。
>
> 惊闻两宫客死异邦,人神共怒。"孝子之于礼,仇不复则服(孝服)不除,寝苫枕戈,无时而终。"
>
> 迎梓宫可也,议和不可也。请陛下莫忘大计,移驾建康,克日北伐。

章上,赵构不理不睬。

再上,赵构还是不理不睬,张浚愤而上书辞官。

他这一上,引得一些主战之臣,或上书辞官,或上书直指朝廷之非。

诸书中,以荆南知府王庶、徽猷直学士胡寅和枢密院编修胡铨等人的言词最为激烈。

王庶曰:"奉衣冠刀剑,起灵庙",象征性地"祭之名山,尽举终之典。使海内咸知,梓宫还与否,不足为国重轻。"然后,"问罪致讨","刷宗庙存亡之耻!"

胡寅曰:"大行太上徽宗皇帝、大行太上显肃皇后,蒙犯胡尘,永诀不复。吾国与金,有不共戴天之仇。考之于礼,仇不复则服不除,寝苫枕戈,无时而终,何以和之?"

胡铨的话更为刺耳:"我与金仇不共戴天,然朝廷隐忍含垢,向金求和,谓可庶回封豕荐食之心,军民失望。"

赵构阅书,脸上红一阵,辣一阵,想了又想,召张浚入朝,叹之曰:"王庶他们要朕对金强硬,朕何尝不想!但是,梓宫在金人手中,若激怒了金人,不放梓宫,朕将落个不孝恶名,故而议和这一味药不能不吃。但是,该北伐咱还北伐。朕这一番苦心,别人不知,卿难道也不知吗?"说到此,泪流满面。

张浚安慰道:"陛下这一番苦心,臣确实不知,经您这么一说,臣知道了。臣可以出面,说服王庶他们。但是,臣有一个请求……"

赵构道:"请讲。"

张浚道:"驾幸建康。"

赵构想了又想,方道:"也可。"

未及移驾,沈与求劝张浚那番话,通过杨沂中之口传到赵构耳中,他也担心吕祉镇不住台。恰在此时,岳飞自鄂州入觐,便问:"卿有良马乎?"

岳飞莫名其妙,但又不得不答:"臣本有二马,材足致远,不幸相继死去。今所乘之马,日行百里,便力竭汗喘,欲再寻一匹良马,虽出巨资而不获,良马难求啊!"

正说着马,赵构突然又来这么一句:"朕欲收复中原,中兴宋室,关键何在?"

岳飞回道:"文臣不爱钱,武臣不惜死!"

赵构赞道:"说得好,卿就是朕的良马呀!刘光世,卿也知道,不配为大将,朕已将他罢职,他的淮西军原本想让参军事吕祉节制,一些大臣认为,吕祉不能胜任,朕想把淮西军交你节制,卿意下如何?"

岳家军已经拥有十万之众,在南宋各路大军中首屈一指,如果再加上刘光世的六万人马,几占南宋五路大军的一半。有了这么多人马,收复中原就容易多了。岳飞强忍欢喜,朝赵构作了一揖道:"陛下如此信任臣,臣只有感激而已。"

赵构笑眯眯道:"卿既然同意,朕就将淮西军交给卿了。"

翌日,连下两诏:一、迁岳飞为太尉①,淮西军划归岳家军;二、诏告淮西军的两员重要将领——王德、郦琼:"听飞号令,如朕亲行。倘违斯言,邦有常宪。"

岳飞接诏后,兴奋得夜不能寐,披衣而起,拟奏章一道,上达赵构。这个奏章就是后人说的《乞出师札子》。奏曰:

> 臣自国家惨遭变故以来,跟从陛下转战大江南北,有投身报国、复仇雪耻之心,也凭社稷威灵,粗立功劳。陛下不以臣出身微薄,拔自布衣,加以重用,短短十年,官至太尉,品比三公,岂敢不昼思夜想,呕心沥血,以图报国。
>
> 金人之所以立刘豫,盖欲荼毒中原,以中国攻中国,金人因得休兵观衅。陛下若假臣日月,臣便提兵趋京洛,据河阳、陕府、潼关,以号召五路叛将。

---

① 太尉:初置于秦,为全国最高军事长官。徽宗时,定为武官官阶的最高一级,但无职责,仅为尊称。

叛将既还,遣王师前进,彼必弃汴而走河北,京畿、陕右①可以尽复。然后,分兵浚、滑,经略两河。如此,则刘豫父子成擒,金国可灭,社稷长久之计,实在此举。

赵构览奏,批答道:"卿如此,朕复何忧,一切进止,朕不遥制。"意犹未尽,又召岳飞至寝阁,殷殷而谕道:"中兴之事,委之于卿,除张浚、韩世忠不受节制外,余皆受卿节制。"

飞谢恩欲出,赵构道:"别急,朕想在行在为卿建一府邸,卿可自选其址。"

岳飞辞曰:"夷狄未灭,何以家为!"

赵构轻轻颔首,稍顷又道:"天下何时太平?"

岳飞回曰:"文臣不爱钱,武臣不惜死,天下太平矣!"

赵构频频颔首,避座目送岳飞出殿。

岳飞回到鄂州,召集诸将,喜形于色道:"收复中原,中兴宋室,有望矣!"遂将与赵构的对话,复述了一遍。

诸将一个个喜笑颜开。

正当岳飞雄心勃勃,精心筹划收复中原大计之时,跑出来两个妖孽。

哪二妖?

秦桧和张浚。

秦桧一心主和,而岳飞主战,淮西军若由岳飞接管,势力就会增大。岳飞的势力越大,议和的阻力越大,这是秦桧不愿看到的,故而百般谗言,离间赵构和岳飞。

张浚虽然主战,但也反对岳飞接管淮西军。何也?

他有私心,第一,他想把刘光世的部队抓到自己手里。第二,嫉妒。他的志向是北伐中原,收复失地,中兴宋室。他的职务是都督,本应都督全国诸路军马。而今,皇帝居然把"中兴一事,委之岳飞。"而且除张浚、韩世忠不受节制外,其余皆受岳飞节制。如果真的这样,把他这个都督置于何地?他还能都督了谁?中兴宋室的愿望还能在他手里实现吗?

不行,淮西军说啥也不能让岳飞接管!

第二天早朝后,他独自留下,问了赵构两个问题。

第一,宋自立国以来,为什么要崇文抑武?

---

① 陕右,古人以西为右,陕右就是陕西。

第二,陛下如此信任岳飞,给他这么多的兵,这么大的权,他一旦有了异志,奈何?

这两问,不仅让赵构想起了崇文抑武的祖制和陈桥兵变,也想起了苗刘之变,想起了岳飞不听诏命的前科。

——那是建炎三年(1129年),江西虔州、吉州爆发农民起义,波及两广多地。岳飞奉命平叛,攻下了虔州,生擒义军头领,捷报送达赵构,只因该城义军曾经把隆裕太后吓病,赵构密令岳飞屠城。岳飞反复申述理由,赵构虽说同意不再屠城,但心中很是不爽。赵构被张浚这么一问,"幡然醒悟":不能把这么多军队交给一个人带,军权过于集中的后果,那就是"陈桥兵变"。

赵构长叹一声道:"卿所言甚是。"

张浚见目的达到,再拜告退,喜滋滋地回了都督府。

让岳飞接管淮西军是自己说的,让岳飞节制除了张浚和韩世忠之外的所有将领,也是自己说的,泼出去的水,怎么收回?

赵构想了三天,实在无法向岳飞开口,便把球踢给了张浚。你张浚既然提出二问,显然是不想让岳飞接管淮西军,我就遂了你的愿,但你得替我唱一次黑脸。

于是,他便命岳飞到都督府商议接管淮西军之事。

岳飞奉诏去见张浚,浚笑微微地说道:"淮西军归属之事,皇上召我议了两次,觉着好好的一支部队,不能因为刘光世不好,把这支部队给灭了。王德,你也知道,打仗勇敢,曾独闯金营,一连杀了十八个金兵,金人称其为'夜叉'。此人,是淮西军第一枭将,朝廷想让他来统领淮西军,由吕祉相助,太尉以为如何?"

岳飞应声说道:"王德、郦琼乃刘光世左膀右臂,二人职务相仿,一旦德出琼上,琼必不服,不服就要相斗。吕参军未习军旅,恐不能服众。"

张浚又道:"张俊怎样?"

岳飞道:"张宣抚系飞旧帅,飞本不敢多口,但为国家计,恐张宣抚暴急寡谋,尤为琼等不服。"

张浚复又问道:"杨沂中呢?杨沂中当高出二人。"

岳飞又道:"沂中虽勇,与王德相等,亦不能控制此军!"

张浚不禁冷笑道:"我固知非太尉不可!"

岳飞正色道:"都督以正道问飞,不敢不直陈所见,飞何尝欲得此军哩!"

岳飞自知收编淮西军无望,除了张浚、韩世忠不受节制的许诺更是不可能兑现,心如死灰,当即辞出,令张宪暂摄军事,上章告假,也不待朝廷批复,径归庐山,至母墓旁,筑庐守制。

张浚闻岳飞离去,恨上加恨,当即入宫,告岳飞御状,说岳飞"积虑专在用兵",整天琢磨着吞并别人的部队。

这一番话,还不算恶毒,第二番话,简直要把岳飞置之死地。

"陛下,岳飞的翅膀硬了。岳飞为母守制,确实应该,可朝廷已经让他'夺情',因没让他接管淮西军,怒而去了庐山。说轻了,目无朝廷;说重了,是要挟朝廷。"

赵构面沉如水道:"把岳飞褫职。"

张浚又问:"淮西军的事?"

赵构道:"卿全权处置。"

五十二　一匹好马

郦琼哂笑道："吕祉,到了此时,生死还由得你吗?你想死,我偏不要你死!"

赵构长叹一声道："岳飞是一匹好马,一匹不可多得的好马。但是,有些烈。"

李若虚道："我自找没趣的结果,无非被您岳元帅轰了出去!您呢,您知道您犯了什么罪?"

有了"全权处置"这把尚方宝剑,张浚的胆更壮了,一面命兵部侍郎兼都督府参军事张宗元权知鄂州,监视岳军;一边令王德为淮西军都统制,郦琼为副,吕祉为淮西军统制。

果然不出岳飞所料,郦琼原本是一个流寇,领过千军万马,武功和王德也在伯仲之间,如今却做了王德副手,王德叫他向东,他偏往西,二人的矛盾越来越大,发展到剑拔弩张的地步。

吕祉也想调和,但调和不动,没奈何,回朝向张浚诉苦去了。

吕祉一走,他俩你告我,我告你,列状交诉于都督府和御史台,弄得朝野议论纷纷,张浚便召王德还建康,命吕祉复回庐州。别命杨沂中为淮西军都统制,刘锜为副。

吕祉一到庐州,郦琼便向吕祉讼德,吕祉语琼曰:"张丞相但喜向前,倘能立功,虽大过不计较,况小小嫌疑呢!祉当荐公为都统制。"

自王德上调建康,郦琼总觉着他会在张浚面前进谗,天天提心吊胆,听吕祉这一说,悬着的心方算落地,连道了三声"谢谢",一揖到地。

吕祉这家伙,是典型的"当面叫哥哥,背后掏家伙"的家伙,他自以为稳住了郦琼,便开始玩小动作,上书朝廷,请罢郦琼等人之职。

郦琼看粗不粗,表面上他对吕祉俯首听命,暗中却在观察着郦琼的一举一动,且花重金收买了他的书吏。

吃人家嘴软,拿人家手软,那书吏不只把吕祉的小动作密告了郦琼,还把他奏书的副本送给了郦琼。

郦琼气冲牛斗。

偏在这时,又有人告诉他,朝廷委杨沂中为都统制,已行在路上。他惊惧交加,左思右想,只有谋反一途,当即召来十几个心腹密议。

翌日午,诸将谒吕祉,郦琼亦在列,从袖中取出吕祉奏书,高声说道:"吕祉,你咋这么无耻?"

吕祉故作镇静说道:"将军有什么话,咱到后帐说。"

郦琼道:"不,就在这里说。"

吕祉大怒道:"你是想威胁我吗?"

郦琼道:"我不只威胁你,我还要杀你!"

吕祉道:"你这是造反,造反可是要灭族的!"

郦琼道:"不反,跪着死;若反,站着死。同死,何如站着死!况且,造反,未必死呢!"

吕祉这才有些怕了,转身急走,被郦琼飞步追上,劈手揪住胳膊。命军士缚了,率淮西军北投刘豫。将至淮河,吕祉大声问郦琼:"你果真要投刘豫吗?"

郦琼将头点了一点。

吕祉道:"你若要投刘豫,请先斩吾头!吾就是死,也要死在宋地!"

郦琼哂笑道:"到了此时,生死还由得了你吗?你想死,我偏不要你死,我要拿你这个活人,向新主人邀功呢!"说毕,打马前行。

吕祉见郦琼行远,便对押他的叛军说道:"投刘豫就是做逆贼,尔等本为宋民,屡世食大宋之禄,为啥非要跟着这个姓郦的走?尔等若是无血气之人也就罢了。若有,为什么不站出来阻止呢?就是不能阻止,也该管住自己的腿,停下来,转回去,做一个堂堂正正的宋人!"

听他这一说,押送他的叛军全都止步,后边的见了,忙问原因,你传我,我传你,有千余人环立不行。军吏报之郦琼,琼命曰:"杀!"

张浚闻吕祉被害,郦琼率淮西军投奔刘豫,方悔不听岳飞之言,致有此变,乃上书自劾。

赵构召而问曰:"卿去后,卿职,秦桧可否继任?"

张浚将头摇一摇回道:"不可。"

"为甚?"

张浚回曰:"臣原以为秦桧是个奇才,共事后才发现这个人很是奸诈,阳奉阴违,口是心非。"

赵构默想了一会儿说道:"赵鼎如何?"

浚叩首道:"陛下明鉴,可谓得人。"

翌日诏下:拜赵鼎为尚书左仆射,兼知枢密院事;贬张浚为观文殿学士,提举江州太平兴国宫,且撤去都督府。

秦桧眼巴巴地要做宰相,落了一个空。经打听,才知道张浚做的梗,对张浚恨之入骨,唆使谏官交章弹劾,说张浚是淮西兵变的罪魁祸首,应受斩刑,而今,仅仅将其贬官,处罚实在太轻。

赵构为谏官所惑,想把张浚流放。

赵鼎谏曰:"张浚有老母在堂,且有勤王之功。"

赵构怫然道:"功是功,过是过,功过岂能相掩?朕只知——有功当赏,有罪必罚!"

赵鼎无言以对,默然而退。

翌日,内批一旨,谪浚岭南。

流放岭南,是次于杀头的刑法。

古之岭南,炎热、卑湿,到处是毒蛇猛兽和烟瘴之气,流放那里的官员大都死在那里。苏轼有诗云:"问翁大庾岭头住,曾见南迁几人回?"

赵鼎收到内诏后,觉得对张浚的处置过重,压诏不发。翌晨入朝,为张浚求情,赵构沉着脸说道:"卿不必为张浚求情,依他所犯之罪,当斩。流放岭南,已经是法外开恩了。"

赵鼎叩首说道:"臣不这么看。"

"卿怎么看?"

赵鼎道:"浚罪不过失策,天下无论何人,所有计虑,总想完全,但很难完全。一旦有失,便置于死地。从今以后,谁敢再为陛下谋事、干事?请陛下三思。"

文武百官异口同声道:"陛下,赵相所言,不是为了张浚,乃是为了朝廷,为了朝廷执法是否公平。"

赵构长叹一声道:"既然众卿都为张浚讲情,朕就将他法外开恩,不再流放岭南,改任秘书少监①,分司(管)西京,永州居住②。"

---

① 秘书少监:秘书省副长官。秘书省,初置于南北朝时期梁国,掌图书典籍。以秘书监为长官。隋炀帝时增设少监为其辅佐,唐宋沿置。
② 居住:刑法的一种。宋时,对贬谪官员指定地区居住。

文武百官叩首呼曰："陛下万岁！"

事后，赵鼎在想，刘光世几次不战而逃，皇帝连一句责备的话都没说，而对张浚的处罚却如此之重，是何原因？

他的好友，也是岳飞的好友——参军事李若虚帮他分析道："皇上一直畏金，所以，他对刘光世不战而逃，并不感觉有多大的罪。张都督就不是这样了，因他的谗言才生出淮西之变。自金军入侵以来，我军成建制的投敌，为数不少，但没有超过万人的。而这一次多达六万。咱的神武军（正规部队），有几个六万？顶多六个，全国六分之一的兵投了刘豫，这不只削弱了我朝的力量，扩大了敌人的力量，且使南宋君臣苦心构筑起来的淮西防线轰然倒塌，造成很大很不好的影响，皇上那真个是又气又恨又悔！"

赵鼎轻轻颔首道："你说得对。你说，皇上既然生悔，他会不会让岳飞复官？"

李若虚道："会！"

赵鼎道："为什么？"

"淮西兵变，导致我与伪齐的兵力倒了个过，原本我强敌弱，如今敌强我弱。且是，原本对刘豫有些失望的金人，又重新点燃了希望，现在不是我能不能北伐，是金和伪齐何时伐我？遍观诸将，真正能打仗、能打胜仗的唯有岳飞。当然，韩世忠、吴玠也能打。但是，韩世忠乃将才，并非帅才；吴玠呢？守着川陕，不能动……"

赵鼎又道："说下去。"

"皇上现在很想召岳飞出山，但又怕岳飞不给他面子。"

赵鼎问："如是，为之奈何？"

"那就看您这个宰相了。"

赵鼎轻轻颔首道："我知道该怎么做了。"

翌日，早朝后，赵鼎单独留下，借商北伐之事，扯到了岳飞。

赵构轻叹一声道："岳飞是一匹好马，一匹不可多得的好马，就是有些烈，动不动还要尥一下蹄子。"

赵鼎笑劝道："人就像马，如果太温顺了，还能驰骋疆场吗？"

"卿说得也是。"

赵鼎趁机劝道："郦琼投敌，对各军影响很大，军心有些不稳，在诸军中，岳家军人最多，单靠一个张宪，怕是统领不了。再者，臣听说，伪齐蠢蠢欲动，欲要南侵，咱不得不防，还是让岳飞出山吧。"

赵构道："卿之言，正合朕意，但是，岳飞正在守制，怕他不肯出山。"

赵鼎道："岳飞是一个极识大体之人，非常的忠君爱国，只要您召他，他不会不听的。"

"那，那就依卿之言。"当即书"手诏"一道，付于赵鼎。

赵鼎将"手诏"交给李若虚，命他即刻前往庐山。

李若虚昼夜倍道而行，来到庐山东林寺，以赵构手诏示岳飞，岳飞道："我自宣和五年（1123年）从军，一直在尽忠。尽了十几年忠，也该尽一尽孝了。何况，慈母已经升天，我就是尽，也只能为她守孝了。如果连三年孝都不能守，我会愧疚终身！复官的事您就不要提了。送客！"

李若虚不但不走，还在东林寺住了下来，第二天上午，又来拜访岳飞，被岳飞拒之门外。

俗话说，事不过三。李若虚一连五天去拜访岳飞，皆遭拒。

软的不行，我来硬的。你不见我，我就往里边闯。

岳飞的亲兵，也想让岳飞出山，但不敢说。故而，当李若虚闯庵的时候，他们只是象征性的阻拦一下。

岳飞见李若虚"闯"了进来，一脸愠怒地说道："我已经说了，要为母守孝，你还要来，这不是自找没趣吗？"

李若虚点了点头："我是有些自找没趣，但是，我自找没趣的结果，无非让您岳元帅给轰出去。而您呢？您知道您犯了什么罪吗？"

岳飞反问道："我犯了什么罪？"

李若虚板着脸道："你犯了灭门之罪！"

岳飞冷"哼"了一声道："危言耸听！"

李若虚正色道："我这不是危言耸听，我是实话实说，您不要自认为您做过少保和太尉，位很尊了。您当年是一个干什么的？平头农夫，机缘巧合，得到了天子的恩宠，授予重任，今朝廷急需用人，才一而再，再而三地请您出山。您倒好，恃功而骄，拒不服从圣命，犯了藐视皇上之罪。宋立国以来，有一个不成文的法文，'在朝堂上咳嗽都是罪。'您呢？竟敢藐视皇上，岂不犯了灭门之罪！"

"这……"岳飞长叹一声道："算你厉害，我这就跟你走。"

到了行在，岳飞青衣素服，觐见赵构，跪曰："臣擅自离职守制，罪该当死，请陛下明正典刑，以昭天下！"

赵构正色说道："你擅离职守，斩你也不为过。但你是为孝而离，又有大功于朝，朕法外开恩，不再追究。"

岳飞叩首说道:"谢陛下。"

赵构话锋一转,又道:"太祖留下遗训,要善待大臣。但是又说,'犯吾法者,唯有剑耳!'"

话音不高,却像一柄大锤砸在岳飞心上,不寒而栗。岳飞复又叩首说道:"臣知罪!"

赵构这才露出一个笑脸:"朕的话有些重了。朕对卿非常器重,也非常信任,否则,朕就不会复卿的官,更不会让卿执掌兵权。"

岳飞再次叩首:"谢陛下。"

赵构和颜悦色道:"卿知李若水吗?"

岳飞道:"知。"

"卿知道李若虚和李若水的关系不?"

岳飞道:"知。臣正因为崇拜其弟李若水,才与李若虚相善。"

赵构领首说道:"这就好,但愿卿好好学一学李若水!"

岳飞道:"请陛下放心,臣就是第二个李若水。"

赵构轻叹一声道:"朕希望,百官各个都是李若水,但是,办不到呀。就拿郦琼来说,原本一个流寇,被官军追得走投无路,才降了朝廷,朕不但不杀他,还让他继续带兵,他却……唉!"

岳飞道:"陛下不必为郦琼叹气,啥是白眼狼?郦琼就是一个白眼狼,臣一定要抓住这个白眼狼,将他交给陛下,任陛下处置!"

"好,朕就等着这一天。"

岳飞正欲告退,赵构又道:"李若虚不仅有其弟李若水之骨,还足智多谋,朕欲让他做卿的参军事,卿意下如何?"

岳飞道:"臣求之不得。"

赵构复道:"自郦琼投了伪齐,伪齐又嚣张起来,扬言还要南寇,朕不得不备,朕命卿移驻江州,为淮浙援。"

岳飞道:"臣遵旨。"

岳飞移驻江州后,遣谍人入金人齐,打探消息。谍人报曰:"金人内讧,完颜宗翰受完颜宗磐陷害,绝食而亡。"

岳飞喜形于色道:"好,刘豫的后台已经倒了,他还能蹦跶几天?"

三日后,抓到一个金谍,岳飞暗自喜道:"天助我也,我要借此人之口,除掉刘豫。"

五十三　胡铨上书

刘麟刚一走进金兀术的大帐,只听一声暴喝:"把这个逆贼给爷拿下!"

秦桧一掌权,便露出了本来面目,明里暗里和赵鼎斗。

赵鼎被一贬再贬,湖州安置。

金谍被五花大绑,押到岳飞面前。岳飞故作惊讶道:"你不是我的同乡范小朋吗?"

金谍先是一愣,继之又暗自高兴,认错了好。岳元帅既然把我误认为同乡,就不会有性命之忧了。

"禀岳元帅,我正是你的同乡范小朋。"

岳飞板着脸说道:"你投伪齐后,理应灭你的族,我看在老乡份上,饶了你全家,你很感激,致书于我。且道,金主受四太子兀术所惑,要废掉刘豫,另立伪齐主。刘豫想来一个先下手为强,除掉金兀术,约我暗中相助。事成之后,齐宋结为一家,共同对付金夷,我欣然应允,半年了,未见行动,何也?"

金谍见岳飞说得有鼻子有眼,信以为真,就腿搓绳道:"不为别的,我皇想要您一个书面承诺。"

岳飞道:"啥书面承诺,不就是要我一个《约书》吗?"

金谍道:"正是。"

岳飞道:"这个容易,我这会儿就写。"遂命左右宴请金谍,自己伏案,撰写《约书》。书成,用蜡封了,交给金谍,令他面交刘豫,且诫勿泄。

金谍得了蜡书,忙驰报兀术。兀术览书,又惊又怒,禀之金主。

金主曰:"这个刘豫,不只无能,且忘恩负义,设法除之。"

恰好,刘豫遣使至金,请立刘麟为太子,并乞师南侵。

金主商之兀术,二人定下计谋,佯称愿助刘豫南侵,且由兀术和完颜昌率兵三万,即刻动身，前去伪齐行在汴京。

伪齐使还报刘豫，刘豫大喜。

一个月后，金兀术如期而至，刘豫不知大祸临头，听说兀术将至城下，忙遣儿子刘麟出城迎接。

刘麟刚一走进兀术大帐，便听一声暴喝："把这个逆贼给爷拿下！"

刘麟先是一愣，继之大呼道："四殿下，我是刘麟呀！"

金兀术狞笑道："爷知道你是刘麟，你若不是刘麟，爷还不抓你呢！"

拿下了刘麟，金兀术率轻骑驰入汴京城。刘豫正督兵在讲武殿练习射击，被兀术堵个正着，令左右擒下，押往金明池。

翌日，兀术集伪齐文武百官于大殿，宣金主之诏，废刘豫为蜀王，伪齐由国改置行台①尚书省，命张孝纯，权行台左丞相；胡沙虎②为汴京留守，李俦为副；诸军悉令归农，宫人出嫁，且纵铁骑数千，围住伪宫，抄掠一空，得金一百二十万两、银一千六百万两、米九十万斛、绢二百七十万匹。

短短八年，刘豫居然搜刮了这么多财产，百姓能不恨他？听说被金人所废，个个拍手称快、燃放鞭炮。

助他登上帝位的人有完颜昌，废他为帝的人也有完颜昌。且是，完颜昌还是押他去金的押解使。

出汴京城数里，刘豫哭着问完颜昌："吾父子对大金忠心耿耿，为什么会落到这个下场？"

完颜昌冷冷地回道："昔赵氏少帝出京，百姓号泣盈途，今汝出城，无一人垂怜，汝试自想，可为汴京的主子吗？"

刘豫无词可对，只有俯首涕泣，跟着完颜昌前行，来到金国上京临潢府，享受宋徽宗和渊圣皇帝相同的待遇，自耕自食，九年后死去。

岳飞闻金人中计，约上韩世忠，同时上疏，请乘机北伐。此时，赵构已受了秦桧的蛊惑，一意主和。岳飞、韩世忠所呈之疏，只能是废纸一张。

岳飞正要与韩世忠一道面谏赵构，王伦从金国回来，入报赵构，谓金人许还梓宫及韦太后，且许议和，还答应议和后，归还河南之地。

---

① 行台：魏晋至金，尚书省（台）临时在外设置的分支机构。"台"，指在中央的尚书省，出征时于其驻扎之地设立临时性机构，称为"行台"。

② 胡沙虎：又名纥石烈执中，女真人，金朝权臣。

赵构大喜道:"若金人能从朕所求,余事均无须计较了。"

翌日,再次遣王伦赴金,一是奉迎梓宫,二是请求金国遣使来宋,签订和约。

秦桧送王伦归来,觐见赵构,曰:"陛下初心,想把临安作为行在,因张浚反对,才迁建康。张浚反对的理由,是要陛下北伐,把建康作为前线阵地。而今,伪齐已废,金人又愿归我河南之地,也就不必北伐了。既然不必北伐,还是把行在迁到临安好。"

赵构道:"卿言甚是。"

当即召赵鼎等入宫,商议迁都临安之事,赵鼎坚决反对,朝中大臣反对迁都者过半。

赵构、秦桧狼狈为奸,反对也无用,行在由建康迁到临安。

到了此时,赵鼎算真正认识了秦桧。

赵鼎原本瞧不起秦桧,他出任宰相后,秦桧拼命贴他,连吹带捧地把赵鼎弄得心花怒放,赵鼎居然把秦桧当成了心腹,在他的一再推荐之下,秦桧跃上了右仆射兼知枢密院事的高位。

秦桧一掌权,便露出了本来面目,明里暗里和赵鼎斗。这一次,居然斗败了赵鼎,赵鼎又气又恨又悔。

斗,继续斗。

二相正斗得死去活来,王伦又回来了,且带来了金国使臣。

金人不只答应归还梓宫和河南地,连陕西所侵之地,也一并归还。但有一个条件——宋须向金称臣。

朝中沸反盈天,重点集中在"向金称臣"。

"向金称臣",朝臣多以为这是宋的耻辱。但赵构不这么认为,只要能让他独霸一隅,莫说让他向金称臣,就是让他问金人叫爷,他也干。

所以,当年他在海上漂泊的时候,就曾主动向金人提出——削去帝号,奉大金为正朔。

所以,当群臣"沸反盈天"的时候,他耐着性子解释:"百事孝为先,悠悠万事,迎回梓宫为大。且是,母后年事已高,还在北国受罪,做儿子的实在于心不忍。所以,朕才巴望着与金议和,还请众卿理解。"

你别说,赵构把"孝心"当做"议和"的挡箭牌还挺管用呢,反对之声越来越弱。

赵鼎尽管同意议和,但十分勉强。也是为了自己,也是为了议和,秦桧下决心要搬掉这块绊脚石。

反对议和最强烈的人,还不是赵鼎,而是参知政事刘大中。

刘大中得以晋升参知政事，是赵鼎所荐。

秦桧想了又想，若把刀直接砍向赵鼎不太合适。倒不如先砍刘大中，来一个敲山震虎，看一看赵鼎的反应再说。

为砍刘大中，他把他的心腹萧振荐为侍御史。

萧振一上位，便上表弹劾刘大中。

赵构询之秦桧："刘大中这个人怎么样？"

秦桧道："是个大贪官，而且，他带头反对议和。"

赵构点了点头，内发一旨，罢去刘大中的参知政事、岭南安置。

从刘大中身上，赵鼎闻到了某种味道，对同僚说道："萧振，'醉翁之意不在酒'啊！"

这话传到了萧振耳里，哈哈一笑，对传话人说道："赵相真是个聪明人。你告诉他，他既然是个聪明人，那就请他自己辞官，省得我浪费纸墨。"

赵鼎听传话人这么一说，差点儿把肺气炸，连夜拟弹劾萧振的奏章一道，准备第二天早朝上呈赵构。

睡了一夜，他变了。

萧振乃秦桧的一条狗，打狗就是打秦桧，皇上正宠着秦桧，能让打吗？弄不好，"逮不住黄鼠狼，反惹一身骚！"有道是，"退一步天宽地阔"，倒不如我主动辞职，颐养天年。

他焚了劾书，又拟退职奏书一道，呈达赵构，赵构气他不支持议和，礼节性地挽留一下，便同意了。

翌日诏下，罢去赵鼎左相，贬任忠武军节度使，出知绍兴府。此为绍兴八年（1138年）十月二十一日。

赵鼎遭贬后，秦桧仍不放过，唆使同党，继续弹劾。赵鼎被一贬再贬，贬授清远军节度使、湖州安置。

赵鼎走了，枢密副使王庶又站了出来，迭上七疏，且面陈赵构，反对议和，又与秦桧当面辩论，说桧当斩，结果王庶被罢为资政殿大学士，出知潭州（古之长沙）。

文武百官纷纷上书，为王庶鸣不平。秦桧见反对议和的势力还如此强大，荐其党羽孙近为参知政事、龙如渊为御史中丞、施廷臣为侍御史、莫将为知谏院，凡反对议和的大臣，一一弹劾，逐个赶出朝廷。

但他忘了一个人。

这个人叫胡铨，官居枢密院编修，上书朝廷。疏曰：

王伦本一狎邪小人，市井无赖。顷缘宰相无识，遂举以使虏，专务诈诞，欺罔天听，骤得美官，天下之人，切齿唾骂。今者无故诱致虏使，以诏谕江南为名，是欲臣妾我也，是欲刘豫我也。

刘豫臣事丑虏，南面称王，自以子孙帝王万世不拔之业，一旦豺狼改虑，捽而缚之，父子为虏。前鉴不远，而伦又欲陛下效之。

夫天下者，祖宗之天下也；陛下所居之位，祖宗之位也。奈何以祖宗之天下，为金虏之天下；以祖宗之位，为金虏藩臣之位？

陛下一屈膝，则祖宗庙社之灵，尽污夷狄；祖宗数百年之赤子，尽为左衽①；朝廷宰执，尽为陪臣；天下之士大夫，皆当裂冠毁冕，变为胡服，异时豺狼无厌之求，安知不加我以无礼如刘豫也哉！夫三尺童子，虽无知也，指犬豕而使之拜，则怫然怒；今丑虏，则犬豕也，堂堂大国，相率而拜犬豕，曾无童稚之羞，而陛下忍为之耶？

伦之议乃曰："我一屈膝，则梓宫可还，太后可复，'渊圣'可归，中原可得。"呜呼！自变故以来，主和议者，谁不以此说误陛下哉？然而，卒无一验，则虏之情伪，已可知矣。而陛下尚不觉悟，竭民膏血而不恤，忘国大仇而不报，含垢忍耻，举天下而臣之，甘心焉！就令虏真的可和，尽如伦议，天下后世，谓陛下为何主也？况丑虏变诈百出，而伦又以奸邪济之。则梓宫决不可还，太后决不可复，渊圣决不可归，中原决不可得。而此膝一屈，不可复伸，国势陵夷，不可复振，可谓痛哭流涕长太息矣！

向者，陛下间关海道，危如累卵，当时尚不肯北面称臣；况今国势稍张，诸将尽锐，士卒思奋，只如顷者丑虏陆梁，伪豫入寇，固尝败之于襄阳，败之于淮上，败之于涡口，败之于淮阴。较之往时蹈海之危，已万万矣。倘不得已而至于用兵，则我岂遽出虏人下哉！今无故而反臣之，欲屈万乘之尊，下穹庐之拜，三军之士，不战而气已索，此鲁仲连所以义不帝秦，非惜夫帝秦之虚名，惜夫天下大势有所不可也。

今内而百官，外而军民，众口一词，皆欲食伦之肉，谤议汹汹，陛下不闻，正恐一旦变作，祸且不测，臣窃谓不斩王伦，国之存亡，未可知也。

虽然，伦不足道也，秦桧以腹心大臣而亦为之。陛下有尧、舜之资，桧不能致陛下如唐、虞，而欲导陛下为石晋……

孙近附会桧议，顷者，遂得参知政事。天下望治，有如饥渴。而近伴食中书，漫

---

① 左衽：古代少数民族的服装，前襟向左掩。借指沦为异族统治。

不敢可否一事。桧曰"虏可和",近亦曰"可和";桧曰"天子当拜",近亦曰"当拜"。臣尝至政事堂三发问而近不答,但曰:"已令台谏侍从议矣。"呜呼!参赞大政,徒取充位如此,有如虏骑长驱,尚能折冲御侮耶?臣窃谓秦桧、孙近亦可斩也。

臣备员枢属,义不与桧等共戴天日,区区之心,愿斩三人之头,竿之市衢,然后羁留虏使,责以无礼,徐兴问罪之师,则三军之士,不战而气自倍。不然,臣有赴东海而死耳,亦不愿处小朝廷而求活耶?小臣狂妄冒渎天威,甘俟斧钺,不胜陨越之至!

胡铨的奏疏,正气凛然,铿锵有力,轰动朝野。宜兴吴师古,读之,大呼畅快,将之版刻出来,大量印发,世人争相传诵。

"金虏闻之,以千金求其书。君臣阅之失色,曰,'南朝有人,盖足以破其阴遣秦桧之谋也'。"

若照赵构、秦桧之意,杀了胡铨。

孙近曰:"祖宗之制,不杀上书言事之人。前已杀了一个陈东,不能再杀胡铨了。"

赵构想了又想,将胡铨由斩刑改为编管,且下诏曰:"胡铨狂妄上书,语言凶悖,又多散副本,意在鼓众,劫持朝廷,诏令除名,贬送昭州(今广西平乐县)编管。"

吴师古也因刻发胡铨之疏,坐流袁州(今江苏省宜春市袁州区)。

胡铨的事刚刚摆平,闲居永州的张浚,居然也上书了。书曰:

当年签订《海上之盟》的教训犹在眼前,金人生性狡诈,易反易覆,不可与之结盟,更不可许他作臣。当下之计,陛下只要锐意兵政,锐意进取,收复故土,指日可待!

鄂州的岳飞,步其之尘,上书曰:

金人不可信,和议不可恃,相臣谋国不臧,恐贻后人讥。

这两封书一上,又掀起了一股反对议和的浪潮,弄得秦桧焦头烂额,正想着如何平息这股浪潮,御史中丞龙如渊上殿面君,恰巧秦桧也在。

龙如渊奏曰:"王伦传话回来,说金国遣使两名,一个是诏谕江南使张通古,一个是明威将军萧哲,携带议和的《合约》,书中白纸黑字,写得清清楚楚,黄河以南的土地全部归还我朝……"

赵构双手一拍道:"太好了!说,继续说。"

"但是……"龙如渊吞吞吐吐地说道:"他们要求,进了我国国境,凡所经州县,官员必须以迎天子诏书之礼迎接他们。他们还说,到了临安后,您得……您得……"

赵构眉头微皱道:"说下去!"

"您得……跪接诏书。"

赵构"啊"了一声,面色苍白,移目秦桧,眼睛里写了一个大大的问号。

五十四　怒发冲冠

　　名士李柔中,上书朝廷,历数秦桧十大罪状。结尾迭写三行,行行曰:"秦桧该杀!"
　　能人献计赵构,是否跪接金主"诏书",以抓阄来定。
　　封赏之后,置酒高会。酒酣耳热之时,一份令人不爽的奏折自襄阳呈来。

　　秦桧"嘿嘿"一笑道:"陛下,金人这样要求我们,也在情理之中,想当初,咱们是主动向金称臣的,既然做了人家的臣,就得守臣之道。陛下若还有什么想法,等迎回'梓宫'再说。"
　　赵构长叹一声道:"那就答应他们吧。"
　　他答应,国人不答应。
　　州县官跪迎金帝诏书,尚还可忍。赵构本人跪接金帝诏书,这是南宋军民无论如何也接受不了的。赵构不只代表了他个人,还代表了一个国家。从朝堂到地方,从抗金前沿到后方,群情激愤。临安、常州、润州、会稽等地,"众心共怒,军士致汹汹欲为变,通衢都是揭帖,指桧为金谍。"韩世忠本是一个文盲,由幕僚代笔,接连上奏十余疏,曰:"今正当主辱臣死之时,臣愿效死节,激励士卒,率先迎敌,期于必战,以决成败。""但以兵势最重去处,臣请当之。"
　　进士张九成上书,讥赵构:"忘大辱,甘臣妾。"
　　道学家程颐的门生尹焞上书,引用《礼记·曲礼》之说:"《礼》曰:父母之仇不共戴天,兄弟之仇不反兵。今陛下方信仇敌之谲诈,而觊其肯和,以纾目前之急,岂不失不共戴天,不反兵之义乎?"
　　李纲再次上书,质问赵构:"陛下纵自轻,奈宗社何?奈天下臣民何?奈后世史册何?"

五十四 怒发冲冠

监察御史方庭实,得以作言官,乃秦桧所荐,居然也上书反对向金称臣:"天下者,中国之天下,祖宗之天下,群臣、百姓、三军之天下。""陛下纵未能率励诸将,光复神州,尚可保守江左,何遽欲屈膝于虏乎?陛下纵忍为此,其如中国何?其如先王之礼乎?其如百姓之心乎?"

主管殿前司公事的杨沂中,邀上主管侍卫马军司公事的解潜,和主管侍卫步军司公事的韩世良(韩世忠兄),先见秦桧,次见龙如渊,警告说:"若让官家跪受敌书,它日,三大将①必将责问吾等,说'尔等为宿卫之臣,怎么让官家干出如此辱己辱国之事,吾等何以回答'?"

杨沂中乃赵构亲信中的亲信,"宿卫出入",居然也反对议和,对赵构和秦桧的刺激相当大。加之临安街头,到处贴着"秦桧是细作"的标语。

名士李柔中上书朝廷,历数秦桧十大罪状,结尾,迭写了三行,曰:

秦桧该杀!

秦桧该杀!

秦桧该杀!

宋自立国以来,有个不成文规定,朝中大臣,凡受到弹劾,就得主动上书,请求辞官。

秦桧脸皮再厚,也不得不向这个不成文的规定低头——上书求辞,并在家待罪。

秦桧这一待罪,与金使通融的担子压在了孙近和龙如渊肩上,他俩一块儿去见金使,一脸媚笑道:"天使,为议和的事,俺们皇上虽然同意了,但反对者甚多,特别是跪接'诏书'之事,舆情汹汹。能不能接'诏书'时,不行跪拜礼?"

金使一口回绝:"不行。大国之卿当小国之君,天子以河南、陕西之地赐宋,宋约奉表称臣。使者不可以北面,若是贬损使者,本使不敢传诏。"

孙近欲要再求,金使摇手说道:"汝不要再说了,尔主不跪接诏书,本使就打道回国!"

孙近、龙如渊还报赵构。赵构愤愤然曰:"金这一方,逼朕跪接诏书,咱这一方,反对朕跪接诏书,叫朕无所适从。这个秦桧呢,素主和议,到了节骨眼上,他居然来一个上书求去,朕真想踹他一脚。"

孙近解释道:"秦相这样做,也是为舆情所迫。"

赵构道:"什么舆情?不就是一群自视清高而又貌似爱国的士大夫,在那里瞎嚷

---

① 三大将:岳飞、韩世忠、张浚。

嚷。这些人呀,但为身谋,向时在明州(指建炎航海逃难时),朕就是向金人下跪一百次,他们也不会说半个不字。"

他长叹一声道:"有头发谁想装秃子!其实,朕也不想跪接金书,但不跪能行吗?不跪,金人就不同意议和,不同意议和还能迎回梓宫吗?还能迎回皇太后吗?还能平白无故地得到河南、陕西之地吗?"

孙近、龙如渊忙附和道:"不能。"

赵构复道:"梓宫、太后,包括河、陕之地,还不是最要紧的……"

他故意把话顿住,两眼自孙近扫向龙如渊,又从龙如渊扫向孙近,期待着他们来问?

二人同声问道:"最要紧的是什么?"

"金国必来侵我,兵戎相见的结果,受害的是国家和百姓!"

孙近、龙如渊高声说道:"陛下明鉴!"

"唉,要朕不跪也行,谁有办法,既能不下跪,又能不惹怒金人,如果有这样的高人,文封丞相武封侯!"

孙近摇首道:"这样的人,不好找!"

赵构长叹了一声。

龙如渊倒还蛮有信心:"中国这么大,能人多得是,也许能找出来这么一位高人。"

赵构道:"既然这样,卿就帮朕找吧。"

龙如渊、孙近告退趋出。孙近一边走一边问:"老弟,你心中是不是有数了?"

龙如渊反问道:"什么数?"

"就是皇上所说的高人。"

龙如渊道:"没有。但是,还是我刚才说的那句话,'中国这么大,能人多得是',还能找不出来一位高人吗?"

孙近又问:"你打算怎么找?"

"集百官之力,动员百官都去找。"

这一找,能人纷纷现身。

第一个能人,不知道叫什么名字,他说:"陛下,把太祖、太宗的画像挂在堂上,让金人把诏书放在画像前的案子上,跪拜时,不要想那是金国诏书。是什么呢?是太祖太宗,就当是向祖宗行跪拜礼。外人若是问起,也说是跪的祖宗。"

第二个能人,也不知道叫什么名字,献计曰:"方庭实等人不是说,'天下者,祖宗之天下'吗?陛下把您的苦处和无奈,写在帛上,并写上跪与不跪,请太祖、太宗裁决。"

赵构道:"太祖、太宗早已驾鹤西去,怎么裁决?"

能人道:"写两个阄,去太庙祭拜太祖太宗。然后当着太祖太宗的遗像,把您写好的阄,让司礼太监抓。"

赵构道:"司礼太监若是抓了个'不'呢?"

能人道:"您把两个阄,全写上'可',不就可以了吗!"

赵构连道:"妙,妙!这个方比把金书摆在太祖太宗遗像前还妙。就按这个'方'办吧。"

话刚落音,又来了一个能人,这个能人,有名有姓,叫楼炤,官居给事中。

楼炤说:"陛下,您是否跪接'金主诏书',即是太祖太宗以为可,也不行。"

赵构忙问:"为什么?"

楼炤道:"您作为一国之君,去跪接夷人'诏书',会遭国人鄙视的。"

赵构满面不悦道:"卿说了半天,还是认为,朕不能跪接金人'诏书',朕若不跪接金人'诏书',这议和的事不就泡汤了吗?议和的事若是泡汤,这'梓宫'还怎么迎?这河、陕的土地,还怎么归?一旦金人犯我……"

楼炤道:"陛下别急,您听臣慢慢给您道来,金人的'诏书',您可以委托人代接嘛。"

赵构道:"你这个主意,朕早就想到了,但金使不同意。"

楼炤道:"他不同意,咱可以说服他。"

赵构道:"怎么说服?"

楼炤道:"儒家经典《尚书》载:'高宗谅阴,三年不言。'殷高宗武丁在守孝期间,三年不发一言,所有国事由宰相代理,久之成制。如今,您也在守孝,不能干违制的事,跪接金人诏书就让秦相代为,想来金人不会不同意,也没有理由不同意。"

赵构喜笑颜开道:"卿这主意不错,朕这就命秦相前去和金使交涉。"

皇帝之命,秦桧不敢不从,他面见张通古,曰:"中国古制,皇帝守孝期间,不理国事,吾皇不敢违制。而且,吾皇有孝在身,一身晦气,若接'诏书',对贵使也不吉利,不如由本相代吾皇跪接'诏书'。"

张通古想了一想,答应了。但他提了两个条件:

一、秦桧必须用"玉辂①"迎"诏书",且将"诏书"供奉在南宋的庙堂里。

二、接受"诏书"时,在朝的文武百官都要参加。

---

① 玉辂:古代帝王所乘之车,以玉为饰。

秦桧道："可。"

第一条，秦桧可以做到。第二条，他无法做到。

何也？文武百官中，凡爱国的，知道廉耻的，全都拒绝参加。但这事，难不倒秦桧。

绍兴八年（1138年）十二月二十八日，奸人秦桧如期率领"在朝的文武百官"出现在金使所居之驿馆，跪接金国"诏书"。

张通古对南宋的安排和表现非常满意。孰不知，这些文武百官大都是冒牌货。

正月初五，宋金双方，正式签订了《宋金和约》，这是南宋与金所签订的第一个"盟书"，因签于绍兴年间，故又称《绍兴和议》。和议如下：

金国方面归还"梓宫"，并赵构生母韦氏、兄长赵桓，以及北宋沦陷的河南、陕西等地。

南宋方面，向金国称臣，每年向金国"许岁贡银五十万两、绢五十万匹。"

为了报答金人的"恩惠"，也为了落实"和约"，赵构命孙近为大金奉表报谢使、龙如渊为副使；王伦为迎护梓宫、奉还两宫、交割地界使，陪同张通古、萧哲北上。

事为韩世忠所知，他安排了几十个武艺高强的士兵假扮红巾军①，埋伏在张通古等人必经之地——洪泽（今江苏省清江市西南）一带，劫杀张通古，摧毁"和议"。因韩世忠的部将邢忭泄密，孙近带着张通古绕开"红巾军"的埋伏地，北上金国，使韩世忠的暗杀计划为之落空。

赵构得知孙近等顺利到达上京，梦寐以求的愿望实现了，非常高兴，一是大赦天下，二是大加封赏。

在封赏人员中，排名第一的是楼炤，加封资政殿大学士。

资政殿大学士，一般情况下只授予那些罢任的宰相，如今，授给了楼炤，也算兑现了他"文封丞相武封侯"的诺言。

秦桧已贵为首相，而且是独相，官不能再加封了，但恩荫其子弟三人，赐钱两千贯。

封赏之后，置酒高会。酒酣耳热之时，一份令人不爽的奏折由襄阳呈了上来。

上表人岳飞。表曰：

---

① 红巾军：南宋初，北方抗金武装，以头裹红巾为标志，活动在河北、山西、陕西一带。

臣待罪二府,理有当言,不敢缄默。夫桧性奸诈,臣面对时,已经奏陈。切惟今日之事,可危而不可安,可忧而不可贺。可以训兵饬士,谨备不虞;而不可以论功行赏,取笑夷狄。

　　臣愿率兵,期日收地于两河,垂手燕云,复仇而报国。望陛下明鉴!

　赵构越看越气,但又不便发作,强忍着满腔怒火,颁诏岳飞,对岳飞大加赞扬,把"和议"成功的功劳,分了一些给岳飞

　　——卿等勤力练兵,国威稍振,是致敌人,革心如此。
　　卿等扶危持颠之效,功有所归,朕其可忘。卿就是朕的卫青、霍去病。

　把岳飞的官由太尉迁开封府仪同三司,试图以此来堵岳飞的嘴。

　岳飞不领赵构这个情,继续上书,一是坚决反对议和,二是不受其迁,曰:"陛下迁臣的官,臣不能受。若受之,桧寇叛盟,则似有伤朝廷体面。"

　赵构见岳飞"不识抬举",又颁一诏,对他严加训斥,要他不要多事,老老实实接受封赏,认认真真地学习诸葛亮和羊祜①,屯田种地。

　岳飞有志难伸,一怒之下,上书"解罢兵务,退处林泉。"

　赵构虽恨岳飞,但《宋金和约》尚未完全落实,还不敢让岳飞"退处林泉",回书曰:"所请概不允。"

　岳飞仰天大呼道:"吾志难伸,吾志难伸呀!"呼毕,又高声咏道:

《满江红·怒发冲冠》②

　　怒发冲冠,凭阑处,
　　潇潇雨歇。
　　抬望眼,仰天长啸,
　　壮怀激烈。

---

① 羊祜(221—278年),字叔子,西晋杰出的战略家、政治家、文学家,定策灭吴(国)。他曾坐镇襄阳,屯田兴学。

② 关于此词的创作时间,有多种说法。有说作于绍兴六年前后,也有人认为作于绍兴四年。此作笔帖原文现竖立在河南省南阳市武侯祠内。

三十功名尘与土,
八千里路云和月。
莫等闲、白了少年头,
空悲切。
靖康耻,犹未雪;
臣子恨,何时灭!
驾长车、踏破贺兰山缺。
壮志饥餐胡虏肉,
笑谈渴饮匈奴血。
待从头,收拾旧山河,
朝天阙。

咏毕,泪如雨下。

五十五　金四路犯宋

随着时间的推移和权力的膨胀,完颜宗磐想当皇帝的欲望越来越强烈。

金国撕毁和约,兵分四路伐宋。第四路由金兀术亲自率领,猛扑开封。

"啼哭郎君"在陕西受挫,金兀术在顺昌也遇上了猛人。

不管是向金称臣,还是由秦桧代赵构跪接"金书",都是打着"孝"的大旗,也可以说是以"孝"为遮羞布。如今,两京收复了,大宋的七帝八陵①,近在咫尺,赵构却不派人前去祭扫,一味地声色犬马,史馆校勘②范如珪实在看不下去了,上书赵构,请遣使祭扫,"上慰神灵,下萃民志。"

对范如珪的进言,赵构不敢不听,一边遣吏部尚书张焘前往祭奠,一边将范如珪逐出朝廷。

岳飞得知张焘祭陵,路经鄂州,上书朝廷,请自率轻骑,随从洒扫,借以窥探敌情。

赵构忙发诏制止,生怕惹恼了金人。

岳飞倒是制止住了,金人那边却毁约了,出兵四路伐宋,把赵构惊得目瞪口呆,许久方道:"这是怎么回事?"

《宋金和约》的签订,在金一方,两个人"功"不可没,一个是完颜宗昌,一个是完颜宗磐,前者是赫赫有名的鲁国王;后者是金太宗的嫡长子,官居忽鲁勃极烈(国相),这两个人想干的事,在金国无人阻挡得了。

但是,完颜宗磐有个死对头,他的名字叫完颜宗干。

完颜宗干是金太祖的儿子,而且还是长子,不过,乃庶出而已。

---

① 七帝八陵:七帝:太祖、太宗、真宗、仁宗、英宗、神宗、哲宗。八陵:七帝一人一陵,加上太祖、太宗之父赵弘殷的陵,一共八个陵墓。

② 史馆校勘:官名,宋太宗置,掌修史。

吴乞买为帝时,忽鲁勃极烈一职由完颜宗干担任。完颜亶登上龙位后,把完颜宗干降为国论左勃极烈,忽鲁勃极烈一职给了完颜宗磐。

这一给,完颜宗干恨上了完颜亶和完颜宗磐。但完颜亶是皇帝,他奈何不得,只有找完颜宗磐的晦气。

完颜宗磐也恨完颜亶。在他看来,金太宗死后,皇帝这把椅子应该由他来坐,随着时间的推移和权力的增长,想当皇帝的欲望越来越强烈,有人劝完颜亶除掉完颜宗磐,深谙帝王之术的完颜亶"嘿嘿"一笑道:"朕不想学秦之胡亥、唐之李世民。"

有人问:"您想学谁?"

"朕想学春秋的郑庄公。"

有人回府后,搬出一大摞司马迁的《史记》,读了半夜,方才知道完颜亶为啥不学胡亥和李世民。

这两个人的帝椅,不是靠杀兄戮弟夺来的,便是靠杀兄戮弟稳定下来的,为历代儒家所不耻。

郑庄公为保王位,也曾把亲弟弟杀了,但他会杀,杀得他亲妈也无话可说。

郑庄公和共叔段一母所生,因郑庄公出生时属于难产,故而,其母武姜很讨厌他,反对他做国君,想把国君的宝座抢回来交给共叔段。有人劝庄公杀共叔段,庄公不但不杀,共叔段想要什么,他便给他什么。共叔段向他讨要繁华的京邑,作自己的封地,他连道三声"好"。共叔段得了京邑后,不断地侵占附近城池,招募勇士,扩大队伍,并与武姜相约,攻打郑国国都,夺了国君的宝座。直到此时,郑庄公方才将共叔段抓住杀了,且将武姜迁出国都,软禁起来,并放出话:"不到黄泉不相见。"

郑庄公如此对待他的母亲和弟弟,国人并不认为有什么不妥。

如果,在共叔段尚未造反之前,就把他杀了,国人会怎么议论郑庄公?

郑庄公如此对待共叔段,够阴的了,可完颜亶很欣赏郑庄公这个做法,你完颜宗磐不是自认为是先皇的嫡长子吗?觉着朕这个皇帝应该由你来当,不让你当,你就谋反。在你没有谋反之前,朕把你杀了,不说朕百年之后无颜去见你的生父——先帝吴乞买,国人的唾沫星子也会把朕淹死!

所以,朕不能不学郑庄公,你想当国相,朕就让你当;你想和南宋议和,朕就让你议和。总之,你想干什么,朕就同意你干什么。当然,要朕的帝椅另当别论。

朕把你养大、惯大、宠大,一直把你宠到想当皇帝,准备谋反的时候,朕再杀你。

完颜宗磐不知完颜亶的心机这么重,按照完颜亶给他设计的路慢慢往下走,一直走到他觉得他的势力足以掌控朝廷,这才把心里话掏给了完颜昌。完颜昌非常赞成,且约了五个关系密切的同僚,到相府密议。

第二天,这事便让完颜亶知道了。

出卖完颜宗磐和完颜昌的就是参加密议的两个同僚。这两个同僚得以为官,虽说是完颜宗磐所荐,但在三年前已经投入完颜亶怀抱。

谋反之罪,罪当灭族,因这两个人都是皇族成员,怎么灭?

完颜亶下诏,将主犯完颜宗磐处以斩刑;从犯完颜昌褫去都元帅的职务,赶出朝廷。完颜昌自以为有功于南宋,想跑到南宋避难,但没有跑多远,便被追兵追上,拉回上京,一刀"咔嚓"了。

完颜宗磐被杀后,主战的金臣金将纷纷上书,说归还河、陕之地于宋,是完颜昌、完颜宗磐操纵的,他俩受了宋人之贿,充当宋人的细作。《宋金和约》的签订,是一个阴谋。

完颜昌南逃,且是逃向南宋,等于承认了主战派对他的指控。

完颜亶召金兀术入宫,直言不讳地问道:"卿对《宋金和约》怎么看?"

兀术道:"应该废去。"

"为什么?"

兀术道:"老实说,对于《宋金和约》的签订,臣也是同意的。臣为什么同意?臣觉得,宋朝皇帝虽然是个软蛋,但他手下那些带兵的将军,却有几个很猛,比如岳飞、韩世忠、吴玠等等。用武力剿灭南宋,还不到时候。既然时候不到,那就先议和吧,议和后,咱不动一刀一枪,不损一兵一卒,每年从南宋那里得到五十万两银、五十万匹绢,何乐而不为!"

完颜亶又问:"既然这样,卿为什么还要朕废除《宋金和约》?"

兀术道:"臣同意签订《宋金和约》,乃是为大金着想,乃是想得到南宋的贡银、贡绢。完颜昌他们就不是这样,不只收南宋的贿,还想把南宋做他们的盟友和避风港。这不,完颜昌一罢官,哪里都不去,就去南宋。去南宋干什么?去南宋避难?去南宋借兵攻我大金。这是臣要您废约的第一个原因;

"第二个呢?不知怎么回事,这南宋越战越强,如今,又得了河、陕之地,国土增加了,人口增多了,更有势力和我大金对抗了。咱得和他们开战。咱得把河、陕收回,否则,宋一旦败盟,任用贤人,大举北来,复故土易如反掌!"

完颜亶道:"毁约,得有一个理由呀!"

兀术道："只要想毁约,理由好找得很。"

完颜亶道："卿如此自信,这事就由卿来办吧。"

兀术道了声"遵旨",告退。

第一步,抓王伦,由宣勘官耶律绍文进行突审,硬说王伦勾结完颜昌和完颜宗磐,还逼他说出勾结的具体情节,及行贿数。

行贿之事,王伦一口否定。

勾结呢?

更谈不上。

王伦侃侃而谈道："我确实出使过贵国几次,但前几次连完颜宗磐和完颜昌的面都未见,谈不上勾结吧?这一次来贵国,是奉迎'梓宫',交割地界。一个外国使者,能否见到贵国的国相,什么时候见,都是贵国的安排,而且,相见时,陪同的官员一大群,怎么勾结?"

耶律绍文无言以对,把王伦押了下去。

第一盘棋失败了,那只有再来一盘。

这盘棋的核心,是修改《宋金和约》,所谓修改,就是加上两条内容,第一,奉金正朔,用金的年号——"天眷",来取代宋的"绍兴"。第二,年增岁贡黄金三百万两。

这两条都是宋难以接受的。

第一条,宋虽然向金称臣,并让秦桧代赵构跪接"金诏",只是在小范围内进行,这种耻辱老百姓感觉不到,若奉金为正朔,普天之下,谁不知道呀?一旦知道了,还不要嚷破天,还不要把赵构骂个狗血喷头,甚至造反。

第二条,岁贡黄金三百万两,若在北宋没亡之前,也不是个事。北宋为金所灭,将宋朝的国库和民间的黄金、白银搜刮一空,在搜刮的过程中,北宋朝廷赤膊上阵,有藏匿者,不但没收,还要治罪。如今,莫说岁贡三百万两,连三十万两都拿不出来。

拿不出来也好,不奉金为正朔也好,俱为金毁约提供了借口。

金兀术之诡计,宋人并非看不出来。

看出来了,看出来的还不止一人、两人,而是很多,包括使金的王伦。

临安府司户参军毛叔度闻听金国扣押了王伦,上书说："金人恐要败盟,请朝廷早为之备。"

赵构说他长了个乌鸦嘴,下令革职查办。

御史中丞廖刚上书："请启用素有人望者,处之近藩重镇,以防不测。"结果被逐出御史台。

王伦冒着生命危险,从金国狱中上书赵构:"金人恐要败盟,请遣张俊守东京,韩世忠守南京,岳飞守西京,吴玠守长安,张浚建督府,以备不虞。"

赵构不听,继续声色犬马。

更令人气愤的是,金国宿州(今安徽省宿州市)知州赵荣、秦州(今河北省献县)知州王威相继率全城军民南归,赵构和秦桧居然要把他们遣送金国,气得韩世忠破口大骂:"赵荣、王威,不忘本朝,前来归顺,他们在金国的父母妻子,已悉数惨遭屠灭,你们还忍心赶他们回去,良心让狗掏吃了!"

不管赵构如何惧怕金国、讨好金国,金军还是来了。

天眷三年(南宋绍兴十年,1140年)五月,金国单方面撕毁和约,分道南寇。

第一路,由左副元帅聂黎贝堇率领,直寇山东。

第二路,由右副元帅撒离喝率领,直寇陕右。

第三路,由骠骑大将军李成率领,寇河南。

第四路,由金兀术亲自率领,猛扑东京开封。

金兀术率精兵十万,由黎阳出发,一路上势如破竹,连陷各州县,东京、南京不战而降。西京亦为李成所克。金人占领河南后,兵锋直指安徽。

撒离喝率军由河中(今山西省永济市蒲州镇)出发,直趋陕西,入同州,永兴军不战而降,陕西州县亦相继沦陷。撒离喝进据凤翔,兵锋直指渭南。

警达临安,朝野大震。赵构顿脚骂道:"金国无耻!盟墨未干,口血犹在,居然出兵寇我?金兀术,朕与你势不两立!"

骂毕,命枢密院拟《讨术檄文》,榜示天下。檄曰:

惟彼乌珠(兀术),是四太子,好兵酷杀,兵祸贪残。阴蓄无君之心,复为倡乱之首,杀叔父完颜昌,戮堂兄完颜宗磐,篡夺兵权。既不恤壮士健马之丧亡,又岂念群民百姓之困苦。罪在一夫谋己之利,毒被寰宇兆民之心。

他看了又看,觉着这檄文还少点什么,又口授一诏:"能生擒金兀术者,授节度使,赐银两万两、帛两万匹、田四千顷;能生擒撒离喝、聂黎贝堇和李成者,授大将军,赐银五千两、帛五千匹、田五百顷。"

檄达川陕,士气大振。

此时吴玠已经病逝,枢密直学士胡世将出任川陕宣抚使,主持川陕军务,这人虽然是个文人,骨子里却非常的强硬,得知金人已入凤翔,忙召集吴璘、孙偓、杨政、田晟等到河池(今甘肃省徽县)会议。孙偓言河池不可守,杨政与田晟主张退守险要。

吴璘愤然而起,厉声道:"汝语沮军,罪当斩首!即使汝等皆走,璘也要誓死守此,抗金到底!"

胡世将起座,铿声说道:"吾也愿意誓死守此,抗金到底!"当即遣诸将分守渭南。刚刚布置完毕,接朝廷诏命,命胡世将移屯蜀口,与璘共同节制陕西诸路军马。

吴璘既得节制全权,即令统制姚仲等进兵至石壁寨,与金兵相遇。姚仲麾旗猛进,将士都冒死直前,将金兵击退。撒离喝复使鹘眼郎君率精骑三千,从间道趋入,来击璘军。

吴璘早令统制李师颜在途候着,见鹘眼郎君到来,突然杀出,鹘眼郎君猝不及防,竟被师颜军冲入队中,分作数橛,眼见得不能取胜,抛下了许多兵杖,一溜烟的走了。

撒离喝连接败报,大怒,自督兵至百通坊,与姚仲等干了一仗,又是不利,只好退回。

金人先在扶风筑城设兵驻守,被吴璘军攻入,擒住三将及队目百余人。撒离喝自此夺气,返回凤翔。

撒离喝在陕西遭挫,金兀术在顺昌也碰上了猛人。

这个人就是刘锜。

刘锜,字信叔,德顺军(今宁夏德陇县)人,其父刘仲武,乃抗夏名将。

刘锜不只长得帅,史书说他,"美仪状",声如洪钟。而且,还精骑射,懂兵法,善阴阳五行。

不,不只是精骑射,而是箭术非常高超。曾随父亲征战,见营门口水斛中的水满了,他一箭射中水斛,拔出箭矢,水斛里的水如注涌出。过一会儿,他又射出一箭,正好将原来的箭孔给塞住,观者无不叹服。

如此高的箭术,用在对西夏的战场上,百战百胜,西夏人特别害怕他,每每用他,吓唬啼哭的孩子:"别哭了,刘都护①来了。"小孩立刻就不哭了。

如此一个将才,埋没十几年后,被张浚发现,擢为泾原经略使,知渭州。

"富平之战",因其部下李彦琪投敌,被贬为知绵州兼延边安抚。

绍兴六年(1136年),解潜、王彦两军发生内讧,赵构免了两个人的职务,命刘锜统

---

① 都护:官名。刘锜因击夏有功,授陇右都护。

帅这两个人的军队。

宋金议和后,东京汴梁回归宋,他被任命为东京副留守,带着他的一万八千多人由杭州上船,去汴梁上任。

他刚刚到达涡口(涡水入淮处,在今安徽省怀远县东北),暴风掀翻了坐帐,他大惊失色道:"不好,金军要南寇!"命令所部,日夜兼程,赶往东京汴梁。

五十六　顺昌之捷

　　天空一打闪电,伏在地上的宋军便一跃而起,见脑后拖着辫子的金人,搂头便是一刀。

　　金人自言,入中原十五年,曾一败于吴玠,以失地而败;今败于刘锜,真以战而败。十五年间,无如此战。

　　刘锜骑马督阵奋呼道:"擒贼先擒王!"军士闻命,拼命上前,向金兀术立马处杀去。

刘锜正走着,谍人报:"金兀术陷汴京,不日便要南寇。"

刘锜道:"兵开顺昌。"

顺昌北控颍水,南有淮河,东连濠州(今安徽省凤阳县)、泰州,西接蔡州(今河南省汝南县)、陈州,是由汴京前往江淮(江南和淮南)的必经之地,也是南宋阻挡金军的军事重地。

刘锜一见顺昌知府陈规,直截了当说道:"我带来的军队只有一万八千多人,而辎重居半,且远道而来,力不可支,事急矣,城中若有粮,就能一起守城,城中若无粮,大事休矣!"

陈规道:"有米数万斛。"

刘锜喜道:"大事成矣。"

将领们不这么看。第一,从实力上讲,金兀术拥有精兵十万,又有聂黎贝堇的三万兵马相助,我军不是金军对手。第二,顺昌城的城防设施非常糟,城墙倒塌,有墙等于无墙,劝刘锜退保江南。

唯有吴锡与众将意见相左。

吴锡,绰号阎王,他拍案而起:"太尉奉命镇守顺昌,将士们拖家而来,一旦退避,这些随军的家属怎么办？若丢下他们，良心难安。若带着他们一起走，金军马上就要来了，吾等走得了吗？与其任人宰割，何如奋力一搏！"

刘锜大声叫好："吴将军说得对，就这么定了，死守顺昌，言退者，斩！"

为了表示抗金的决心，刘锜下令凿沉所有船只，并将自己和将士们的家眷集中到一个大庙里，四周堆上干柴，命令看守的士兵，万一城破，就放火烧庙。

尔后，来一个坚壁清野，强令顺昌城方圆十里以内的百姓，全迁到城中，所有房屋，一概焚去。

与此同时，命士兵修复城墙，且在城上建了数百个碉垒。

一路势如破竹的金军，根本没把顺昌城放到眼里，三三两两在城外转悠，像是侦探，又像是示威。

正转着，突然蹿出来十几股宋军，将这些侦骑活捉，经过审问得知，金军前锋在距城三十里的白沙窝一带安营。

是夜，刘锜遣兵一千余人，急行军三十里，偷袭白沙窝，直杀到天亮，金军丢下数百具尸体，仓皇而逃。

三天后，三万金兵气势汹汹来到顺昌城下，刘锜命打开城北门，且命城墙上宋军，向金军招手，大喊道："有请，有请！"

金军不敢进城，便向城头上来一个乱箭齐发。

他一发，宋军便躲到碉垒后。他一停止射击，宋军便从碉垒出来，又是喊又是招手，把金军的乌禄大王气得哇哇大叫："射，给我射！"

待他们的箭射完了，城头上也来一个万箭齐发，射杀金兵数百。乌禄大王忙下令撤军。

他撤，刘锜追，一直追了三十里方才回营，杀死生擒金军一千二百余人。

翌日，也就是绍兴十年（1140年）五月三十日，另一路增援顺昌的金军，约三万余人，在顺昌城东二十里的东村扎营，刘锜故伎重演，又来一个偷营。

是夜大雨，五百敢死队在吴锡带领下溜进金营，这些人全穿着夜行衣，伏在地上。天空一打闪电，这些人便一跃而起，照着秃瓢、脑后拖着辫子的金人，搂头就是一刀，闪电过后，又趴在地上。

为了统一行动，每个敢死队的成员，嘴里都含着一片竹叶，他们靠竹叶发出的声音作为行动暗号。由于见不到偷袭者，弄得金人疑神疑鬼，见人就砍，结果是自相残杀。天明后一看，金营里尸横遍地，金军惧而后撤。撤了十五里，一边安营扎寨，一边遣人向坐镇汴京的金兀术报告。

金兀术得到败报,统兵十万扑向顺昌。

刘锜"嘿嘿"一笑,计上心来,挑选了一名胆大心细的小校,要他如此如此。

小校扮成谍人,骑马北上,见到金兵,掉头就跑,然后,又假装从马上摔下来,让金军捉去,押送金兀术。

金兀术亲自审问宋谍,曰:"刘锜是个何等样人?"

刘锜早就料到金兀术有此一问,便嘱小校:"你就说,俺们刘太尉,是个花帅,喜声色,朝廷要他率兵抗击贵军,他很不高兴。又弄了几十个歌妓随军,走一路玩一路,将士们对他颇有怨言。"

宋谍便照着刘锜所教之语,回复金兀术。

金兀术居然信了,非常的高兴,为了早点拿下顺昌城,凡攻城器械,诸如鹅车、炮具等一概留下,轻骑而进。途中,又让刘锜耍了一下。

金兀术脑中的刘锜不过是花花公子一个,居然派大将耿训给他下战书,而且,还要在颖河上造五座浮桥,恭候他的到来。

刘锜这一弄,把金兀术的鼻子差点儿气歪。冷笑道:"狂,太狂了!我十余万健儿,凭鞋尖就能把顺昌城踢倒。去,回去告诉你们太尉,明天的晚饭爷要在顺昌城府衙里吃。"

逐走了耿训,传令金军,攻下顺昌,大掠三日,所掠之财之物,包括子女金帛,统归个人所有。

众将士无不欢欣鼓舞。

耿训还报刘锜,刘锜大喜,连夜在颖河上架了五座浮桥,且置毒颖水,及水滨草丛。

六月初一晨,金军渡过颖河,直扑顺昌,把顺昌城团团包围起来,四面喊话,要宋军投降。

刘锜一边假装答应,一边命亲军取来一副盔甲,挂在城头上。

太阳越升越高,热得像下火一样,人马多渴,免不得饮水食草,人马皆病,兀术还以为他(它)们中暑了,也不为意。城上众将,纷纷请求出击。

刘锜道:"别急,看看盔甲热了没有?"

亲兵摸了摸盔甲回道:"微热。"

刘锜道:"再等等。"

金兀术见宋军只说投降就是不开城门,便命攻城,回答他的是飞蝗般的利箭。

几番冲锋之后,加之天热,金军不得不停止进攻,坐下休息。

午时五刻,刘锜又问:"盔甲热到什么程度?"

亲兵又摸了摸铠甲回曰:"烫手。"

刘锜道:"好,可以出击了。"

此时的金军,受不得酷热,纷纷卸了盔甲,席地而坐,见城门大开,宋军如猛虎般地冲了出来,忙起身戴盔穿甲,哪里还来得及,被杀死上万人,败退了数十里,方才安营扎寨。兀术休整了六日之后,亲率他的常胜军扑向顺昌。

何谓常胜军?

也就是拥有铁浮屠和拐子马的军队。

刘锜早有准备。

你有常胜军,我有长枪队和刀斧队。刘锜命长枪队和刀斧队,迎战兀术的常胜军,自督阵于后。长枪队在前,专挑铁浮屠将士所戴的铁鍪;刀斧手继进,用大斧猛劈,不是截臂,就是碎首。兀术复纵出铁骑,分左右翼,号为拐子马,杀向宋兵。锜仍命士兵持长枪大斧前去迎敌。

两军正在鏖战,突然大风四起,斜日无光,刘锜恐为金军所乘,一边用拒马木为障,阻住敌骑,一边高呼道:"金太子兀术听着!两军已经斗了半日,想来尔军亦应饥馁,不如彼此少休,各进一餐,再行厮杀!"

兀术也自觉腹饥,巴不得有此一语,应声允诺。锜即命军士入城担饭,须臾而到,分饷军士。刘锜亦下马进餐,从容如平时。兀术也命部众饱食干粮,两下食竟,风势稍减,锜命宋军,撤去拒马木,再行接仗。

刘锜见兀术身披白袍,骑马督阵,便奋呼道:"擒贼先擒王。"

军士闻命,都拼命上前,向兀术立马处杀去。兀术手下的亲兵,不及阻拦,只好拥着兀术倒退下去。这一退,阵势随动,顿时大乱,金军四散奔窜。

刘锜乘势追杀,但见道旁弃尸毙马,血肉枕藉,车骑器甲,积如山阜,好不容易搬徙两旁,金兵已逃得无影无踪,遂将道旁弃物,搬凑数十车,打着得胜鼓回城。

是夕,大雨如注,平地水深尺余,兀术退军二十里外,仍然立足不住,竟率败军回汴京去了。捷达行在,高宗甚喜,授锜武泰军(治黔中,今四川省彭水县)节度使,兼沿淮制置使,将士等亦赏赉有差。

顺昌之战,是南宋少有的大捷之一,金人自言,入中原十五年,曾一败于吴玠,以失地而败,今败于刘锜,真以战而败,"十五年间,无如此战。"

顺昌之战还未开始的时候,刘锜并没有必胜的把握,所以,他向朝廷上表告急。赵构也生怕顺昌有失,遂下九道御札给岳飞,要他援助刘锜。

岳飞接到御札,立即召开誓师大会,一面命张宪、姚政率前军与游奕军,往顺昌方向急奔;一面命王贵、牛皋、董宪、杨再兴、徐庆、吉倩、梁兴、李宝等各率本部人马北向进军。

李若虚甚是不解,曰:"少保,朝廷要您援助顺昌,您咋让王贵他们北进?"

岳飞回曰:"吾度刘锜必能胜金。"

李若虚又问:"既然您断定刘锜能胜,为什么还要遣张宪他们前去援助?"

"做给皇上看的。"

李若虚复问:"那您让王贵他们北进的目的又是什么?"

"趁兀术与刘锜相拼,无暇顾及河南,收复西京等地。待刘锜击败金兀术,联名上书朝廷,再来一个北伐,收复中原,中兴宋室"。

李若虚由衷赞道:"少保所思,吾等难及。我在这里也帮不上您什么忙,倒不如以上奏军情之名,前去临安,为您北伐中原摇旗呐喊。"

岳飞道:"甚好。"

大军将发之时,岳飞写了一书,并银三百两,命人送到庐山东林寺,交给慧海禅师,告他:此次出征回来,要归隐东林寺,请他修缮好禅寺。书末附诗一首,诗云:

> 湓浦庐山几度秋,长江万折向东流。
> 男儿立志扶王室,圣主专师灭虏酋。
> 功业要刊燕石上,归休终伴赤松①游。
> 叮咛寄语东林老,莲社从今著力修。

从诗中不难看出,他的志向是收复中原,像霍去病封狼居胥那样,把自己的功业刻在燕山上。尔后,到庐山东林寺诵经念佛,终老一生。

岳家军不负众望,一出便光芒四射,旬月之间,收复汝州、郑州、陈州、曹州等诸

---

① 赤松:即赤松子,古代中国神话传说中的上古仙人。

州郡。

张宪支援刘锜,行至半路,得知锜已大败金兀术,当机立断,挥师折向西北,一收蔡州,二收淮宁府。

岳飞一面上书报捷,一面请求誓师北伐。

赵构正在兴头上,当即批了一个"可"字,授岳飞河南府路兼陕西、河东招讨使,且传命道:"设施之方,一以委卿,朕不遥制。"

未几,又改授岳飞为河南北诸路招讨使。岳飞遂誓师大举,自率军驻蔡州,遣梁兴渡黄河,纠合河北忠义社①,分徇州县。

为了支持岳飞的北伐,赵构又命淮西军张俊、淮北宣抚判官杨沂中和淮东宣抚使韩世忠出兵相助。

这一弄,岳家军的士气非常高昂,所到之处,金人或降或逃。金河南兵马钤辖李兴也纠众响应,收复伊川等八县及汝州。

金河南尹李成弃城遁去,岳飞命吉倩知河南府。

岳飞这里,战果辉煌,韩世忠、王德(张俊部)那里,也是捷报频传,前者收复海州(今江苏省海州市),后者收复宿州、亳州。金人大震,连兀术也不由惶恐起来。

他突然想起秦桧。

——此时不用,更待何时!遂募死士潜往临安,送书秦桧,责他负约,并命他务必制止岳飞北伐。

秦桧非常惶恐,想劝赵构祭起议和大旗,又怕赵构责骂。

何也?

赵构对岳飞的北伐非常支持,而且还给了岳飞那么大的权力,连韩世忠、张俊、杨沂中都动用了。看样子,是想与金人血拼到底。

不能劝。

但又不得不劝。

他想了两天,硬着头皮,入宫见驾,直言相询:"陛下,您觉着这次北伐一定能成功吗?"

赵构道:"不好说。"

秦桧道:"臣觉着,凭咱们的实力,不可能打败金国。可是,我们的一些大臣,却不

---

① 忠义社:对遍及北方的民间抗金义军的称呼,类似近代的敌后游击队和民间自发组织的义勇军。

这么认为。就像当年李纲等人拼命反对议和,撺掇二帝与金军开战,其结果,二帝俱为金人所掳,所以,战的风险极大,只有议和,陛下的龙椅才能坐得稳,坐得舒服。"

这话,勾起了赵构的痛苦回忆,靖康之变,金人不只掳走了二帝,自己也差一点做了金人的俘虏……建炎四年,兀术南下,把他从行在追到海边,从海边追到海上,差一点儿他就成了二帝……

战争太可怕了,他不寒而栗。

五十七　十二道金牌

兀术失声痛哭道："我自海上起兵,均赖拐子马得胜,今被岳飞破灭,从此休矣!"

张宪觅得再兴尸体,检拔箭镞,共得二升,泪如雨下。

一日之内,赵构连颁金牌十二道,召岳飞班师。岳飞愤惋泣下,东向再拜道:"十年之力,废于一旦!"

秦桧何等聪明,从赵构脸色的变化,读出了他心中的秘密,暗道:"阻止北伐有望矣!"

他继续说道:"且不说战争是个风险事,就是咱这一次北伐成功,又怎么样呢?朝野一些所谓的爱国志士,总念叨着光复中原,迎回二帝,先帝徽宗已经驾崩,倒没有什么;还有一个渊圣皇帝,迎回来后往哪里摆?"

赵构言不由衷道:"朕可以让位吗?"

秦桧道:"宋得以中兴,出自于陛下,您就是想让位,百官会答应吗?百姓会答应吗?"

"这……"

秦桧道:"这个问题,咱暂且不说。臣再说第三个问题,就是咱北伐成功,金军会服输吗?不会,肯定不会!不会就会继续发动战争。只要战争存在,就得有人掌兵,坐镇一方。大宋自立国以来,为啥要奉行'崇文抑武',那是太祖太宗皇帝接受了五代十国的教训。那时的武将,拥兵自重,挟持朝廷,皇帝的废立,就像换衣服那么随便。如今的一些武将,不只有自己的军队,而且其军队几乎只听命于统帅,带有私家军的色彩,岳飞的部队不是被称'岳家军'吗?自古至今,跋扈如项羽者,也没有敢称自己的军队叫'项家军'?陛下呀,也不知道您想了没有,这些手握重兵的将军,一旦学起五代十国的将军,您怎么办？一旦北伐成功,岳飞的威望如日中天,您又怎么驾驭？"

这两问,问得赵构身上发冷。

是的,就目前来说,真正的敌人是金国,但是,如今的金国已远不如当年那么强大,我大宋任人欺负的时代已经一去不复返了,我不北伐,照样当我的皇帝,如果北伐,让那些手握重兵的将军进一步坐大,确实不是一件好事。为了我的龙椅坐得更稳一些,还是议和好！

想到此,赵构目视秦桧道:"卿之言,犹如醍醐灌顶,北伐的事就停了吧。"

秦桧忙道一声"好"。

赵构道:"卿可拟诏,召岳飞、韩世忠、张俊、杨沂中班师。"

秦桧又道了一声"好"。

韩世忠、张俊、杨沂中接到班师诏书,纷纷班师,回原地驻防。

唯有岳飞不肯班师,留大军驻守颍昌,命诸将分道出战,自率轻骑进驻郾城。

兀术闻之,急召诸将前往郾城,拟与岳飞拼力一战。

岳飞大喜道:"来得越多越好,我这一次杀败了他,免得他再觊中原！"

正说着,又有钦差到营,宣读圣旨,命他班师。

岳飞语钦差道:"金人伎俩已穷,飞破他没有问题,请天使转奏皇上,叫他静候佳音。"

送走了钦差,岳飞召子岳云入帐,让他出战,且与语道:"如若不胜,先斩汝头。"

岳云年仅二十二岁,却是已有十年军龄的老兵,史载他"年十二,从张宪战,多得其力。"残酷的战争将他锻炼成一个武艺高强,几无对手的铁汉。

岳云领命后,率精骑数千,开城而出,突入金兵阵内,横冲直撞,如入无人之境,来回数十趟,像割麦子一样,将金兵砍倒一大片。

金兀术见岳云这般厉害,便又放出拐子马来,攻击岳云。这一回的拐子马,约有一万五千骑,互相钩连,逐排驰骤,马上骑士,俱著重铠,连面上亦用铁皮为罩,只露出一双眼睛,所有刀剑等械,不能刺入,他却手持利器,随心刺击,这是兀术手下最强的雄兵,一向横行中原,无人敢挡。只颍昌一战,为刘锜所败。那时,其面未罩假面,只戴着铁胄,所以被锜军枪挑斧斫,大败而去。此次,越加精炼,补隙增兵,竟在郾城濠外一齐驱出来围困岳云。

岳云并不畏惧,抖擞精神,同拐子马展开厮杀。怎奈,拐子马确实厉害,他左冲右突,就是冲不出包围圈,且身中数创,勉力支撑。

兀术见岳云被围,心下大喜,忽城中冲出一队藤牌军,到了阵前,左手用藤牌蔽体,右手各执麻扎刀,蹲身向地,专斫马足。拐子马互为连贯,一马倒下,另二马不能行,霎时间,人仰马翻,一万五千骑拐子马,都变做四分五裂,七颠八倒。你道这一支宋军是何人率领?

岳飞!

我们战无不能胜、攻无不克的岳元帅。

岳云见父帅来救,精神大振,与岳飞纵军奋击,杀得金兵大败亏输,向北遁去。

兀术逃了一程,见岳军鸣锣收兵,方敢扎营,忍不住大恸道:"我自海上起兵,均赖拐子马得胜,今被岳飞破灭,从此休矣。"韩常等劝解数语,乃转悲为恨道:"我再添兵与战,誓决雌雄。"遂收集败兵,又从汴京等地调兵,与飞决战。

岳飞闻报,谓诸将曰:"这几天闲得慌,我想出城,戏一戏兀术。"

诸将道:"甚好。但不知元帅,带兵多少,大将几何?"

岳飞道:"大将皆勿动,士兵五百足矣。"

诸将俱道:"金兵约有数万,五百兵太少了。"

岳飞道:"不少矣。金军犯我大宋,全靠铁浮屠和拐子马,铁浮屠没了,拐子马也没了,所倚者,步兵也。步战非其所长,莫说我带五百铁骑,就是减半,也能胜他!"

说毕,率铁骑五百,开城而出。

金军欺岳元帅兵少,蜂拥而上。

岳元帅那一条沥泉枪,左挑右刺,金兵碰上即死,擦着即伤。

岳家军的五百铁骑,见岳元帅奋勇杀敌,哪个还敢落后,纵马向前,朝着金军一阵乱杀乱砍。

金军为之气夺,丢下上千具死尸,逃命去了。

逃了数十里后,兀术停下脚来,收集残兵败将,加之从汴京等地赶来的援军,达十三万。

兀术曰:"有这十三万大兵,可以与岳飞再斗一斗了。"遂移兵临颍。

临颍位于岳飞驻地郾城和王贵驻地颍昌之间,兀术进驻临颍的目的,就是想切断岳飞与王贵的联系,遂以一小部兵力阻击岳飞,主力去找王贵出气。

他这个小把戏岂能瞒得过岳飞,金兀术刚一进驻临颍,岳云、杨再兴已经受岳飞之遣,兵开颍昌,驻守淮宁府的张宪也奉命向颍昌靠拢。

绍兴十年(1140年)七月十日,岳云、杨再兴、张宪等三路人马与王贵会师,经过一番商议,决定来一个主动出击,把临颍当作金兀术的刑场。

兀术闻报，不避反进，留下八千人马守城，自率军扑向颍昌。

行至小商河，与杨再兴率领的侦骑相遇，杨再兴自恃骁勇，管什么敌多我少，一声大吼，当先杀向金兵，左挑右刺，杀死金兵二千人，及金万户撒八孛堇，并千户百人。兀术见他来势甚猛，麾兵佯退，诱再兴至小商桥，一阵乱箭，将再兴射死。

再兴本巨盗曹成部将，归降岳飞，屡破寇房，及射死小商河，张宪驰救不及，但将兀术击走，觅得再兴尸骸，检拨箭镞，共得二升，不觉为之泪下，驰报岳飞。

岳飞悲悼不已，止哀后，见岳云在侧，与语道："兀术虽败，必还攻颍昌，那边只有王贵一人把守，恐遭挫衂，汝可速往援应！"

岳云应声即行，甫抵颍昌，果见金兵大至，云与王贵左右夹击，十荡十决。

兀术婿夏金吾欺岳云年少，举刀相迎，战未数合，被岳云一锥打死，金兵又骇奔十五里，云与贵得胜收兵。

岳家军纵横中州大地，所向无敌，金人又惧又怕，叹曰："撼山易，撼岳家军难！"

正面战场，金兀术屡战屡败，弄得他焦头烂额，后院又失火。

深入敌后的梁兴，联络两河豪杰，攻击金军。两河百姓，"挽车牵牛，载糗粮以馈义军，充满道路。自燕以南，金号令不行。"豪杰们大为感动，振奋精神，连败金兵，夺回怀、卫诸州，金人大恐。岳飞遂进军朱仙镇，距汴京四十五里，与兀术对垒列阵。

岳家军将士见沦陷十四年之久的首都遥遥在望，热血沸腾，恨不得立即冲进汴京城，屠尽金兵及其走狗，一雪国耻。

大战开始了，岳飞遣五百名背嵬军出阵。

背嵬军素来骄悍，奉命后，如狂风一般刮向金兵，挡者不死即伤，致使金军阵脚大乱。岳飞见了，大吼一声，挺枪跃马，杀入金阵，众将各奋勇向前，任你兀术是百战强寇，到此也没法可施。岳家军似猛虎入山，犬羊立糜，神龙搅海，虾蟹当灾。金兵十毙六七，兀术亦几乎丧命，一口气跑回汴京。

岳飞一边遣使修治诸陵，一边联络河北义士李通等，克日会师，直捣黄龙①。

岳飞豪情满怀地说道："直捣黄龙，吾当与尔等痛饮。"

兀术败回汴京，再议整军迎敌，偏诸将垂头丧气，莫敢言战。兀尤复传檄河北，调集

---

① 黄龙：即黄龙府，在今吉林省长春市农安县县城内，为辽金两朝军事重镇和政治经济中心，是中国历史名城之一。

诸路兵士,亦没人到来。是时,中原一带,如磁、湘、泽、潞、晋、泽、汾、隰诸地,多响应岳家军,遍悬岳字旗帜,父老百姓争备糇粮,馈送义军。就是金骁将乌陵噶思谋及统制王镇,统领崔庆,偏将李凯、崔虎、叶旺等,俱有意降宋。还有龙虎大王以下的将官忔查(一译作喘克察)、千户高勇等,亦密受飞旗,连韩常也欲率众内附。

以前,有不少人给兀术说,岳家军"冻死不拆屋,饿死不掳掠,"民甚爱之,"撼山易,撼岳家军难"。他还不信,这一次,他算彻底信了,长叹一声道:"我自带兵以来,从未有过这等败衄,今已至此,还有何言!"随即带领亲卒,乘马出城。行至城门,一书生叩马谏道:"四太子毋走,岳少保必退。"

兀术在马上答道:"岳少保只用五百骑,能破我兵十万,汴京人士,日夕望他到来,我难道坐待俘囚,不管生死吗?"

书生笑道:"太子说错了,自古未有权臣在内,大将能立功于外,岳少保岂能超然法外?"

寥寥数语,使兀术幡然醒悟,那秦桧不只是个权臣,还是我的细作。遂拨马而回,稳坐帐中,单等秦桧消息。

岳飞听说兀术返回汴京,哈哈大笑道:"不走了好,看我如何破他。"言未已,又有朝使到来,促飞班师。

岳飞问朝使道:"又是何故?"

朝使答道:"秦丞相与金议和,已有头绪,所以请少保还朝。"

岳飞愤然道:"恢复中原,十得七八,奈何中道班师?"

朝使默然而去。

岳飞即日上疏,略言:"金人丧胆,尽弃辎重,疾走渡河,现在豪杰向风,士卒用命,正当猛进图功,时不再来,假臣三个月时间,臣将捣入黄龙,让金向陛下称臣。"

赵构阅书,心有所动。

秦桧道:"岳飞向来好大喜功,他的话陛下也信么?且是,张俊、韩世忠、杨沂中等,已奉圣命班师,但留一个岳飞,他就是有日天的本领,能斗得过金兀术吗?且是,金兀术好不容易吐出了六个字——议和之事可谈。不能因为岳飞坏了'议和'大事。"

赵构颔首道:"卿言也是,那就将岳飞召回来吧。"

秦桧道:"朝廷已经数次召岳飞班师,岳飞不听,不用金牌①,怕是召他不动。"

---

① 金牌:金质,长方形,上写着金字,凡有紧急命令,才用此牌。

赵构道:"那就用金牌吧。"

这金牌一发便是十二道,且为同日所发,懿旨措辞非常严峻,命大军即刻班师,岳飞本人去临安朝见。《宋史·岳飞传》曰:"一日奉十二金字牌,飞愤惋泣下,东向再拜曰,'十年之力,废于一旦,奈何,奈何'!"逐下令班师。

百姓闻之,遮马挽留,且泣且诉道:"我等顶香盆,运粮草,迎接官军,金人早已知晓。少保若去,我辈无遗类矣。"

岳飞亦悲泣,取金牌指示道:"我食君禄,尽君事,既奉君命,不敢擅留。"百姓听了飞言,顿时哭声震野。飞乃下令道:"愿从我去,速即整装,我当再待五日。"

大众齐声应命。

岳飞下马暂留,五日期满,方率军出城,百姓随军南行,仿佛如市。岳飞遂上书赵构,请将汉上六郡闲田,俾民暂住,覆旨允准。

兀术闻飞退军,分道出兵,把新复州郡尽行夺去。及岳飞至鄂,闻知寇警,越加愤悒,奏请罢免兵权,赵构不许,嗣由庐州入觐,赵构非常热情,问了问战状,慰谕数语道:"卿所建之功,他将难比。卿之功,朕牢记在心。但抗金之事,应方资长算,助予远图,未有息戈之期。虽卿所志,固尝在于山林,而且,事君可遽忘于王室,所请宜不允。"

岳飞道了一声"谢陛下",叩首告退。

岳飞虽然班师,但他手中握着十万雄兵,让人放心不下。一不做,二不休,将他明升暗降,夺去军权。

还有那个韩世忠,也不是一个东西,前次遣王伦伴金使张通古、萧哲等,去金营议和,他居然伏兵于道,要杀金使,也得把他的军权夺去。

秦桧诡计未及实施,狼烟又起。

金兀术南寇,本是想为失败找回点面子,打了几个胜仗,夺了几个州郡,尾巴又翘起来了。

他屯驻京亳(州),调集川陕、两河之军,加之旧部,众十余万,大举犯宋。

撒离喝率军两万,直扑泾州,遭到宋军的顽强抵抗,久攻不下,转攻庆阳。河东经略安抚使王忠植率兵往援,为叛将赵惟清所执,送交金营,不屈而死。

兀术闻撒离喝得手,命他转攻河东,亲率大军,由汴京而泗水,再寿春。由寿州渡淮河,二月三日进入庐州。

赵构一边暗自庆幸没有解除岳飞等人兵权,一边调兵遣将,阻击金军。

一、岳飞进驻江州。

二、张俊、刘锜、杨沂中驰救淮西。

三、韩世忠整军待命。

五十八　翘翘出群

刘锜命所部将士各持长斧,排列如墙,一鼓齐上,各斫拐子马马足。

韩常哈哈大笑道:"宋鼻涕,你们上了俺家元帅当了!"

兀术夜遁时,亲书一书,送给秦桧,要他设法杀掉岳飞。

寿春、庐州,都是张俊的地盘,张俊躲在建康声色犬马,在寿春与庐州之间,仅仅设置了一个"流行马斥堠(相当于现代的骑兵侦察队)。"

驻守庐州的,是从伪齐逃归的宣抚司统制官关师古,他手下只有二千多兵,守城的礌石、滚木奇缺,州内人心惶惶,竞相出逃。

救军如救火,但张俊却摆了一个出兵的样子,就是不动。

江东制置使叶梦两次闯帐进谏,他都道:"再等等,再等等。"

张俊有一个爱妾,"容貌甚冶,词翰情思,翘翘出群",在家替张俊管理文书账目,听说金兵打来,忙修书张俊,让他以国事为重,早日出兵击敌。

张俊复书爱妾,以放心不下家人为由,还是不肯动身。

爱妾忙回一书,以西汉霍去病——"匈奴不灭,何以家为"的典故,勉励他尽忠报国。

到了绍兴十一年二月初四,距兀术陷寿春已经半个月了,张俊才传令诸军分头出发。

张俊也不知道出于什么目的,把他与爱妾的来往书信呈给朝廷。

赵构得书,居然大喜,下诏褒奖张俊公而忘私,并封张俊的爱妾为雍国夫人,赐钱千万。

噢,忘了介绍了。

张俊爱妾本是杭州名妓,也姓张,名稼。嫁给张俊,易名章稼。

张俊出兵之时,刘锜已从平州(今安徽省当涂县)赶到庐州,他入城巡了一周,深感此城难守,便与关师古相商,撤兵东关(在今安徽省无为县东南),此地依山据水,只要控制了此地,就控制了金军进军长江之路。但他们未至东关,庐州已为金军所陷,只得就地驻扎,等候张俊和杨沂中。

张俊呢?

到达长江南岸便停了下来,听任金军在无为军(治所在今安徽省无为县无城镇)、和州(今安徽省和县)境内,烧杀抢掠。

王德实在看不下去,直言相劝道:"宣抚大人,若再不过江,军机尽失。军机一失,只能为虏矣!这样吧,您就在这里坐镇,末将渡江击金,等拿下了和州,宣抚再北渡,可好?"

张俊勉强同意:"可让田师中同去。"

田师中者,张俊之爱将也。张俊长子早亡,其妻尚不足二十,俊为媒,嫁给师中,自此,师中便问张俊叫爹,叫得久了,便叫出了感情,张俊把他看得比自己的几个亲儿子还亲。王德让田师中同去,意在监军。

是日,王德父子及田师中率军从采石矶渡江。出发前,王德站在船头,豪气冲天道:"今晚,当会食和州。"

果如王德所言,当日傍晚,王德一举克了和州。兀术退保昭关(今安徽省含山县昭关镇)。

翌日,兀术率兵来争昭关,又为王德所败,退回江淮名邑柘皋(今安徽省合肥市柘皋镇)。

刘锜闻王德据了和州,引兵来会。恰巧,杨沂中也率兵赶来。三军会师和州,谋复庐州:刘锜为前驱,两战两捷,进兵石梁河,与兀术夹水列阵。

石梁河与巢湖相通,广约两丈,锜命戈薪垒桥,顷刻即成,遂遣甲士数队,逾桥卧枪而坐。且遣使促张俊、王德、田师中、杨沂中进军。

翌日,杨沂中及王德、田师中等,率军驰至,惟不见张俊。

刘锜与诸将分军为三,渡河击敌,田师中欲俟张俊至,德奋然道:"事当乘机,何必再待!"当下与刘锜上马临河,沂中继进。

兀术将骑兵分为两翼,夹道而阵,王德对刘锜说:"敌骑右阵较坚,我独先击敌右。"遂麾军径渡,首犯敌锋。

一敌将跃马出迎王德,德张弓搭箭,一发即殪,因大呼直前,冲入敌阵。诸军亦鼓噪而进，金军不敌，纷纷后撤。

兀术又放出拐子马来，德率众鏖斗，沂中道："虏恃弓矢，我有一法，可以制敌。"遂令万人各持长斧，排列如墙，一鼓齐上，各斫马足。敌骑东倒西歪，不能成列，溃乱。

刘锜、王德、沂中三路并击，杀得金人积尸如山，流血成渠。金兵溃至东山，正思小憩，忽后面追兵又至，回头一瞧，乃是刘字及王字旗号，不禁大惊道："这是顺昌刘留守旗帜，还有王夜叉同来，如何可当？快避走罢！"当即退保紫金山，宋军趁机收复庐州。

刘留守者，刘锜也。因力卫顺昌，杀败金兵，金人甚惧之。

王夜叉者，王德也。钦宗时，曾率十八骑入隆德府（今山西省长治市），缚献金守臣姚太师。姚谓就缚时，只见夜叉，因此军中呼王德为夜叉。

王德、沂中见金兵败走，鸣金收兵，独刘锜一支兵马继续追击金兵，一直追到濠州（今安徽省凤阳县）城。

金军刚陷庐州之时，赵构非常惊惶，他虽说有些昏庸，但对那些主要将领的本领，还是非常清楚。单凭张俊是无论如何也挡不住金兵的，刘锜是否挡得住，还在两可之间。这不是因为刘锜没本事，是刘锜握兵太少，满打满算，也不过一万二三。

岳飞。

要想挡住金兵的进攻，还真得让岳飞上。

于是，以八百里加急，召岳飞增援淮西。

岳飞接诏后，以八百里加急上书赵构。书曰："金军犯我淮西，中原留兵不多。臣愿做第二个孙膑，来一个围魏救赵，举兵北伐，既可收复中原，又可断金军归路。"

岳飞的设想，堪称一石二鸟，可赵构最烦听的就是"北伐"二字。当即颁下一旨，按既定方策办，并促他上路。

岳飞不得不听，率军从蕲州（今湖北省蕲春县）、黄州间，渡江北上，将至濠州，张俊遣健卒截住岳飞，曰："张宣抚说，金军不足畏，淮西又缺粮，请少保原地返回。"

岳飞后队变前队，返回江州。

张俊为何要阻止岳飞？

他有私心。

他自以为，柘皋之战，金军伤亡过半，不退兵死路一条，为了独吞战功，不只岳飞，连刘锜也赶走了。

金兀术正被刘锜撵得乱窜，又闻岳家军将至，忙传令三军，沿原路撤回汴京。

先头部队刚一出城，谍人报称："张俊把岳飞、刘锜赶走了。"

金兀术似信非信道："真的吗？"

谍人道："真的。"

金兀术问："张俊为什么要把他二人赶走？"

"想独吞击我大金军的战果。"

金兀术哈哈大笑道："好，那张俊就是咱的第二个会之（秦桧）。哎，髯阉呢，张俊为什么没赶？"

谍人道："那髯阉既是张俊的老部下，又是宋帝的红人。"

金兀术"噢"了一声，后军变前队，返回濠州城。

诸将不知何故，纷纷找金兀术询问。兀术喜不自禁道："张俊为了独吞战功，把刘锜和岳飞赶走了。他俩一走，余之宋将，不足道矣，我想杀一个回马枪。"

诸将大喜曰："好。"唯有韩常反问一句："岳飞、刘锜去了，宋军还有一个王夜叉呢！"

金兀术曰："匹夫之勇，不足道也。"

孔彦舟媚笑道："元帅那回马枪，还不能急着杀呢。"

"为什么？"兀术问。

孔彦舟道："以末将度之，岳飞、刘锜虽然走了，但不会走得太远，一召便可回来。其二，'兵者，诡道也。'咱继续撤退，而且，大张旗鼓的撤退。最好，找一个与您面貌相近的人，假扮成您，带头撤，撤得叫它浩浩荡荡，撤得叫路人皆知。当然，不能全撤，撤多少呢？撤个五分之一便可。还有，这五分之一，还不能撤得太远，顶多两舍之地，好一招便至。留下那五分之四，不能露头。还有签兵，不能撤，不但不能撤，还叫他们登城守御，甚而假作谍人，在寿春城外游荡，对外宣称，金军全走了，留下守城的尽是签军。"

兀术大喜道："我明白你的意思了，就照你说的办。"

张俊听说金军全撤了，守濠州城的全是签军，把杨沂中和王德召进大帐，笑眯眯地说道："今有一波天大功，老夫想让你二人去取。"

杨沂中、王德道："请宣抚明示。"

"金军已撤离濠州，留下几千个签军守城，你俩去走一趟吧。"

杨沂中、王德，各率所部，兴高采烈地去了濠州，走近城边一看，守城的果然全是签兵。

又仔细一看，不对呀，这些签兵咋长了一副女真脸——脸型尖细、鼻梁又高又直，大都还是鹰钩鼻。

管他长得什么模样,已经来到城下,这城不能不攻!

这一边攻,那一边守,守城的居高临下,一会儿万箭齐发,一会儿又抛滚木礌石,杀死杀伤宋军数百人。

宋军将士一脸的困惑,以往的签兵,很不经打,这些签兵咋恁厉害呢!

只听城上一将,哈哈大笑道:"宋鼻涕,你们上了俺家元帅当了!"

说至此,将签兵之衣之冠一一除去。

城下惊叫道:"金人,却原是金人所扮!"

"爷正是金人,尔等这会儿若降,还有生的希望。否则,丰都城便是尔的去处!"

城下一片惊慌。

王德见军心摇动,跃马来到城下,用枪朝金酉一指喝道:"别在那里逞口舌之利,你若真的有种,下来给爷战三百合!"

金酉笑嘻嘻道:"我为什么要下去呢,你有种,你上来。"

王德咬牙切齿道:"好,爷上!"扭头对亲兵说道:"叠肩!"

又高又壮二亲兵,应声而出,依着外城墙,叠了起来。王德按肩而上,站在最上边那人肩上。下边那人,双手扶着城墙,缓缓而起。待他站直了身子,王德双手一伸,扒住墙头,正要纵身上跃,金酉挥刀砍向他的双手。他忙将手收回,金酉的刀如影相随,又指向了他的脑袋,不得不纵身跳下,手指金酉千小人、万小人的破口大骂。

金酉哈哈大笑道:"怪不得俺们元帅说您,'匹夫之勇,不足道也。'三齐王韩信,你总该知道吧,他'明修栈道,暗度陈仓'。此为,你说他是小人还是君子?实话告你,尔等已经中了俺家元帅之计,这濠州四围,尽是俺大金的伏兵,你这会儿投降,还来得及,否则,杀你个片甲不留!"

王德似信非信。

突然间,鼓角齐鸣,金兀术率领伏兵当先杀出。王德慌忙掉头迎战兀术。

金酉命人打开四门,命诸将分头出击,自率一支骑军,出西门夹击王德。

东门杨沂中,也受到了夹击,苦战方才走脱。

王德虽勇,双拳难抵四手,从午时杀到末时,身受十几创,鲜血染红了盔甲,经田师中苦劝方才突围而出,清点人马,活着的不足十分之一。

张俊见杨沂中、王德败得如此之惨,自忖非金军对手,一边向韩世忠求援,一边遣人去追回岳飞和刘锜。

岳飞紧赶慢赶,赶到濠州。早几天到达的韩世忠已为兀术所败,退回楚州。

刘锜所部比岳飞晚了一天,也到达濠州。

兀术闻之,率部夜遁,渡淮北去,岳飞、刘锜未搏一刀一枪,收复濠州城。

金兀术夜遁时,亲书一书,用蜡丸封了,遣一谍人,送给秦桧,书曰:"飞欲北伐,赖汝阻止,其功甚伟。若能杀飞,抑或解飞兵权,功大于天。另,议和之事,可谈,也可和。"

秦桧接书,想了又想,要杀岳飞时机尚未成熟。

解除岳飞兵权,也许有望。但是,在诸大将中,岳飞的人马最多,立功也最大,单解岳飞一人兵权,说不过去。要解,都解。

怎么解?

来一个明升暗降。

他当天便面谒赵构,笑问道:"柘皋之战,咱是胜了,还是败了?"

赵构道:"先胜后败。"

秦桧道:"那咱是不败而败了。"

"此言怎讲?"

秦桧道:"两个人打架,笑到最后的人,才是真正的赢家!"

赵构"噢"了一声。

秦桧道:"前天,张宣抚找臣诉苦,说此次兵败,败在两个人手里。第一个,刘锜,作战不力。第二个,岳飞,逗留不进。诚如此,这二人得严惩。"

赵构道:"杨沂中怎么说?"

"杨沂中也是这么说的。"

赵构道:"既然杨沂中也这么说,那就将他二人严惩吧。"

秦桧道:"怎么惩?"

赵构道:"罢刘锜宣抚判官之职,让他知荆南府去。"

"岳飞呢?"

赵构道:"岳飞即使逗留不进,但兀术夜遁,飞有功焉,还不能惩罚呢!"

秦桧道:"岳飞与金军连面都没见,何功之有?"

赵构道:"兀术夜遁,是在听到岳飞到了濠州的消息才夜遁的,岳飞靠他的影响给朝廷立了一功。"

"这……"秦桧将话锋一转,笑眯眯地说道:"启奏陛下一个好消息,金兀术来书了,且表示愿和。"

赵构又惊又喜道:"真的?"

秦桧忙袖出伪造之兀术书,当值黄门趋前接过,双手呈给赵构。

赵构展而读之。书云:"吾家皇帝,有事相召,本帅不得不回。两个月后,本帅在汴京恭候,若想战,放马过来;若想和,遣使过来。"

把个赵构看得眉开眼笑:"好,太好了。卿说,遣何人去谈合适?"

秦桧道:"魏良臣怎样?"

"好,这会儿就告知魏良臣,叫他早做准备。"

秦桧道了一声"好",又道:"金兀术在金国,一言九鼎,他想和,一定能和!"

赵构将头点了一点。

秦桧复道:"既然能和,朝廷就不必再养这么多兵了。"

赵构又将头点了一点。

"那些手握重兵的大将,诸如岳飞、韩世忠、张俊、吴璘等,不只拥兵自重,还竭力反对议和,不将他们的兵权解除,这议和之事,怕是难办。"

赵构又将头点了一点。

秦桧道:"臣意,让陛下效法太祖,也来一个'杯酒释兵权',如何?"

赵构道:"朕正有此意。"

五十九　邯郸学步

张俊口中说赵构"皇恩浩荡",肚中却骂他,不是个东西,本来要卸磨杀驴,却说得如此"冠冕堂皇"。

韩世忠狠狠剜了张俊一眼,甩袖而去。张俊双手一摊,对岳飞说道:"你看看,你看看……"

韩世忠经常到属下家饮酒,且让属下尽出妻妾作陪。或唱或跳或饮酒,尽欢而散。

吴璘所统之兵,并不比韩世忠少,但他远离京都,朝中之事,从不过问,且他面对的敌人,不只金国,还有西夏(国)。赵构想了又想,决定让他继续执掌兵权。

绍兴十一年(1141年)四月十二日,赵构颁旨,命张俊、韩世忠、岳飞速到临安议事。

张俊、韩世忠的驻地都比岳飞近,接到圣旨的第四天便到达了。秦桧把他俩宴请了一次,安置到西湖边那个最高档的驿馆,每天好酒好肉招待,就是不说事。

张俊本就是一个酒色之徒,有好酒、美妓相伴,乐不思蜀。

韩世忠是个急性子,不想在这里白吃白喝,嚷嚷着要走。

秦桧慌了,亲自出面劝阻韩世忠:"所议之事甚大,目前还差岳少保,他一来咱就议。"

他这一说,韩世忠不再嚷了。

又过了六日,岳飞姗姗来到。

这六日,赵构忐忑不安,度日如年。

赵构暗自揣测道:"是不是走漏了风声,岳飞不来了?他若不来,麻烦可就大了!召他,再召他。"

赵构又以八百里加急,召岳飞来京。

岳飞一到临安,赵构便赐宴于崇德殿,与宴者,除了张俊、韩世忠、岳飞外,还有秦桧。

喝到酒酣耳热之时,赵构突然长叹一声。

秦桧停箸问道:"陛下因何叹息?"

赵构道:"若非诸将外抗金狗、内剿杨幺诸贼,朕怎会安坐临安,过着神仙一般的日子。"

张俊媚笑道:"陛下自谦过甚,若非陛下运筹帷幄,哪有外抗金狗、内剿杨幺诸贼的节节胜利!"

秦桧忙附和道:"张宣抚所言甚是。"

韩世忠看了看岳飞,附和道:"张宣抚道出了吾等心声。"

岳飞将头点了两点。

赵构笑微微说道:"朕不糊涂,卿等这是在奉承朕哩。"

张俊的恭维话还没出口,他便摇手制止道:"卿先别说,听朕说,朕这江山,靠汝等三大将打下来的,这福,朕不敢独享。朕有心让尔等回朝任职,不知你怎意下如何?"

说毕,把一双龙目移向张俊。

张俊何等聪明,避席道:"陛下要臣等回朝任职,既让臣等免去了军旅劳顿之苦,又能阖家团圆,皇恩浩荡,臣等焉有不允之理。"

他口中这么说,心中却在骂赵构:"这赵构真不是个东西,本来要卸磨杀驴,却说得如此冠冕堂皇。你以为你学会了你太祖爷爷那一套,屁!你太祖爷爷'杯酒释兵权',那是在没有外患的情况下进行的。你呢?不说金国,连弹丸之地西夏也想欺负你。我之所以顺着你,那是我知道,我这胳膊扭不过你的大腿,我认栽了。"

岳飞呢,因不能施展光复故土的抱负,对军权本来就毫无留恋之意,亦避席说道:"多谢陛下厚爱,臣愿意回朝任职。"

岳飞话音未落,韩世忠也来一个避席……

赵构见三大将都表了态,喜得像吃了喜梅子,移目秦桧道:"卿速去拟一道《制词》①。"

秦桧问:"那《制词》怎么写?"

赵构道:"拜韩世忠、张俊为枢密使,岳飞为副使,俱至枢密院治事。"

---

① 制词:亦作"制辞""诏书"。

秦桧道了声"遵旨",却不肯离去,二目望着赵构,似有所示。

赵构"噢"了一声道:"秦相且慢,还有一事,也得写进《制词》。"

秦桧故意问道:"何事?"

赵构道:"军者,国之柱石也,不能不严肃纪律,统一番号。而今,我朝之军,名目繁杂。朕意,无论何军,统统命名为'御前军'。韩卿、张卿、岳卿之宣抚司,一概废黜,原每个宣抚司中的统制官,各统所部,自为一军,每军统一冠以'御前驻扎'的名号,归朝廷直接统辖,若有调发,一律由三省、枢密院取旨施行。"

秦桧这才躬身而退。

御宴还在进行,但没有人说话,赵构倒也识趣:"诸卿,尔等回朝任职后,咱君臣喝酒的机会多的是,今天,就不再喝了吧。"

三大将如遇大赦,异口同声道:"好",一齐站了起来。

赵构朝张俊一指道:"请伯英稍留片刻。"

张俊不知道赵构要干什么,怀着忐忑不安的心情抑步抑趋来到了御书房。

赵构又是赐座,又是赐茶,一脸赞许地说道:"卿今日表现甚佳。"

张俊忙避坐曰:"谢谢陛下夸奖。"

赵构道:"此处乃御书房,不必如此多礼,坐,请坐。"

张俊拜谢而坐。

"卿读过《郭子仪传》吗?"

张俊是个半文盲,平生所厌恶诸事之一,就是说书,岂能读《郭子义传》?皇上有此一问,他不敢撒谎,嗫嗫嚅嚅回道:"没有。"

赵构语重心长地说道:"郭子仪、李光弼同为中唐名将,有大功于国,但结局大相径庭。郭子仪位极人臣,享尽荣华富贵;而李光弼却遭人诬陷,死于忧惧。卿知道这是为什么吗?"

张俊将头使劲摇了摇。

"郭子仪心系朝廷,不私兵,李光弼反其道而行。卿今日所为,就有点像当年的郭子仪。朕极愿卿做一个真正的郭子仪,痛痛快快把兵权交出来,高高兴兴地去枢密院治事。"

张俊忙道了一声"遵旨"。

赵构又问:"卿准备什么时候去枢密院治事呀?"

张俊道:"半月后怎么样?"

赵构道:"时间有点长。"

"十天呢?"

赵构道:"还有点长。"

"五天呢?"

赵构摇了摇头。

张俊心想,建康距行在五百余里,就是骑快马,一来一回也得三四天,他分明是不想让我回建康,直接去枢密院治事。又没战事,他这样做为了什么?

他猛地将脑瓜一拍道:"知道了,知道了。他是怕俺仨回到驻地,心生不测,不想让俺仨回,又不好明说,想让我带个头。一定是这样,这个头带不带呢?"

他瞟了一眼赵构,见他一脸的期待,便道:"这建康臣不回了,臣明天就去枢密院治事。"

赵构道了声"好",又道:"卿良臣也,卿真良臣也。朕还有一个想法……"

张俊道:"请陛下诏示,臣一定照办。"

"请卿把你明天就去枢密院治事的事告之韩世忠、岳飞。他俩若是良臣,一定会学卿。如果他俩不学,卿就直言告诉他俩,这是朕的意思。"

张俊忙道一声"遵命",心中暗自庆幸道:"看来,他是铁了心不让俺仨回驻地,幸亏我答应明天就去枢密院治事,若则,他会在他的脑袋瓜中画我一个大大的问号!"

他回到驿馆,当即去见岳飞。刚好,韩世忠就在岳飞的馆舍里闲坐。他便把赵构的意图委婉相告,岳飞当即表态,他也不走了。

韩世忠非常恼火,大发雷霆道:"削了我们的兵权,连我们回去与弟兄们告别一下都不允许,太不近人情了……"

岳飞怕他说出更难听的话,忙摇手阻止道:"良臣兄,小弟觉着,不回去更好。何也?人生之苦,甚多,其中一苦,就是生死离别。咱们手下那些弟兄,患难与共数年,甚至十数年,骤然相别,心里会非常难受,还是不回去的好。"

张俊频频颔首道:"岳枢密说的是。"

韩世忠狠狠剜了张俊一眼,甩袖而去。

张俊双手一摊,对岳飞说道:"你看看,你看看,我只是传个话而已,这事能怪我吗?还有,他是留是回,也不表个态,叫我怎么向皇上回话?"

岳飞道:"晚一会儿我去劝劝他,您放心,他不会走的。"

张俊道:"好,我回我的馆舍,候你的信。"

韩世忠既是个英雄，又老于事故，一时冲动，方说出那一番话，回到馆舍，便后悔了，岳飞一劝，便就坡下驴，同意不回驻地了。

第二天，仨枢密虽然都到枢密院治事，但穿戴各异，张俊一身官服，韩世忠头裹着"巾①"，岳飞"披襟作雍容状。"秦桧闻之，进谗赵构："韩、岳两人，故作悠闲自在、雍容之状，乃是向陛下抗议的！"

赵构恨声说道："那是他俩欠收拾。"

秦桧忙附和道："陛下圣明！陛下，您以为，应该先收拾谁？"

赵构道："韩世忠。"

秦桧又问："怎么收拾？"

赵构道："罢他的官。"

秦桧道："臣这就去拟旨。"

赵构道："别急，罢官也得有个说头呀！韩世忠既没大错，又没违法，凭什么要罢他的官？"

秦桧道："臣案头便有一件告他的状纸。"

"告他什么？"

"告他逼死呼延通。"

赵构道："那是二年前的事了，韩业已认罪，该罚也罚了，再拿这件事罢韩世忠的官，百官怕是要嚼朕的舌根呢！"

秦桧反问道："一条大将的命才值十万贯吗？那呼延通不仅是朝廷命官，还救过韩世忠的命，韩世忠恩将仇报，为人所不齿，莫说罢他的官，就是杀了他，百官也不会嚼您舌根！况且，告韩世忠逼死呼延通的，还不是一个、两个。"

赵构问："有多少？"

"六个。"

赵构问："都是些什么人？"

"韩世忠的裨将。"

赵构道："不会吧？"

秦桧道："千真万确。"

---

① 巾：宋代一种头饰，也称"幅巾"、"太极巾"。用青布做成，端头用优质木雕成太极八卦扣相互衔接。该巾扣上为"混元圈"，散开为"一"，体现了"道生一，一生二，二生三，三生万物的"教义。

赵构道:"朕听说韩世忠很会带兵,也很关爱将士,他的一个亲兵生了毒疮,他亲自为这个亲兵吮吸脓液。这样的人,怎么会有这么多人告他,还全是他的裨将?"

秦桧问:"韩世忠为什么要逼死呼延通,陛下不会不知道吧?"

赵构道:"当然知道。"

"因甚引起?"

赵构道:"韩世忠不仅好色且好酒,经常到属下家里饮酒,且让属下尽出妻妾相陪,或唱或跳或陪酒,尽欢而散。到呼延通家里饮酒时,呼延通没有让妻妾出来相陪,韩世忠大怒,把呼延通骂了一通,呼延通一怒之下,打了韩世忠一个嘴巴,韩世忠便找茬儿责打羞辱呼延通,呼延通不甘受辱,投河自尽。呼延通一死,韩世忠便后悔了,负荆去呼延通府上请罪……"

秦桧"嘿嘿"一笑道:"陛下还夸韩世忠爱兵呢,是的,他很爱兵,更爱那些将士们的妻妾。咱汉人,爱自己的帽子,就像凤鸟爱惜自己的羽毛一样,那上边沾不得一点绿①,一旦沾上,就得跟沾他绿的男人拼命。韩世忠的那些将士,一些是惧于韩世忠淫威,打碎牙吞肚里;一些是让梁红玉给平息、化解了。梁红玉这人,原是一个官伎,对男女之事,既看得开,又会来事,经常把韩世忠的部下请到府中会饮,也来个尽出世忠之妾。半年前,梁红玉死了,再也没人帮韩世忠化解恩怨了。再者,韩世忠的官虽然升了,但实权没了,又远离楚州,那些对他心怀怨恨的将士岂能不想方设法报仇?肯定会,这不,他离开部队才几天,臣便接到六封告他的状子。如果咱不对韩世忠进行惩处,那些将士就会把对韩世忠的怨恨移到朝廷,所以,陛下拿韩世忠开刀,是非常英明的!"

"除了告韩世忠逼死呼延通,还告有其他事吗?"

秦桧道:"有。"

"说来听听。"

"第一,他目无君上,绍兴九年正月,伏兵暗杀金使。第二,克扣军饷。第三,吃喝玩乐,挥霍无度……"

赵构道:"第一个、第三个罪,朝野皆知,就不说了。第二个罪,若是能够落实,就足以治韩世忠的罪了。只是,这事怎么落实,让谁去落实?"

秦桧道:"让张俊、岳飞去干。"

赵构问:"师出何名?"

---

① 绿:指绿帽子。绿帽,指妻子与人私通。

秦桧道:"阅兵,去楚州阅兵。"

赵构摇头说道:"这个方法不行。"

"为什么?"

赵构道:"韩世忠是排名第一的枢密使,阅兵却不让他去,于理不通?"

秦桧道:"找个理由嘛。"

"找个什么理由?"

秦桧道:"就说,为了避嫌,阅谁的旧部,谁不能去。"

赵构点了点头道:"这理由行。"

张俊、岳飞接诏后,去宣德殿谢恩,赵构嘱曰:"二卿这会儿就去政事堂,兵怎么阅,秦相会和二卿谈的。"

六十　在劫也可逃

　　秦桧道："要治韩世忠的罪,单从贪财爱色上找,怕是不行,得想办法激其军,使为变!"

　　韩世忠"扑通"朝赵构一跪,一边说,一边哭,且以头戗地。

　　赵构、秦桧已经动了杀机,岂能轻易收场,下一个目标是谁呢?

　　张俊、岳飞都非常反感秦桧,但是皇帝说了,又不能不听。秦桧正坐等二人,听说他俩到了,忙出堂相迎。寒暄了几句后,张俊抱拳说道："皇上命下官和岳副枢密奉旨去楚州阅军,相公还有什么吩咐?"

　　秦桧一脸凝重道："皇上突然要二位前去楚州阅军,目的是什么二位知否?"

　　张俊回道："各军归朝廷直辖,加以慰问安抚。"

　　秦桧道："张枢密说的只是表象。"

　　张俊、岳飞都暗吃一惊,不由自主地问道："真相是什么?"

　　秦桧道："点检人马和物资,查一查韩世忠有无贪污、克扣粮饷之事。"

　　张俊看了看岳飞,岳飞问道："这是皇上的意思吗?"

　　秦桧点了点头,方又说道："张枢密,世人皆知你和韩世忠是双重亲家①,皇上能不知吗? 但皇上认为,你不会因私而害公,才叫你带队去楚州慰军,这是对你的莫大信任,希望你不要辜负了皇上!"

　　张俊轻轻颔首道："我不会辜负皇上的。"

　　秦桧继续说道："实话告你,近来告韩世忠的人特别多。这些人中,包括呼延通七十岁老娘,她拄着拐杖进宫告御状。皇上深恨韩世忠,你和岳枢密去楚州的目的,就是

---

①　双重亲家:张俊的二女儿嫁给了韩世忠的二儿子韩彦朴,张俊的五儿子张子仁又娶了韩世忠的小女儿。

借阅军之名搜集韩世忠罪状！"

张俊又来一个频频颔首。

岳飞二目含怒，直视秦桧道："韩世忠乃我朝开国元勋，对皇上忠心耿耿，偶有一过，便揪住不放，甚而来一个'磨道找驴蹄印'，这样的事，我岳鹏举不干！"

秦桧冷声说道："这事我作不了主，你如果实在不想去楚州，找皇上说去。送客！"

岳飞当即转身，昂首而出。

张俊不但不走，反一脸媚笑道："秦相，您不要生气，岳飞跟我干过，有口无心。他呀，和韩世忠并无什么交情。早年，韩世忠不只看不起岳飞，还有些妒忌。岳飞剿平杨幺后，送给我、张浚、韩世忠每人一条大船，韩世忠对岳飞的态度才好了一些。他只是一时冲动，您放心，我会好好劝他的，他也不会因为韩世忠而抗拒圣命。"

秦桧轻叹一声道："你这一说，我心里好受一些。请你敲打一下岳飞，他如果实在不知趣，连他也一块儿……你懂吗？"

"懂，我懂。我这就去劝岳飞。"

秦桧道："别急，我还有话要说。皇上的意思不仅仅要贬韩世忠的官，而是要治他的罪。要治韩世忠的罪，单从贪财爱色上找，怕是不行，得想办法激其军，使为变，方可治世忠罪。"

张俊抱拳一揖道："谢谢秦相为我指点迷津，我告退了。"

秦桧又道："别急。我的话还没说完呢，如果能把韩世忠扳倒，你不仅可以稳坐枢密院第一把交椅。你，乃至岳飞，你俩原来的部队，不仅还交给你俩指挥，韩世忠的部队，也可以划一些归你俩指挥。"

张俊乐颠颠地出了政事堂，直奔岳飞馆舍，见李若虚和岳飞正在小声交谈，暗自喜道："凭岳飞和李若虚的交情，今日之事，他不会不告诉李若虚的。李若虚呢，又是个智人，他绝对会劝岳飞，让他服从皇命。"

他猜得很对，没等他开口，岳飞主动说道："枢密兄，我想通了，皇命不可违，您说，咱什么时候去楚州，我就什么时候走。"

张俊道："明天怎么样？"

岳飞道："好。"

张俊偕岳飞来到楚州，忙了七八天，也没查到韩世忠什么问题，更没人前来告状什么的。

那，那只有"激其军，使为变了。"

为了"激其军",张俊用了两招。第一招,凡在品的将官,他一个一个地谈,一是问韩世忠到其家饮过酒没有,二是对其妻妾有无不规之举,得到的回答,饮过酒,但没有不轨的行为。

第二招,让随从亲兵散布说,二枢密前来是要肢解这支部队。

这一招,弄得军心惶惶。岳飞害怕淮西兵变的事,在淮东重演,劝张俊追查造谣者。

张俊笑微微道:"这也不尽是谣言。实话告诉老弟,行前,秦相对我说,扳倒韩世忠后,不只将咱俩原先的部队仍交咱俩指挥,还答应把韩世忠的部队割一些给咱俩。我想选他的背嵬军,你呢,也选一军吧。"

岳飞婉言拒道:"我不选!"

张俊道:"这便宜,你不占白不占。"

岳飞道:"我看韩世忠不会倒。"

张俊道:"你何以如此自信?"

"还是我那句老话,也是实话,韩世忠是开国元勋。"

张俊道:"这个我知道。"

"对于一个开国元勋,莫说几句谣言,就是真的发生兵变,也不能治韩世忠的罪。何也?我不说您也知道,韩世忠离开楚州已经一个多月了。"

张俊道:"人离开了,但楚州军中不乏他的心腹,可以暗自操纵嘛?"

岳飞道:"说他暗自操纵,得有证据呀!"

他双手一摊道:"证据在哪?"

张俊道:"曹成,淮东军总领曹成,上书朝廷,说韩世忠为重返淮东军,唆使其爱将解元进行兵谏。七天前,朝廷已将在临安'养病'的解元拘捕了。要不了三五天,韩世忠就会下狱。"

岳飞愤然道:"韩世忠决不会干谋反这种事,若下他的狱,实在冤!"

张俊道:"我知道他冤,但话又说回来,哪个庙里没有屈死鬼"

岳飞将嘴张了几张,又合上了。回到馆舍,夜不安寝,修书一封,遣亲兵星夜驰回临安,面交世忠。

韩世忠正在用午饭,阅书后面色苍白,想了又想,来一个飞马进宫,见了赵构,将上衣一甩,赤裸着身子说道:"陛下请看,为了大宋江山,我韩良臣赴汤蹈火,转战南北,身上伤痕累累,九死一生,刚过几天安生日子,却有人诬我造反!"

他"扑通"往地上一跪,一边哭一边说:"冤啊,我韩良臣冤枉啊!"且以头戗地。

这一说一哭一戗,使赵构想起韩世忠的种种好来,暗自思道,如此一个汉子,跪在我的脚下,哭得泪人儿一般,看来他是服软了。

杀人不过头点地,他既然服软了,那就放他一马吧!想到此,故作惊讶道:"良臣,你这话从何说起?"

韩世忠哭着说道:"陛下,您不要骗我了。您不开金口,秦桧敢把解元下狱吗?"

赵构故作恍然大悟的样子道:"是有这回事,不过,秦相只说解元借口养病,住在行在,用蛊①害人,朕方同意他抓解元,秦相并无一言及卿。这是一个误会,天大的误会。朕明日便召秦相进宫,问个明白,卿快快请起。"

韩世忠道:"您恕臣死罪,臣便起来。否则,臣宁肯跪死,决不起来!"

赵构笑指韩世忠道:"卿真是傻得可爱,朕已经说了,这是一个误会,既然是一个误会,卿何罪之有,起来吧,朕恕卿无罪。"

韩世忠长出一口气暗道:"看来,这一劫逃了过去。"

他扬声说道:"谢陛下。"又磕了三个响头,爬将起来。

赵构道:"把衣服穿上,随朕去御书房,朕赐卿几个字。"

韩世忠忙穿上衣服,跟在赵构的屁股后边亦步亦趋去了御书房。

赵构大笔一挥,写了"忠勇"二字,赐给韩世忠。

韩世忠如获至宝,谢恩后屁颠屁颠地回府去了。

第二天,早朝后,赵构将秦桧留下,笑嘻嘻地说道:"昨天,韩世忠来求朕,一把鼻涕一把泪地求朕,朕便动了恻隐之心,答应放他一马。韩世忠的事就不要再查了。"

秦桧道:"曹成和解元如何处置?"

赵构道:"将解元以妄言罪,杖脊,刺配儋州(今海南省儋州市);赏曹成白银二百两,且晋爵一级。"

韩世忠躲过了一劫,刚开始挺高兴的,后经谋士点拨,方才意识到问题还没有解决。

第一,赵构和秦桧,为啥要杀我韩世忠,因为我是主战派,还曾遣兵伏杀金使,把我杀了,既可削弱主战派势力,又可达到杀一儆百的目的。

第二,赵构、秦桧已经动了杀机,岂能轻易收场。这一次虽说放过了我,下一个目标

---

① 蛊:又名金蚕蛊。此蛊得来,民间有两种说法,一种是,把多种毒虫,放在一个瓷缸中,让它们自相残杀,吃来吃去,剩下的那一个便叫金蚕蛊。另一种是,把十二种毒虫放在缸中,秘密埋在十字路口,经过七七四十九日,再秘密取出来放在香炉中,早晚用清茶、馨香供奉,这样得到的蚕也是蛊。这种蛊的粪便毒性很大,一点点就可以毒死人。

是谁呢？岳飞，一定是岳飞。岳飞不仅是坚定的主战派，而且是最有势力的主战派，不扳倒岳飞，与金的议和就不可能成功。且是，想抓我下狱，是非常机密之事，居然让我知道，谁泄的密？秦桧不会不追查，这一追查，岳飞岂不罪加一等！

韩世忠长叹一声道："岳飞若有不测，我将遗憾终身！"遂请教谋士道："此后，我该当何为？"

"辞官，退隐山林。"

韩世忠又是一声长叹："也唯有如此了！"

翌日，韩世忠上书求辞，赵构故作姿态地挽留了一下，便同意了，改授韩世忠为醴泉观使，这是个闲差，属于宫观祠禄官①一类，是用以安置那些致仕的宰辅，平时也不用理事，俸照发。韩世忠得了此职后，闭门谢客，不只不和老部下来往，还绝口不谈国事。

岳飞也想学韩世忠，上书辞官，赵构没有答应。

第一，他想看一看罢了韩世忠朝野有什么反应，特别是淮东军。

第二，岳飞不同韩世忠，一身浩然正气，没有小辫子可抓。

第三，岳飞战功第一，敌人闻风丧胆，这样的人不是说除掉就可以除掉！

观察了一个月，赵构心中有了数，韩世忠罢官，不管是朝野，还是淮东军，反应并不强烈。

"岳飞不是没有小辫子可抓，是咱没抓。"这话是秦桧说的。

秦桧还将岳飞的小辫子，一一进行梳理，一共五条。

第一，靖康年间，他不听主将王彦指挥，私自带兵脱队，直到现在，王彦还对他耿耿于怀。

第二，抛弃糟糠之妻另娶。

第三，绍兴三年，虔州、吉州驻军哗变，岳飞率军平之。赵构密令岳飞屠城，岳飞拒不执行。

第四，所求之事朝臣没有满足，便以辞官相胁。比如，绍兴七年，朝廷没有让他节制淮西军，他便以守孝为由，上书辞官，不等回复，便跑到庐山东林寺。

第五，作为镇边大将，不该掺和储君之立。

秦桧这么一梳理，打开了赵构记忆的闸门。

---

① 宫观祠禄官：宋朝皇帝崇尚道教，于京城内外建了许多宫观。在京者为京祠，在外者为外祠。这些宫观寺的长官，比如醴泉观使、万寿宫使等，统称宫观祠禄官。有俸，但无职事。

这五条"罪状",件件属实。

第一条,犯了私自脱队之罪。

第二条,抛糟糠之妻另娶,品行不端。

第三条,犯了抗拒圣旨之罪。

第四条,犯了藐视皇帝之罪。

第五条,有违古制,逆了龙鳞。

虽说有违古制,但岳飞所为绝对是出于一片忠心。

绍兴七年秋九月,谍人报称,金国准备废刘豫,改立渊圣皇帝的皇太子赵谌为帝,造成两个宋朝对立的局面,这还不是最重要的。

赵构的唯一儿子在苗刘之变后死去,赵构本人在扬州行乐时,受金军惊吓丧失了生育能力,虽然遍寻名医,也没治好。很多人觉得南宋小朝廷是一个"绝户"的朝廷,没有奔头。金人一旦立赵谌为帝,无疑会动摇南宋军民的拥戴之心。甚而,还会有人舍赵构而投赵谌。此事,事关社稷,岳飞觉得有必要劝赵构选一皇族子弟,作为皇子。

恰巧,赵构命各大将入觐,商议防秋之事。他入京后,便上了一道"早立皇储"的密奏。

立皇储是皇家的事,绝不允许外臣干涉,特别是武臣。自古以来,但凡插手废立皇储的朝臣鲜有善终的。

故而,赵构对岳飞的行为很恼火。这是说得出口的原因。

说不出口的原因还有两个:一、赵构对生不出儿子的话题非常敏感,这是他终生的疼,说不出来的疼不想让人提及。岳飞触了他的忌。

二、是年,赵构才二十九岁,那病经王继先精心治疗,已经有了很大起色,至少说,可以行乐了。只要能行乐,就会生儿子,他想让自己的儿子继承帝位。如果立了皇储,这江山就没有他儿子的份了。

他恨岳飞,更恨岳飞这个"密奏",点火把它烧了。

烧了也不行,文武百官中,与岳飞有同样想法的人很多,听说岳飞上书了,纷纷仿效。赵构不得不面对现实,打算从皇族中选一个作为皇子。

南宋皇族,自宣祖皇帝,也就是太祖太宗的父亲赵弘殷算起,到了赵昚,已经八代了,宗室遍天下,选谁好呢?

当然是从与赵构血统最近的宗室中挑选好。

起初,赵构也是这么定的,后因王伦从金国归来,给他说了一个人。他变了,昭告天下,从太祖赵匡胤这一脉中挑选一个做皇储。

　　这一决定,大出百官意料。

　　赵构出自太宗赵光义,这一脉并非无人。

　　赵构为什么放着自己这一脉的人不选,选太祖那一脉的人呢?

　　这里边有故事。

六十一　赵构的绝招

赵构正在考校赵璩、赵瑗学问,一只白猫从二人中间穿过,赵璩飞起一脚,将白猫踢飞。

韩世忠故意出岳飞的丑,致信岳飞,说他的夫人刘玉凤和自己手下一个副队鬼混。

晏凤爱上了岳飞,央王贵为她保媒,遭到岳飞拒绝。

传说,宋太宗赵光义的龙椅是从他哥宋太祖赵匡胤手里夺来的,为夺这把龙椅,他不只弑兄,还逼死了赵匡胤的二儿子赵德昭(赵匡胤长子赵德秀,早夭),气得赵匡胤的贺皇后大闹金殿。好事者为其编了一个戏——《贺后骂殿》。

且看赵光义的一段唱词(豫剧):

[二黄散板]
贺皇嫂在金殿骂不绝声,
眼看这好江山我坐不成。
常言道好汉不吃眼前亏,

[二黄原版]
还得我花言巧语将她蒙。
走上前,忙打躬,
寡人有话皇嫂听。
人要无错为神圣,
凡马无错成蛟龙。
千错万错为弟的错,

望皇嫂宽宏大量把弟容。

[二黄快三眼]

我不该偏听那奸人的语,

错怪继业①老元戎。

二太子皇侄太烈性,

人死难以再复生,

二太子我把他金鼎葬。

把皇嫂养在仙寿宫,

赐皇嫂尚方剑泰山压重,

管三宫和六院,

大小嫔妃,任你使唤,

行与不行?

[二黄原版]

赵德方②我的儿休要悲痛,

近前来听叔王把儿来封。

孤赐你金镶白玉锁,

加封你一亲王、二良王、

三忠王、四正王、

五德王、六静王、

上殿不参王、

下殿不辞王。

我再赐你凹面金铜,

上打昏君、下打谗臣,

压定了满朝文武、大小官员,

谁敢不尊,

你是个八贤王,代管孤穹。

---

① 继业:即杨业、杨继业,时人尊称杨令公。
② 赵德方:赵匡胤第四子,民间传说的八贤王。

六十一　赵构的绝招

赵构宫里生宫里长,赵光义弑兄夺位的传说,他不可能不知道。

正因为他知道,当王伦把在金国的见闻——金主吴乞买酷似赵匡胤,人都说是赵匡胤转世,专为夺回他的江山而来。

这话,赵构居然信了,毅然舍去太宗这一脉,从赵匡胤一脉中选一个做皇子。

赵匡胤那一脉,历经岁月的淘汰,大都沦为平民了。赵构的儿子属于"伯"字辈,这一辈,赵匡胤一脉的孩子一共是一千六百四十五人。选储官员经过反复挑选,看中了一胖一瘦、年龄相仿的两个男孩,送宫备选,瘦的叫赵瑗,字伯琮;胖的叫赵璩,字伯玖。

赵构觉得这两个孩子都不错,孰去孰留难以定夺。商之吴芍药,便把这两个孩子都留了下来,分别由吴芍药和张昭容抚养。

养了一年,岳飞又来一个密奏,金人正将赵谌秘密接到上京,为防不测,请陛下早日择立皇子。

岳飞之为,赵构虽然反感,但也没有因噎废食。他一有空闲,便召赵瑗、赵璩到御书房,考较二人学问。

这一日,赵构又在考校赵璩、赵瑗学问,一只白猫从两个孩子中间穿过,赵璩飞起一脚,将白猫踢飞。

赵构皱着眉头,没有说话。退朝后,召张昭容侍寝。且说道:"朕准备立瑗为皇子"。

张昭容大吃一惊道:"何故?"

赵构便把赵璩踢白猫的事讲了一讲,且一脸怒容道:"小小年纪,便如此狂妄,岂能为帝!"

张昭容呵呵一笑道:"他不就踢了一脚猫吗?顶多叫做调皮,赵璩这个年龄,正是调皮的年龄,不能因为他调皮一下,就把他一棍子打死。"

赵构道:"依卿说,朕该怎么办?"

张昭容道:"再观察他俩一个时期,或者再用一个题目考一考他俩。"

赵构道:"就依卿。"

说毕,翻身向张昭容压了上去。

为出一个什么样的考题,赵构苦思冥想了半个月,方想出一个绝招。这一招看似荒唐,但又非常的理性,被传为历史佳话。

赵构悄悄召来内府总管,要他挑选二十名未被临幸的宫女,翌日早朝后带到崇德殿。

翌日早朝后，赵构在崇德殿对二位备皇子考较了一会儿学问，各赐宫女十名。十天后，赵构命内府总管对这二十名宫女，一一进行检验，看是否还是处女。检验的结果，赐给赵瑗的十个宫女仍是处女之身，赐给赵璩的宫女个个都被开了苞。赵构当即决定，收赵瑗为皇子，赐名赵玮。赵璩呢，给了个建国公的封爵，令他即日出宫自居。

这第四条，算不算罪呢？

就是违了古制，岳飞是出于一片忠心，能有多大的罪？结论确实难下。

至于第一条，是刘玉凤自作自受，她与贾非贾私奔后，过了不到五年，贾非贾患了中风，弃之再嫁，嫁给了韩世忠的一个副队。早年，韩世忠有些妒忌岳飞，故意出岳飞的丑，派人送信给岳飞，曰："俗话不俗，糟糠之妻不下堂，你的大老婆刘玉凤，给我手下一个副队鬼混，请你接她回家。"

岳飞回了韩世忠一书，说明不能再要刘玉凤的原因。还特意派人送刘玉凤五百贯钱，了补家用。

这第二条，岳飞处理得非常恰当，莫说罪，连过也称不上。

这样吧，也像韩世忠那样，罢去枢密副使，给他一个宫观祠禄官。

赵构正要让司礼监拟旨，王伦出使金国归来，将金兀术致宋廷之书呈给秦桧。

书中有这么一句："必杀飞，方能和。"

秦桧阅书后，当即进宫面圣。

赵构一心想偏安江南，不议和，安得偏安？阅了兀术之书，想也不想道："岳鹏举本就该死，金人又有杀他之求，杀就杀吧。"

得了他这句金言，秦桧立马行动，唆使几个心腹——御史中丞何铸、右谏仪大夫万俟卨、殿中侍御史罗汝楫等，交章弹劾岳飞。罪名，便是秦桧罗列的那几条。

岳飞满腔忠义，却遭如此谗谤，如何受得了？便上表辞官。

秦桧道："辞官好！他无了官，更好摆布了。"

赵构一想也是，便准了岳飞之请，罢为万寿观使。

怎么摆布？

单靠秦桧所列之罪，是杀不了岳飞的。

得另立罪名。

什么罪名，可以让他掉头？

谋反！

六十一　赵构的绝招

对,就说岳飞谋反。

谋反得有人证、物证呀!

这两证,何铸他们弄不来。

找张俊。

这家伙是个软骨头,但官欲、权力欲极大。且因岳飞给韩世忠报信之事,切齿恨之。若是再给他几个画饼,他会跳着脚整岳飞。

至于秦桧如何找的张俊,又给了他一个什么样的画饼,不得而知,不敢妄写。但张俊与秦桧见面的第二天,张俊便派了几个心腹小校,去"岳家军"放话,凡揭发岳飞问题的,重赏!

重赏对岳家军无效。

不但无效,放话的小校被揍得鼻青脸肿。

张俊铁了心要讨好秦桧,整死岳飞,见小校不行,便亲自出马,约谈王贵。

王贵,乃岳飞小老乡,自小在一起玩尿泥长大,官居中军统制,与官居前军统制的张宪都是岳飞的左膀右臂。他带兵打仗很有一套,为岳家军的成长壮大立下了汗马功劳,但是有点好色,居然与属下偏将的妻子私通,差一点引发兵变,岳飞当众杖责他二十军棍。

一个岳家军的三号头领,直接统兵一万余人的大将,受此之辱,能不气吗?

既然他对岳飞有气,如今,朝廷要收拾岳飞,他能不上吗?

他一定会上。

错了,王贵不上。他说,他该揍,若不是岳飞执法严明,哪来的战无不胜?

王贵把话说到这个份上,若换一个人,就会来一个"花椒叶闭气",拍拍屁股走人。

张俊不但不走,反威胁道:"王贵,你不要敬酒不吃吃罚酒。实话告诉你,皇上是铁了心要治岳飞的罪,只不过想借一下你的嘴罢了。你不借,有人会借,到时,被抓的就不止岳飞,还有你。"

王贵心中"咯噔"一下,嗫嚅道:"我不怕。"

张俊追问道:"你真的不怕吗?"

王贵勉强将头点了一点。

张俊冷笑一声道:"你是不见棺材不掉泪,绍兴二年(1132年)的事,你难道全不记得了吗?"

王贵猛的打了一个冷颤,脸色苍白。十年前一件糗事,清清楚楚地浮现在他的脑海里。

那一年,岳飞驻军泰州,泰州州学教授①晏清有一女儿,名叫晏凤,久慕岳飞,听说岳飞还是单身,便向她的表姐金菊倾诉爱慕之情。

金菊乃王贵的续弦。

王贵受金菊之托,为岳飞做媒,岳飞笑拒道:"谢谢贤弟,慈母已经为老兄物色了一个女子。"

王贵笑问:"能不能告之芳名?"

岳飞回道:"这个人你也认识。"

"谁?"

岳飞道:"李娃。"

王贵一脸惊讶道:"李娃,是不是伺候伯母的那一个?"

岳飞点点头。

王贵摇头说道:"她不配。"

"为什么?"

王贵道:"且不说她出身高低,就她那模样,不配做您的夫人,何况她还长您两岁。"

岳飞道:"若说出身,咱也是农家子一个,李娃模样虽然一般,但她贤淑,慈母又甚爱之。婚姻之事,向来是'父母之命,媒妁之言'。"

王贵不好再说什么,回家向金菊"复命"。

金菊又告之晏凤,晏凤已经患上单相思,非要王贵再去劝一劝岳飞,王贵不敢劝,便有意躲着晏凤。

那时,金菊已经有了九个多月身孕,王贵四个月没行房事了,一是饥渴难耐,二是喝多了酒,扮作岳飞,潜入晏凤闺房,欲行苟且之事,被晏凤认了出来,他落荒而逃,惊动了晏清,在晏清的一再逼问下,晏凤不得不以实相告。第二天,晏清怒气冲冲地去找岳飞,但岳飞巡乡去了。晏清一不做二不休,直接去找张俊,告了王贵一状。事为王贵所知,携黄金二百两跪求张俊,张俊把这事压了下来。

张俊见王贵的脸变了颜色,知道他怕了,便恐吓道:"你办的糗事,我若告之岳飞,或者皇上,受到的惩罚,可比打屁股厉害得多!"

---

① 州学教授:负责州教育的官。

六十一　赵构的绝招

王贵"扑通"朝张俊一跪,叩头说道:"张枢密,您对我有再造之恩,我应该听您的,但要我告讦岳飞,实难从命。何也?他无罪可告。若是硬要捏他几个罪,我作为他的下属,又是和他一块儿玩尿泥长大,一块儿出生入死十几年的朋友,唾沫星子会把我淹死。这样行不行,我不出面,我找一个人出面。"

张俊想了一想道:"你找的这个人,得具备两个条件,第一,得是岳家军的人。第二,得有像样的官职。"

王贵道:"你说的这两点,我找的这个人,全具备。"

"谁?"

王贵回道:"王俊。"

"是不是岳飞剿灭杨幺后,由王燮所部划归岳飞的那个人?"

王贵道:"正是。"

张俊道:"我没记错的话,他的官职应该是岳家军的前军副都统制。"

王贵道:"您说的不错。"

张俊道:"岳家军的前军,是岳飞所部最强悍的一支军队,都统制是张宪。能让王俊做前军的副都统制,说明岳飞对他非常信任,他会告发岳飞吗?"

"他会。"

"你何以如此肯定?"张俊问。

"他的绰号'雕儿',原本就是一个寇首,生性奸贪,有奶便是娘。只要以利诱之,或以害胁之,叫他干什么,他就干什么。"

张俊道:"他既是这样一个人,你先找他谈一谈。他如果想见我,你就领他来,他独自来也可以。"

王贵再拜而退。

六十二 岳飞系狱

岳飞的亲兵闯了进来,上气不接下气说道:"禀岳元帅,咱们的府邸被京师的禁军包围了!"

岳飞除掉上衣,把后背转给何铸和周三畏,那背上赫然刺着"尽忠报国"四个大字。

岳飞冷笑一声回道:"我岳鹏举既然来了你大理寺,就准备着生不如死,有什么刑,你尽管用吧。"

王贵和王俊密谈了一番,效果甚佳,王俊连夜拟奏折一封,攻讦岳飞。书曰:"岳飞对罢去兵权心中不满,密遣亲兵回到鄂州,鼓动前军都统制、现岳家军一号头目张宪,举兵逼宫,让朝廷归还岳飞军权。"

张俊得书后如获至宝,立即将张宪拘捕,押到枢密院,交小吏房①王应求来审。

王应求入白张俊:"张枢密,咱枢密院只掌军,没有审讯犯人的权力。这样做不大合适吧?"

张俊斥道:"不合适你就不要审了!"

喝退了王应求,他亲自升堂问案,张宪极口呼冤。张俊拍案斥道:"飞子云与汝书,教汝谋变,为飞图复兵权,汝尚得抵赖吗?"

张宪反问道:"云书何在?"

张俊呵叱道:"岳云书交到汝手,汝不但不自首,反问我索书,实在可恶!"

张宪抗声道:"岳云致吾书,何人所见?"

---

① 小吏房:宋代枢密院内设十二房,分曹办事。十二房为:北面房、河西房、支差房、在京房、校阅房、门西房、兵籍房、民兵房、吏房、知杂房、支马房、小吏房。

六十二　岳飞系狱

张俊狞笑道："我料汝不受刑,必不肯供。"遂喝左右,先杖五十。

左右一声吆喝,便将张宪拖了下去,重杖五十,打得鲜血淋漓,仍叫他上堂供状。

张宪大呼道："宪宁受死,不敢虚供。"

张俊又命重杖五十,左右照前动手,这次更是厉害,可怜张宪身无完肤,死而复醒,仍然不肯伏罪。

张俊冷哼一声道："张宪,你不要以为,你不承认岳飞要你谋反,这罪就不能定了!你承认也好,不承认也好,照样定!"

退堂后,张俊自捏一张供状,诬岳飞致书其子岳云,让他联络张宪谋反。且用蒙汗药将张宪蒙倒,强行按上手印,送给秦桧。

秦桧得了供状,当即进宫面圣,请求拘捕岳飞父子。赵构见供状之中没有岳飞致岳云之书,便道："如此重要之物证,居然丢失,但凭无证之供词,如何定岳飞父子谋反之罪?"

秦桧怏怏而退,责之张俊。张俊叹曰："岳飞的字,功底非常厚,尤其行草,字体或大或小,或重或轻,或粗或细,或疾或迟,或驻或引,随态运奇,无不适意,其挥洒纵横,如快马入阵……世人无可摹仿。唉,罪名好捏,书难以伪。"

秦桧道："好赖你捏一个,我也不再奏请皇上,直接把岳飞父子系狱,命中丞何铸、大理卿①周三畏严加掬问,还怕他谋反之罪不成吗?"

张俊媚笑道："还是秦相高明。"

秦桧道："张宪被抓已经五天了,岳飞岂能不知,既知,岂能不备?如果他武力抗拒,麻烦可就大了。"

张俊颔首道："秦相所虑甚是,为之奈何?"

秦桧道："诱捕。"

张俊道："看来秦相是胸有成竹了。"

秦桧点了点头。

张俊道："请秦相明示。"

"吾闻,在诸将中,与岳飞惺惺相惜的有三个半人,韩世忠、刘锜、吴璘各算一个……"

"半个呢?"张俊问。

"杨沂中。"

---

① 大理卿:大理即大理寺,官署名。夏称大理,北齐称大理寺,寺设卿、少卿、丞、正、监等官。

387

张俊点了点头:"说得对。"

"让韩世忠、刘琦、吴璘出面诱捕岳飞父子,他们不会干,唯一人选便是杨沂中。请枢密兄去找一找杨沂中,想一个诱捕岳飞父子的万全之策。"

张俊道:"好。"

杨沂忠为诱捕岳飞父子之事想了一夜,最终答应了。他精挑细选了五百名武艺高强的禁兵,埋伏在岳府周围,这才带一亲兵,骑马来到岳飞门前。

岳飞见杨沂忠造访,下堂相迎,执沂忠之手,登堂入室,款以香茗。

杨沂忠长叹一声道:"闻贤兄罢官闲居,弟甚愤之,也曾几次面谏皇上,可他……唉……"

岳飞微微一笑道:"啥事,有兴,就有衰;人生,有起,就有伏,坎坎坷坷,起起伏伏,才是人生。愚兄这一生,从一个农家娃,走到少保这个位置,已经够幸运了。现在呢?不干事还有俸禄领,愚兄知足矣。"

杨沂忠叹道:"想不到贤兄看得这么开,愚弟这次来,想请您去愚弟寒舍住几天……"

他正说着,岳飞的亲兵闯了进来,上声不接下气道:"岳元帅,咱们的府邸被京师的禁军包围了。"

岳飞愣了一下,怒目杨沂忠道:"姓杨的,你这一次来到底想干什么?"

杨沂忠喏嚅着说道:"有一件事,张宪说不清,朝廷想让我接你去京师,帮张宪回忆一下。"

岳飞二目喷火道:"别说那么好听,不就是要抓我去大理寺受审吗?我之所以没出门,就是在等这一天。我一向很敬重你,觉着你是一条汉子,谁知,你竟如此龌龊。实话说,在张宪被抓之后,就有人劝我,让我学一学韩良臣,也来个跪裸自辩,我岳鹏举不屑为之。连自辩都不屑,还会逃吗?"

杨沂忠满面通红,不搭一语。

"不止抓我,是不是还有云儿?"

杨沂忠忙将头点了一点。

岳飞对亲兵说道:"拿笔砚来。"

杨沂忠虽不知道岳飞此为何意,也不敢阻拦。

书毕,对杨沂忠说道:"云儿年轻气盛,若知道你们要抓他去大理寺,怕是不肯就缚。我修书于他,要他接书后速去大理寺投案。否则,就非我岳鹏举的儿子。"

他将书抖了一抖又道:"你看不看?"

杨沂忠一连将头摇了三摇:"我不看,我不看。"

岳飞又问:"是你派人将书送给云儿,还是我遣人送呢?"

杨沂忠道:"您遣人吧。"

岳飞将书封了,吩咐亲兵道:"速去鄂州一趟,将书交给你家大少爷。"

亲兵道了声"遵命",双手接书。

岳飞移目杨沂忠:"走吧。"

他一到京师,便被关进大理寺狱,审问他的是何铸和周三畏。

何铸厉声问道:"岳飞,你可知罪?"

岳飞一脸平静的反问道:"吾有何罪?"

"谋反!"

一听"谋反"二字,岳飞气不打一处来,愤声说道:"我会谋反吗?我若想谋反,在你们抓张宪后就该谋反,何以要坐在家中等候你们传唤。我岳鹏举这一生,只知尽忠报国,不知谋反为何物?"

他三下五除二将自己的上衣扯下,把后背转向何铸和周三畏。二人举目一瞧,见他背上,刺着"尽忠报国"四个大字,深入肤理。

何铸先是一愣,随即和周三畏交换了一下眼色,和颜说道:"岳少保,屈了您了。请暂回狱中,我这就去找秦相,为您辩屈。"

岳飞道:"谢谢!"拖着沉重的脚镣返回狱中。

何铸当即去政事堂找秦桧,力辩岳飞无辜。秦桧理屈词穷,便抬出了赵构:"此上意也。"

何铸一愣,良久无语。

秦桧意味深长道:"你该知道怎么做了吧,犯不着为了一个岳飞惹皇上不高兴。"

何铸长叹一声道:"铸岂区区为一岳飞者,强敌未灭,无故戮一大将,失士卒心,非社稷之长计。"

秦桧见他如此"不开窍",轻叹一声道:"去吧,岳飞你也不再审了,我将另遣他人。"

何铸欲言又止,掉头出堂。

翌日,诏下,罢何铸的御史中丞,迁监察御史①、右正言②万俟卨为御史中丞,负责

---

① 监察御史:御史,监察官。初置于秦,掌分察百官、巡按郡县、纠正刑狱、肃整朝仪、分察六部、监仓库等事。在御史台诸御史中,品秩最低,但权任颇重,多由新任官员中的佼佼者充任。

② 右正言:宋,中书省的属官,掌谏议。

审理岳飞"谋反"案。

万俟卨,字元忠,开封阳武县(今河南省原阳县)人,政和二年(1112年),考中举人,曾任湖北提点刑狱。他不择手段敛钱,若是有事,犯到他的手上,你就是个蚂蚁,也要从你身上抽点血出来。岳飞在湖北驻防期间,听到他的劣行,曾当面责之,他怀恨在心,总想寻一个机会报复岳飞,这机会终于送上门来了。他知道谁迁他的官,也知道因甚迁官。朝廷惯例,凡迁官七品以上者,都得进宫谢恩,万俟卨不是这样,先去政事堂。

他见了秦桧,说了一大堆感谢话后,拍着胸脯道:"相爷,门生①一定会把这个案子办好,办不成提头来见。"

秦桧笑微微道:"老夫相信你。事成后,老夫还升你的官。"

从政事堂出来,万俟卨才去选德殿谢恩。谢恩出来,便被几个小走狗拉去喝庆贺酒,直喝到月亮东升,这才来到大理寺,从狱中提出岳飞,要来一个夜审。

岳飞被提上公堂,立脚未稳,万俟卨将惊堂木"啪"的一拍道:"岳飞,朝廷何曾亏汝,汝竟与子和张宪谋反!"

岳飞冷笑道:"汝不要妄下决断,我岳鹏举对天发誓,我岳鹏举一生南杀北战,尽忠报国,对国对民并无半点相负,何来的谋反?汝既掌正法,且不可损陷忠臣。否则,吾到冥府,与汝面对不休!"

万俟卨冷哼一声道:"汝言无反心,汝为何在天竺山石壁上题反字?"

岳飞道:"这事我怎么不记得呢?"

万俟卨道:"汝既然不记得了,我代你说。平杨幺那一年,你移防鄂州,游天柱山时,寺中老僧作陪,有一石壁,宽数尺无字,老僧请你留个墨宝,你便挥毫写道:'寒门何载富贵乎?'你那时已经是湖北、襄阳府路招讨使,还不够富贵吗?"

陪审的全是秦桧心腹,一齐吼道:"他觉着招讨使还不够富贵,想当皇帝呢!"

万俟卨道:"你想当皇帝之心,在那时就已经有了,随着地位的升高,越来越迫切,所以才致书岳云,让他鼓动张宪造反。我说的对不对呀?"

岳飞气极反笑:"你真行!就是尿从你嘴里一过,也会变美酒!我小时候听我姥姥讲过这么一个故事,一个穷人梦中捡到一个鸡蛋,正高兴哩,被老婆唤醒了。他便对老婆说,咱们要发财了。老婆问何以见得,他说我捡到一个鸡蛋。老婆说,一个鸡蛋值几个钱,莫说捡到一个,就是捡到一百个也不会发财!他说,你别小看这个鸡蛋,这个鸡蛋

---

① 门生:学生、弟子、高足也。万俟卨为讨好秦桧,自称门生。

可以孵出小鸡,小鸡长大后会下很多蛋,这很多蛋又能孵出很多很多小鸡,蛋生鸡,鸡生蛋,以致无穷,你说,咱们还不发吗?你能从'富贵'二字上想到了谋反,想到了当皇帝,比那个穷人还富有联想。你真行,你还不是一般的行!"

万俟卨脸红脖子粗道:"你不要逞口舌之利,实话说,你的谋反案,是皇上钦定的。你老老实实承认,万事皆休。若不承认,我只有用大刑伺候了!"

岳飞哈哈大笑道:"我打了十几年仗,舔着刀刃过日子,死都不怕,还怕你用刑吗?"

万俟卨大叫道:"给岳飞用刑!"

先是笞杖,打得岳飞皮开肉绽。他虎目圆睁,咬紧牙关不出一声。

继之用压杠子刑,也就是用棍子夹腿,岳飞还是不出一声。

万俟卨咆哮道:"来一个批麻问和剥皮拷。"

何为"披麻问":用刑时,用铁钩扎穿受刑人琵琶骨,把人吊起来。

何为"剥皮烤?"就是用蘸着盐水的铁刷去刷人的光身子。

这二刑,是酷刑中的酷刑,岳飞硬是又挺住了,弄得那些行刑人暗自称赞——真汉子也!

万俟卨酷刑用尽,折磨了岳飞两个月,什么也没有得到。

韩世忠因岳飞透信,跪裸自辩,保得一命,不得不夹紧尾巴做人,听说岳飞系狱,冒着杀头之险,找到秦桧,劈头便问:"你说岳飞父子谋反,证据呢,拿出证据来!"

六十三　天日昭昭

岳飞看了四条"大罪",须发俱张,声如霹雷:"捕风捉影,可耻,可耻!"

岳飞写下八个遒劲有力的大字——"天日昭昭,天日昭昭!"写毕,抛笔于地,闭上了双目。

臣飞死,臣俊喜。臣浚无言世忠縻,臣桧夜报四太子,臣构称臣自此始。

韩世忠如此相逼,换作别人,一定会张口结舌。秦桧却笑嘻嘻回道:"有啊,那证据就是岳飞致岳云书。"

"书呢?"

秦桧双手一摊道:"烧了,张宪给烧了!"

韩世忠道:"张宪烧书,何人所见?"

秦桧道:"此等密事,他能让人见吗?"

韩世忠反问道:"无人所见,就能定岳飞父子私通张宪谋反?"

秦桧狡辩道:"岳飞致子云书,虽未得实据,其事体莫须有。"

韩世忠厉声责道:"'莫须有'三字,何以服天下?"拂袖而去。

为岳飞鸣冤叫屈的不只韩世忠,大理寺少卿薛仁辅,大理寺丞李若朴(李若虚弟)、何彦猷等,亦为岳飞呼屈。判宗正寺[①]赵士褒,且愿以百口保飞,并言:"中原未靖,祸及忠义,是不欲中原恢复、'二圣'重还,如何使得?"

一个叫范澄的福建书生,亦上书朝廷,以刘宋名将檀道济之死为鉴,劝赵构释飞,书尾语重心长地写道:"臣与岳飞,素无半面之雅,亦未尝漫刺其门而受一饭之德,独为陛下重惜朝廷之体耳。"

---

① 宗正寺:官署名。始置于北魏,掌宗庙、诸陵、荐享祭祀,及修纂、保管帝系、皇宗室名籍等事。

上书的人越来越多,为岳飞鸣冤的呼声越来越高,万俟卨顶不住了,腊月二十七日晚,投书秦桧问计。是时,秦桧正与其妻"长舌妇",在东窗下饮酒,收书后,启封视良久,那眉头皱得能拧出水来。

长舌妇含笑问道:"之哥,你这是怎么了?"

秦桧将万俟卨之书推了过去。长舌妇阅书毕,笑吟吟说道:"这事好办。"

秦桧叹道:"为岳飞一案,快把我愁死了,你却说好办。难道你有什么妙计不成?"

长舌妇道:"索性杀了他,众口自闭!"

秦桧道:"咱朝古制,不杀士大夫和上书言事之人。"

长舌妇道:"古制这事,遵与不遵,全看当政者。渊圣皇帝一上台,便诛了徽宗皇帝的六个心腹大臣——'六贼'。六贼中,哪一个不是二品以上的官员。就连当今天子,还诛杀了上书的陈东和欧阳澈。"

秦桧道:"当今天子是杀了陈东和欧阳澈,但是,七年后便为其平反,又是追封,又是赐钱。"

长舌妇道:"岳飞也可以追封嘛,但是,人死如灯灭,就是追封他为王,又有什么意义。火烧眉毛顾眼前,还是先堵住众人之口要紧。再之,你就是释了岳飞,仇已经结下,说不定他还真敢反呢,纵虎容易擒虎难!"

秦桧频频颔首道:"小妹所言甚是。"当即取来纸笔,写了数语——岳飞父子必死,还得有罪而死,还得死在今年。

写毕,遣仆送达万俟卨。

万俟卨曲指数道:"二十七、二十八、二十九、三十。过了三十,便是新年了,给我的时间,连今天算起,只有四天。他不只得死,还得有罪而死,所以,不能采用谋杀的手段。"

用什么法呢?

唯一的办法,替他捏一份供状。

供状好捏,要他画押,实是一件难事。且是,这供状还得让他同意。捏,也得捏的像回事。

为了捏的像回事,他请来了张俊、王贵和王俊,商议了一天,方给岳飞定了四条罪名:

一、飞受封节度使时,逢人便洋洋得意地说道:"太祖皇帝三十岁建节,我岳鹏举也是三十岁建节。在三十岁建节的,自大宋立国以来,就我们两个人。"言外之意,他也可以当皇帝,有图谋帝位之心,当斩!

二、今春,金军入侵淮西,岳飞逗留观望,直到拓皋之战,我军大败金兀术后,才姗姗出兵淮西。此又犯了贻误军机之罪,当斩!

三、公开指责朝廷缺德、失政,犯了诽谤朝廷之罪,当斩!

四、致书于岳云,策动张宪造反,犯了谋反罪,当斩!

岳飞看了他的"四条大罪",须发皆张,声如霹雳:"捕风捉影,可耻,可耻!"

他拒绝画押。

狱卒隗顺,双手抱于胸前,斜倚在门框上,眼睛望着门外,自言自语道:"我总以为岳飞是忠臣,故服侍甚恭,不敢稍慢,今日方知,飞乃逆臣耳!"

岳飞入狱后,在所有狱卒中,他对岳飞最好。而今,竟说出此语,岳飞一脸惊讶地看着他。他头也不回,依然自言自语道:"我虽然读书不多,也没见过什么世面,但我知道,君臣不可疑,疑则为乱。故,君疑臣,则诛;臣疑君,则反。若臣疑于君而不反,复为君疑而诛之;若君疑于臣而不诛,则复疑于君则必反。君今已疑臣矣,故送下棘寺①,岂有复出之理,死故无疑也。少保若不死,出狱,则复疑于君,安得不反!反既明甚,此所以为逆臣也。"

万俟卨等一班办案人员,纷纷为隗顺翘起了大拇指。

岳飞凝视隗顺良久,突然发出一阵惨笑。那惨笑有些瘆人,既包含着凄凉和无奈,更包含着悲愤!

众人你瞅瞅我,我瞅瞅你,不知道他下一步还会有什么举动。

他收住笑,握笔在手,写下八个遒劲有力的大字——"天日昭昭,天日昭昭!"

写毕,眼中流出两串晶莹的泪珠。

他把笔一抛,闭上了双眼。

万俟卨的帮凶罗汝楫小声问万俟卨:"这算不算画押?"

万俟卨瞪了他一眼道:"哪来那么多闲话,去,拿了那个供状咱们走。"

出了狱门,罗汝楫小声嘟囔道:"这哪里是画押,分明是控诉……"

万俟卨又瞪了他一眼道:"你真是个猪脑袋。依你说,他是向咱们控诉,依我看,他是彻底认罪了!'天然昭昭',是说他自己办了那么多坏事,报应终于来了。"

罗汝楫违心地笑道:"中丞大人,真是高屋建瓴!哎,中丞大人,岳飞不用说是死定

---

① 棘寺:大理寺的别称。古代听诉于棘木之下,大理寺为掌刑狱的官署,故称。

了,张宪、岳云怎么判?"

万俟卨回道:"张宪绞刑,岳云流放。"

罗汝楫又问:"这事,是不是还得给秦相说一下?"

万俟卨回道:"这就是秦相的意思。"

罗汝楫道:"下官明白。"

万俟卨道:"你赶紧写个奏状,呈送皇上,越快越好。"

赵构收到奏状,想了一想,大笔一挥,将岳飞由斩刑改为赐死。将岳云由流放改为斩刑。意犹未尽,又将大笔一挥,写道:"将岳飞的所有儿子流放岭南。"赐岳飞死也可,但他这个赐死,比斩刑还残酷,遣力士进入大理寺狱,佯称请岳飞沐浴,"拉其胁而殂。"

岳飞之女孝娥,听说岳飞和长兄岳云俱死,四个哥哥还要流放,上书为父兄鸣冤,为武士所拒,回家途中,越想越气,抱银瓶投井自尽,后人称她为银瓶小姐,那口井被称为"孝娥井"。这口井,就在今杭州市小东桥附近。

呜呼,岳飞为国为民,为你赵构,出生入死十几年,又不曾做过半件损国、损民,损你赵构的事,你却对他如此之恨,下手比秦桧还狠!

岳飞被害那日,为宋绍兴十二年(1142年)腊月二十九日。是年三十九岁。

同日遇难的长子岳云,年仅二十三岁。

这一日,并不凛冽的风越刮越大,云越来越浓,下雪了。

很少下雪的杭州。

二十多年未曾下雪的杭州,居然下雪了。

杭民皆曰:"这是苍天在为岳少保父子和副都统制张宪撒送行钱呢。"一些人跪地,或祷告或诅咒。祷告上天,将岳云父子升入仙班;诅咒秦桧等一班奸佞早死,且入地狱。

岳飞惨遭拉胁而殂,已经够不幸了,秦桧、赵构居然还要将他暴尸于大理寺狱后院。

是日夜,狱卒隗顺冒死将岳飞尸体盗出临安(杭州)城,葬之于钱塘门外、九曲丛祠旁,在坟前植了两颗橘树,立碑曰:"贾宜人之墓。"

第二天,有人发现岳飞尸体不见了,层层上报,赵构命严查。

有司把节级①、狱卒、阍人审了一个遍,唯独没审隗顺。

那一天,隗顺的表现"太棒"了,有司忙活了三个月,也没查出盗尸人,为此,罢了节

---

① 节级:宋代兵制:百人为都,置正、副都头二、节级四人。宋代,监狱里看守长的级别和节级接近,所以,人们又把监狱看守长尊称为节级。

级的官,二十几个狱卒、阉人,或被流放、或被杖责。

岳飞死了,但岳飞一案还在办。

抄家。

抄来抄去,史载,仅抄得:金玉犀带数条(统为赵构所赐),及甲铠、兜鍪、南蛮铜弩、镔刀弓剑、鞍辔,并布绢三千余匹、粟麦五千余斛、钱十万余贯、书数千卷而已。天下闻者,无不垂涕,上至七十老翁,下至三尺童子,皆怨秦桧。

抄家之后,追惩同党。

岳家军中的将佐,除了王贵、王俊以及受万俟卨之胁告发过岳飞的姚政、庞荣、傅选外,不是被毒死,便是被罢官、流放。

曾为岳飞仗义执言的赵士褒、何彦猷、李若朴、范登等,或问斩、或下狱、或遭贬、或流放。

恨乌及屋,将岳州改为纯州,岳家军改为华容军。

赵构、秦桧因"金兀术之命",开始迫害岳飞,每走一步,便遣使去报金兀术。

史载:"金酋闻岳飞死,酌酒相贺。"

金兀术遣萧毅、邢具瞻至宋,复议签约之事。萧、邢人见赵构,提出以淮水为界,并割唐、邓二州,及陕西某地,且要宋向金称臣,岁纳银币等物。赵构令与秦桧商议,桧本来就是金国细作,金使说什么,他便应承什么,当下议定和约,共计四款:

一、东以淮水、西以商州为两国界,以北为金属地,以南为宋属地。

二、宋岁纳银绢各二十五万。

三、宋君主受金册封,称宋帝。

四、归还宋徽宗梓宫及韦太后于宋。

和议既成,赵构便命魏良臣为签书枢密院事、充金国报谢使,赍奉誓表,偕金使萧毅等启程至金。消息传出,一文士做打油诗一首以讥之。曰:

> 臣飞死,臣俊喜,
> 臣浚无言世忠縻。
> 臣桧夜报四太子,
> 臣构称臣自此始。

诗出,国人竞相传诵。

魏良臣来到金国,拜见了金兀术。并奉上誓表。表曰:

臣构言:今来画疆,以淮水中流为界。西有唐、邓二州,割属上国,自邓州西南属光化军(今湖北省光华县),为敝邑沿边州城。既蒙恩造,许备藩方,世世子孙,谨守臣节。每年皇帝生辰并正旦,遣使称贺不绝。岁贡银绢二十五万匹(两),自壬戌年(绍兴十二年)为首。每岁春季,搬送至泗州交纳。有渝此盟,明神是殛。坠命亡氏,踣其国家。臣今既进誓表,伏望上国早降誓诏,庶使敝邑,永为凭焉。

金兀术阅之大喜,当即令魏良臣及萧毅等去谒金主,金主看过誓表,即檄兀术向宋割地。商州及和尚、方山二原,本不在割地之列,兀术居然要割,秦桧也不管"在约""不在约",金人如何说,他便如何做,遂将商州及和尚、方山二原,尽行割界,退至大散关为界。于是,宋仅有两浙、两淮、江东西、湖南北、西蜀、福建、广东西十五路。余如京西南路,只有襄阳一府;陕西路,只有阶、成、和、凤四州。金既画界,因建五京,以会宁府为上京、辽阳府为东京、大定府为中京、大同府为西京、大兴府为南京。寻复改南京为中都,称汴京为南京。金人还强行在"合约"中又加这么一条——不得轻易换宰相。

臣也称了,地也割了,金人尚不肯归还"梓宫"和韦太后。经魏良臣再三恳请,方才归之。

据后人考证,所归"梓宫"里,装的并不是徽宗尸体,而是一截焦本及少量陪葬品。

宋徽宗的尸体哪去了?

说法很多,比较靠谱的一种——炼油了。

此说,来自南宋辛弃疾所著之《南烬纪闻录》。"录"曰:少帝赵桓从自己居住的土炕上爬出来,去给徽宗请安,发现已"僵踣死矣。"悲从中来,放声大哭,惊动了附近的女真人。赵桓想把父亲就地掩埋,女真人说:"此间无葬埋事,凡死者必须火烧其尸。及半,即弃之州北石坑中。由是,此水可以做灯也。"

赵桓不想这么做,冲进来一群人,不由分说,用木棍架起尸体就走。

赵桓跌跌撞撞地跟在这群人后边,到了州北的大石炕,这伙人"架尸于上,用荼郁木焚之。"赵桓百般制止,无人肯听,"跳号大恸,欲跳入火坑。"众人死死抓住不放。

他们并不是珍惜赵桓之命,而是,"昔年曾有活人跃入,此水顿清,不可作油。"

赵桓求死不能,抹了一把泪眼问:"今何日也?"

女真人回曰:"天会十三年(1135年)四月二十一日。"

六十四　自道天机

　　韦太后归国时,赵桓泣卧车前,语之曰:"归语九哥与宰相,为我请还。"
　　自宋金签约,到赵构北面受拜金书,赵构与秦桧等人天天沉浸在欢庆之中。
　　赵构语韦太后:"如果北伐成功,岳飞威名会如日中天,朝廷还能驾驭得了吗?一旦他有了异志,也来一个陈桥兵变……"

　　韦太后初掳金国,与柔福帝姬一块被分到了浣衣院。
　　柔福帝姬,徽宗第二十女,赵构之同父异母妹也。小名多福,又名嬛嬛。入浣衣院后,辗转金兵胯下,含泪承欢。一个偶然的机会,逃出浣衣院,跋山涉水,历尽艰险,于建炎四年(1130年),回到南宋,为寇所掳,强纳为妾。韩世忠奉命剿寇,在俘虏群中发现一名女子,既颜丽又气质不凡。韩世忠奇而问之,这女子自称是皇帝的同胞妹妹。
　　韩世忠似信非信,将她带回行在,交给朝廷。
　　宋徽宗风流成性,嫔妃多,子女亦多,据逊位那一年统计,活着的子女尚有四十七个,其中,子二十五个,女二十二个。
　　且是,各个嫔妃有各个嫔妃的宫室,所生子女,未婚时随母而居,婚后别居,彼此相聚的机会并不多。然而,当赵构见到柔福帝姬时,还是觉着有些面熟,但不敢确认,便找了几个老太监和老宫女帮他辨认。其中一个叫冯益的,曾服侍过柔福帝姬生母王贵妃。这些人轮番询问宫中往事,这个女子回答得滴水不漏。唯一的疑点,柔福帝姬的脚小,这个女子脚大,不得不反复对她进行盘问。
　　女子潸然泪下道:"北掳时,金人驱赶我们就像驱赶牛羊一样,天天跑路。逃回时,也是天天跑路,怎么能够让一双小脚,还保持原来的模样?"
　　众人觉着言之有理,报之赵构,赵构便认下了这一女子,并封其为福国长公主。没多久,将她嫁给了永州防御使高世荣,赐嫁妆甚丰、每逢过年过节,便赐钱赐物,累计达四十九万贯,过上了神仙一般日子。而与她一块走进浣衣院的韦太后,在她未曾逃出浣衣院时,已经交上了好运——被盖天大王看中,纳为小妾,还生了两个孩子。

盖天大王者,金兀术的堂伯,名叫完颜宗贤,官拜左副点检①。

初时,盖天大王对韦太后又爱又宠,随着年龄的增长,特别是有了新欢之后,对韦太后的热度越来越低,低得像对待一个老妈子。

韦太后不甘当老妈子,做梦都在想着回归家园,做皇太后。

若能回归家园,要么宋击败金,要么宋金讲和。

她的希望是第一个"要么。"第二个"要么"也不错,故而,当她听到《宋金和议》签订的消息,高兴得一宿未眠。

谁知,从绍兴十一年十一月,等到绍兴十三年三月,才接到金廷的公文——许她还国。

韦太后喜出望外,当日便奔向五国城,伴梓宫南归。

车将行时,赵桓卧泣车前,语韦太后道:"归语九哥与宰相,为我请还。我若回朝,得一太乙宫使,已满望了,它不敢计。"

韦太后见他泪流满面,于心不忍,满口应许。且发誓曰:"吾先归,苟不迎若,有瞽吾目!"赵桓复出一金环,作为信物。

宋徽宗的贵妃乔氏,与韦太后曾结为姊妹,送行时,携金五十两,赠金使高居安道:"薄物不足为礼,愿好好护送吾妹还江南"。复举酒钱韦太后道:"妹途中保重,归即为皇太后,姐谅无还期,当老死沙漠罢了。"

韦太后抱着乔妃大哭。经众人苦劝,方才洒泪而别。

时当盛暑,金人惮热,沿途逐地逗留。韦太后恐有它变,暗中向高居安借贷三千金,作为犒赏。役夫得了犒金,连天热也忘记了,兼程而行。行至楚州,太后弟安乐郡王韦渊奉诏来迎,姊弟相见,悲乐交并。

及抵临平,赵构以下俱在道旁伫候。宋奉迎使王次翁,金扈行使高居安,先白赵构。

赵构慰劳已毕,先迎帝后梓宫,拜跪礼成;次才谒见韦太后,母子重逢,喜极而泣。

韩世忠随驾而行,韦太后见之,一脸欣喜地问道:"汝就是韩世忠?"

韩世忠应声回道:"禀太后,臣就是韩世忠。"

韦太后道:"将军大名,哀家在北方已经久闻了,不想今日得见真人!卿可安好?"

---

① 点检:官名。殿前司的首领,初置于后周,一正一副。金沿置。

世忠叹曰:"称不上好。臣曾中毒矢入骨,以强弩括取之,十指仅全四,不能动,刀痕箭瘢如刻画。"

韦太后唏嘘不已道:"苦了将军了。"

世忠回曰:"臣以布衣百战,致位王公,仰天之恩,得已保全性命,臣已知足矣。"

韦太后点了点头,慰劳再三,方又问道:"大小眼将军(指岳飞)呢,怎么没来?"

众人你瞅瞅我,我瞅瞅你,无一人应腔。赵构更是一脸尴尬。

韦太后觉着有异,问赵构:"大小眼将军呢?"

赵构不得不答,声如蝇嗡:"已被儿赐死了。"

韦太后勃然大怒道:"宋金对峙,全仗韩岳二将,你却赐岳飞死,是何道理?"

赵构无语。

秦桧忙站出来为赵构圆场:"陛下,该启驾了。"

赵构"噢"了一声道:"好,启驾,启驾吧!"

一行人浩浩荡荡回到临安,将梓宫奉安龙德别宫。

赵构得以与金签约,打的是一个"孝"字。故而,天天跑去向太后问安,太后"或一食稍减",赵构"辄不胜忧惧",刻意把自己打扮成一个孝子!

于是,歌颂赵构"圣孝"的文章,纷至沓来。秦桧率百官上表曰:"万里回銮,庆母仪之正位;九重视膳,知子道之修行。"

赵构投桃报李,封秦桧为太师,秦桧假意推辞,赵构曰:"梓宫归葬,慈宁就养,皆卿之功也。此未报百分之一,不必辞。"

至于金,赵构更是感激涕零,金使来册封时,他北面受拜,且御殿召见群臣,行朝贺礼。还来一个大赦天下,曰:

上穹悔祸,副生灵愿治之心;大国行仁,遂子道事亲之孝。可谓非常之盛事,敢忘莫报之深恩!

此文一出,国人又气又恨又悲,且有人放声痛哭,四川士人刘望之作诗以讥之。诗曰:

万方呼舞却沾巾。

崇陵访沈空遗恨,

郢国怜怀尚有人。

收拾金缯烦庙算，

安排钟鼎颂宗臣。

小儒何敢知机事，

终望君王赦奉春。

自宋金签约，到赵构北面受拜金书，赵构及秦桧等人天天沉浸在欢庆之中，骤然出了这么一首诗，大煞风景。赵构咆哮如雷，命秦桧严惩刘望之，刘望之锒铛入狱。

大煞风景的事何止这一件？

商州（今陕西省商县）知州邵隆（原名绍兴），不只抗拒朝廷割地与金的命令，还密遣军士攻击金人。秦桧将他改任叙州（今四川省宜宾县），未几，召其进京，赐之鸩酒，毒发而死。

就梓宫安葬之事，也引起了一番不小的争议，一些士大夫提出："金俗尚火葬，不尚棺椁，可开棺看一看，这里面是不是真有先帝和先皇后的尸体。"

赵构不允，而且态度非常坚决。

何也？

他怕开棺之后，里面没有徽宗和郑太后的尸体，既给自己蒙羞，又影响宋金关系。

不仅宋人，连金人也凑上来煞他风景。金使刘陶直讯宋之馆伴使①："岳飞以何罪而死？"

馆伴使回道："飞欲谋反，为部将所发，以此而诛。"

刘陶冷笑一声，奚落道："江南善用兵者，只有岳飞。楚项羽有一范增而不能用，为刘邦所败，如飞者，岂不楚之范增乎？"

这话不知道通过哪个渠道传到了韦太后耳中，趁赵构问安之机，问："我儿因甚要置岳飞于死地？"

赵构回曰："他不只干预皇室内事，还居功自傲，动不动以辞官威胁朝廷，且擅离军营，又拼命反对宋金议和。"

韦太后道："你说的这几件事，哀家也有所闻。劝您立储，也是因赵谌而起，非存心为恶；辞官之事和擅离军营，源于母丧，情有可原；至于反对宋金议和，那是他觉着他有

---

① 馆伴使：官名。古代奉命陪同外族宾客的使臣。

能力北伐,有能力打败金国。"

赵构道:"孩儿有一事不明,想问一问娘。"

韦太后将头点了一点。

"咱大宋立国以来,奉行的国策是什么?"

韦太后知道他是明知故问,还不得不答:"崇文抑武。"

"抑武的措施有哪些?"

韦太后道:"文臣掌兵,一也;把节度使演化成一种虚衔,二也;把强兵锐卒集中到京师,称之为禁军,把老弱士兵留在地方,称之为厢兵,三也;把统兵权和调兵权分开,兵不识将,将不识兵,四也。"

赵构道:"岳飞不只掌兵,所掌的还是十余万强兵锐卒。他不只识兵、领兵,他的军队不姓赵而姓岳;他的节度使,也不是虚衔,他可以在他的地盘上征兵、征赋。这一切一切都有悖于国策,儿岂能听之任之?"

韦太后轻轻颔首道:"是不应该听之任之。"

赵构又道:"对于北伐之事,儿也有儿的考虑,您说岳飞觉着北伐能够成功,儿不这么看。就是成功了,受益最大的也是岳飞,那时,他的声望如日中天,朝廷还能驾驭得了吗?一旦驾驭不了,一旦他有了异心,会不会也像太祖爷爷那样——来一个'陈桥兵变,黄袍加身'?"

韦太后又一次轻轻颔首。

赵构复道:"若是让岳飞北伐,就堵死了与金议和的大门,这是其一;其二,咱就是北伐成功,金人岂能善罢甘休,自此会战争不断;其三呢,迎回娘和梓宫,就会化为泡影。再说直白一点,不北伐,与金议和,孩儿虽然偏安江南,但社稷还在。况且,娘曾给孩儿说过,说孩儿是吴越王钱镠转世,咱现在的地盘,并不比吴越国小,孩儿已经知足了。"

韦太后轻叹一声道:"我儿言之有理,娘错怪了你。岳飞的事咱不再说了,咱说一说你大哥(赵桓)。娘离开五国城时,他卧泣车前,求娘,'归语九哥与宰相,为他请还。'娘已允他,还望我儿遣使至金,迎回赵桓,并那些北掳的皇室成员,诸如乔贵妃等等。"

赵构道:"此事儿记得您回来不久便给儿说了。儿也和秦桧议了一次,秦桧坚决反对,他说,迎回'渊圣皇帝后怎么安置?'儿就把大哥只求做一太乙宫使的话说了。秦桧说,'渊圣皇帝急于回宋,方才那样说,一旦回来,就不一定想什么了。即使他不想复位,难保士大夫不想。当年,先帝徽宗自己把皇位禅于渊圣皇帝,因几个奸佞的蛊惑,又有了复位的想法,弄得父子反目,前车之辙,不能不鉴!'孩儿觉得秦桧所言,颇有道理。"

韦太后又是一声轻叹,良久方道:"那就将你大哥的事放一放。娘还有一件事,不知道该不该问?"

赵构道:"您是我亲娘,还有什么话不可说呢,说吧!就孩儿所知,一定如实回答。"

"柔福帝姬已经死了一年多,你这里咋又冒出一个柔福帝姬?"

赵构反问道:"娘听谁说柔福帝姬死了?"

韦太后道:"为娘亲见。"

赵构一脸惊讶道:"娘在何处亲见?"

韦太后道:"金之上京。"

赵构道:"娘意思是说柔福帝姬死在了金国?"

韦太后将头点了一点。

赵构道:"不对呀,早在建炎四年,她就从金国逃了回来。"

韦太后怒道:"胡扯八道!"

赵构赔着小心道:"那就请娘说一说柔福帝姬。"

六十五　优人观星

《宋金和议》签订后,赵构乐不可支,觉着他这个偏安小朝廷坐稳了,把大权交给秦桧,安享太平。

优人用铜钱眼对着张俊照了又照,就是不说话。

秦桧暗自参了张俊四宗大罪,赵构只轻描淡写地说道:"看来,张俊真是坐在钱眼里了。"

韦太后长叹一声道:"好,娘这就给你说。靖康二年四月,金人将'二帝'及宗室子弟、后宫嫔妃、王公大臣等一万四千六百余人,押往金国,柔福帝姬也在其列。到了金国,男的为奴;女的或赐人,或贱卖,柔福帝姬被赐给了一个叫完颜烈的断臂将军。未几,完颜烈病死,其夫人把柔福帝姬卖给了一个叫徐还的汉人。这个汉人是个酒鬼,一喝醉便对柔福帝姬又打又骂,打得她体无完肤。娘每次去看柔福帝姬,她便给娘诉苦,还叫娘看她身上的伤。娘也无能为力,只有陪着她掉泪。去年,一个汉人乞丐到柔福帝姬门前乞讨,柔福帝姬见他衣服又烂又脏,便把家中几件旧衣施舍给了这个乞丐,徐还硬说她是一个败家婆,活活将她打死。"

赵构长叹一声,低头不语。

韦太后追问道:"你打算对这个假帝姬怎么处置?"

赵构道:"儿不打算处置她。"

韦太后惊问道:"为什么?是不是你觉着娘在说谎?"

赵构连连摇手说道:"孩儿不是这个意思。"

韦太后沉着脸问:"你是什么意思?"

"这个假帝姬儿并非贸然相认。认前,儿让服侍过王贵妃的冯益和一班内侍宫女反复辨认盘问,他们都说是真的,儿才认下。儿,一个堂堂皇帝,竟让一个骗子给骗了,且一骗便是十几年,传出去岂不让国人耻笑!"

韦太后板着脸问道:"依你之意,让这个骗子继续骗下去?"

赵构苦笑一声道:"儿实在是怕遭国人耻笑。"

韦太后正色说道:"《左传》曰,'人非圣贤,孰能无过?过之能改,善莫大焉!'你明知道她是一个骗子,而不揭穿,那才是过上加过!"

"依娘之见,儿该当何处?"

韦太后恨声说道:"揭穿她,杀了她!"

赵构道:"好,儿听娘的。"

韦太后突又改口道:"墨越描越黑,还不能揭穿呢。"

赵构道:"那又该当何处?"

"秘密处死。"

赵构道:"这个法不错。"

自韦太后回到临平那一天,柔福帝姬便过着提心吊胆的日子。

那一天,柔福帝姬也跟着御驾去迎韦太后,韦太后对她视而不见。她腆着脸上前搭讪,韦太后将脸扭向一旁。回到家中,她闷闷不乐。

高世荣怪而问之:"你说你在金国和韦太后形影不离,她回来了,你应该高兴才是,今不喜反忧,令人不解!"

她道:"韦太后对我很冷,恐有杀头之祸!"

高世荣惊问道:"为什么?"

她道:"可能是我对她的事知道的太多了。"

"什么事?"

她道:"这事不能说。"

她是不能说,包括她的男人。

若把韦太后在浣衣院的丑事说出来,也等于自暴自丑,她不想让她男人、家人以及所有的人知道她在金国做过妓女。

她连晚饭也没吃,便解衣登榻。

她心中有事,强闭着眼,直到鼓打三更,方做了一个梦,韦太后骑在她身上,掐住她脖子,她惊问道:"你要干什么呀?"

"我要你死!"

她道:"为什么?"

"你对哀家的事知道的太多了,为了哀家的尊严,哀家要封你的口!"

她道:"皇娘,您那事我不会说的。况且,我也在浣衣院待过,说您等于说我自己。"

韦太后这才将手松开。

梦醒后,柔福帝姬自己安慰自己。韦太后虽说对我很冷,但不至于非要我的命,以后呀,我不再去宫中走动,也不再和人来往,她的担心就会慢慢消去。

她想得太天真了。

两个月后,她和她的男人高世荣双双死在家中,且是中毒而死。施毒者本是杨沂忠,却抓了一个老婢女做替罪羊。

韦太后灭了柔福帝姬后又做一件大事——立吴芍药为皇后,便不再插手国事,一心向道:习道经,著道服,游名庵名观。偶尔,赵构还陪着她游,其乐融融。每游一次,秦桧便作诗一首赞之,哄赵构母子开心。

在哄赵构母子的背后,他却干着不可告人的勾当。

老谋深算、卖国求荣的秦桧。

既有司马昭之心,又有金国支持的秦桧,他要的不仅仅独霸相位,而是独掌军政大权。但是,有张俊在朝,他就不能独掌。

他正想着如何除掉张俊,优人①无意中为他充当了开路先锋。

一日,赵构在宫中设宴,二优人表演了一场类似《关公战秦琼》的小品,博得满堂喝彩。一个优人趁着赵构高兴,趋前奏道:"陛下,小人还有一个绝活,不知陛下愿不愿看?"

赵构笑微微地问:"什么绝活?"

"正七品以上的官员,都是在星的。只要用玉衡②对着其人窥视,就见星而不见人,所见的这颗星,就是这个人对应的天上的星相。可惜,小人今天没带玉衡。不过,铜钱也可以代替。"

赵构喜笑颜开道:"你既然有这个绝活,就请为朕和在座诸卿看一看,都是什么星。"

---

① 优人:又称优伶。古代,以乐舞、戏谑为业的艺人。
② 玉衡:古代的测天仪器。

优人从身上掏出一枚铜钱,用铜钱眼对着赵构,煞有其事地照了照说道:"您是紫微星①。"

他又趋到韩世忠面前,也用铜钱照了照说:"你是白虎星。"

说完,趋到张俊面前,笑微微说道:"你是咱大宋的开国功臣,小人得仔细看一看。"

张俊笑眯眯地说道:"好。"

秦桧一肚子怒火,这个优人如此不识规矩,我是首相,要看得先看我,反倒先看韩世忠。如今,又要看张俊,他张俊只是一个枢密使,等于我的副相,看来这个优人是活得不耐烦了。

他正生着闷气,突然笑了,一脸的灿烂。

你道为何?

优人拿着铜钱,对着张俊照了又照,就是不说话。

众人催促说:"怎么不说话呀,张枢密到底是什么星?"

他挤眉弄眼,左看看右看看,还是不说话。

他越不说,大家越追问。

他不得不说了。

——看不见星。

众人一脸的惊讶:"为什么?"

优人抓了抓头皮,长叹一声:"张枢密坐在钱眼里,把星给堵住了。"

一阵沉默之后,赵构带头笑了。

张俊大窘,呼地站了起来。秦桧拽了拽他的袖子,小声说道:"演戏嘛,何必当真!"

张俊方又坐了下去。

演出结束后,秦桧遣一小吏,送二优一人三十贯钱,二优不收。

秦桧也不生气,反要小吏去请二优吃饭,二优不好再拒。通过吃饭,秦桧得到了不少张俊敛财的糗事。

翌日早朝后,秦桧单独留下,向赵构禀了几件无关紧要的国事后,便将话题引到张俊身上,大谈特谈张俊如何如何的敛财。

绍兴初年,岳飞、韩世忠等人率领所部,奔赴前线,与伪齐浴血奋战,他却躲在后方

---

① 紫微星:帝星,号称斗数之主。传说是周文王长子伯邑的星座。

敛财,为做生意,连军饷都动用了,甚至遣他的军队直接去民间抢。

他的嫡系部队也是最不能打仗的部队,绰号"花腿军"。

这些"花腿军"是由几百名美男组成,每个美男身上还刺着锦绣花纹,故名。

这些"花腿军",并不是用来打仗,而是用来装点门面。每逢朝廷阅军,他便让"花腿军"顶上去。

平时呢,他就叫"花腿军"给他做佣夫,大到营造宅第,小到打扫院子,都是"花腿军"的事。为他日进斗金的"太平酒楼",也是"花腿军"盖的。

某一日,张俊逛后花园,见一名叫万顺的老兵在门口闭着眼晒太阳,他踢了老兵一脚,呵斥道:"你还怪会偷懒哩!"

老兵揉了揉眼,见是张俊,呼地站起来,双脚一并说道:"报告枢密爷,不是我偷懒,是无事可做!"

张俊回道:"咦,你是不是觉着怀才不遇?"

老兵"嘿嘿"一笑道:"小人不敢。"

"你觉着,你有什么本事?"张俊问。

老兵又是"嘿嘿"一笑道:"为商为贾都行。"

张俊来了兴趣:"爷给你一万贯钱做本钱,你一年能给爷赚多少?"

"一万。"

张俊问:"两万呢?"

"三万。"

张俊问:"五万呢?"

"十万。"

张俊复问:"十万呢?"

"三十万。"

张俊愈发奇了:"五十万呢?"

"二百万。"

张俊"啊"了一声道:"真的?"

"你给我五十万,赚不了二百万,你割我的头。"

张俊道:"好,我就给你五十万。"

五十万贯到手,老兵造了一艘极其华丽的大船,聘了百余个能歌善舞的美女和乐师,载着半船珍馐佳果、绫罗绸缎、石猴石马、金银铜器、玉器,飘然出海。

一年后，老兵归来，船上所载，除了数十匹骏马外，尽是珠犀香药，售出后，营利上千万。

张俊喜而问曰："汝都去了哪里？"

"海外。"

张俊道："爷知道你去了海外，爷问你都去了海外哪些国家？"

老兵曲指数道："去了占城（在今越南境）、暹罗（泰国）、真腊（在今柬埔寨境）、三佛齐（今分属马来西亚和印度尼西亚）、渤泥（今加里曼丹岛）、兰无里（在今印度尼西亚苏门答腊岛西北角班达亚齐河下游、哥打拉夜一带）……"

张俊道："他们都愿意和你互贾？"

老兵道："全都愿意。"

"为什么？"

老兵道："一是咱带的这些货他们稀罕。二是我说我是大宋的海外通商大臣，他们对咱大宋仰慕得很，称咱们是天国，连国王都出面见我。"

张俊"噢"了一声道："你在暹罗国见没见到李俊？"

"不只李俊，连燕青、李师师也见了。"

张俊兴趣盎然道："那李师师到底长得怎么样？"

"美！四十多岁了，看着还像一个少女。"

张俊一脸羡慕道："你这一次出海值，不只给爷赚了个盆满钵盈，还欣赏了美女，还看了三十几个国家的风景，太值了。哎，你能不能再出一趟海，这一次，爷给你五百万贯做本钱。"

老兵摇了摇头道："小人不想再出海了。"

"为什么？"

老兵道："小人这一次出海，五次遇到飓风，六次遇到海盗，险些回不来了。"

张俊长叹一声道："那，那你就休息几天，看一看还能做一些什么赚钱。"

老兵将头点了一点。

讲完了张俊，秦桧原本以为赵构会加罪张俊。

何也？

张俊犯了四宗大罪：一、用军饷做生意。二、纵兵抢掠。三、以军卒为役。四、让老兵冒充通商大臣。

谁知,赵构脸上并无怒色,轻描淡写地来了这么一句:"看来,张俊真是坐在钱眼里了。哎,你告诉张俊,让他带上那个经商的老兵,明日未时三刻去选德殿见驾。"

秦桧道:"您召见那个老兵干啥?"

赵构道:"让他做一个真正的通商大臣,去海外给朝廷赚钱。"

啥叫弄巧成拙,这就叫弄巧成拙,秦桧恨不得自个儿扇自个儿一个耳光,口中还得说道:"臣遵旨。"

出了皇宫,秦桧一边走一边想,看来,要想扳倒张俊,还得让御史上。

御史中丞万俟卨,头天接到秦桧密令,第二天便上书弹劾张俊,书曰:"张俊不择手段敛钱,动用军饷从贾,又曾纵部掠民,占地遍天下,家积百万";"听说清河坊有天子之气,便在清河坊起房盖屋,常居于此";"大男杨沂忠握兵于行在,小男田师中(岳飞被害后,统张宪所部,官居鄂州都统制)拥兵于上游,它日生变,祸不可测"。

六十六　渣男康倬

赵鼎将几个儿子叫到榻前,老泪纵横道:"秦桧定要爹死,爹若不死,恐祸及全家,爹还是死了吧!"

康倬蒙倒了苏倪,把苏倪的财物席卷一空,弃船南下。

秦桧有些飘了,与长舌妇饮酒东窗下,笑曰:"我秦桧今日,说黑猪是白的,没人敢说黑。"

张俊听到万俟卨弹劾他的消息,气得跺脚大骂:"走狗,秦桧的走狗,该当千刀万剐的走狗!"

骂过万俟卨,又骂秦桧:"金人的一条狗,咬了韩世忠、岳飞,又来咬爷!不,他连狗都不如,狗通人性,义狗还会救主,他只一味地咬人,若非爷助他,他也奈何不了岳飞和韩世忠。他忘恩负义,他……"

骂归骂,辞书还得上。

宋朝官员,凡有人弹劾,就得上书辞官,这是祖制。况且,万俟卨弹劾他的事件件属实,任揪出一件就可定他的罪、砍他的头。书上,赵构依例挽留。

再上,赵构方才允许,且在辞书上批道:"俊有复辟之功,无谋反之实;有敛财之嫌,无掠民之举;罢枢密之军职,封清河之郡王。"

秦桧整人从不手软,而赵构又对秦桧言听计从。这个结果出乎张俊意料,进宫谢恩时,给赵构重重地叩了三个响头,挥泪告退。

张俊一走,遗下的那顶知枢密院事的桂冠落到了秦桧头上,秦桧的愿望实现了,军政大权皆握其手,乐得做梦都在笑。

笑了十几天后,他又不笑了。

张俊一倒,朝中官员已无人敢与我秦桧抗衡,但遭贬的赵鼎、张浚在朝野颇有声望,皇上对此二人有些感恩。特别是张浚,前不久,不知谁奏了一本,说他勤王有功,皇上便将他召回行在,出任提举临安府洞霄宫,如果再有人那么一谏,皇上说不定还要复他相呢!

人无远虑,必有近忧,我得设法,将他二人整倒,方才安全,先整谁呢?

张浚刚刚复出,立马整他,皇上会觉得难为情,那就先拿赵鼎开刀!

赵鼎已经够惨了。

绍兴八年,在秦桧撺掇下,赵鼎被罢相,出知绍兴府。未几,改知泉州。又未几,又来一个潮州(今广东省潮州市)安置。赵鼎上表谢恩,内中有这么一语,"白首何归,怅余生之无几;丹心未泯,誓九死而不移。"

赵构以赵鼎谢表示秦桧,秦桧悻悻说道:"此老倔犹昔!"

既然犹昔,就再给他一刀!秦桧寻了一个机会,进谗道:"陛下,赵鼎在潮州收徒讲学,抨击时政。听说岳飞的几个儿子流放岭南,让其长子携银三百两慰之。此人不应再在潮州安置。"

赵构道:"卿意将他贬迁何处?"

"吉阳军"(今海南省三亚市)。

赵构"啊"了一声道:"是不是'天涯海角'所在的那个吉阳军?"

秦桧道:"正是。"

赵构道:"有些太远了吧?"

秦桧道:"对于那些不敬君王的人,贬得越远越好!"

赵构道:"那就以卿之见吧。"

一个年将六旬的老人,接到诏命后,由潮州吏押着,跋山涉水,风餐露宿,行了三个月方来到吉阳军。

他大病了一场,差点丧命。

他能不病吗?吉阳军远离京师,孤悬海外,乃蛮荒之地,对官员的这种处罚,仅次于杀头。凡贬此地的人,很少有活着回去的。

秦桧把赵鼎贬至吉阳军,还怕他不死,命当地官员严加监管,连他每天吃什么饭,说什么话,都要报告朝廷。赵鼎将几个儿子叫到榻前,老泪纵横道:"秦桧定要爹死,爹若不死,恐祸及全家,爹还是死了吧!你们别哭,爹的墓志,不管你们咋写都行,爹为自己写了一副对联,得刻上去"。

——"身骑麒尾归天上,气做山河壮本朝。"

六十六　渣男康倬

写毕,开始绝食,任谁劝也不听。

仆达临安,秦桧大喜曰:"又去一敌耳!"

略顿又道:"张浚呀张浚,下一个就该你了!"

他还没来得及收拾张浚,彗星现。

这个彗星——长且久,且属于五种彗星中的长星,占星术说:"凡彗星现,国家就会出现兵祸,或有人造反,或死君主,或水灾旱灾。若出现的是长星,预示灾祸深。所以,各朝各代,对彗星的出现都非常惶恐,采取各种方法补救,取悦于天:君主或祷于名山、或大赦天下、或赈灾、或减赋、或下诏罪己、或嫁祸宰相。

秦桧最怕的是嫁祸宰相,正愁着如何化解灾难,选人①康倬上书朝廷,曰:"彗星现,乃历代常事,不足畏!"

康倬者,渣男也。

康倬父亲康识,乃宋代一个名将,为抗击西夏的入侵,立下了赫赫战功。

这个康倬,学文不成,改为习武,跑到老父的驻地——金城,谋了一个副都头,率兵上阵,对手是金军的铁浮屠,甚惧,未战而逃。

逃回家后,又改习文,习了数年,连乡试都没通过,怒而弃学进京,做了一个讼棍,除了吃饭穿衣外,挣的钱全扔到了妓院。丽春院有一女子,名叫苏倪,见康倬相貌堂堂,谈吐儒雅,心生爱慕,曰:"相公哪里人氏,高名上姓?"

康倬报了一个假名:"本公子姓李,名宣德,江西吉安人。"

苏倪又问:"公子堂下可有洒扫之人?"问这话时,心口咚咚乱跳,他千万别有了什么贤妻之类!

康倬早知其意,笑嘻嘻地回道:"本公子尚是一个鳏夫。"

苏倪暗自喜道:"这就好,这就好。"

"您喜欢小女子不?"说毕,一脸殷切地盯着康倬。

康倬依然笑嘻嘻地回道:"当然喜欢了。"

"你愿意娶我不?"

康倬道:"当然愿意。但是……"

他轻叹一声道:"囊中羞涩,没钱给你赎身。"说罢,又是一声轻叹。

苏倪道:"相公如果真的爱小女子,赎金的事您不用愁。"

---

① 选人:候选官员的通称。

康倬道:"我真的爱你,爱你到海枯石烂,爱你到天老地荒,爱你到……"

苏倪道:"爱到地老天荒已经够了,别的爱先留到肚子里。"

康倬嘻嘻一笑,双手合掌,深作一揖道:"遵命!"

苏倪正色说道:"终身大事,不可儿戏,你若真的爱我,愿意与我白头偕老,明月在上,请对着明月盟个誓。"

康倬当即跪下,双手合十,举头望着明月,一脸郑重地说道:"明月在上,苏倪姑娘,貌美且贤,是我康倬心中圣女,我康倬愿意娶她为妻,不管是顺境逆境,都要相亲相爱,白头到老。若违誓言,万箭穿心。"

说毕,磕了三个响头。

苏倪双手将他搀起,眼含泪花道:"您这一发誓,我苏倪便跟定了您,今晚不说了,明天上午您便去找老鸨,就说要为我赎身,如果赎银不超过三百两,您尽管答应。如果超过三百两,您就不要管了,我去和她谈。"

康倬一脸为难之色道:"行是行,但我手中缺铜,莫说三百两,就是三十两我也拿不出来。"

苏倪道:"钱的事,您不用担心,您只管按我说的去办就是了。"

第二天,康倬候在老鸨门口,赎金由要价一千两谈到五百两,老鸨再也不肯降了。

他垂头丧气地来见苏倪。苏倪亲去和老鸨交涉,半个时辰后,兴高采烈的回来:"谈成了。"

康倬忙问:"多少?"

苏倪回道:"三百两。"

"你真行!"康倬抱起苏倪就地转了三圈。

苏倪的积蓄共一千两,花了三百两,还有七百两。

七百两白银。

七百两白花花的白银,任你康倬出生于官宦之家,也没有一次见过这么多银,他双眼放光,口水暗吞。

他拿着苏倪的银子,买了一条小船,载着苏倪和婚嫁用品,启船南下,回家完婚。

船行二十余里,康倬笑对苏倪说道:"圣女,我有一些累了。咱把船停下,歇息一会儿可好?"

苏倪正憧憬着洞房之喜,和美好的未来,笑盈盈回道:"好。"康倬把船停好后,忽又说道:"我想喝杯酒,不知娘子肯陪我不?"

苏倪又一个笑盈盈回道:"陪。"

二人肩并着肩,你一杯,我一杯,不知不觉喝了十几杯。单就十几杯酒对苏倪来说也不算什么,关键是酒中有蒙汗药。

蒙倒苏倪后,康倬席卷了苏倪的金银珠宝,弃船而去,从旱路回到老家建康,拿着苏倪的银子,上下打点。秋闱①时,居然中榜,当了举人。

一当上举人,便有了做官的资格,他又来一个上下打点,弄了个县主簿。

因他善媚,深得知县赏识,三年任满,荐他做知县,但升迁是一件很麻烦的事情,首先得有人荐,得有比此职高一级以上的三名官员相荐,还得铨选。铨选就像我们现在所说的考核。考核过关后,到行在等候差遣,也就是候选。

康倬等了一年,也没有候到任官的诏命,想走秦桧的门路,又找不到入门的门径,恰在这时,天上出现彗星,心中暗喜:"天助我也。"遂就彗星一事,上书朝廷。

秦桧阅了康倬之书,大喜道:"此书说得太好了!"当即揣着康倬之书,面见赵构。

赵构看了康倬之书,满脸忧愁一扫而光,传旨将康倬之书颁示天下。这一颁,惹怒了一位老臣,竟上书极陈星变之警,要皇上大赦天下,进贤任能,罢黜奸佞,亲君子,远小人,以固社稷,等等。

你道这人是谁?

就是被黜复进的张浚。

秦桧看了张浚奏书,勃然大怒道:"我正要收拾他,他却来老虎头上搔痒,真是活的不耐烦了!"

张浚屡有弹劾秦桧之意,但恐言出祸随,祸及老母计氏,隐忍已久。

计氏窥知浚意,特颂浚父张咸对策②的原文,中有二语云:"臣宁以言死斧钺,不忍不言以负陛下。"浚方才上书。

秦桧拿着张浚的奏折去找赵构,谗曰:"张浚本有大罪,被贬永州,陛下念及旧情,将他召回行在,安度晚年。他却不知好歹,上书抨击朝廷,什么亲君子,远小人;什么进贤任能,罢黜奸佞。这分明是讥陛下用人不明! 此人不应再留行在。"

赵构道:"卿意将他何处?"

---

① 秋闱:宋代科举考试,分乡试、礼部试(省试)和殿试。乡试均在秋季进行,故称秋闱。考中者,称之举人。礼部试和殿试则在春季进行,故称春闱。考中者称之为进士。进士中的前三名称为一甲,一甲分为状元、榜眼、探花。

② 对策:古代被召见或应试的人,对于皇帝所问有关治国策略的回答。

"打回永州。"

赵构道:"好。"

张浚这一贬,再也没有人能够威胁到秦桧的相位了,他正暗自得意,有人私下告曰:"万俟卨对您颇有怨言。"

秦桧忙问:"他说些什么?"

"他说,就是一头驴,拉完磨,吃草时,主人还要在草中加把料(喂牲口的谷物),我为他秦桧害了不少人,至今还是个御史中丞。"

秦桧尽管心中不悦,口中却道:"这个万俟卨,真是性急,他在老夫心中装着呢,要不了多久,任命他做参知政事的诏书就会颁发。"

三天后,果有诏书颁出,迁万俟卨为参知政事。

这一贬两迁,文武百官算知道秦桧的厉害了,无人再敢拂秦桧之意。秦桧有些飘了,与长舌妇饮酒东窗下,笑曰:"曹孟德当年那么厉害,也有人敢说不,我秦桧之今日,若说黑猪是白的,没人敢说黑。"

长舌妇撇嘴说道:"你别高兴的太早,笑到最后的人才算真赢家!"

秦桧道:"我还不算真赢家吗?"

长舌妇道:"不算。"

秦桧道:"怎样才算真赢家?"

长舌妇道:"政声人去后。"

秦桧道:"你的意思是,等我不做首相了,人们对我的评价好,才是真的赢家。"

长舌妇道:"正是。"

秦桧道:"为夫所干那些事,朝野无人不知,恨为夫刀骨,为夫一旦不做宰相,不砸为夫黑砖也就烧高香了,岂指望他们赞誉为夫!"

长舌妇道:"誉与贬,并非依据你的功过,关键是继任者,秦始皇统一天下,车同轨,书同文,功高天下,可是被后人骂为暴君,恨不得焚尸扬灰;汉武帝,干的坏事比秦始皇多得多,后世多誉之,何也? 秦始皇二世而亡,汉武帝的子子孙孙,统治天下,达三百多年。"

秦桧满脸感激地说道:"谢谢小妹,我知道该怎么做了!"

六十七　明君圣相

　　秦桧与婢女私通,生下一子,怕夫人不容,寄养于林家,取名一飞。
　　吴皇后赐宴长舌妇,上了一道清蒸鲻鱼,炫耀道:"卿可吃过这种鱼?"
　　赵构摇首说道:"秦桧上朝下朝,护卫他的人上百,你杀不了他。就是能杀,咋向金人交待?"

该怎么做?
第一,任人唯亲,培植亲信。
最亲的人是谁?
当然是自己的儿子!
遗憾的是,长舌妇不会生育,便把长舌妇兄长王焕的私生子作为养子,取名秦熺。
为拔秦熺,先让他做状元。
在秦桧亲党的操纵下,秦熺顺利通过秀州的漕试①,接着又在省试和殿试中名列第一,状元铁定了。
这一科(绍兴十二年),秦府参加科考的不只秦熺,还有秦桧的两个侄儿——秦昌和秦昌龄,均位列进士。发榜后,訾议汹汹,张、王二优伶编了一个指桑骂槐的小品,在崇政殿公开演出。
二优伶从舞台两边同时登场,走到中间相撞。彼此寒暄一番后,张优伶道:"今年的殿试已经发榜,有三个姓秦的中榜,你知道不?"
王优伶道:"知道。"

---

①　漕试:宋代,路一级的考试。

张优伶又问:"你知道今年的知贡举①是谁?"

王优伶摇头。

张优伶复问:"你知道三秦吗?"

王优伶道:"知道。"遂扳着指头说道:"秦熺、秦昌、秦昌龄。"

张优伶道:"我说的不是人,是地名,是春秋战国时期的一个地名。也就是我们今天所说的陕西,因为他归秦国管辖,所以简称'秦'。"

王优伶道:"秦和三秦有什么关系?"

"有啊。"

王优伶问:"什么关系?"

张优伶回道:"秦朝灭亡后,项羽把'秦'地分封给三个降将——章邯、司马欣、董翳。由一'秦'变为'三秦'。"

王优伶"噢"了一声道:"这三个降将,可都是赫赫有名的大将,由他们把守'三秦',万无一失。"

张优伶道:"你太高看了他仨。不到三个月,这'三秦'全被刘邦的一个大将夺去。"

王优伶一脸惊讶道:"那大将叫什么名字?"

张优伶一字一顿道:"韩……信……"

王优伶又"噢"了一声道:"您这么一说,我知道今年的知贡举是谁了?"

"是谁?"

王优伶道:"韩信。"

"你何以如此肯定?"

王优伶道:"今年科举,录了三个姓秦的为进士。若非韩信主考,何人敢取'三秦'?何人又能取得了'三秦'?"

张优伶频频颔首道:"贤弟说的极是!"

是时,秦桧就坐在观众席上,因赵构也在观看演出,他气得脸色发紫,也没敢发作。

也不知道是受了高人指点,抑或是迫于舆论压力,第二天,秦桧面谒赵构,把秦熺的状元让了出来,改为榜眼。

秦熺虽然没做成状元,但他的官职一迁再迁,六年后迁为正三品的观文殿学士,职务仅次于右相。同一科的状元,才是正八品的承事郎。

---

① 知贡举:省(礼部)试的主考官,一般由翰林学士、知制诰、中书舍人或者六部尚书担任。

拔过秦熺,秦桧又拔林一飞。

林一飞何许人也?

秦桧亲子也。

秦桧与婢女私通,生下儿子后怕长舌妇不容,寄养于林家,取名一飞。

养子做了榜眼,亲子呢?

至少也是一个探花。

三年后,林一飞果然中了探花。

拔了儿子之后,又拔兄弟。

秦桧弟兄四人,本人排行第二,其兄秦梓,官至正三品翰林学士。两个弟弟,均为从三品之官。

拔过秦家人,下雨不戴帽,轮到王家了。

长舌妇的祖父王珪,就是那个有名的"三旨宰相"。

这个人,为相十七年,子四人,门生故吏遍天下。

长舌妇为王珪四儿子王仲琬的女儿。王仲琬有子五人:王焕、王会、王荟、王晓、王历。

长舌妇堂兄弟居多,见于史载的有王严、王晌、王晌等人。

因秦桧的提携,诸王在官场平步青云,"凭恃权势,恣意不法,凌夺百姓田宅,甚于寇盗。"

朝廷的官员,不是一个两个,而是上千。单就秦、王两家,是不够用的。

不够用再找。

再找的对象,是秦桧和长舌妇的四大姈子八大姨,诸如秦熺妻兄曹泳、曹冠,曹泳妻弟杨愿等。

曹泳,乃北宋大将曹彬的五世孙,官至户部侍郎、权知临安府。

曹冠,乃秦桧孙子秦埙的老师,官至翰林院直学士。

杨愿,由秘书郎,超迁监察御史。杨愿傍上秦桧后,就像秦桧的一条狗,经常为秦桧通风报信,人送绰号"内简牌"。媚秦桧媚到让人不齿的地步。某次,秦桧打"喷嚏"失笑,他"亦佯喷饭而笑,左右侍者哂焉。"

如此一个人,不知为了何事,竟惹得秦桧不快,欲赶他出京,他涕泪交流道:"受太师生成,恩过于父母,一旦别去,何时复望车尘!"

用完了七大姈子八大姨,还不够。长舌妇说,那就用那些忠于秦家,而又唯唯诺诺之辈,但有一个条件,这些人也必须经常撤换,免得他久居其位,居功自傲,譬如万俟卨。

万俟卨看似聪明,实是一个傻蛋,当了几天参知政事,便想独立门户,与秦桧分庭抗礼。

方士宋朴,经曹泳引荐,秦桧欲要他做御史,执政会签时,万俟卨居然拒签,正色说道:"方士者,左道也。若为御史,岂不让国人笑掉大牙!"

秦桧口中未语,心实恨之,密奏赵构,将万俟卨贬到沅州(今湖南芷江市)居住。

由万俟卨的抗命,他又想到了何铸。

他明明知道,何铸反对宋金议和,曾当面顶撞过金使。为岳飞之事,因何铸触犯了他的胡须,便让铸赴金做报谢使。铸不肯行,且曰:"你这是想借刀杀人,让我做第二个颜真卿哩!"

颜真卿,唐人也。书法家,创"颜体"楷书,与柳公权并称"颜柳",因讨安禄山有功,迁官鲁郡公,世人称他"颜鲁公"。唐建中三年(782年),南平郡王李希烈反,自称皇帝。奸相卢杞与颜真卿有隙,便撺掇德宗皇帝,遣颜真卿去劝降李希烈,为李希烈所杀。

秦桧佯作笑容道:"我既不是卢杞,我也不想让你做颜真卿。我是想给你一个立功的机会,好升你的官。"

何铸道:"我家有八十岁老母,我要的是尽孝,不是升官。"

秦桧将脸一沉道:"让你使金,是看得起你,你若真的不愿从命,那就带上你的老娘去崖州兜风吧!"

何铸不得不去使金,他原以为这一次死定了。谁知,金人慕其名,不但不杀,还"礼遇之"。

依理,何铸归来,秦桧就该兑现诺言。他不但不迁何铸的官,反诬何铸曾附岳飞,欲为乱,要将他赶出朝堂,流放岭南。

赵构笑曰:"《宋金议和》,又一个《澶渊之盟》。《澶渊之盟》签订后,宋辽两国和平共处了上百年。《宋金和约》的签订,其意义等同于《澶渊之盟》。朕正想对那些参与《宋金议和》的官员进行封赏,而何铸也是'参与人员'之一,不赏反罪,说不过去。"

秦桧道:"那就不再流放岭南,让他做秘书少监,徽州居住怎样?"

赵构想了一想,勉强同意了。

连赵构都不敢拂秦桧之意,不只不拂,还有意讨好秦桧,凡秦桧亲属,无不加官晋爵。秦桧母亲被封为魏国夫人，秦府的小孩，甚至尚在襁褓中的婴儿，也都被赐"三品服"。

秦桧建了一个阁楼，赵构亲书一匾，曰："一德格天"，敲锣打鼓，送到秦府。

如此一来，殿堂之上，莫非秦桧之党；朝野冲要，无不桧贼爪牙。群臣呼之为"圣相"，每天去秦府造访的人堵街塞巷，连外国使臣来到临安，也要先拜秦桧尔后才去谒圣。

在"培植亲信"的同时，秦桧千方百计掌控舆情，制造舆情。

这是秦桧要做的第二件事。

尽管赵构如此宠他，甚至有些怕他，但他在赵构面前表现得非常谦恭，变着法儿讨好赵构，指示他的狐群狗党，编造祥瑞，上奏天子。不是某地降甘露，便是某地生灵芝，那灵芝长得比簸箕还大；再不，就是猪生麟，抑或是群凤来朝。

总之，天天有祥瑞，哄得赵构眉开眼笑，以圣君自居。

要使赵构高兴，单靠天降祥瑞还不够。

再好的东西玩久了就会索然无味，得来点新鲜的。他亲自捉笔，做赋一首，歌颂赵构："大功巍巍，超冠古今"；"皇帝躬行，甚于尧禹"；"天子圣孝，感动神明"；"圣王圣母与天通，豫建慈宁广内中"……

他这一颂，应者如议。

史载，"献诗献赋者数千人"，马屁拍得让人肉麻，诸如："圣贤一出五百岁，开辟以来能几人"；"朝回不入歌妓院，夜半犹看寒士文"。

献赋人很精，在歌颂"圣君"时，也给秦桧来了几句。诸如："格天阁上三更雨，犹诵《车攻》复古诗"；"我闻在昔，惟伊尹格于皇天；民到于今，唯管仲吾其左衽"；"大风动地，不移存赵之心；白刃在前，独奋安刘之略"。

仅掌控了舆情还不行，还得掌史。

尽管文人把我秦桧之吹得天花乱坠，国史怎么写？私史又怎么记？

我得掌控国史的撰修！

他不只自己做国史的监修，还让秦熺担任国史——《日历》和《实录》的主笔。史料中凡有对秦桧不利的记载，或篡改，或毁去。

掌控了国史，私史呢？

由皇帝颁诏，严禁私人修史，违者严惩。

原参知政事李光本为秦桧所重，因反对议和，贬为建宁军节度副使、滕州（今广西壮族自治区梧州市滕县滕州镇)安置。他无事可做,便将自己的日记汇集成一个册子,秦桧闻之,硬诬他私自修史,移至昌化军(原儋州),次子李坚被充军,其好友胡铨等八个名臣,因知而不举,不是赶出朝堂,就是流放。

第三件事,交结赵构宠臣。

杨沂忠虽然也是赵构宠臣,但还宠不过王继先。赵构曾对左右言道:"国之司命是秦桧,朕之司命是王继先。"

王继先不只让赵构的那个物件勃起,还为他的龙体保驾护航。

做了这三件事,秦桧的相位稳如泰山。行贿他的人数不胜数,他家的金银堆积如山,鲜物美味超过了皇室。

某一日,吴皇后赐宴长舌妇,特意上了一道贡菜——清蒸鲻鱼。

鲻鱼美味可口,价比黄金。吴皇后炫耀道:"卿可吃过这种鱼?"

长舌妇笑嘻嘻回道:"吃过,个头比这还大,臣妾回去后,遣仆给您送几条过来。"

长舌妇回家,立马遣仆给皇后送鱼,被秦桧撞上了。他虽有篡位的野心,但他觉着时机未到,对赵构还得顺着、溜着。如果送鲻鱼宫中,岂不要让赵构起疑,遂说:"不能送"。

长舌妇问:"为什么?"

秦桧道:"你这一送,会让赵构怎么想?"

长舌妇问:"他会怎么想?"

秦桧道:"他会对我打一个大大的问号——贡品这东西,只有皇宫才有,你秦桧不只有,还比朕的多,比朕的好,这是为什么?"

长舌妇倒抽了一口凉气:"这事我咋没有想到呢?"

她举首秦桧道:"之哥,妹已答应给皇后送鲻鱼,这事该怎么收场?"

秦桧想了一想道:"鱼还得送,但不是鲻鱼。"

"那送什么鱼?"

秦桧道:"青鱼,最好你自己去送。"

长舌妇颔首说道:"妹明白了。"

长舌妇当即带了几十条青鱼进宫,吴皇后道:"这不是鲻鱼呀!"

长舌妇故意问道:"那这是什么鱼?"

"青鱼。"

长舌妇"噢"了一声道:"惭愧,臣妾一直认为这就是鲻鱼呢!"

吴皇后道:"这也不怪卿,青鱼本来就有点像鲻鱼嘛。"

是日晚,吴皇后当作一个笑话讲给了赵构。赵构也不为意,第二天一早,突然给吴皇后说道:"朕觉着长舌妇不会分不清哪是青鱼,哪是鲻鱼。"

吴皇后道:"臣妾觉着,长舌妇不像装的。"

赵构道:"这个女人精得很,你得提防着点,包括秦桧。"

吴皇后问:"您是不是对秦桧有了疑心?"

赵构道:"他已经有了异志。"

"何以见得?"

赵构道:"临安府判官张瑜,在官邸和私邸中都挂着秦桧的肖像,有人告知秦桧,秦桧不仅不制止,反荐此人做知府;翰林学士张扶上书,乞请许秦桧乘金根车①;建康判官王循友上书,乞请为秦桧加九锡②。还有人奏请,封秦桧为国公,并专设属官。此为,都是古代权臣篡位的前奏。"

吴皇后问:"为之奈何?"

赵构从靴子里拔出一把匕首,亮了亮道:"只有带上这个了。"

吴皇后大吃一惊道:"您被他逼成这样,为什么不收拾他?"

赵构苦笑一声道:"满朝尽是秦党,更有金人撑腰,朕得投鼠忌器!"

吴皇后道:"咱不明的整他,咱来一个暗的。只要您同意,臣妾一人就可以要他的命!"

赵构摇首说道:"他警觉得很,府中的家丁全是经过精心挑选,个个武艺高强,连咱大内的侍卫恐也不及。他每天上下朝,护卫他的人上百,你一个人杀不了他。就是杀了他,也不好向金人交代。"

吴皇后道:"如陛下所言,那就听之任之?"

赵构道:"朕找机会敲他一敲,他若知道怕了,抑或有所收敛,千好万好。他若依然我行我素,咱再想办法收拾他。"

---

① 金根车:天子法驾,六马驾,以金为装饰。
② 九锡:皇帝赐给诸侯、大臣有殊勋者的九种礼器(车马、衣服、乐器、朱户、纳陛、虎贲、弓矢等),是皇帝对大臣最高礼遇的表示。

六十八　二圣环

因拍马屁不得法儿,康倬还没回到建州,罢官的诏书已经到了建州。

殿试的结果,秦桧孙子由第一名降为第三名。

仓鹘拿起一根棍子,敲打着参军脑后那个环斥道:"你只知道坐在太师椅上安享荣华富贵!"

三天后,便有了一个机会,为商议为金主庆寿的事,赵构、秦桧坐在了一起。赵构故作漫不经心地问道:"朝廷近来好像没做什么事?"

秦桧笑微微道:"做了。不但做了,还忙得团团转。"

赵构又问:"都做了些什么事?"

秦桧道:"筹办礼部试;接待了一批外国使臣,诸如日本、大理、高丽、西夏、西辽、蒙古、花棘子模、占城、三佛齐、渤泥、兰无里等等;镇压了几个地方的暴乱,诸如泾县(今安徽省泾县)的摩尼教和天涯海角一带的饥民造反,都被臣遣将镇压了。"

赵构一脸愠色道:"这么多事,大臣的奏疏中看不到,东府、西府也未见向朕奏报,是何道理?"

秦桧受到赵构责问,按照惯例,就得跪下请罪。可他依然站着,"嘿嘿"一笑道:"臣刚才说的那些事,有些已经有例可循,譬如,迎送外国使臣,这是礼部的事,连臣都很少过问,所以就没有打扰您。至于泾县和天涯海角的那些暴乱,规模也不是太大,官兵一出,便如鸟兽散。"

赵构冷着脸说道:"据朕所知,泾县摩尼教造反达两万余人,声势很大。"

秦桧道:"那是瞎扯,泾县摩尼教造反,臣遣臣兄秦梓前去征讨,他亲口对臣说道:'真正造反的人不足三千,其余的是跟着瞎起哄。'"

赵构道:"谋反是大事,蝼蚁之穴尚可溃堤,莫说三千人,就是三百人也该让朕

六十八　二圣环

知道。"

秦桧颔首说道："臣之过也。"

赵构又道："凡汉人所立之国，夷人便视为天朝上国，以后，凡夷国来朝的，一一奏朕，见与不见，是朕的事，且不可自作主张！"

秦桧又来一个颔首说道："臣谨记。"

他回到家中，一脸的愤色，长舌妇忙问："之哥这是怎么了？"

秦桧恨声说道："昏君居然敢敲打为夫！"

长舌妇道："他是怎么敲打您的？"

秦桧一脸愤色地把赵构的话复述一遍。

长舌妇眉头微蹙道："一定是有人给昏君上了您的烂药！"

秦桧道："你猜得不错，一定是有人给昏君上了为夫烂药，为夫明天就查。"

话刚落音，阉人禀道："建州（今福建省建瓯市）知州康倬求见。"

因秦桧所荐，那康倬不只当上了知县，三年后，又升知州。每逢过节，便来孝敬秦桧，孝敬的礼物也不一定很贵，但比较实惠，譬如，第一次登门，是腊月十五，所送礼品是一箱龙涎香，过节正需要这玩意。

第二次送的是艾绒被和艾绒床垫，这东西驱寒除湿，而秦桧身上的湿气较重，可谓是雪中送炭。

第三次送了两根三尺多长的肉苁蓉，这东西补肾助阳，强阴益精。秦桧养了一个十七岁的外室，喝了这玩意炖的羊肉汤，一日一御也不觉得累。

这一次他送的东西，也不会太差。

想到此，秦桧忙道了一声"请"。

不一刻儿，康倬趋了进来，身后四条汉子，抬着一个用红布裹着的又圆又长的东西。

他给秦桧行了一个大礼，一脸媚笑道："您老建'一德格天'的时候，学生因贱体有恙，未能前来贺喜，今特赶制一条地毯，敬献太师，不知大小怎样，也不知合不合您老的意？"

秦桧笑眯眯说道："你真是一个及时雨，'一德格天'堂上正缺这么一个玩意儿。"当即命管家把那四条汉子，引到"一德格天"。

不一刻儿，管家还报秦桧："相爷，那地毯太好了，不只颜色好，图案也好，特别是尺寸，大小恰到好处，就像是比着'一德格天'堂定做的一样！"

秦桧道："引爷和奶奶前去一观。"

秦桧夫妇来到"一德格天"堂上，观那地毯，果如管家所言，秦桧眉开眼笑道："太好了。这个地毯一铺,使堂上又多了几分华贵之气。好!"

康倬暗自喜道:"看来,这一次又送对了。"

他刚一离开秦府,秦桧的脸由晴转阴。

长舌妇忙问:"之哥,是不是有点不舒服?"

秦桧道:"这姓康的并没来过咱'一德格天',制作的地毯尺寸大小无不恰当。他对咱'一德格天'堂的大小如此清楚。还有,连我湿气重,他也知道。对于他,还有什么隐私可言。此人'太精'了,精得让人讨厌!"

长舌妇道:"之哥说得对。"

康倬还没回到建州,罢官的诏书便到了建州。

惩治过康倬,秦桧设宴家中,宴请内侍殿头①,且送金五百两。

内侍殿头笑而拒道:"常言道,'无功不受赏',此金'咱家'不敢受。"

秦桧道:"实话告'公公',老夫有一事相求。"

内侍殿头笑颜如故道:"太师乃咱朝顶天之柱,有事尽管吩咐,不必用'相求'二字。"

秦桧道:"恭敬不如从命,老夫就直说了。老夫很想知道,近三个月,皇上都召见过哪些大臣?"

内侍殿头道:"召见了上百人,但咱家记住的不到一半。这样吧,咱家回去后,把三个月来,皇上召见的所有大臣,列一个单子,明日午前送到政事堂。"

秦桧双手抱拳道:"如此甚好。"

秦桧拿到单子后,凡有其名的一一约见。所讯内容有三:一、你因何事见皇上。二、皇上问了你什么,你又说了什么?三、你为什么在殿上待了那么久?凡回答不合秦桧意的,秦桧便认为有问题,不是罢官便是贬官,弄得人心惶惶。

赵构不傻,知道问题出在哪里,便想找机会再敲打一下秦桧。

秦桧长孙秦埙,十岁时便官居三品。他不学无术,却想通过科举成名,升更大的官。宋时的科举制度比较完善,你就是龙子龙孙也得拿试卷说话。

考试之前,秦桧遣仆把知贡举汤思退请到家中。但是,秦桧并没出面,接待他的地点也不在堂上。在哪里?在书房。

汤思退刚一落座,秦府大管家笑眯眯地走了进来:"汤大人,圣上突然来诏,要太师爷进宫议事,让您在书房等他。"

---

① 内侍殿头:宋入内内侍省及内侍省属官,简称殿头。

说毕,命女婢为汤思退奉茶,自己退了出去。

汤思退安坐在椅子上喝茶。喝了一个时辰,肚子都喝胀了,还不见秦桧来,便站起身,在书房溜达。溜着溜着,瞥见书案上有一篇文章,便走过去看,标题是《论罢黜百家的得与失》,饶有兴趣地看了下去。落款是秦埙。

汤思退眉头微微一皱道:"秦埙,秦埙不是太师的孙子吗?难道太师召我,是为着秦埙参加科举之事?一定是这事!看来,今年省试的策论,就是《论罢黜百家的得与失》了。唉,这个秦桧也是,有事何不明说,让人猜!"

他正自言自语,女婢进来添茶,他道:"请汝把管家请来,我有话要对他说。"

不一刻儿,管家笑盈盈进来:"等急了吧?"

汤思退忙道:"不急,不急,太师奉诏进宫,身不由己。"

管家道:"您说的也是。"

汤思退又道:"太师大概啥时候回来?"

管家道:"这不好说。"

汤思退道:"我已经和副知贡他们约了,下午要看贡院。您看,这会儿已经是午时四刻,我得回去。请您转禀太师,我偷看了他案上的那篇文章,请他原谅。"

他双手抱拳道:"下官告辞了。"

送走了汤思退,管家来到书房隔壁,笑嘻嘻地说道:"禀太师,汤思退非常识趣,小人已经把他送走了。"

到了科举的日子,秦埙大踏步地走进贡院,且第一个交卷,一脸得意之色。

经考官反复阅卷、会议,把秦埙定了个第一名。如果没有意外,他将是本科的状元。

但状元这个衔,得通过殿试来定。

殿试,是科举制度中最高一级的考试,主考官由皇帝担任。世人皆以为秦埙的状元铁定了。

殿试的结果,秦埙的名次,由第一名降为第三名——探花。

第二名,依然是文如泉涌的陆游。

第三名张孝祥成了状元。

这个结果,等于搧了秦桧一个耳光。

唱名①结束,秦桧回到府中,破口大骂,长舌妇又来一个火上浇油:"欺人太甚,干脆

---

① 唱名:宋代,凡殿试中榜者,齐集殿外,皇帝按名召唤赐第。称之为唱名。

把他废了,咱自己做皇帝。"

秦桧道:"此事关系重大,你容我想一想。"

这一想便是半个月。

秦桧本就是一个敛财高手,适逢长舌妇寿日,便大张旗鼓地为长舌妇祝寿。

为了增加喜庆色彩,把皇宫教坊的优人也邀来了。众人一边饮酒,一边观看优人演出。首先上场的是一个头戴幞头①、身穿绿衣的参军②,为秦桧夫妇歌功颂德了一番,弄得秦桧夫妇眉开眼笑。

秦桧夫妇正高兴哩,打扮苍鹘③的优人,双手拖一把太师椅,走上台来,对参军说道:"你颂扬秦太师,辛苦了。来来来,请坐上这把太师椅。"

参军点头致谢。

这一点头,幞头掉在地上。他忙弯腰抓了起来,拍打几下,重新戴好,坐到了太师椅上。

站在一旁的苍鹘,指着参军的幞头问:"你这幞头后边的带子上,系着两个大玉环,叫什么呀?"

参军扭头摸着后脑勺回道:"这个么,叫二胜环④。"

苍鹘一脸怒气,拿起一根棍子,敲着那个环说道:"你只管坐在太师椅上,享受荣华富贵,把这二胜环放在脑后,你说你该不该打?"

说毕,又朝二胜环击了一棍。正要再击,秦桧暴喝一声道:"把这两个优人给爷绑了!"

秦桧的家丁,你瞅瞅我,我瞅瞅你,直到秦桧二次暴喝,方一拥而上,将两个优人用绳子缚了,目询秦桧。

秦桧吼道:"拉出去砍了!"

管家忙趋了过来,附耳说道:"这两个优人,是皇宫教坊的人,咱把他俩砍了不大合适。"

秦桧虽然跋扈,但还没跋扈到将皇宫的人直接拉出去砍了的地步,忙改口道:"你说得对,本相让这两个家伙气昏了头。那就把他俩押送入内内侍省⑤,交都都知处置。"

---

① 幞头:一种有四条带子的头巾。
② 参军:王公府、军府及州郡佐官。
③ 苍鹘:相当于后世戏剧中的丑角。
④ 二胜环:据说,南宋初年,曾有一种双环图案,用于军旗及琢成玉帽环,不久,便被禁用了。
⑤ 入内内侍省:内庭宦官官署。置都都知、都知、副都知、押班等,掌管宫廷事务。

这一整,戏是演不下去了,众人纷纷告辞。众人一边走一边议论:"好好的一个寿宴,硬让这两个优人给搅黄了。"

"这两个优人竟敢侮辱太师,真是作死!"

"这两个优人该杀,但是,一送入内内侍省就不一定了。"

"你放心,就是不杀,也会对二优人严惩!"

"为什么?"

"真正不愿迎回二帝的人是皇上。"

所议者,皆为秦桧一党。

参加寿宴的人不一定全是秦党,也有一些是迫于秦桧淫威,不敢不来,抑或是不得不来。

他们不敢公开发表议论,但暗中却为两个优人竖大拇指,抑或是担忧。

也有一些诨货,居然不知道秦桧为什么发怒,私下到处打听:

"秦相为什么发怒?"

因"二胜环"发怒。

"胜"者,谐音为"圣";环者,"还也。""二胜环",即"二圣还",也就是迎回二帝。

优人斥秦桧把"二胜环"放在脑后,实是指责秦桧置二帝于不顾,卖国求荣,秦桧能不恼?

他遣人把二优人押送皇宫后,坐等消息。

当天下午,消息便来了。但这消息,不是秦桧想要的。

——二优人无罪释放。

理由是,大宋有制,"不罪上书言事之人",何况,又是演戏。

秦桧面如猪肝,许久,才从牙缝里挤出四个字——"欺人太甚!这个昏君,非要把我逼反不可。既然这样,我就遂了他的意吧!"

说到反,长舌妇反倒谨慎起来。

"之哥,小妹听说,富贵皆由命中定。咱是不是找个相士看看,您命中可不可以为帝。"

秦桧道:"你说得对,应该找一个相士看一看。可找谁呢?"

长舌妇道:"找张相士。"

秦桧道:"你说的张相士,莫不是张九成吧?"

长舌妇颔首道:"正是张九成。"

秦桧道："这个人我也听说过,是'浙人陈彦'的嫡传弟子。当年,先皇徽宗只是一个普通皇子,有人说他要位继大统,他似信非信,便将自己的生辰八字送给陈彦,陈彦经过一番推算后,断然说道:'这个人要当皇帝'。不妨咱也遣一心腹,将我的生辰八字送给张九成。"

长舌妇道："好。"

说毕,立遣管家拿着秦桧的生辰八字去找张九成,张九成推算一番后说："这是一个贵人,大贵人!"

管家问："贵到什么程度?"

张九成道："须老夫见了本人再言。"

管家还报秦桧,秦桧道："那就让他来吧。"

做相士的,哪一个不是鬼精鬼精?秦桧已经是一人之下,万人之上,又来问富贵,其意不言自明。

张九成观了秦桧一番,让他就地写一个字。

秦桧就地写了一个"土"字,张九成满面媚笑道："贺相爷,您贵不可言。"

秦桧笑而问曰："怎么个贵法?"

"土上一画,非王而何?当享真王之贵。"说毕,跪下讨赏。秦桧命管家送其白银三百两。

送走了张九成,长舌妇一脸灿烂道："之哥,咱所谋之事,看来有望了。您说,您打算什么时候将昏君废去,来一个黄袍加身!"

六十九　大奸西去

施全愤然回曰:"举天下皆曰杀金狗,独你秦桧不肯。不但不肯,还杀了抗金的大英雄岳飞。"

秦桧"啊"了一声,瞪着一双惊恐的眼睛:"岳少保,您听我说,杀你也是皇上的旨意!"

已是七十岁高龄的张俊,闻秦桧死,欣喜若狂,由长子搀着进宫面圣。

秦桧轻叹一声道:"谋反说着容易,做着难。赵匡胤之所以能黄袍加身,一是朝中大臣,多是他的狐朋狗友,二是他掌握了军权。"

长舌妇道:"您和赵匡胤比,一点儿也不差。现在,站在朝堂上的官员,有几个不是咱的人?赵匡胤呢,只是三衙①中一衙的头儿,而您是知枢密院事,掌全军。"

秦桧叹道:"你错了。我名义上掌全军,实则不掌也。"

长舌妇道:"为什么?"

秦桧道:"诸军的将领,大都是韩世忠、张俊、岳飞等人的旧部,他们会听我的?"

长舌妇道:"杨沂忠不是和您走得很近吗?他的官职,相当于当年的赵匡胤,只要他跟咱走,大事便可定矣!"

秦桧道:"杨沂忠是和我走的近,但那是假象。他绰号'髯阉',你知道他为什么得了这个绰号?一曰,'以其多髯而善逢迎也';一曰,'形则髯,其所为则阉也。'他是昏君的一条狗,我怀疑,他之所以亲近我,乃是奉的昏君之命。"

长舌妇道:"这一点,小妹还从没有想过呢。诚如之哥所言,这宫廷政变没戏了!"

秦桧道:"不是没戏,是得慢慢来。"

---

① 三衙:即掌管禁军的机构——殿前司、侍卫亲军马军司、侍卫亲军步军司。

长舌妇道:"怎么个慢法?"

秦桧道:"把那些掌军的将领,好好分析一下,能拉的全拉过来,比如王贵、王俊、王德等。不能拉的,统统踢出军队,换上咱的人。"

长舌妇道:"好,很好。"

人算不如天算,还没等秦桧动手,殿前司侍卫施全对秦桧的恶行实在看不下去了,挟剑藏在秦桧上下朝必经之地——临安城众安桥下,待秦桧的肩舆一出现,便手持利剑冲了出来,向秦桧刺去,那秦桧慌忙把身一闪,这剑锋戳入舆中坐板,并未伤及桧身。施全欲拔剑再刺,秦桧的护卫冲了过来,施全寡不敌众,为桧所擒。桧设狱于宅,亲自审问。

"你叫什么名字?"

施全傲然回道:"施全。"

"所从何业?"

施全道:"殿前司一等侍卫。"

"你刺杀老夫,受何人所遣?"

"无人所遣。"

秦桧道:"不会吧!老夫与你无冤无仇,你为什么要行刺老夫?"

施全愤然回道:"举天下皆欲杀金狗,汝独不肯。不但不肯,还杀了抗金的大英雄岳飞。像汝这样的奸人,人人得而诛之。我施全只是比他人早一点儿动手罢了。"

秦桧见问不出什么,便以谋逆罪将施全判了碟刑①。

秦桧虽说躲过了施全的利剑,但也吓得够呛,当即尿湿了裤子。自施全这一刺之后,疑神疑鬼,总担心有人要谋杀他,食不甘,寝不宁。久之成疾,遍请天下名医,包括王继先在内,但是越医越重。

他知道自己时日不多了,不再想谋反的事。

想什么呢?

想他的仇人。

他怕他一旦死了,这些仇人会卷土重来,向他复仇。

杀!

---

① 碟刑:古代的一种酷刑。施刑时,将人活着分解,用刀将身上的肉一小块一小块地割下来,割够一千块后,才将人杀死,俗称"千刀万剐"。

不但要杀这些仇人,还要杀他们的儿孙。

但人不是随便杀的,得有"罪"。"罪"这东西也好办,没有,捏呗!

他还没有来得及捏,侄女婿汪召锡(汪伯彦子)求见,说是赵令衿诅咒太师。

秦桧问:"他是怎么诅咒我的?"

汪召锡曰:"赵令衿看《太师家庙记》时,口诵,'君子之泽,三世而斩'。"

秦桧道:"这个赵令衿,仗着是昏君皇叔,处处与我作对。我正要找他算账,他自己朝刀口撞来。召锡,这会儿就拟一道劾书给我,就说赵令衿与赵鼎子赵汾密谋,要夺回他太祖爷爷(赵匡胤)失去的江山。"

汪召锡忙道了一声"好",当着秦桧面拟了一道劾书。

第二天,秦桧袖揣汪召锡的劾书,去见赵构。

赵构最怕别人夺他的龙椅,包括他亲哥亲爹。阅之大怒:"事若实,严惩!"

有了这句话,秦桧便把赵令衿、赵汾抓进了大理寺,命大理寺少卿严加拷问。

赵令衿贵为皇叔,大理寺少卿不敢对他动刑,这就苦了赵汾。史载,"拷掠无全肤",逼他自诬,与赵令衿、韩世忠、张俊、张浚、李光、胡寅、胡铨、洪皓、张孝祥等五十三人"谋大逆"。

赵汾知道自诬的恶果,坚不从命。

不从命也好办,捏他一个供状,不就得了。

供状捏好后,呈给赵构,赵构看了又看,不想担杀叔、杀功臣的恶名,便对大理寺少卿说道:"送给太师,杀与不杀,由他来定。"

秦桧正要在供状上批一个"杀"字,拿笔的手突然被人抓住,抬头一看,是赵鼎,惊叫一声道:"赵相,你一贬再贬,是皇上的旨意……"

他又"啊"了一声,瞪大了一双惊恐的眼睛:"岳少保,你听我说,杀你也是皇上的旨意……"

"施全……你,你,你别砍……"

他身子往后一仰,连人带椅倒在地上,不省人事。

长舌妇闻之,忙跑了过来,命仆役将秦桧抬到榻上,一边灌糖水,一边请医救之,总算把他救醒。

长舌妇喝退仆役,小声问道:"之哥,到底发生了什么事?"

秦桧一脸惊悸道:"我正要往赵汾的供状上签字,仿佛有人抓住我的手,我举目一瞧,见是赵鼎,忙向他解释。正解释着,赵鼎变成了岳飞。我正惊疑,施全又拿着一把大刀朝我砍来。唉,我的大限怕是就要到了,快准备后事吧。"

长舌妇听了毛骨悚然,但又不得不劝:"之哥,你不必害怕,这世上哪有什么鬼呀、神呀,一定是您久病体弱,产生了幻觉,找一个好郎中看一看,吃几副药就会好的。"

秦桧苦笑一声道:"再好的郎中,还能好过王继先吗?"

长舌妇道:"也不好说。俗话不俗,大隐隐于市,高手出民间。您提拔了那么多人,门生故吏、亲朋好友遍天下,还不能帮您找来一个好郎中?"

秦桧有气无力道:"那你就找吧。"

七天后,曹泳领来一个号称"赛华佗"的郎中,吃了他三副药,食量略增,但一睡觉便做噩梦,不是赵鼎来抓他的手,便是岳飞冲他大喊大叫——"天日昭昭,天日昭昭";抑或是施全挥刀向他砍来……

他长叹一声,对长舌妇说道:"看来我是没救了,现在,我所担心的不只是咱那些仇家要卷土重来,更担心昏君落井下石。"

长舌妇道:"诚如是,奈何?"

秦桧道:"以退为进。"

长舌妇道:"咋个以退为进?"

秦桧道:"我上表辞官,不只我辞,熺儿也辞,看一看昏君反应。昏君如果挽留我和熺儿,我便提出,我故后由熺儿继相。昏君如果同意熺儿为相,咱那些仇人,就是想复仇也无能为力。"

长舌妇颔首说道:"好,咱就来个以退为进吧。"

辞书上,赵构不允,御批曰:"朕方赖卿父子同心合谋,共安天下,岂可遽欲舍朕而去。"

秦桧父子复上。

赵构又来一个御批:"纳禄有陈,岂朕所望!"

秦桧父子再上。

一连六上,赵构皆不允,秦桧对长舌妇说道:"熺儿继相的事,有望矣!"

夫妇二人正在暗自高兴,赵构突然驾幸秦府。秦桧忙撑着身子,"朝服拖绅",参拜赵构。

赵构忙命赐座,秦桧不坐,老泪纵横道:"陛下,老臣怕是不能再伏侍您了!"

赵构心中暗喜,佯装"为之堕泪",安慰道:"卿才六十六岁,身体一向又好,哪能那么容易死的。"

说到此,掏出手帕,赐给秦桧拭泪。

谁知,秦桧那手抖个不停,连泪都无法拭了。

赵构越看越高兴,也不避讳秦桧,扭头对秦熺说道:"卿父看来真的不行了,卿自今日起,也不必上朝了,好好照料卿父吧。"

秦熺忙跪下谢恩,且问道:"臣父倘有不测,它日继臣父职者,当是何人?"

秦桧一脸殷切地瞅着赵构。

赵构绷着脸,对秦熺说道:"此事,卿不当问。"

秦桧"啊"了一声,一屁股蹲在地上,赵构看也不看,掉头出了秦府。

秦熺送赵构归来,也加入了抢救秦桧的行列。

人倒是救了过来,却失去了语言功能。第二天,有旨颁出——罢去秦桧宰相,迁封建康郡王;罢去秦熺枢密院直学士,迁封少师;罢去秦埙敷文阁待制、实录院修撰,提举兴国宫。

秦桧虽然不能说话,但脑袋并不糊涂,他知道秦家完了,无了生的兴趣,是夜,嚼舌而死。

赵构长出了一口气,对杨沂忠说道:"朕自今日始,不用在靴中置刀了!"

他心中乐开了花,面上还装作很悲痛的样子,不只亲去秦府祭奠秦桧,又赐谥"忠献"、赠"申王",还亲为秦桧撰写神道碑——决策元功、精忠全德。且面谕长舌妇:"朕定会保全卿家。"

他如此厚待秦桧,所为者何?

金国也。

国人的态度与赵构截然相反。据张浚奏疏载:秦桧死,"天下酌酒相庆,不约而同,下至田野老夫,莫不以手加额。"

韩世忠闻秦桧死,不顾众人阻拦,喝了个酩酊大醉,是夜,无疾而逝。

张俊已是七十岁高龄,闻秦桧死,欣喜若狂,由长子张子颜搀着,即日进宫面圣,请赵构驾幸其宅,尝一尝他家厨子做的菜。

赵构笑微微地问道:"卿家的菜,难道还胜过御菜吗?"

张俊笑回道:"臣家的菜,哪敢和御菜比。打个比方,御菜是大家闺秀,臣家的菜就是小家碧玉。"

赵构笑意如故道:"那好,朕就去尝一尝卿的小家碧玉。"

张俊忙问:"陛下打算何时驾幸臣的寒舍?"

"明日午。"

张俊谢恩告退。

翌日午,赵构果然驾幸张府。

咱不说那菜做得怎样,也不说味道怎样,咱就给您抄一份菜单,让您自己去想。

一、第一轮餐前小吃(小坐时食用):

　　1. 绣花高饤一行八果垒:香圆、真柑、石榴、栻子、鹅梨、乳梨、楂、花木瓜。

　　2. 乐仙干果子叉袋儿一行:荔枝、圆眼、香莲、榧子、榛子、松子、银杏、梨肉、枣圈、莲子肉、林檎旋、大蒸枣。

　　3. 缕金香药一行:脑子花儿、甘草花儿、朱砂圆子、木香丁香、水龙脑、史君子、缩砂花儿、官桂花儿、白术人参、橄榄花儿。

　　4. 雕花蜜煎一行:雕花梅球儿、红消花、雕花笋、蜜冬瓜鱼儿、雕花红团花、木瓜大段花、雕花金橘、青梅荷叶儿、雕花姜、蜜笋花儿、雕花栻子、木瓜方花儿。

　　5. 彻香咸酸一行:香药木瓜、椒梅、香药藤花、砌香樱桃、紫苏柰香、砌香萱花柳儿、砌香葡萄、甘草花儿、丝梅、梅肉饼儿、水红姜、杂丝梅饼儿。

　　6. 十味脯腊一行:肉线条子、皂角铤子、云梦粑儿、鰕腊、肉腊、奶房、旋鲊、金山咸豉、酒醋肉、肉瓜斋。

　　7. 垂手八盘子:拣蜂儿、番葡萄、香莲念珠、巴榄子、大金橘、新椰子象牙板、小橄榄、榆柑子。

二、第二轮餐前小吃(宴席上食用)

　　1. 切时果片一行:春藕、鹅梨饼子、甘蔗、乳梨月儿、红柿子、切栻子、切绿橘、生藕铤子。

　　2. 时鲜水果一行:金橘、葳杨梅、新罗葛、切蜜蕈、切脆梃、榆柑子、新椰子、切宜母子、藕铤儿、甘蔗柰香、新柑子、梨五花子。

　　3. 雕花蜜煎一行:(同前)。

　　4. 砌香咸酸一行:(同前)。

　　5. 果子制品一行:荔枝甘露饼、荔枝蓼花、荔枝好郎君、珑缠桃条、酥胡桃、缠枣圈、缠梨、香莲念珠、香药葡萄、缠松子、糖霜玉蜂儿、白缠桃条。

6. 十味腊脯一行:(同前)。

餐前小吃,相当于开胃菜。吃完了一百零四道开胃菜,方正式开宴。

三、下酒菜(十五盏)

第一盏:花炊鹌子、荔枝白腰子。

第二盏:奶房签、三脆羹。

第三盏:羊舌签、萌芽肚胘。

第四盏:肫掌签、鹌子羹。

第五盏:肚胘、鸳鸯炸肚。

第六盏:沙鱼脍、炒沙鱼衬汤。

第七盏:鳝鱼炒鲎、鹅肫掌汤齑。

第八盏:螃蟹酿枨、奶房玉蕊羹。

第九盏:鲜虾蹄子脍、南炒鳝。

第十盏:洗手蟹、鲫鱼假蛤蜊、

第十一盏:五珍脍、螃蟹清羹。

第十二盏:鹌子水晶脍、猪肚假江鳐。

第十三盏:虾枨脍、虾鱼汤齑。

第十四盏:水母脍、二色茧儿羹。

第十五盏:蛤蜊生、血粉羹

上了这么多菜,该完了吧?

远没有完,菜肴像潮水般地往上涌。

七十　东窗事发

　　杨沂忠不敢再言了,一转身,便把与赵构的对话转告秦熺。

　　秦桧阴魂,语之方士:"请君传语夫人,东窗事发矣!"

　　秦桧女儿的狮猫走失,临安府尹沈该立命差役遍寻临安,拿得狮猫数百,押送相府。

　　三道大菜上过之后,第四轮、第五轮菜,又纷纷登场。

四、餐间美食

　　1. 插食:炒白腰子、炙肚眩、炙鹌子脯、润鸡、润兔、炙炊饼、炙炊饼脔骨。

　　2. 劝酒果子(十盘):砌香果子、雕花蜜煎、时新果子、独装巴榄子、咸酸蜜煎、装大金橘小橄榄、独装新椰子、四时果四色、对装拣松番葡萄、对装春藕陈公梨。

　　3. 厨劝酒(十味):江鳐炸肚、江鳐生、螖蚌签、姜醋生螺、香螺炸肚、姜醋假公权、煨牡蛎、牡蛎炸肚、假公权炸肚、蟑蚯炸肚。

　　4. 对食(十道):莲花鸭蛋、茧儿羹、三珍脍、南炒鳝、水母脍、鹌子羹、鱼脍、三脆羹、洗手蟹、炸肚。

五、餐后小吃

　　上细垒四桌、次细垒二桌,内有蜜煎咸酸、时新脯腊等件。

　　这一宴,计有菜肴一百零二款,点心、水果、干果、雕花蜜煎、香约、咸酸等一百二十碟。用菜用肉用果,一千余种,仅羊头签①这盘菜的用料,价值三百贯。

张俊如此奢华,赵构不怒反喜,不只将张俊复官,还恩及他的二十几个子孙,为官的官升一级;非官的,凡年满十八岁,皆赐之以官。

张俊当即跪下,一边叩首,一边高呼万岁。

送走了赵构,他越想越高兴:"哈哈哈、哈哈哈……"一口气没上来,头一歪,死在太师椅上。

张俊虽然死了,但他是复官后死的。

张俊能复官,受秦桧迫害的其他人也应该复官。

赵构御笔一挥,将张浚、胡寅、洪皓等复官;将李光、胡铨迁居近州;将状元张孝祥、赵鼎的儿子赵汾、李光的儿子李孟坚、王庶的儿子王之奇兄弟,一一赦免,就连死去的赵鼎等人,也追复了官爵,引来一片颂扬之声。

赵构可以容秦桧一家,但不容桧党,正想寻一个机会,将其一一清除。张扶送给他一个机会。

张扶本为桧党,前不久,还奏请让秦桧乘金银车,这会儿却上书,弹劾自己昔日同事曹泳、林一飞、董德元。

好,这书上的好,我何不来个以毒攻毒!遂将曹泳罢官流放,董德元致仕。林一飞呢,因赵构曾有过保全桧属之言,法外开恩,外放邓州。长舌妇闻之,上书曰:"林一飞非秦桧骨肉。"赵构这才将他罢官流放岭南。

汤鹏举也是桧党,却步张扶之尘,上书弹劾桧党曹冠、林一鸣、林一鹗、汪召锡、林机,并秦桧妻党。

赵构按书索骥,将汤鹏举所劾之人一一贬逐。

因张、汤劾桧党有功,前者迁殿中侍御史,后者迁御史中丞,二狗得到了弹劾桧党的甜头,一发不可收拾,桧党纷纷落马。

秦熺忍无可忍,检出二人写给秦桧父子的书信,上交朝廷,书中"皆感恩戴德佞媚之词"。

秦熺尚恐单凭这些书扳不倒张扶和汤鹏举,又厚赂杨沂忠和王继先,求他二人在赵

---

① 羊头签:宋朝非常流行的极品"签菜"。其烹饪方法:用猪网油将羊头肉卷起来,热油炸得焦黄,大笊篱捞出,便是极美味的"羊头签"。但这里的羊头,只"剐留脸肉",一个羊头只有两块肉可以做羊头签,一道羊头签用羊两只。宋时,羊肉特别贵,南宋诗人高公泗,曾做过监平江市征(类似现在的市工商局长),作诗一首——《平江羊肉价高有感》。诗曰:"平江九百(文)一斤羊,俸薄如何敢品尝。只把鱼虾充两膳,肚皮今做小池塘。"宋时,一贯钱770文,约当今之人民币481.25元。

构面前多言张、汤之恶。

张扶闻之,忙来一个自动上书辞官,回家闲居去了。汤鹏举也上了一个辞官表章,赵构没有"恩准",杨沂忠悄问其故。

赵构曰:"张扶和汤鹏举虽说同为'桧党',汤鹏举和张扶不同,张扶在秦桧死后才来一个反戈一击。汤鹏举在秦桧活着时,已有贰心,秦桧对他很不满。"

杨沂忠问:"何以见得?"

"某一次,朕单独召见汤鹏举,他直言秦桧专权蒙蔽之状。"

杨沂忠道:"这是有意讨好陛下,像汤鹏举这样的两面人更可恨!"

赵构道:"汤鹏举不是两面人,他是真的觉得秦桧不好,秦桧病重,把他和参知政事董德元叫到榻前,每人赠黄金三百两,让他俩上书荐秦熺代秦桧为相。他坚辞不受,而董德元受了。"

一转身,杨沂忠便把他与赵构的对话传给了秦熺。

秦熺当即去找董德元,董德元本就忌恨汤鹏举,当即拟奏疏一道,呈达天庭。奏疏就汤鹏举不受桧金之事,作了说明——不是不受,他认为,如果受桧之金,怕秦桧怀疑自己盼望他早死,臣之所以受,怕秦桧怀疑自己有贰心。俺俩各怀鬼胎,战战兢兢。

恰在此时,胡寅上书弹劾汤鹏举,说他"实秦桧党中之奸猾",若用汤鹏举,"何异一秦桧死,一秦桧生。"赵构这才将汤鹏举罢官。

秦桧夫妇北虏时,秦熺才十岁,随父母北行,风餐露宿,饥一顿饱一顿,路上病倒了几次,差点殒命,故而身子非常差,自秦桧死后,天天处于恐惧和怨恨之中,好几种病一齐找上门来,强撑着没有倒下,今见大仇得报,一时高兴,多饮了几杯酒,又受了风寒,一病不起,去丰都城找秦桧去了。

人死得设醮①,追荐亡灵。方士登坛,上香告斋,唱礼十方,宣十方灵官疏……方士魂魄出体,游至丰都,见秦熺、秦桧、张俊等披发垢面,各荷铁枷,众鬼卒持巨梃驱之而行,其状甚苦。秦桧向方士说道:"请君传语夫人,东窗事发矣。"

方士不知何意,述与长舌妇。

长舌妇心中明白,暗暗吃惊:"果然是'人间私语,天上若雷;暗室亏心,神目如电'。"

因这一惊,长舌妇旧病复发,不治而亡。

---

① 设醮:指道士设立道场祈求福祉。设醮三日称三朝,设醮五日称五朝。

未几,秦埙亦死,秦氏遂衰。后因朝廷开浚运河,畚土堆积府门。有人从望仙桥行走,看见秦丞相府前,纵横堆着乱土,题诗一首于墙上。诗曰:

格天阁在人何在?偃月堂梁恨亦深。
不向洛阳图白发,却于郿邬贮黄金。
笑谈便解兴罗织,咫尺那知有照临?
寂寞九原今已矣,空余泥泞积墙阴。

前已罢了张扶,这次又罢汤鹏举,言官没有了头儿怎么能行?得补,得立即补。

补谁呢?

赵构脑中第一人选,便是万俟卨。这个人在秦桧正红时敢跟秦桧对着干,又为杀岳飞立下了汗马功劳。

他内出一旨,将万俟卨从沅州召回,任御史中丞。一个月后,迁参知政事。

是时,主东府者,乃汤思退。也就是省试时,把秦埙取为第一名的那个家伙。

这家伙精得很,给秦桧办了这么大的事,并没有跑去邀功,也没有和秦桧私下往来,故而,赵构对他印象颇佳。在迁万俟卨为参知政事的同时,迁汤思退为右相。

宋代,宰相有二,即左相、右相,左相为上。在汤思退未拜右相之前,不少官员上书,言国家不可无相。

赵构不是不想置相,一是怕大权旁落,二是怕反金。

这两个担心,对于汤思退都不存在。汤思退不只胆小,还做过宋金议和的使者。

在京的五品以上官员,为宋金议和作出过"贡献"的除了万俟卨、汤思退以外,还有两个——魏良臣和沈该。

迁官。

统统迁官。

这些人和金兀术都很熟,只有让这些人做官掌权,才不会因秦桧的死对"宋金议和"产生不良影响。

这一迁,双双做了参知政事。

参知政事相当于副相,与左相、右相,以及正副枢密使统称执政。

不少大臣原本要上书为岳飞鸣冤,见四个执政皆是主和派,便偃旗息鼓了。

平静了三个月后,彗星又现。赵构忙下诏求言,让官民直言朝政得失。

张浚正要奉母棺还乡,见了诏书,忙上了一书。曰:"沈该、万俟卨、汤思退等不服众望,难胜相职。且金人无厌,恐又将启衅用兵,应亟任贤才,以期安攘"云云。

这一番话惹怒了万俟卨等三位奸臣,唆使御史台接二连三地弹劾张浚。张浚再次遭贬,地点仍是永州。

诏下那日,三奸把盏庆贺,万俟卨不知是饮酒太多,还是坏事做的太多,是夜,腹疼如刀绞,吐血而亡。万俟卨与张俊均附秦桧杀岳飞,所以,后世于岳飞墓前,特铸铁人四个作长跪状。

四人为三男一女。三男:秦桧、张俊、万俟卨;一女:长舌妇也。

清朝有一徐姓女子,出于对英雄的爱和对奸贼的恨,写了一副对联,被人刻在岳飞墓前,广为流传。联曰:

青山有幸埋忠骨,白铁无辜铸佞臣。

万俟卨暴死后,沈该遭人弹劾。

沈该,宣和年间(1120—1126年)进士及第,精于《易》,著《易小传》行世。

他长了一副国字脸。此相,乃官相,亦君子之相,特征是腮鼓有力。相书曰:腮有力者,性格坚韧不服输,既不媚上,又有担当,还体察民情,积极提携知己。

古人有谚,"尽信书不如无书"。

观相亦是。

沈该自小便是一个撑顺风船的家伙,见一百顷绝不巴结五十顷。

他原本投靠张俊发迹,后见张俊将要失势,正想着如何巴结秦桧。秦桧有一女名充媚,六岁便封崇国郡主,出嫁后迁封崇国夫人。

充媚有一狮猫走失。是时,沈该为临安府府尹,他为了讨好秦桧,立命差役遍访临安,数日间拿到狮猫数百,押送相府,检验皆非。遂图形千幅,张挂茶坊酒肆,官给赏钱一千贯。充媚的狮猫虽然没有找到,但秦桧记住了沈该,将他擢为翰林学士。

沈该的脸皮虽厚,毕竟是个文人,还没练到五毒不浸地步,闻听有人劾他,也来一个自动辞官。

一月之内,连去两个执政,不能不补。

诏下:迁吏部尚书陈康伯为参知政事;迁汤思退为左相。

首相有了,储君呢?

七十　东窗事发

赵构曲指数来,已经五十四岁,看来,生子无望了。

既然无望,那就立赵玮为储君吧。

立不立储君,赵构曾经请教过韦太后。韦太后长叹一声道:"立吧。"

略停,又道:"'人活七十古来稀',娘已经八十岁。绍兴十二年,娘自北国归来,已经九载了。这九载,娘尽管享尽了荣华富贵,但有一件事,娘心不安。"

赵构忙问:"什么事?"

"就是娘归国前,赵桓泣卧车前说的那件事。"

赵构面色微变。韦太后指着自己的左眼道:"娘这只眼为啥突然瞎了,很可能就是违了当年的誓言。唉,若非吾儿用心,若非那道士医道高超,娘这右眼,怕是也要瞎了。"

她也不瞅赵构,继续说道:"那道士医好娘的左目后,娘求他再医右目,那道士微微一笑道,'太后以一目视足矣,以一目存誓可也'。娘大惭。儿啊,那赵桓年齿已经六旬,就是迎他回来,还能咋着?"说毕,竟哽咽起来。

赵构忙跪下向太后请罪,且应曰:"儿明天就遣使去金交涉,力争今年让大哥跟咱一块儿过八月十五。"

韦太后由悲转喜道:"孝哉、孝哉!吾儿与金交涉的时候,千万不要忘了乔贵妃和那些在金国受苦的皇室宗亲。他们为回归临安,一个个望眼欲穿。"

赵构满口答应。翌日,召刚刚出使金国归来的王伦进宫,与之语道:"请卿复去金国一趟,就说朕思兄甚切,想迎他回来,看金人怎么说,如实奏朕。"

自王伦使金后,韦太后天天盼,没有盼来赵桓南归的消息,自己却驾鹤西去了。

赵构是个"大孝子",把韦太后的后事办得非常隆重。

一年后,正式册立赵玮为太子。喜讯传出,举国欢腾,或载歌载舞,或把盏相庆。

乐极生悲,不久金主找茬毁约,战争一触即发。

七十一　完颜亮乱宫

兀术遗嘱：宋若败盟，能战则战，不能战就立赵桓为帝，都汴京。

完颜亮不只要夺金熙宗的龙椅，还要睡他的皇后。是因为皇后太漂亮了吗？

完颜亮对贞儿垂涎已久，听说皇后正在午休，便把贞儿拽到怀里，欲行不轨。

完颜亮，字元功，本名完颜迪古乃，谥号海陵王，属于隋炀帝杨广一类的人物。

他的出身与杨广也有一比，杨广是皇二子，他是庶皇长孙。

完颜亮父亲完颜宗干，乃金太祖完颜阿骨打庶长子。金国初建，储君之立，遵循的依然是部落之制——勃极烈制。故而，阿骨打驾崩，继承帝位的不是他的儿子，而是他的四弟——完颜吴乞买（又名完颜晟）。

宋绍兴六年（金天会十三年），吴乞买崩，皇位又回到阿骨打这一脉，继承帝位的是阿骨打嫡长孙完颜亶，史称金熙宗。

完颜亶初继帝位时，颇好汉学汉制，且在上京建立孔庙，寻封孔子支派四十九代孙璠为衍圣公。且有宗本、兀术两人，内外夹辅，吏民安堵。好日子没过几年，因皇后裴满氏之故，不仅怠政，还天天饮酒。裴满氏生性强悍，不满足于后宫称王，还要干预朝政——安插亲信、暗结朝臣。连金国第一悍将、官居太傅、左丞相的金兀术，亦拜倒在她的石榴裙下。

完颜亶为裴满氏所制，心怀抑郁，纵酒自遣。

哪知，杯中物可以消愁，也可以生事。他嗜酒无度，往往因醉使性，妄杀大臣，连宋使王伦亦为其所戮。

王伦使金，为金所留，金人见他有才，便要留他为仕，王伦不肯，金人劝他说，南宋反金人士视你为奸细，与秦桧相提并论，扬言，要砍下你的头，挂在城门上示众，你若回去，莫不是自己找死。

王伦慨然曰:"吾乃奉命而来,不能不回!"

临刑之前,面向南方哭拜道:"先祖文正公①以直道辅两朝,天下所知。臣今将被留,欲污以伪官,臣愿受一死而不辱使命!"

如此一个人,在一些通俗小说中,却被写成一个胆小怕死、贪图荣华富贵的卖国贼。

冤乎,冤乎!

宋绍兴八年(金天眷元年)完颜昌被诛,其子胜花都郎君率其父部曲②逃往西北,连结蒙古,屡寇金边。

蒙古者,部落也,向居斡难河、克鲁伦河两流域,游牧为生。初属辽,继属金,至哈不勤为首领,已拥众数千。

一个小小的蒙古部落,居然欺负到大金头上。

剿!

严剿!

完颜亶遣金将中最强悍的金兀术往剿。结果屡战屡败,没奈何,与哈不勤讲和,册封哈不勤为蒙兀(一作蒙辅)国王,把西平、河北二十七团寨,尽行割畀。

兀术班师回京,受到朝野讥讽,又羞又气,未几病逝。遗职——太傅、中书令、尚书令③,由完颜迪古乃继承。

不知何故,完颜亶在给完颜迪古乃大权的同时,非要将其改名为亮,完颜迪古乃勉强从之。

金兀术将死之时,强撑着身子,写了一个遗表。表曰:

吾吩咐汝等切宜谨守,勿忘吾戒。若宋人败盟,遣兵马破之;若不能败敌,立天水郡公④桓为帝于汴京。其礼,无有与兄争。宋若一意孤行,可辅天水郡公,并力破敌。

---

① 文正公:即王旦,北宋名相。
② 部曲:一、指魏晋南北朝时地方豪强的私人军队。二、指家奴。
③ 尚书令:金熙宗"天眷新制",废除女真勃极烈制,改用辽、宋官制,兼秉唐制。设尚书、中书、门下三省。尚书省设尚书令,尚书令只管大事,其位最尊。尚书令下设左右丞相及左右丞。侍中、中书令则由左右丞相分兼。
④ 天水郡公:即赵桓。宋绍兴十一年(1141年),完颜亶为改善与南宋的关系,将死去的宋徽宗赵佶追封为天水郡王,将活着的赵桓封为天水郡公。

其意甚明。南宋若是背盟,遣师击之,若打不过南宋,就立赵桓做傀儡皇帝,以汴京为都。这样,赵构就没辙了,因为赵桓既是他的先帝,又是他的亲哥哥。做弟弟的怎么好意思与亲哥哥开仗呢?即使岳飞重生,也没有理由去打赵桓,收复中原便成了一句空话。

金兀术的这一招太毒、太有杀伤力了。赵构并不怕赵桓回来,更不怕赵桓复位。

何也?

赵桓是失国的罪人,他自己也无脸复位。即使他想复位,文武百官俱是赵构选的任的,谁跟他赵桓走呀?

赵构之所以不顾廉耻,丧失人格和国格,奴颜婢膝地向金国乞和,内中一个重要原因就是怕金国使出这一招。

完颜亶才不管你南宋败盟不败盟,他一味地喝酒、杀人。

完颜亶之所为被完颜亮瞧在眼中,生出了篡位之心。

完颜亮不只要夺完颜亶的龙椅,还要睡他的皇后裴满氏。

是因为裴满氏太漂亮、太妩媚了吗?

裴满氏再漂亮、妩媚,芳龄已三十有三,虽不是明日黄花,也是一个半老徐娘,顶多说她一个风韵犹存。

完颜亮身居首相,找一个比她年轻、比她漂亮的女人,并不是一件难事。何况,完颜亮的女人——塔塔儿,论貌不比她裴满氏差,且又比她年轻十岁。

年轻本身就是优势。

既然这样,完颜亮为啥还要冒着杀头之险去睡皇帝的女人?

第一,报奸妻之恨。

完颜亶垂涎塔塔儿的美色,某一次喝醉了酒,召塔塔儿进宫,强行与之云雨。

第二,裴满氏对他有用,有大用。

裴满氏的亲信布满朝堂,每个大臣的一举一动,尽入其眼,想篡位,就得堵她的眼,迷她的心。

堵眼、迷心的最好办法便是和她睡,做她的情夫。女人,一旦为男人所迷,就变成了一个傻子,说不定,还能帮自己篡位呢!

为睡裴满氏,他把国内外的珍禽珠宝,能搜罗到的尽量搜来,献给裴满氏;厚召文丐,写诗写词写赋,讴歌裴满氏;时不时进宫,面谀裴满氏;甚至用钱把裴满氏身边人,诸如内侍、宫女一个个击倒。

完颜亮本就年轻英俊,裴满氏又是一个风流女人,经他这一献、一歌、一谀,加之身边的人都说完颜亮的好,二人便有了那事。

那事很邪乎,一旦有了,便一发不可收拾,每当完颜亶幸别的女人时,完颜亮便留宿后宫圣母阁中。这事,宫内宫外传得沸沸扬扬,唯独完颜亶听不到。

宋绍兴十九年(金皇统九年),完颜亮过二十七岁生日,完颜亶赐给完颜亮玉叶鹘厩马,并北宋司马光的一幅画像。

马乃玉马,那玉还不是一般的玉,是白玉,是和田白玉,长二尺五,从蹄至项高二尺,乃是比照赤兔马的样子定制的。

这马可不是随便送的。

价贵,只是一个方面。

《说文解字》曰:"马,怒也,武也。"

这怒这武,刚健且遒劲,威风凛凛,充满阳刚之气。

马既是自强不息、奋斗不止精神的象征,又是卓越非凡的人才的象征,还是忠诚可靠的伙伴的象征。

司马光的画像也不是随便送的。

司马光,北宋名相也。知识渊博,著书甚丰,忠于朝廷,为人温良谦恭,刚正不阿,堪称儒学教化下的典范。

能同时送这两样宝物给臣下,足见这个大臣在皇帝心中的分量和期望!

完颜亮看着这两件宝物,越看越开心,越看越想笑:"傻蛋!我卖了你,你还帮我数钱呢!"

再傻,他毕竟是皇帝,古制,或拜官或迁官,或皇帝有所赐,官员都得进宫谢恩。

完颜亮谢恩后,被完颜亶留下饮酒。二人你一盏我一盏,把完颜亶喝得酩酊大醉。

完颜亮的酒量虽说比完颜亶大,但也有了醉意,大白天,去找裴满氏寻欢。

裴满氏午休未醒,接待他的是一个叫贞儿的宫女。完颜亮对贞儿垂涎已久,怎奈没有单独接触的机会。这一次,机会来了,岂能放过!

他一把拉住贞儿,扯到怀中,又亲又摸。

贞儿既羞又怕,又不敢叫,正可着浑身的劲儿挣扎,裴满氏的心腹宫女乌雅拉突然在她俩面前出现,完颜亮这才将双手松开。

乌雅拉怒斥贞儿道:"大胆贱人,居然敢和皇后娘娘争男人,我这就去告诉皇后娘娘!"

贞儿忍着委屈和耻辱向她解释,乌雅拉不听,径趋裴满氏寝宫。

完颜亮忙站了起来。贞儿见他要走,双手将他拦住:"相爷,您不能走,您得帮贞儿证个清白!"

完颜亮一把将贞儿推倒,逃也似的离开皇宫。

贞儿爬起来追,哪里追得上。

哭。

一个好心的老宫女趋到她身边,小声说道:"你闯了大祸了。六年前,皇后正爱着皇上,皇上见一个宫女的鼻子长得好看,随手捏了一下,被皇后瞧见,让内侍把这个宫女拖下去,先是劓鼻,继之剜眼、剁手,活活将她折磨死了。你若不跑,那个宫女的下场就是你的下场。"

贞儿哭着说道:"宫深似海,我怕是没有跑出宫门,就会被皇后抓住!"

老宫女道:"你就是能跑出宫,也逃不出皇后的魔掌。能救你的只有皇上。要跑,你就往大安殿跑,皇上正在那里歇息。"

贞儿忙趴下给老宫女磕了一个响头,便朝大安殿跑去。

一个普通宫女要见皇帝,侍卫哪敢放行,贞儿正跪在地上哀求,乌雅拉带着几个后宫侍卫赶来,要抓她回去。

她不肯,哭着喊道:"皇上,快来救小奴!"

乌雅拉朝后宫内侍命令道:"把她架走!"

贞儿被架回后宫,押到裴满氏面前。裴满氏怒目问道:"小贱人,你竟敢勾引当朝太傅,该当何罪?"

贞儿分辩道:"不是小奴勾引太傅,是太傅强拉小奴入怀。"

裴满氏怒吼一声道:"你不要狡辩了,中原有一句俗谚——'母狗不摆尾,公狗不敢上。'拉下去,把她砍了,将她的头装匣送给太傅。"

完颜亮收到了贞儿的人头,不是感到羞愧,而是想着怎么做才能得到裴满氏的原谅。

负荆请罪。

带着厚礼去负荆请罪!

是日午,他称病不朝,带着珍藏了三代的一个比鹅蛋还大的夜明珠,去后宫圣母阁求见裴满氏。

夜明珠送进去半个时辰,也没见裴满氏露面,把心一横,褪去锦袍,露着光脊梁,脊梁上还绑着荆条。

他又跪了一刻钟,乌雅拉方趋了出来,笑盈盈道:"皇后娘娘有请。"

完颜亮爬起来,拎着锦袍,觍着脸,跟在乌雅拉后边,见了裴满氏,"扑通"一声跪了下去。

裴满氏笑嘻嘻地说道:"哪个猫儿不吃腥,知错就好,起来吧。"

他忙道了一声:"谢皇嫂。"爬了起来。

裴满氏移目乌雅拉道:"备宴,为太傅压惊。"

压过惊后,携手入帏,来了一翻颠鸾倒凤。

"要想人不知,除非己莫为"。半个月后,完颜亮调戏贞儿的事传到了完颜亶耳中,他在脑袋瓜里,一连打了四个问号。

第一,完颜亮病得连朝都没上,为什么会在后宫出现?

第二,圣母阁是皇后的寝阁,除非皇帝、宦官和十二岁以下的童子,凡带朶的男人,不允许踏进半步。完颜亮不仅踏进去了,还在那里调戏宫女?

第三,贞儿受到调戏,应该求助皇后,为什么跑到大安殿向朕求救?

第四,贞儿就是有罪,也得经内官审讯后方才执行,可贞儿被抓回去的当天便被处死,这又为什么?

他四问之后,自作结论——完颜亮与皇后有一腿!

他拍案而起。

"这个完颜亮,竟敢睡我的女人,我这就遣人抓他!"

遣谁去呢?

胙王常胜。

常胜,乃完颜亶的亲弟弟,官拜右丞相。

常胜奉诏进宫,向完颜亶行了一礼问道:"陛下召臣,为着何事?"

"带兵去抓完颜亮。"

常胜吃了一惊道:"亮犯了何罪?"

"这……"完颜亶语塞。

完颜亮睡了我的女人,只是我的猜测,并无任何证据,单凭我的猜测就去抓完颜亮,他服罪吗?裴满氏服罪吗?真还不能抓呢!

他轻叹一声道:"朕口误了,朕不是要你去抓完颜亮,朕是要你把朕半月前赐给他的贺辰礼收回来。"

常胜"嘿嘿"一笑劝道:"礼已经送出去了,哪有再收回之理?"

完颜亶冷声说道:"那礼有些太重,朕怕他承受不起!"

常胜又是"嘿嘿"一笑道:"陛下哥哥,礼再重,已经送出了,再收回来,不只把完颜亮得罪了,也会让百官耻笑!"

完颜亶正在气头上,哪里听得进去,大吼一声道:"滚!"

七十二　大恩即大仇

撒卯的男人进入佳境的时候,就是这种表现。

完颜亮绷着脸问秉德:"有人说,朕杀人太多,有点像秦二世,你是不是也这样认为呀?"

完颜亮复又问秉德:"'大恩即大仇'一典,卿听说过没有?"

常胜朝完颜亶行了一礼,怏怏而去。

完颜亶又命:"宣左丞哈密赤即刻进宫面圣!"

哈密赤正在府中一边看戏一边饮酒,忙换上朝服,飞马进宫。受诏后,马不停蹄,来到完颜亮私邸,收了玉叶鹘厌马和司马光画像,跪呈完颜亶。

完颜亶问:"卿收这两样东西时,完颜亮有何言语,又是何样表情?"

哈密赤回曰:"面如死灰,什么话也没有说。"

完颜亶喜道:"好,解气! 喝酒,咱君臣二人喝他个一醉方休!"

哈密赤素来与常胜不和,早就想参他一本,苦于没有机会,这一会儿就他君臣二人,而且完颜亶还正生着常胜的气,何况完颜亶已经有了八九分醉意,此时不参,更待何时!

他长叹一声说道:"陛下,有一句话,在臣心中已经窝了半年,不知当讲不当讲?"

完颜亶道:"当讲。"

哈密赤反问道:"陛下知不知道,胙王和完颜亮的关系?"

完颜亶摇首回道:"不知道。"

"陛下既然不知,臣就直说了。"

完颜亶道:"说吧。"

"说了您可别恼。"

完颜亶道:"朕不恼。"

"这事关乎着皇嫂裴满氏呢!"

完颜亶道:"也不恼。"

"很不好的事呢?"

完颜亶道:"是不是说他和裴满氏有一腿?"

哈密赤将头点了点。

完颜亶道:"卿什么也不要顾忌,有话尽管说。"

"那,那我就直说了。半年前,胙王微服逛街,一相士拉住他,说他有天子之相。他当作一个笑话说给了皇后嫂嫂,皇后嫂嫂便撺掇他谋反,他犹豫不决,皇后嫂嫂又让完颜亮出面相劝,他同意了。此后胙王和完颜亮常常在一块儿密议,大睁着四只眼睛寻找谋反的机会。"

完颜亶双目喷火道:"酒不再喝了,你这会儿就带人,灭他的家。"

哈密赤长身而起。

完颜亶忙道:"别急,朕还有话要说。"

哈密赤道:"遵旨。"

"灭家时,把他老婆撒卯留下。"

"遵旨。"

完颜亶又道:"今晚就带她进宫见朕。"

哈密赤又道了声"遵旨"。

撒卯初进宫时,战战兢兢,得知让她侍寝,转惊为喜。一边使出浑身解数奉迎,一边暗窥完颜亶,只见他全身充满爆炸性的肌肉,面目狰狞,口中嗷嗷乱叫。

她知道她成功了。

她的男人,进入佳境的时候,就是这种表现。

也许是她年轻貌美,也许是她太会玩,完颜亶居然三天既没有上朝,也没有登圣母阁的门槛。一肚子醋意的裴满氏闯进大安殿寝殿,兴师问罪。

完颜亶正恨着裴满氏,不待三言两语,便拔出佩剑,结果了她的性命。一不做,二不休,把撒卯册封为皇后。德妃好意相劝,说立撒卯为后有些不妥。他又立诛德妃,怨声四起。

完颜亮暗自喜道:"天助我也!"遂暗结平章政事①完颜秉德,左丞相、驸马唐古辨,大理寺卿乌达,尚书省令史李老僧,完颜亶的侍卫长仆散忽土,并卫士徒单(一作徒克坦)、阿里出虎(一作额勒楚克),以及内侍大兴国等。

完颜亶皇统九年(宋高宗绍兴十九年十二月丁巳日),仆散忽土与阿里出虎入值宫中,待至二鼓,大兴国盗出宫钥,偷启宫门,亮与妹婿徒单贞(一作图克坦贞)及完颜秉德、唐古辨、乌达、李老僧等,各怀利刃,鱼贯而行,直达寝殿,破扉而入。

完颜亶正压着撒卯在那里翻云覆雨,见这么多人闯了进来,料知情况不妙,伸手去枕下取剑,剑早已被阿里出虎藏了起来,哪里寻得着?惊得面无血色,几不成语道:"诸卿想干什么?"

阿里出虎道:"取你项上人头!"

完颜亶壮胆斥道:"你这是想谋反呢!"

阿里出虎道:"想谋反又怎地!"一边说,一边举刀向完颜亶砍去。

完颜亶虽躲过了阿里出虎这一刀,却不曾躲过仆散忽土那一剑,双手捂着左胸。阿里出虎二次出手,把完颜亶砍倒在地。完颜亮上前一刀,血溅满面,称帝十四年的完颜亶呜呼告终!亮麾众出宫,诈传金主诏旨,夜召群臣议事。

群臣还以为是蒙古打来,抑或是宋朝败盟,议出兵事,慌忙进宫,及至到了朝堂,方知亮欲称帝,曹国王宗敏、左丞相宗贤稍有异言,均被杀死。群臣相顾错愕,莫敢再言。亮便大摇大摆地登上龙椅,做了皇帝,一连颁了六诏:一、封秉德为太傅、左丞相,封唐古辨为右丞相,封乌达为平章政事。二、废故主亶为东昏王。三、谥裴满后为悼平皇后。四、大赦天下,改元天德。五、追尊父宗干为帝,庙号德宗。六、封嫡母徒单氏(一作徒克坦氏)及生母大氏,俱为太后。

徒单氏居东宫,大氏居西宫,两氏向来和睦,及亮弑亶,徒单氏语亮道:"主虽失道,人臣究不应如此。"

完颜亮口中诺诺,心中极为不悦。

未几,徒单氏寿高五十,依例大庆,宫中大开筵宴。酒至半酣,大氏起座,跪进寿觞。徒单氏正与诸公主、宗妇笑谈,未及下视,大氏跪了片时,方为徒单氏所见,亟起身受觞。亮疑为故意,怀怒而出。

---

① 平章政事:官名,简称平章、平章事,领尚书省事,置两员,从一品,与左右丞相同为宰相,掌丞天子、平章万机

次日,完颜亮传召诸公主及宗妇,诘她何故笑语,一一加杖。大氏闻知,慌忙出阻。亮忿然道:"儿已贵为皇帝,岂可同前日而语吗?"待公主、宗妇等忍痛而去,亮反大笑道:"好教她们知道我的厉害呢!"

完颜亮知道自己得位不正,一心想除掉那些潜在的政敌。

这些政敌,首推完颜亶的子孙。

杀!

这一杀便是七十多个。

次之,完颜宗翰和完颜杲(斜也)的子孙,这二人不只是皇室,还是皇室的佼佼者,特别是宗翰,曾俘辽末帝和北宋二帝,配享金太祖庙,完颜杲的战功和影响与宗翰相捋。

完颜秉德看不下去了,二人饮酒时,酒至半酣,笑问完颜亮:"前年陛下赐臣一扇,陛下还记得否?"

完颜亮道:"当然记得。"

秉德又道:"那扇上好像还有您的题字?"

亮曰:"不是好像,是真的有。"

秉德复道:"您……"

他故作思索状。

"您题的好像是十个字,叫做'大权若在握,清风满天下'。"

他双掌一拍,故作很高兴的样子道:"对,就是这十个字!"

完颜亮心中很是不爽,脸上也有了些许阴云。秉德竟然没有注意完颜亮脸上的变化,继续说道:"如今陛下已经大权在握了,需要做的就是清风何时满天下?"

完颜亮把脸一沉道:"你说这话是什么意思?"

秉德这才意识到闯了大祸,忙避席而跪,惶惶然道:"臣就御扇上题字而言,别无它意。"

完颜亮绷着脸又问:"有人说朕杀人太多,有点像秦二世,你是不是也这样认为呀?"

秉德叩首说道:"陛下,臣没有这样以为,臣绝对没有这样认为!"

完颜亮道:"朕初即大位,不杀人何以立威!何况,朕夺了完颜亶的龙椅,他的子孙岂不恨死了朕?晋大臣屠岸贾杀了赵盾一家三百余口,漏网了一个男婴赵武,赵武长大后,反把屠岸贾灭族。楚成王诛大臣伍奢族,走脱了一个吴子胥,受鞭尸之报,几被灭国。所以,该杀的人一定要杀!"

秉德又叩了一首道:"陛下教训的对,臣告辞了。"

他复叩一首,站起身来,掉头欲走。

完颜亮道:"别急,朕还有事问卿。"

秉德忙掉头而跪。

完颜亮慢吞吞地说道:"越相范蠡有两句名言,叫什么来着?"

他自问自答道:"'飞鸟尽,良弓藏……'下一句……"

他移目秉德道:"下一句卿知道不?"

秉德道:"臣知道。"

完颜亮道:"卿既然知道,那就请卿说一说吧。"

"狡兔死,走狗烹。"说完,他偷偷瞟了完颜亮一眼,见他似笑非笑,心中"咯噔"一下,顿觉有些不妙。

是有些不妙。

完颜亮将范蠡的两句话连在一块,诵了一遍。笑微微问道:"卿觉着范蠡的话有无道理?"

秉德战战惊惊回道:"这……臣不知道。"

"卿如果真不知道,朕这就告诉卿,范蠡的这两句话,不只有道理,还是至理名言。卿不妨自己想一想,飞鸟没有了,要良弓做什么?狡兔没有了,要走狗做什么?"

问得秉德冷汗直流。

完颜亮复又问道:"'大恩即大仇'一典,卿听说过没有?"

秉德摇首。

完颜亮道:"卿如果没有听说,朕给卿说。唐肃宗为帝时,岭南节度使李勉,曾为官开封尉。一刺客因误杀地痞之侄被抓,他百生方为其开脱,无罪释放。数年后,李勉出游河北,与当年那个刺客相遇,刺客硬将他拽到家中,盛情相款,并与妻子相商:'此活我者,何以报德?'妻子说:'送其细绢可乎?'刺客道:'不行,一千匹细绢也不可以报答救命之恩?'妻子又道:'两千匹可乎?'刺客摇头道:'还有些少。'妻子道:'若此,不如杀之。'家仆见他夫妇如此歹毒,密告李勉,李勉寅夜逃之,方才免了一死。"

讲完了"大恩即大仇"一典,完颜亮二目盯着秉德又道:"朕得以位居大统,卿之力也。朕虽已迁卿为太傅、左丞相,但总觉着这'报'远远不够。卿说朕该怎么办?"

秉德面如死灰。

完颜亮道:"朕给卿一天时间,想好了奏朕。不过,那范蠡是学不得的!"

秉德再拜而退。

回到府中,他哭哭骂骂,骂骂哭哭,天将亮的时候,饮鸩而亡。

完颜亮闻报大喜,又以同样的方法逼唐古辨、乌达、李老僧等人自尽。

李老僧和秉德一样,虽然又哭又骂,但还是饮鸩而亡。

唐古辨和乌达不想死,逃奔它国被抓,遭腰斩灭族。

杀过了"仇人"和"功臣",完颜亮还不放心,欲要迁都。他为什么要迁都?

完颜亮的龙椅是篡来的,反对的势力不是一般的强,而反对者大都居住在上京,杀是杀不完的,要巩固自己的地位,必须另起炉灶——迁都。

但迁都得有理由呀,真正的原因又不能说。

说什么呢?

上京冷,不适宜人居。

上京偏北,不利于治理天下。

迁哪儿呢?

燕京。

燕京较上京暖和得多,人口也多,又是兵家必争之地。

迁都燕京后,完颜亮便着手对官制进行改革。第一,实行一省制,废除中书省、门下省,保留尚书省。尚书省直接听命于皇帝。第二,改元帅府为枢密院,枢密院直接听命于皇帝。

通过官制改革,他才真正摆脱了"勃极烈制"的束缚,成为汉化了的名副其实的皇帝。吴乞买被当众打屁股的事,再也不会发生了。

他大权在握,实现了他的第一个志向。

他未曾篡位时,唐古辨笑而问曰:"贤弟的志向是什么?"

他正色回道:"吾志有三:国家大事,皆由我出,一也;率师伐国,执其君长,问罪于前,二也;得天下美女而妻之,三也。"

目前,第一个已经实现,但实现第二个志向还有很大难度,那就放一放吧。

先行第三个。

七十三　色魔海陵王

　　定哥听说情人完颜亮做了皇帝，又惊又喜，忙遣宠仆贵哥持其书去见完颜亮。亮曰："能杀汝夫来从我，当以汝为后。"

　　完颜亮每当与人交合时，必奏乐撒帏，令众嫔妃坐帐旁观看。

　　面对金使的责骂，赵构敢怒而不敢言，一闻"赵桓死了"，胆子突然大了，号恸而去。

　　就是贵为一国之君，得天下美女而妻之，也不是一件容易的事。首先，美女不一定是单身；其次，与君主有血缘关系怎么办？

　　这两点都难不住完颜亮，一是他大权在握。二是他脸厚心黑，别说已出嫁之女，也别说与他有血缘关系，就是亲婶、亲侄女，但凡有几分姿色，也要收入宫中供他受用。

　　第一个被他受用的，便是她的亲婶——阿懒，封为昭妃。

　　为得到阿懒，给他叔父阿鲁补捏了一个罪名赐死。

　　一美不足，再求众美，语之新任左相张浩："朕嗣续未广，前所诛党人诸妇，多系朕之表亲，可尽令入宫，备朕选纳。"

　　张浩搜得罪妇百余人，送入宫中。亮瞪着一双色眼，东瞧西望，就中美丽，恰也不少，惟有四妇，尤为妖艳。一个是阿鲁子莎鲁啜妻、一个是胡鲁子胡里剌妻、一个是胡里剌弟胡失打妻、一个是秉德弟嘉哩妻，四妇收入后宫，轮流取乐。嘉哩妻尤工淫媚，封为修仪。正在与四妇寻欢纵乐的时候，乌雅妻唐括定哥遣侍婢来朝，又惊又喜道："朕怎么把她忘了！"

　　唐括定哥，乃崇义节度使乌雅之妻，生得甚是美艳——眼横秋水，如月殿嫦娥；眉插春山，似瑶池玉女。说不尽的风流万种，窈窕千般。完颜亮在汴京做骠骑上将军时，在街上行走瞧见定哥，不觉魄散魂飞，痴呆了半晌，自想道："这等一个美人，偏落在别人手里,岂不可惜!"便暗暗着人打听是谁家宅眷。探事人回复:"是节度使乌骓之妻,极是好风月有情趣的人,只是没人近得她。她家中侍婢极多,只有一个贵哥是她得意丫鬟,这贵哥也有几分姿色。"

亮苦思了几天,决定从贵哥下手。央了一个经常在定哥府走动的女待诏①,花了无数金银珠宝,才将定哥搞到手中。后因回上京任职,离开汴京,没有再和定哥往来。

乌骓人高马大,粗汉的一个,又长得极丑,定哥厌之如苍蝇,很少让她碰自己的玉体,可她偏偏又爱那事,完颜亮一走,她便将一双美目盯向府中的家奴。

偏那府中有一个阎乞儿,年纪不到二十,且细身白脸,天天把自己收拾得干干净净。

男想女,隔架山;女想男,隔层纸。况且,她还是阎乞儿的主母,这事一拍即合:"鸳鸯枕上,罗袜纵横;翡翠衾中,云鬟散乱。"

她与阎乞儿风流了数年,浓得如胶似漆,猛听得完颜亮做了皇帝,又惊又喜,暗自思道:"俺俩曾有过山盟海誓,爱到地老天荒。如今,他虽然贵为天子,想来不会把我遗忘。如能与他续上旧缘,终身享不完的荣华富贵!"

想到此,修书一封,并完颜亮昔年所赠之宝环,遣贵哥赴上京去见完颜亮。

亮笑与贵哥道:"可回去转告主母,能杀汝夫来从我,当以汝为后。"

贵哥归,以亮语告定哥。

定哥摇首说道:"少时丑恶,事已可耻。今儿女已成人,岂可杀夫再醮,惹儿女羞!"

亮久等不闻定哥消息,甚思,又使人传语定哥:"汝不忍杀汝夫,朕将灭汝家!"

定哥大惧,诱乌骓饮酒,趁他醉的不省人事,与贵哥一道将其勒死。随后盛装一番,携贵哥、阎乞儿一并进京。

阎乞儿本是一男,改穿女装,蒙混进宫。

定哥入宫,亮册为娘子。贞元元年(1153年)封贵妃,大爱幸,许其为后;赐其子进士及第。每与定哥同辇游瑶池上,诸妃步从之。后亮嬖幸愈多,定哥希得见。一日独居楼上,亮与她妃同辇从楼下过。定哥望见,号呼求去,诅咒亮,亮伴装不闻而去。定哥百无聊赖,复与乞儿私通,被贵哥告发,赐死。

定哥有一妹,唤作石哥,也是一个尤物,已嫁秘书监文,亮闻其艳,欲纳之宫中,乃使文庶母按都瓜主文家,且语之曰:"必出尔家石哥,不然,朕将别有所行。"

按都瓜以亮之语语文,文频频摇头。按都瓜曰:"上谓别有所行,是欲杀汝也。岂

---

① 女待诏:古代为人梳头的女人。

以一妻,杀其身乎？愚痴谅不至此！"

文不得已,乃与石哥相持,恸哭而别。是时,亮至中都,迎石哥于中都,纳之。

一日,亮与石哥坐便殿,召监文至前,指石哥问道:"卿还思此人否？"

文答道:"侯门一入深如海,从此萧郎是路人。微臣岂敢再萌邪思！"

亮大喜道:"卿为人大忠厚。"乃以迪辇阿不之妻择特懒赏之,使为夫妇。及定哥赐死,遣石哥出宫。不数日,复召入,封为昭仪。

察八者,姓耶律氏,尝嫁奚人萧堂古带。亮闻其美,强纳之,封为昭媛,以萧堂古带为护卫。察八见亮嫔御甚多,每以新欢忘了旧爱,使侍女以软金鹌鹑袋子数枚,题诗一首,送给萧堂古带。诗云:

　　一入深宫尽日闲,思君欲见泪阑珊。

　　今生不结鸳鸯带,也应重过望夫山。

萧堂古带得之,惧祸及己,请求去河间驿。

未几,察八送诗之事,被人告发,亮登宝昌楼,手刃察八,在场后妃无不股栗。

完颜亮每当与妇女交合,必奏乐撤帏,令妃嫔列坐旁观,且于卧榻前,遍设地衣,令各妇裸逐为戏。至淫兴一发,即抱卧地上,赤体交欢。可怜这班含羞忍耻的妇女,只因一念贪生,玉体横陈,任他糟踏。

亮自即帝位以来,所幸之女,将近万人,尚叹未得绝色,闻南宋出美女,江南尤多,便召两番出使南宋的张通古上殿问曰:"朕闻,江南水乡,盛产美女,此言确否？"

张通古道:"此言不虚。"

亮道:"江南美女,当数何娃？"

通古道:"宋主之刘贵妃。"

亮道:"比当年的李师师还美吗？"

通古道:"李师师臣未曾见,美到什么程度臣不敢妄说。但这个刘贵妃,臣曾窥之,长得那个美呀,凡见过的人,无不心旌摇荡、垂涎欲滴。"

说着说着,他自己的涎水便流了出来。

亮笑曰:"卿可试言其容。"

通古眉飞色舞道:"鬓发腻理,姿质纤秾。体欺皓雪之容光,胸夺英华之灈艳,顾影徘徊,光彩溢目。承迎盼睐,举止绝伦。智算过人,歌舞出众。"

亮道:"听卿这么一说,朕也怦然心动。朕平生有三志,已行其二,第三志也该行了。何况,还有如此一个绝色娇娃在那里等着朕。至于何时南征?须择良辰良机,卿可为朕预贮紫绡帐、蝉黄衣、画石床、鹧鸪枕、却尘褥、丝绣被、瑟瑟幕、纹布巾、九玉钗、蠲岔犀、龙销衣……俟得到刘贵妃时,朕好赐之。"

完颜亮所说的这些东西,都是至宝,譬如紫绡帐,既疏而薄,视之如无所得,即逢隆冬,而风不能入;盛夏则清凉自至,其色隐隐焉……那蝉黄衣,重不及二两,握不及一盈。

完颜亮欲要灭宋的消息传到了南宋右相陈康伯耳中,寅夜进宫,面禀赵构。

赵构摇头曰:"朕对金国非常恭顺呀,他们不会败盟的。"

翌日,陈康伯邀左相汤思退一道向赵构进谏,汤思退责之曰:"你不要听风就是雨,我也不相信金人会败盟!"

金人南侵的消息愈传愈广,官员士大夫纷纷上书,恳请备战金国。汤思退大怒,一连罢了六个人的官。

这一罢,惹恼了侍御史陈俊卿,联合五个言官,上表弹劾汤思退。汤思退不得不自请去职,赵构忍痛割爱,批了一个"准"字,随迁陈康伯为左相、参知政事朱倬为右相。

金正隆六年(宋绍兴三十一年)四月,完颜亮遣高景山、王全出使南宋,宣读金主圣旨,责赵构不该在边境大量购马,更不该收留金国的叛逃者,若想背盟,咱就开战。若不想败盟,可割长江以北之地赎罪。

赵构赔着笑脸道:"上国所责二事,实无之。"

王全怒目斥道:"放屁!莫不是赵桓死了,你的腰杆硬了起来,要向我大金国叫板哩!"

面对金使的责骂,赵构敢怒而不敢言,一闻"赵桓死了",胆子突然大了,丢下金使,号恸而去。

宋以儒学治国,提倡做人要"首孝悌",尔后才是"见闻"和"知某数,识某文。"

"孝"者,孝敬父母也。

"悌"者,友爱兄弟姐妹也。

赵构"号恸而走",金使虽怒,但无可指责。

赵构"号恸而走",实乃一步好棋,既体现了对长兄赵桓的友爱,又摆脱了金使怒斥的尴尬。

还有一个说不出口的妙处——佯恸而真喜。

赵桓死了,金人再也不能拿他做文章,逼我赵德基就范了。

你赵构既然知道,金人已经失去了对你的制约,你就该挺起腰杆和他理论。

赵构不敢,借以为"其兄举丧"之名,躲着金使。七天后,金使留下一句恶语——尔国这是自己找死,气呼呼回国去了。

金使这一走,连老百姓都知道金、宋必有一战。

既然有一战,你赵构就该调兵遣将,修理器械,筹办粮草,积极备战才对,你不但不备战,反要幸闽幸蜀。

什么幸闽幸蜀?

分明是逃跑!

为了阻止赵构逃跑,陈康伯复又一个寅夜进宫,劝谏赵构:"金人败盟,天下共愤,兵来将挡,水来土掩,陛下却要幸闽幸蜀,惹天下人耻笑!"

赵构长叹一声道:"朕何尝不想来一个'兵来将挡,水来土掩',但得有将呀!韩世忠死了,刘锜又被朕贬了。自《绍兴和约》签订后,咱刀枪入库,马放南山,已经二十年了,那兵还能战吗?"

陈康伯道:"死者不能复生,但贬者可以召回。兵能不能战,全看带兵之人,谚曰:'千军易得,一将难求。'又曰:'兵强强一个,将强强一窝'。"

赵构道:"要召也只一个刘锜呀,独木难擎大殿!"

陈康伯道:"张浚也可以召呀。"

赵构勃然变色道:"朕曾说过,'就是覆国,也不用张浚。'卿不要再提他了。"

陈康伯道:"好,臣不再说张浚。杨沂中这个人,您比臣更了解——可堪大用!"

赵构颔首道:"卿说得极是。"

陈康伯又道:"吴璘也可堪大用。"

赵构一边颔首,一边说道:"庆远军节度使解元怎样?"

陈康伯摇了摇头。

赵构道:"此人可是通义郡王(韩世忠死后的追赠)非常推重的人,曾对朕言,'臣在建康,自谓天下当先,使当时见此人,亦避一头矣。'"

陈康伯道:"解元暴戾寡恩,又有些贪财,不宜重用。"

赵构道:"卿说他既贪财,又暴戾寡恩,怕是听了讹传。朕觉着这人可用。"

陈康伯欲言又止。

赵构道:"中书舍人王刚中可用不?"

陈康伯应声回道:"可用,可大用!"

七十四　唐岛海战

　　刚中娘去村口接儿子,只见儿子不见灯笼,顿感不妙,追问儿子:"你近日是不是做了什么缺德之事?"

　　虞允文出使金国,金主护卫长提出和虞允文比箭,虞允文一连三箭,箭箭射中挂在树枝上的铜钱。

　　李宝裤未毕,北风骤起,他乘风出战,过山击敌,鼓声震荡,敌众大惊。

王刚中,字时享,乐平履恒里村(今江西省乐平市礼林镇府前村)人。
王刚中不到八岁,寄读在殷河之滨的高阳书院,每九天回家一次。
从书院到家,约有十五六里。每当他回家的这一天黄昏,其母就到村口接他。
这一日,因塾师讲得高兴,放学较晚。
王刚中紧赶慢赶,尚未赶到村口,夜幕已经降临。
时为十一月二十日。
谚曰:"二十正正,月出一更。"故而,路上黑咕隆咚。
其母正等得焦急不安,远处出现两盏灯笼。那灯笼越来越近,灯笼后还有一个人,待她看清了那人面貌,大喜道:"这不是我的中儿吗?"
忙趋上前去,夺过儿子的书包,拎在手中。
天黑得伸手不见五指,却没了灯笼,她少不得问道:"中儿,灯笼呢?"
王刚中反问道:"娘,您说什么?"
"娘分明看见有两盏灯笼为你照路,如今咋不见了?"
王刚中"咯咯"笑道:"娘,孩儿离开书院,独自一人赶路,哪儿来的灯笼,怕是您老看花了眼吧!"
娘摇了摇头道:"娘又不算太老,眼也没花,刚才分明看见,有两盏亮灯笼为你引路。"

王刚中不想让娘失望,"嘿嘿"一笑说道:"娘说有,便有吧。"第二天,娘将他的所见讲给了一个读书人。读书人说:"这事有些奇,你让刚中下一次天完全黑再回来,看一看有无灯笼为他照路。"

娘将读书人的话转告刚中,刚中笑而应之。

这一次,娘又看见,有两盏灯笼为儿子引路。

读书人说:"你儿子不是凡人,将来必出将入相。"

娘心中暗喜。

半年后,刚中娘又去村口接儿子,直到天完全黑了刚中才回来,但只见儿子不见灯笼。她顿感不妙,追问儿子:"近日,你做没做什么缺德之事?"

刚中说没有,其母不信,让他把这九天来的所作所为,认真回忆一下。

刚中歪着头想,使劲儿想。这九天除了读书、听书、睡觉,连学院门都没出,能做什么缺德事?

莫不是……

他猛地一拍脑门道:"就这一件事。"

娘忙问:"什么事?"

"我回来的路上,经过马桥村。马二蛋和马老财拦住我,非让我帮他们写一个《典妻契》,我不写,马二蛋给我跪了下来,我才帮他把契写了。"

娘道:"你说的这个马二蛋,娘知道,是他要把妻子典给马老财吗?"

刚中点了点头。

娘又道:"娘听说马二蛋夫妇甚是和睦,育有五个儿子,为啥还要把妻典出去?"

刚中道:"马二蛋说,前年闹春荒,他借了马老财三石米。按'驴打滚'计算,马老财要他还米十三石,他还不起。马老财三个老婆,为他生了九个女儿,所缺者,儿也。他见马二蛋老婆生的五个全是儿子,要典她三年抵债。"

娘长叹一声道:"你这《典妻契》一写,不仅把马二蛋夫妇活活拆散,又让那五个孩子失去了母亲,啥叫缺德事,这就叫缺德事!"

刚中大悔道:"孩儿错了,孩儿这就折回马桥村,把《典妻契》要回来。"

娘道:"他俩是'周瑜打黄盖——一个愿打一个愿挨',那《典妻契》怕是要不回来。"

刚中带着哭腔道:"如是,奈何?"

娘道:"咱家存米尚有五石,明日,娘再找人借八石。咱代马二蛋还债,也许能把《典妻契》要回来。"

刚中"扑通"朝娘跪了下去,哭着说道:"孩儿不好,拖累了娘。"

娘道:"吾儿不必难过,'人非圣贤,孰能无过'。何况,你还是一个孩子。起来吧。"

她双手将刚中搀起。

第二天下午,娘俩央了一个邻人,赶着载着十三石米的牛车,去了马桥村,好说歹说,总算把《典妻契》从马二蛋和马老财手里要了回来,撕得粉碎。

九天后,刚中娘接刚中的时候,那两盏亮灯笼又出现了。

宋绍兴十五年(1145年),四十二岁的王刚中,第三次进京赶考,高中榜眼。入仕后,彗星现,朝廷下诏,要群臣及黎民百姓直言朝政得失。他居然提出为岳飞昭雪,秦桧忌之,贬任洪州(今江西省南昌市)教授。秦桧死后,回京任秘书省校书郎。一迁再迁,至中书舍人,兼职经延①,辅导皇子赵玮。他料知宋金必有一战,一有闲暇,便阅读历代兵书,诸如《孙子兵法》②和《吴子兵法》③。

说到王刚中,陈康伯又想起一个人,笑语赵构:"还有一个中书舍人,叫虞允文,也可以用。"

赵构道:"虞允文较王刚中,若何?"

"有过之而无不及。"

赵构面现惊讶道:"何以见得?"

"他俩都有才,也都熟读兵书,但王刚中自身并未习武,而虞允文不仅习武,还能开两石的硬弓,武功不亚于大内的一等高手,去年出使金国,金主护卫长仆散忽土提出和虞允文一较箭法,在百米外的树枝上,悬六枚铜钱,每人三箭,以射落多者为赢。其结果,虞允文三箭三落,仆散忽土三箭两落,甘拜下风。"

赵构满面欢喜道:"有这等事?"

陈康伯道:"千真万确。"

---

① 经延:汉唐以来,帝王为讲论经史而特设的御前讲席。
② 《孙子兵法》:春秋战国时期著名军事家孙武所著,被誉为兵学圣典。
③ 《吴子兵法》:战国时期著名的军事家吴起所著,与《孙子兵法》,并称为《孙吴兵法》。

赵构道:"那就让他先去枢密院做一个检详①官,历练历练吧。"

陈康伯双手抱拳道:"陛下圣明。王刚中呢,陛下想怎么用?"

"迁王刚中为龙图阁待制、知成都怎样?"

陈康伯又道:"还有一个刘锜,刘锜怎么用?"

赵构道:"放一放再说。"

陈康伯道:"备战的事……"

赵构道:"卿可自处,但只做不说。"

陈康伯暗道:"这么大的事,只说不做,能做得好吗?"转而又一想,皇上畏金如虎,能让我悄悄备战金人,已经有很大进步了。想到此,忙行礼告退。

他所做的第一件事是阅兵,并把阅兵的时间,定在了中秋节。

为迎接阅兵,全国的禁军、厢兵和乡兵都动了,久违的出操声、打斗声、刺杀声又响了起来。

他所做的第二件事是以备荒为名,筹办军粮。

他所做的第三件事是命吴璘宣抚四川,王刚中为宣抚副使。命解元率兵三万前去鄂州防守,节制驻防襄阳的吴拱(吴玠长子)。

备战金兵正在紧锣密鼓地进行,赵构忽命暂停。陈康伯大惑,讯之杨沂中,方知是王继先和宦官张无为阴沮对金用兵,且劝赵构幸闽。

陈康伯怒曰:"二贼不除,那金就不可能抗!沂中,大宋基业的开创,您的付出比我陈康伯大得多,您能眼睁睁看着大宋国毁于这两个宵小之手?"

杨沂中被他一棒,雄心勃起,慨然说道:"不能,坚决不能!"

陈康伯叹道:"这两人都是陛下红人,陛下对他俩言听计从,为之奈何?"

"扳倒他!"

陈康伯又是一叹:"怕是不易!"

杨沂中道:"你不用担心,末将手中握有他俩的弥天大罪,只要把这罪抖出来,他俩就完蛋了。"

陈康伯大喜道:"什么罪?"

杨沂中道:"王继先奴侍秦桧,入拜其妻,叙为兄妹,夤缘荐引,且以左道(为赵构医性病)幸,又与刘贵妃有一腿。张无为不只私取御马苑禁兵二百人为其营宅,还暗结王

---

① 检详:官名。初置于宋神宗,相当于中书检正官,掌监枢密院。

继先,欲易皇子玮。"

陈康伯道:"这真是弥天大罪,但事涉皇家隐私,要慎之又慎。"

杨沂中道:"相公所言甚是。"

陈康伯道:"我先和陈俊卿议一议。"

议的结果,双管齐下,劾书要上,但只劾张无为。王继先和刘贵妃的事私下和皇上说。

对于王继先私通刘贵妃之事,赵构将信将疑,想了两天,召杨沂中面讯真假。

杨沂中故意来了一个欲言又止,经赵构再三逼问,方道:"无风不起浪,实话给您说,他俩的事宫内宫外传得沸沸扬扬,只瞒得陛下一人。"

赵构气极反笑:"好,好,就瞒得朕一人!"

他冲冠而起,将御案猛地一拍,圆睁二目,戟手指道:"杨沂忠,你执掌宿卫三十年,朕把命都交给了你,对你何其信也!别人瞒朕,你也瞒朕,该当何罪?"

杨沂中惶恐而跪,一边叩头一边说道:"臣罪该万死,罪该万死!"

赵构狠狠地剜了杨沂中两眼,转身在殿内踱步。许久,止步转身:"朕欲将张无为赐死,将王继先充军岭南,卿以为如何?"

杨沂中叩头说道:"陛下圣明!"

张无为、王继先一死一贬,主和派销声匿迹,备战金国由地下转入地上。

绍兴三十一年(1161年)八月,完颜亮杀了反战的徒单太后、仆散忽土等人,统兵六十万,号称百万,分四路犯宋。

西路攻川陕;中路攻荆襄;东路直取淮西;水军拥有将士万余、战船六百余艘,自为一路,由金将万颜郑家奴率领,直趋平江。

东路军乃伐宋的主力,由完颜亮亲自统帅。半年前,他遣画工潜入南宋,描绘临安湖山,持归作屏。且命绘入己像,立马山顶上,题诗曰:

万里车书一混同,
江南岂有别疆封?
提兵百万西湖侧,
立马吴山第一峰。

将行之时,语左右道:"朕此次南行,必当灭宋!"左右将他恭维一番后问:"陛下打算几时灭宋?"

完颜亮一脸自信道:"少则两个月,多则百日!"

金之西路军由完颜亮之爱将徒单合喜率领,众十五万,浩浩荡荡,长驱西进,直抵大散关,令游骑攻黄牛堡。吴璘、王刚中奋起反击。几个回合下来,打得徒单合喜灰头灰脸,退守凤翔。

金之中路军由左领军大都督李通率领,兵不及十万。而宋这一方,解元为帅,将士远超金军,却"端坐淮汉",唯有宿迁人魏胜集义军近万伏击金军,大胜。宋浙西副总管李宝(绰号波李三)代奏胜功,诏命胜知海州。

金主亮闻两路警报,亟拟渡淮南进,命李通至清河口,筑桥济师。且恐魏胜抄他后路,分兵数万,往围海州。魏胜自知不敌,遣使向李宝乞援,宝正率师航海,拟从海道拒敌胶西(今山东省胶州),既得魏胜急报,即命所部兵士,往援魏胜。适值金兵到了新桥,距海州城仅十余里,宝麾兵迎击,战斗方酣,魏胜出城夹攻,金兵腹背受敌,顿时溃走。

魏胜还守北关,金兵又进,复被胜击退。既而,金兵再攻东门,胜单枪匹马,出城呵叱,敌皆骇散。翌晨,阴雾四塞,金兵四面薄城,仍不能入,乃拔寨驰去。

李宝既解海州之围,遂引舟师赴胶西陈家岛(今青岛市黄岛区),泊之海岛湾。会值金将完颜郑家奴驱战舰出海口,亦泊陈家岛,与宋军一山之隔。

李宝拥有战舰一百二十余艘,不及金之四分之一;所部将士,不及金之二十分之一。宋军唯一的优势是知道隔山有金军,金军却不知道山那边有宋军。

李宝想来一个突袭。

突袭不能逆风而上,得顺风,且风愈大愈好。

他便效法当年孔明,来一个借风。

向谁借呢?

上天。

他祷之于上天。

祷未毕,北风骤起,他乘风出战,过山击敌,鼓声震荡,海波腾跃,敌大惊。连忙掣碇举帆,怎奈风浪卷聚,帆不得驶,反害得心慌意乱,无复行列。

李宝命令士兵向金军发起猛攻,火箭、火炮如飞蝗般飞向金舰。火随风炽,延烧敌舟数百艘;未曾被烧的敌舟,还思向前迎敌,宝叱壮士跳跃而过,各用短刀四斫,金兵手足无措,但见得头颅乱滚,血肉横飞。完颜郑家奴无处奔避,也做了无头之鬼。余将倪洵等情愿乞降。李宝将降将絷献,降兵收留,夺得统军符印,及文书器甲粮米,数以万计,余物不便载还,尽行焚毁。火光熊熊,历四昼夜才熄。

此战,称之为唐岛海战,又称胶西海战、唐岛海湾战,或黄海奔袭战,为南宋中兴十三处战功之一,也是世界上首次使用火药兵器的海战。

金之水军全军覆没的消息传到完颜亮耳中,他忧怒交加,挥师清河口,欲从这里过河。

幸亏赵构从了陈康伯之言,启用刘锜驻军清河口。

刘锜料知金军南侵临安,必将从此过河,暗伏水手,遇有敌舟,用凿凿沉。亮不敢从清河口再渡,改趋淮西。

淮西守将王权为刘锜所遣,却不从刘锜之命,闻得金军大至,弃庐州(今安徽省合肥市)而走。一退再退,退至采石矶。

完颜亮从容渡河,自庐州而和州,又克扬州。沿江上下,难民堵塞。

七十五　采石矶大捷

　　采石矶宋军,群龙无首,既不操练,也不束甲,三三两两,坐在道旁,或聊天、或饮酒、或闭目晒着太阳。
　　一谍人闯入,颤声报道:"金主亮即将到达彼岸了!"
　　乌林达氏上车北行,到了良乡,南向洒泪,暗中低语道:"我今日与大王长别了!"

　　赵构得知金兵陷了扬州,大恐,忙召杨沂中至内殿,语之曰:"敌焰甚盛,朕欲移驾越州,航海避之,恐康伯不从,卿代朕谕之。"
　　沂中喏喏。
　　康伯闻沂中到来,从容延入,解衣置酒。
　　酒过三巡,康伯曰:"少师奉君命而来,所为何事?"
　　沂中曰:"皇上又思航海了。"
　　康伯道:"是因为金军陷我扬州吗?"
　　沂中轻轻颔首。
　　康伯道:"扬州虽失,我刘锜还在,一个刘锜能抵数十万金兵。"
　　沂中道:"我也拿这话劝过皇上,皇上说,刘锜已经不是从前的刘锜了,他年老体弱、多病,硬撑着与金将高景山斗了五十合,虽说斩了高景山,已经油尽灯枯,上书辞官。"
　　康伯道:"就是锜不可恃,金四路犯我,我三路皆胜,集吴璘、吴拱、李宝、魏胜之军,击退金军应该不成问题,为什么要逃呀?"
　　沂中道:"我也这么劝过皇上,他不听。"
　　康伯道:"明晨入朝,吾当面谏。天若存宋,皇上必从吾谏。"

七十五　采石矶大捷

沂中道："天会存宋的！"尽欢而去。

次日，康伯入觐，极陈航海非计，赵构为之所动，且许诺曰："朕当坐镇临安，调兵遣将之事，由卿主之。"

康伯回到政事堂，立发一令，罢王权职、编管琼州（在今海南省海口一带），其部由李显忠接管。

康伯正在调兵遣将，忽接赵构手诏："敌若未退，当散百官。朕则移驾越州，择日航海。"

康伯接诏，越想越气，烧诏进宫，力谏赵构道："百官岂可散得？百官一散，主势益孤，国难存矣！"

略顿又道："平江之役，您要御驾亲征，只是说说而矣，便使士气大振，击退了来势凶猛的金兵。今日之敌酋，论勇论智，皆不及当年之敌酋。您如果真的来一个御驾亲征，破敌如拾芥耳！"

赵构经康伯这么一劝一捧，勇气倍增，当即表态，不再航海，誓与临安共存亡，且命知枢密院事叶义问督师江淮，中书舍人虞允文参赞军事；杨沂中为御营宿卫使，择日亲征；刘锜还镇江，兼顾江防。

康伯见他高兴，乘机又谏："陛下，张浚虽然小错不断。但对您却是忠心耿耿，又曾屡败金军。大敌当前，正是用人之际，恳请陛下给他一个戴罪立功的机会。"

赵构道："好。"遂将张浚复官，判建康府。

赵构畏金如虎，哪敢真的御驾亲征呀！

金人也知道他不敢亲征，纵兵两淮，且分兵犯瓜洲。叶义问素不知军，竟问部属，"生兵（生力军）为何物？"这仗不用打，胜负已定。

刘汜，本是刘锜亲侄，平日言起兵来口若悬河，锜也夸他知军，叶义问命他率军五千五百人扼守瓜洲，都统治李横率三千人作为援军。

谁知，刘汜是个贪生怕死之徒，不战而逃，连官印也丢了。李横孤军当敌，左右统军皆战死，自知非敌，来了个夺路而逃。

叶义问得到败耗，亟走建康。

王权编管琼州，接任的李显忠又未赴任，采石矶之宋军，群龙无首，既不操练，也不束甲，三三两两，坐在道旁，或聊天、或饮酒、或闭目晒着太阳。金军呢，正雄赳赳气昂昂地进军采石矶。虞允文来到采石矶时，金军距采石矶不到两舍之地。

这个李显忠怎么了？

虞允文既纳闷又着急。

李显忠,他不只认识,而且非常的钦佩,关键时刻,陈康伯之所以敢用李显忠,与他的竭力举荐密不可分。

李显忠,原名世辅,绥德军(今陕西省绥德县)人,父名永奇,为绥德军巡检使①。

显德一生,充满传奇,包括他的出生。

她的母亲怀胎十月,到了临盆的时候疼了五天,却没有把他生下来。

有一和尚,到他家化缘,用鼻子闻了几闻,又举目将大堂扫了一遍,问道:"施主家是否要添新口?"

永奇将头点了一点,且问之曰:"大师何以知之?"

和尚笑回曰:"白虎星在此,故知也。"

永奇举目四望,寻找白虎星。

和尚道:"将军虽尊贵,然肉眼也,岂能得见白虎星?"

永奇道:"依大师所言,吾家添口,当生男儿?"

和尚将头点了一点。

永奇又道:"吾妻临盆,已经五天了,却不能生产,为之奈何?"和尚回曰:"那是白虎星喜欢的几样东西将军没有拿出来。"

"什么东西?"

和尚道:"剑和矢尔。将军若将这两样东西,摆到女施主身旁,白虎星方肯出来。"

永奇忙找来剑和矢,摆到夫人身旁,不到一刻,一男婴呱呱落地,取名李世辅。

这婴儿一落地,便站了起来,见者无不称奇。

世辅自幼习武,年十五随父从军,积功至武翼郎②,充副将。金人陷延安,授世辅父子官。永奇私语世辅道:"我为宋臣,不可为金人用。"

世辅尝念父言,每欲寻机归宋,嗣兀术令世辅知同州,适金将撒离喝到来,世辅用计将他擒住,急驰出城,拟赴宋献功。为金人所追,至无名河,无舟可渡,乃与撒离喝折箭为誓,一不准杀同州人,二不准害永奇等。撒离喝满口答应,世辅释之。

世辅携家族三百余口南行,被金人追上,三百口皆遇害。世辅西奔至夏,乞师复仇,

---

① 巡检使:唐末五代置,掌巡察军队。
② 武翼郎:宋阶官名。徽宗政和(1111—1117年),定武臣官阶为五十三阶,武翼郎为第四十二阶。

愿取陕西五路,夏主令世辅为延安经略使。世辅至延安,适延安复为宋有,便絷夏将王枢而归宋,夏人出兵来攻世辅,被世辅击退,获马四万匹,且用绍兴年号,张榜招兵,匝旬得万余名,缉得杀父仇人,碎尸泄愤。四川宣抚使吴玠遣使宣抚,谕以南北议和,毋多生事。

世辅乃往见吴玠,玠送世辅至行在,赵构抚劳再三,授都统制,且赐名显忠,此后,李世辅便易名李显忠了。

显忠刚一上任,便上恢复中原三策,为秦桧所忌,削官为民。桧死,显忠得以复原官。

显忠接到要他取代王权的诏书后,率亲兵三十名,急驰采石矶,途中遇巨盗,虽血战得脱,伤及股,不能骑马,乘肩舆而行,故迟矣。

金军将至,军又无帅,虞允文当机立断,召统军时俊等商议军事。正议之时,一谍人闯入,颤声报道:"金主亮即将到达彼岸了。"在座诸将面面相觑,俱有怯色。

虞允文一脸镇静,命令谍人道:"再探。"

金主得知克了瓜洲,仰天大笑曰:"采石在望,一过采石,再无阻碍,灭宋就在眼前!"说毕,筑台江上,自披金甲登台,杀马祭天,并用一羊一豕,投入江中。下令全军渡江,先济有赏。蒲卢浑进谏道:"臣观宋舟甚大,行驶如飞,我舟既小,行驶反缓,水战非我所长,恐不可速济。"

完颜亮怒道:"汝昔日从宗弼,追赵构至大海深处,曾有大舰吗?"

侍卫梁汉臣媚附曰:"陛下所责甚是,战争之胜负,在人不在舟!"

完颜亮转怒为喜,即在岸上悬设红旗、黄旗,号令进止。长江上下,舳舻如织,亮独乘龙凤大船,绝流而渡采石矶头,钲鼓相闻。宋之各将面面相觑,不发一言。独虞允文慨然起座,语诸将道:"大敌当前,大仗诸公协力同心,为国杀敌。现在金帛诰命均由允文携带至此,以待有功。允文一介书生,未娴戎事,亦当执鞭随后,看诸公杀贼建功哩。"

诸将为之所感,一齐起立道:"参军且如此忠勇,某等久效戎行。且有参军作主,敢不誓死一战!"

虞允文大喜道:"好,好!"

虞允文从僚掣允文衣,密语道:"公受命犒师,不受命督战,事若不成,岂不是自寻咎吗?"

虞允文怒叱道："危及社稷，我将奚避？"乃命诸将严阵以待，分戈船为五队，两队分列东西两岸，作为左右军；一队驻中流，作为中军；还有两队，潜伏小港，作为游兵，以备不测。

　　部署甫毕，敌大呼而至，完颜亮在后面自执红旗，麾舟数百艘，鱼贯前来。霎时间，已有七十艘渡至南岸。宋师见金军来势甚猛，稍稍退却。允文督战中流，拊时俊背，婉言说道："将军胆略，素传远迩，今退立阵后，反似小女子一般，威名岂不扫地吗？"

　　经允文这一激，时俊跃登船头，手挥双刀，与敌相搏。军士亦拼命死战，两下里相持不下。允文复召集海鳅船猛冲敌舟，敌舟不甚坚固，被海鳅船锐角相撞，沉没了好几艘。金军仗着舟多，战至日暮，尚不肯退。

　　虞允文无意间一瞥，遥见西岸来了许多官兵，不知何路人马，忙将船靠岸，登陆询之，原是光州溃卒。他眉头一皱，计上心来，遂与语道："尔等到此，正好立功，我今授尔等旗鼓，绕道从山后转出，敌必疑为援兵，定当骇走了。"

　　溃兵欣然受命，欢跃而去。虞允文复下舟督战，不到片刻，那受计的军士，已绕出山后，高举大宋旗帜，踊跃前进。金主亮疑是南宋的援军到了，抛去红旗，改用黄旗，麾兵退去。允文又命强弓劲矢，尾击追射，把金兵射毙无算。直到金兵全爬上了北岸，方鸣金收兵。

　　完颜亮还至和州，检点兵士，损失甚多，遂迁怒各将，捶杀了好几人。

　　他正想着如何再攻采石矶，警耗突至——曹国公完颜乌禄谋反，即位东京，改元大定。

　　完颜亮顿脚大骂道："不忠不义，朕正在为统一天下浴血奋战，你却在背后捅我一刀！"

　　闻者莫不暗自发笑：这话居然说得出口，你杀堂兄篡位，何曾想过"忠义"二字？

　　况且，你又诛杀嫡母！

　　完颜乌禄该反，早就该反！

　　完颜乌禄位居葛王，又是你完颜亮的堂弟，他的妻子乌林达氏只因长得太美，你便要召她入宫侍寝，完颜乌禄心中什么滋味？

　　他不敢抗拒你的诏令，忍着悲愤送妻上路。那乌林达氏竟是一个烈妇，上路之前，语完颜乌禄道："我若不去，上必杀王爷。我不能终生服侍您，已是憾事，岂能因我，给王爷再引来杀身之祸！您放心，我会自重的，来世咱再做夫妻！"

　　完颜乌禄泪如雨下，轻轻颔首。

七十五　采石矶大捷

乌林达氏又道："请王爷遣仆，为妾做一件事情，可好吗？"

完颜乌禄道："莫说一件，就是一万件都行，你说吧。"

乌林达氏道："为我往祷东岳，皇天后土，明鉴我心，我誓不失节哩。"言毕，即与完颜乌禄诀别，上车北行。到了良乡，南向洒泪，暗中低语道："我今日与大王长别了。"遂袖出一剪，刺喉殉节。死讯传至上京，完颜亮大怒："此必完颜乌禄阴谋！"立降其为曹国公。

完颜亮骂毕，传李通进帐，商议退兵平叛之事。

李通劝道："陛下御驾亲征，无功而返，难服国内之众；且是，完颜乌禄篡位之事，宋人不可能不知。若知之，咱们北撤之时，必纵兵追之，若再号召宋之遗民来一个沿路袭击，那就大事不妙了！"

完颜亮颔首说道："卿言是也。"

他略思片刻又道："这样行不行？"

李通道："请陛下明谕。"

"咱兵分两路，一路由朕率领北归；一路由卿率领继续南渡。"

李通摇头道："还是有些不妥……"

"讲。"

李通道："有一俚语，'姜太公在此，诸神退位'，臣不是不听君命，您在军中千好万好，您若是一走，军心就会不稳，军心不稳，那仗还怎么打？"

"依卿之意呢？"

"咱这军别分，咱换一个地方渡江，譬如杨林河。渡江后，烧掉所有船只，按汉人的话说，叫'破釜沉舟。'将士们无了归路，一定会勇往直前。汉人还有一个俚语，'一人拼命，百人难敌。'何况，咱拥兵近百万，还愁灭不了宋吗？灭宋以后，陛下威名大振，回旗北指，平乱如反掌了。"

完颜亮大喜道："事贵神速，明日咱就进军。"

到了次日，完颜亮督军再进，甫至杨林河口，见宋之海舟排列有序，满脸的惊诧说："这……这……难道宋军中出了诸葛亮？"

七十六　龟山寺之变

刘锜执虞允文之手曰:"朝廷养兵三十年,一技不施,大功反出一儒生,真令吾辈愧死了!"

守素道:"全军上下,无不痛恨昏君。全军的人都要他死,他还能活得了吗?"

赵构眉开眼笑道:"对议和之事,想不到金人比咱还急!"

宋军中没出诸葛亮,但出了个堪比诸葛亮的虞允文。

虞允文大胜金军之后,料知金军不会善罢甘休,但采石矶他不会再走了。

走哪呢?

杨林河口。

杨林河口距采石矶顶多五十里,也是一个大渡口,既然料到金军要走杨林河口,岂能不做准备?

是进是退,完颜亮正在犹豫,急骤的鼓声突然响了起来,宋舟中的火箭,好似万道金光,一齐射至。风伯也跑出助宋逞威,把金舟尽行延烧。完颜亮亟督兵扑救,偏宋师四面驶集,都来纵火,完颜亮自坐的龙凤舟也被燃着。完颜亮且扑且遁,好不容易奔回北岸,龙头也焦了,凤尾也黑了,所率三百号战船只剩了一半,还都是残缺不全,不能再驶。亮遭此大败,心灰意冷,欲将金舟尽行毁去,轻骑北还。

徒单合喜笑劝道:"陛下不必自灭其志,宋人笨得出奇,略施一计,就会让他们自相残杀。"

完颜亮忙问:"何计?"

"与我对阵的王权,乃是巨盗出身,根本不听主将军令,见面如同仇人。我若用高官厚禄招降他,他即使不降,也会令主将生疑。彼疑既生,必互相防范,我可乘机出兵,各个击之,破宋易如反掌!"

完颜亮连道好计,遂依计而行。

他们哪里知道王权早已离开采石矶,送书的金使,晕头巴脑,非要见王权,宋人也不说破,将他带到中军大帐。

虞允文拆书一看,忍俊不禁,呵呵大笑。

时俊奇而问之,虞允文便将金人之书递给他。时俊看着看着也笑了。

换你,你也笑。几十万人打了一天,完颜亮君臣竟不知对方的统帅是谁?

不但不知,还异想天开地搞反间计!

虞允文收住笑,挥笔作了一书,交给金使:"权因退师,已置宪典,新将李显忠极愿一战,以决雌雄。"

完颜亮读了允文之书,旁顾诸将道:"我只知南宋老将有一刘锜,怎么又有一个李显忠,也这般利害!"

诸将多不知李显忠履历,无词可对,惟有一偏校道:"莫非就是李世辅?"

亮问:"李世辅何许人也?"

偏校便把李世辅如何降金,如何投奔西夏,如何智擒撒离喝,如何归宋,如何两败金兀术等情,一一道来。

完颜亮大喝一声道:"不要说了!"

他掉头指着徒单合喜,厉声叱道:"你竭力劝朕渡江,难道不知宋有李世辅吗?"拔剑一挥,把徒单合喜斩做两段,并命将龙舟毁去,连造舟工役亦杀死两人,自率兵退往扬州。

虞允文正要遣使促李显忠赴任,李显忠突然在杨林河口出现,大喜曰:"公来得正好,我干了一些越职的事,请您见谅!"

李显忠道:"您干得好!若非您越职,金人早已饮马长江了,我李显忠险些成为大宋罪人!"

虞允文道:"经公这么一说,我心中稍安。据我看来,敌人扬州,必与瓜洲舟兵合,京口(今江苏省镇江市)的守备力量太弱,我想往援,公能分兵相助吗?"

李显忠道:"可!"

遂分兵一万六千余人交给允文。

虞允文即日至京口,且谒刘锜问疾。锜执允文手道:"疾不必问。朝廷养兵三十年,一技不施,大功反出一儒生,真令我辈愧死了。"言甫毕,有诏传入,召锜还朝,提举万寿观,别命解元为淮东招讨使,李显忠为淮西招讨使,吴拱为湖北、京西招讨使。

告别刘锜后,虞允文把能搜集到的战舰尽皆搜集,得舰五十艘。又将车船改为战舰,又得一百余艘。

杨沂忠奉诏来守京口,二人相见甚欢。翌日,来一个临江阅兵,命将士试船中流,绕金山三匝,往来如飞。恰巧金主亮领兵来到,命金兵持矢射船,船疾矢迟,俱不能中,众皆骇愕。完颜亮狞笑道:"恐怕是纸船哩。"

言未已,一副将跪白道:"南军有备,不可轻敌,陛下不如回驻扬州,徐图进取。"

完颜亮怒叱道:"汝敢慢我军心吗?"喝令左右,把该将杖责五十,随即召集诸将,限令三日渡江,否则尽杀不贷。

此旨一出,全军惧惊。骁骑高僧欲诱私党亡去,为完颜亮察觉,命将高僧乱刀分尸。且下令曰:"军士逃走,杀弁目;弁目逃走,杀总管①。"众闻令,益加惊惧。嗣又运鸦鹘船至瓜洲,命曰:"明日渡江,敢后者斩!"

众将士暗自嘀咕道:"宋军尽扼渡口,如何过得了江? 过不了江是死,造反呢? 也许死,也许不死。造反,既然还有生的希望,我为何不反呢?"

要造反,不能不推一个头儿。

推谁呢?

完颜元宜。

元宜,本姓耶律,其父乃辽国大将,降金后赐姓完颜。此人早年做过完颜亮的护卫,亮对他非常倚重,一擢再擢,官至兵部尚书,随亮犯宋。

众人明明知道他是完颜亮一手培植起来的,为啥还推他做谋反的头儿?

元宜有一小妾,美如杨贵妃,完颜亮闻之,戏之曰:"唐朝有个杨玉环,唐明皇得之,三日不朝。听说卿的小妾,绰号'赛玉环'。既然敢叫'赛玉环',长得一定很美,朕若得之,怕也会来个三日不朝!"一边说,一边吞口水。

元宜想了三天,将小妾赛玉环盛妆送宫。此后,每隔三五日,亮便召赛玉环前来侍寝。

某次,完颜元宜喝醉了酒,一边哭一边说道:"我不该学范蠡,范蠡为了国家,将自己的心上人西施送给夫差。我呢,为了一顶官帽,居然把自己的爱妾送给昏君。范蠡之为,千古称颂,我之为,遗臭万年! 我……我……"

---

① 总管:官名。完颜亮犯宋时,与诸军统制、左右领军大都督下设三十二总管。

他一连扇了自己十几个耳光。

元宜虽然恨亮,也想杀亮,但要他带头造反,有点怯。武胜军都总管徒单守素不失时机找上门来,劝道:"完颜大人,您莫怕,此举必能成功!"

元宜道:"为什么?"

守素道:"只用把新君已立的消息透露出去,昏君就成了孤家寡人。何况,全军上下,无不痛恨昏君。全军的人都要他死,他还能活得了吗?"

元宜将头一连点了三点道:"你说得对,这个反,我造定了!"

守素道:"要反,就早点反,免得夜长梦多。"

元宜道:"好,咱明晨就反。"

第二天一大早,完颜元宜带领众将,一起来到完颜亮营中。亮寝龟山寺,闻变遽起,还疑是宋兵猝至,即令近侍大庆山出召军士迎敌。庆山将行,忽有一箭射入,被亮接住。视之,不禁大骇道:"这箭是我军所射,并不是宋军。"声未绝,闻外面喧噪道:"速诛无道昏君!"

大庆山语之于亮:"事急矣,请陛下速逃。"

完颜亮叹道:"走怕是不行了。目前之势,唯有一拼!"遂转身取弓。帐外的箭矢如飞蝗般地射了进来,有一箭贯入项颈,他大叫一声,倒在地上。

一小将冲进来,朝完颜亮连砍几刀。

众将士陆续趋进,先将李通、大庆山等次第拿下,然后再把所有妃嫔一股脑儿牵将出来,捆在一处。

大众齐呼道:"速杀速杀!"霎时,乱刀齐下,凡助亮为虐的从臣,及供亮宣淫的妖娆,统统变得血肉模糊,几成菹酱。骁骑指挥使用大磐衣巾,裹了亮尸,厝薪纵火,焚骨扬灰。元宜自为左领军副大都督,一边派兵至汴,杀毙亮后徒单氏及亮子光英;一边退军三十里,遣使持檄至镇江军议和,但被杨沂忠一口拒绝。

金使怏怏而去。

完颜乌禄,不,不能再叫他完颜乌禄了,完颜乌禄上位后改名完颜雍,年号大定;废完颜亮为海陵王;复完颜亶之帝位,且尊之为熙宗;再废完颜亮为庶人;召回犯宋之金军;仍然用辽人张浩为尚书令;封完颜元宜为冀国公、平章政事。

在宋金军包括在荆襄、江淮一带驻防的金军,受诏后不慌不忙地撤回燕京。

纳闷。

宋军呢?

宋军在坚守岗位,不经批准,不得走出军营半步。

这不是某个将军的命令,是圣旨。

赵构想的不是趁机收复失地,而是遣使朝贺完颜雍,使《绍兴和约》不能因为皇帝的变化而生意外。

唉,摊上这样的皇帝,大臣们能有什么办法,想来想去,只有鼓动他的爱将虞允文趁贺金使还未定前劝谏赵构收回圣命。虞允文初生牛犊不怕虎,欣然应允,从京口跑到建康面圣。

赵构很给他面子,不但召见了他,还当面夸他:"卿文武兼备,朕之裴度①也!"并迁其为川陕宣谕使。

虞允文谢过龙恩,故作犹豫道:"陛下,臣有一言,如鲠在喉,不吐不快,但又怕惹您生气。"

赵构满面微笑道:"有什么事,卿尽管说,朕不会生气。"

"将士们私议,完颜元宜杀了完颜亮之后,军心不稳,咱就该出师击之,圣上却叫将士们按兵不动,他们想不通。"

赵构把脸一沉道:"有什么想不通的?《春秋大义》,礼不伐丧!"

虞允文想辩,想了一想,改口道:"礼不伐丧也可,但是,金,吾之世仇也。而且,就目前来看,吾之国力并不比金国差,《绍兴和约》应当废去。陛下不但不废,反遣使求金不要背盟……"

赵构把手摆了一摆道:"卿不要再说了,若无《绍兴和约》的签订,我大宋官兵百姓能过上太平的日子吗?且一过便是二十年!卿睁眼看一看临安的繁华,较之北宋最繁华时期的开封,有无逊色?"

虞允文忙将头点了一点道:"没有。"

赵构道:"所以,这《绍兴和约》不能废。至于内中那些不平等内容,朕将通过议和,该删的一定删去。"

虞允文违心地将头又点了一点。

"朝中大事,朕和众执政自有主张,卿不必操心。"

略顿又道:"眼下,江淮不会再有战火。唯川陕一带,不只金国,连西夏也暗中窥视。朕委你为川陕招讨副使,协助吴璘,为朕好好守住西部边关!"

---

① 裴度(765—839年),字中立。唐代中期杰出的政治家、文学家,辅佐唐宪宗开创元和中兴。

虞允文未曾出宫,赵构又召陈康伯进宫,商议贺金使的人选。

正议时,有司奏,金使高忠建一行四人来朝。

赵构眉开眼笑道:"没想到,对议和的事,金人比咱们还急。"

陈康伯道:"完颜雍当然比咱们急了。他得位不正,不能不对内施恩,对外修好。否则,那屁股下的帝椅很难坐稳!在他周边的诸国中,最大的国是咱,仇最大的也是咱,而咱又屡创他的军队,故而,他特别希望和咱修好。"

赵构颔首道:"卿言甚是。金这一主动,对咱是一件好事。"

陈康伯道:"确实是一件好事。"

赵构道:"向日主和,本为梓宫、太后,虽屈己卑辞,亦所不顾,今金国新君即位,两国通好,就该重正名分、划疆界、改定岁币朝仪。"

陈康伯点头称是,且将赵构之言原封不动地说给高忠建。

高忠建不肯接受赵构建言。

恰在此时,解元、李显忠等人收复两淮的消息传到他的耳中,他便向宋提出抗议。

陈康伯义正辞严道:"完颜亮背盟伐宋,错在金,非宋也。是战是和,您自己定吧!"

高忠建自知理屈,回曰:"愿和。"

几经筛选,赵构遂遣洪迈为贺金登基使,并赐手札于迈道:"祖宗陵寝,暌隔三十年,不得按时祭扫,朕心甚痛。若金人能以河南见归,或可仍遵前约,否则,非改议不可。"遂将国书交给洪迈,书中不再称臣赵构,直称宋帝。

洪迈赍书至燕,金阁门见国书不依前式,令洪迈改写,且令自称陪臣;朝见礼节概用旧仪,遭洪迈坚拒,金人将迈软禁在使馆里,三日水浆不通,洪迈仍然不肯从金之命。

完颜雍闻之大怒,欲将洪迈斩首。张浩劝曰:"自古'两军相交,不斩来使。'咱若杀了洪迈,恐惹诸国见笑。"

因张浩一言,洪迈死里逃生,回到临安,宋金双方再次兵戈相见。

最早与金军开战的是吴璘,他出师汉中,复商、虢诸州及大散关。又遣姚仲攻德顺军,四旬不克。改用李师颜代之,师颜出战百亭,大败金兵,擒金将耶律九斤等百三十七人,金兵败走。吴璘亲往德顺督师,又与金人大战,金人大败,拔营遁去。

吴璘遂整军入城,再派严忠取环州,姚仲、耿㢸、王彦等,复兰、会、熙、巩等州,及永兴军。

虞允文至陕,与吴璘会同规划,次第进行,西陲捷报频传,东土又得捷音。

七十七　赵构内禅

赵构内禅的消息一经传出，举国震惊。论年纪，他才五十六岁，身体倍儿棒，日御一女……

孝宗略思片刻道："朕也知道岳飞死的冤，但事涉太皇，容朕慢慢图之。"

金人每南犯一次，就等于打赵构一次脸。

东路金军由豆斤太师率领，发兵二十万，进攻海州，先派骑兵绕出州城西南，阻截饷道。知州魏胜择劲悍三千余骑，往拒石闸堰，金军不能进，只得退还。魏胜留千骑扼守险要，金兵十余万来争，魏胜率众往援，杀死金兵数千人，余众遁去。及魏胜还城中，金兵复乘夜薄城，围至数匝，魏胜竭力守御，且缒兵向李宝告急。李宝飞章上奏，赵构命镇江都统张子盖驰援。

子盖者，张俊之从子也。字德高，十五岁从军，初从韩世忠，因参加平"苗刘之变"有功，迁承信郎。次后，又参加藕塘、和州、柘皋等战，皆有功，一迁再迁，官居两浙西路马步军都总管、安德军（在今四川阆中市一带）节度使、镇江府都统。

子盖受诏后，率所部万余骑，直趋石湫堰，见河东列着敌阵，即率精骑冲击。

统制张汜奋勇先驱，甫入敌阵，被流矢射中要害，倒毙马下。

子盖大呼道："张统制殉难了，此仇岂可不报！"他跃马直前，所部紧跟其后，纵横驰骤，锐不可当。

金军正有些支持不住，魏胜统军杀来，也似生龙活虎一般，金军愈发惊惧，相继奔溃。后面阻着石湫河，急切无从逃避，多半拥入河中。能泅水的侥幸逃生，不能泅水的当即毙命。海州围解，魏胜收军还城，子盖亦率部回镇。

李显忠闻海州围解，金兵又败，拟乘势规复中原，奏请出师西向，书曰：

>臣愿率所部自宿、亳趋汴京，直达关陕。关陕既通，鄘延一路，素知臣名，必皆响应，然后招集部曲，转取河东。

赵构非但不从，反下诏撤销三招讨使署，命李显忠主管侍卫马军司，解元主管殿前司，吴拱主管侍卫步军司。

不解。

赵构此为，又一个让人不解！

更不解的事情还在后边。

赵构要内禅了。

消息一经传出，举国震惊。

论年纪，他才五十六岁，身体倍儿棒，日御一女。

论外事，刚刚战胜金国。

不，不只是战胜，是迫使金军杀了他们的皇帝。

唯一遗憾的是金国不肯修改《绍兴和约》。

论内事，经济繁荣，国泰民安，杂音也有那么一点——北伐的呼声越来越高。

已经当了金人二十年孙子，《绍兴和约》即使不修改，也无大碍。

与金是战是和，是一个老掉牙的话题，自宋徽宗始，嚷了近四十年，听得赵构耳朵都磨出茧子，他依然我行我素，谁奈何他一根汗毛？

无论国人如何困惑，无论大臣怎么劝，赵构去志甚坚。为顺利内禅，他先晋赵玮为太子，更名昚。一个月后，正式颁诏退位，由赵昚继皇帝位，自称太上皇帝。诏曰：

>朕以不德，躬履艰难，荷天地祖宗垂裕之体，获安大位三十有六年。忧劳万几，宵肝靡怠，属时多故，未能雍容释负，退养寿康。今边鄙粗宁，可遂如意。
>
>太子赵昚，贤孝，当克皇帝大位。望文武百官像辅佐朕那样辅佐新帝。
>
>朕自此以后，以澹泊为心，颐神养志。
>
>朕在位，失德甚多，更赖卿等掩覆。

诏书由陈康伯宣读，读得声情并茂，连赵构都给感动了，泪水在眼眶打转。

原定的仪式，宣诏后，赵构避座，由侍臣拥赵昚，到正殿就座。

赵昚来至御座旁，却不肯就座，经赵构勉谕再三，方才勉强就座。

陈康伯率百僚拜贺，赵昚又遽起立。陈康伯请他落座，赵昚愀然道："君父有命，本诸独断，自恐无德，未便当此大位。"

陈康伯等少不得将他恭维一番，他才落座。至此，禅位大典告结，赵构涕泪出殿，移驻德寿宫。

是时，大雨滂沱，赵昚见太上皇要走，赶紧追了出去，脱下礼服，披在赵构的轿子上，他自己扶着轿子，既不张伞，也不举盖，一步步冒雨而行，好似一个落汤鸡。经赵构再三劝阻，他才回宫。

赵构笑逐颜开，对左右说道："付托得人，我无忧了。"

是日，为绍兴三十二年（1162年）六月十一日。

越日，颁诏大赦。

又越日，以即位礼成，告天地宗庙社稷，因他庙号孝宗，史称孝宗皇帝。定五日一朝德寿宫，因太上皇赵构觉着麻烦，改为每月三朝。

俚语曰："新官上任三把火。"

孝宗正当盛年，血气方刚。他想烧的第一把火——收复失地，一雪国耻。

这把火，还在他做皇子的时候就想烧。

绍兴三十一年，完颜亮率兵南侵，知内侍省都知张无为等，主张幸闽或幸蜀以避敌。孝宗非常气愤，上书赵构，请求带兵抗金。他的老师史浩提醒他："皇上也有避敌的意思，您不能和皇上对着干。"

孝宗一脸惊慌道："书已上，奈何？"

史浩道："再上一书，请求入宫护驾，以皇上进退为进退。"

书上，赵构阅之，龙颜大悦，赐其宝剑一把。而今他做了皇帝，满以为自己大权在握，可以一展宏图了。

要实现自己的宏图，得有人呀。

辅佐的第一人选，当然是刘锜了。正要颁诏相召，刘锜死了。他既惋惜又悲痛，赠封吴王，谥号"武穆"。

谥号是人死后按其生前所作所为，给出一个具有评价意义的称号。官谥的有四种——上谥、下谥、恶谥、平谥。

上谥为褒扬，又称美谥，诸如文、庄、武、宣、襄、明、睿、康、景、昭、穆等。

在刘锜之前，官谥"武穆"的仅四人：唐李光弼（平息安史之乱），五代十国马殷（统一湖南,号南楚王)、宋高怀德(开国功臣)、曹玮(为将四十年,杀敌无数,未曾败过一阵)。

人死不能复生,第二个人选,孝宗盯上了张浚。

在完颜亮犯宋的危急关头,太上皇不得不召回张浚。还未来得及拜将,完颜亮被弑,金兵北撤,太上皇把他晾在了建康。未几,又贬永州。

孝宗做皇子时,就对张浚心存仰慕之情,也知道他是主战派。

张浚正闲得无聊,一召便至。谈及宋金关系,张浚直言不讳道:"一味求和,不是办法,对金人的挑衅更不能忍气吞声。"

孝宗颔首说道:"卿言之有理,就目前来讲,当做何事?"

"陈兵两淮,遣舟师自海道捣山东;命诸将出师犄角,进取中原;同时声援西线的川陕部队。"

孝宗点头称是。遂加张浚少傅,封魏国公,出任江淮宣抚使。

陈康伯见张浚又是宣诏、又是迁官,还授以军权,这才知道,新帝不同老帝,是真要抗金,中兴宋室了,便面觐孝宗,直言道:"岳飞是坚定的主战派,因抗金被杀,普天下皆知其冤。去岁,完颜亮大举南侵,御史中丞汪澈宣谕荆、襄,鄂州将士集体上状,要求为岳飞昭雪,哭声如雷,复又大呼道:'为我岳公争气,效一死!'陛下若能为他昭雪,举国将会称颂圣恩,抗金的士气也会大涨。"

孝宗略思片刻道:"朕也知其冤,但事涉太上皇,容朕慢慢图之。"

陈康伯颔首称是,正要告退,突然想起一人。只要这个人复官,无论是平反岳飞冤案,还是抗金,都是一个得力大将。

他面向孝宗,笑微微地说道:"陛下既然志在收复中原,中兴宋室,臣斗胆给您举荐一人。"

"卿所荐何人?"

陈康伯道:"胡铨。"

"是不是差一点当上状元的那个胡铨?"

陈康伯颔首道:"正是这个胡铨。"

孝宗一脸兴奋道:"这个人朕知道,他在做枢密院编修时,反对与金议和,曾上疏朝廷揭露金国的阴谋,请求朝廷斩下投降派秦桧、王伦、孙近的首级。此疏被人刻版印刷散发,吏民争相传诵,金人闻之,用千金求购此书。可惜呀,可惜! 此人被贬送新州。哎,胡铨今在何处?"

"衡州安置。"

孝宗道："朕这就召他回来，任吏部郎官。"

陈康伯再拜说道："陛下圣明！"

一晃，两个月过去了。其间，陈康伯与孝宗五次奏对，每次都提到为岳飞昭雪之事，孝宗总是说，再等等、再等等。

一日，康伯与胡铨商议国事，议到了为岳飞昭雪之事，康伯长吁短叹。

胡铨笑曰："陈公聪明一世，怎么糊涂一时？岳飞冤死何人之手，陈公并非不知。皇上初立，他能和太上皇对着干吗？要想为岳飞昭雪，得过太上皇这个坎。"

陈康伯又是一声长叹："这个坎难过。"

胡铨道："也不一定。"

陈康伯道："怎么过？"

胡铨反问道："您说太上皇是个什么样的君？"

"时昏时明。"

胡铨颔首说道："对，他确实是时昏时明。但是，不知道您注意了没有？他的昏，和别的昏君不同，他即使做了错事、恶事，没有一件是受了奸人蒙蔽才做。譬如杀岳飞，那是他自己想杀，秦桧只是推波助澜而已。他为什么要杀岳飞，那是金人要他杀，不杀就不与他议和，若不议和，他总担心他的帝位不稳；

"这个担心来自三个方面。第一，金人若要立先帝钦宗为帝，他怎么办？第二，他畏金如虎，不愿也不敢和金人打。第三，太祖陈桥兵变的前辙，他害怕武人重蹈；

"现在不一样了，第一，钦宗驾崩十年了，不再对他的帝位构成威胁。第二，金帝易主，内事、外事已经够他忙了，无暇对咱用兵。就是用兵，咱也不怕。何也？完颜亮御驾亲征，被咱一个名不见经传的书生打得落花流水。第三，经他这二十几年的打压，武将中已经没有敢向朝廷叫板的人，不用担心'陈桥兵变——黄袍加身'了。第四，人心都是肉长的，岳飞为朝廷屡建大功，他却昧着良心把岳飞杀了，心中能不愧吗；

"再之，《绍兴和约》虽然签了，但金人并没认真遵守，一而再再二三地背盟、南犯。岳飞若是不死，金人敢南犯吗？敢逼着他跪接金诏吗？所以，金人每南犯一次，就是打他一次脸。他不是一般人，他是一个皇帝。他那脸比一般人金贵得多。谚曰：'打人不打脸，揭人不揭短。'他屡屡被金人打脸，他心中能好受吗？他能不恨金人？他能不生愧心？他退位时说过这么一句，不知陈公记得否？"

"什么话？"

"朕在位,失德甚多,更赖卿等掩覆!"

陈康伯频频颔首道:"记得,记得。"

胡铨道:"太上皇这人,您也知道,常以中兴之主自诩,如今,居然当着文武百官说自己'失德甚多',还要'赖卿等掩覆'!他既然公开承认自己'失德甚多',还会坚决反对为岳飞昭雪吗?关键是,得给他通个气,得把为岳飞昭雪的功记在他的名下。"

陈康伯脱口赞道:"说得好,与君一席话,真是胜读十年书呀!"

胡铨双手抱拳道:"陈公过奖了。"

陈康伯道:"先别说过奖的话。您觉着,这个气让谁通?"

胡铨道:"杨沂中。遍观满朝文武,就数他最为太上皇所重。"

陈康伯道:"好,我今天就找杨沂中。"

杨沂中听陈康伯说明来意,犹豫片刻道:"这个气末将愿意通,但是,您也知道,不管谁要杀岳飞,最后点头的是太上皇。他即是后悔了,让他再点一个头,为岳飞昭雪,岂不是要他公开承认,他杀错了吗?"

陈康伯道:"错了又怎么样,《左传》曰:'人非圣贤,孰能无过。知错能改,善莫大焉'!"

杨沂中叹道:"这话说着容易,做着难。况且,他还是帝王之尊。不过,行与不行,这个气我得去通。"

陈康伯双手抱拳,道了声"谢谢",正要告辞,杨沂中道:"陈公能不能给末将找一个会编书的儒士?"

陈康伯道:"能啊,张孝祥就很会编书,你找这样一个人干什么?"

杨沂中道:"编书,编一个为岳飞喊冤的小书,这书中还不能出现太上皇,更不能道太上皇半个不字。"

陈康伯道:"怎么编我不管,我只管把张孝祥找来,你直接给他说。"

杨沂中道:"好。"

七十八　魂游丰都城

冥王大怒道:"子为儒流,读书习礼,何以怨天怨地,谤鬼侮神!"

驱秦桧等至风雷之狱,缚于铜柱,一鬼卒以鞭扣其环,即有风刀乱至,绕刺其身,桧等体如筛糠。

胡迪再三挽留,被二鬼吏猛推一把,倒在地上。

张孝祥不愧是状元出身,那真叫个中,第二天便把书编了出来,取名《胡秀才魂游丰都城》。

杨沂中得了此书,直造德寿宫,向太上皇问过了安,又扯了一会儿闲话,方才说道:"太皇,微臣昨夜逛街,得一小书,事涉本朝一位故相,不敢私藏,献之太皇,您以为可读则读,不可读则焚去。"

他双手将书呈给太上皇。

太上皇接书阅之,《胡秀才魂游丰都城》七个大字映入眼帘,便翻过书封,一行行看了下去,那眉头越皱越紧。书曰:

邓州城有一秀才,姓胡明迪,为人刚直无私。常说:"我若为官,定要扶持善类,驱尽奸邪,使朝政清明。"

怎奈,时运不利,一气走了十科不中,乃隐居老君山中,读书治圃。然不平之意,时时发露。

一日,独酌小轩之中。饮至半酣,启囊探书,得《秦桧东窗传》。读未毕,赫然大怒,气涌如山,大骂奸臣不绝。再抽一书观看,乃《李牧传》,诵了一遍,心上愈加不平,拍案大叫道:"如此忠义之人,偏教他杀身绝嗣,皇天,皇天,好没分晓!"

他越说越气,取酒痛饮,似醉非醉,抖着手在《秦桧东窗传》上题诗一首。

七十八　魂游丰都城

诗云：
长脚邪臣长舌妻，忍将忠孝苦诛夷。
愚生若得阎王做，剥此奸雄万劫皮！

吟了数遍，撇开一边。再将《李牧传》，也题四句：
只手擎天志已违，带间遗赞日争辉。
独怜血胤同时尽，飘泊忠魂何处归？

自吟一遍后，余兴未尽，再题四句于后：
桧贼奸邪得善终，羡他孙子显荣同。
韩信酷死兼无后，天道何曾识佞忠！

写罢掷笔，再吟数遍，酒力上涌，和衣就寝。

俄见皂衣二吏，至前揖道："阎君命仆等相邀，君宜速往。"

胡迪正在醉中，不知阎君何人，答道："吾与阎君素昧平生，今见召，何也？"

皂衣吏笑道："君到彼自知，不劳详问。"

胡迪方欲再拒，被二吏挟之而行。离城约千余里，乃荒郊之地，烟雨霏微，如深秋景象。再行数里，望见城郭，居人亦稠密，往来贸易不绝，如市廛之状。行到城门，见榜额乃"丰都"二字，迪才省得是阴府。业已至此，无可奈何。既入城，则有殿宇峥嵘，朱门高敞，题曰："耀灵之府"，门外守者甚严。一皂衣吏相伴，一皂衣吏入内。

少顷，入内皂衣吏复出，招迪曰："阎君召子。"迪乃随吏入门，行至殿前，榜曰"森罗殿"。殿上王者，衮衣冕旒，类人间神庙中所塑神像。左右列神吏六人，绿袍皂履，高幞广带，各执文簿。阶下侍立百余人，有牛头马面，长喙朱发，狰狞可畏。

胡迪稽首于阶下，冥王问道："子即胡迪耶？"

胡迪回道："在下正是胡迪。"

冥王大怒道："子为儒流，读书习礼，何以怨天怨地，谤鬼侮神乎？"

胡迪答道："迪乃后进之流，早习先圣先贤之道，安贫守分，循理修身，并无怨天尤人之事。"

冥王喝道："你说，'大道何曾识佞忠'岂非谤言乎？"

说毕，两眼直视胡迪。

众鬼卒狐假虎威，齐声喝道："说！"

经冥王这么一责，胡迪方才想起酒醉题诗之事，再拜谢罪道："贱子酒酣，罔能持性,偶读忠奸之传,致吟忿憾之辞。炯望神君,特垂宽宥。"

冥王道:"子试自述其意,怎见得天道不辨忠佞?"

胡迪不慌不忙回道:"秦桧卖国和番,杀害忠良,一生富贵善终,其子秦熺,官居少师,孙秦埙,翰林学士,三代俱在史馆;岳飞精忠报国,父子就戮;李牧,赵国末第一忠臣,却招致绝嗣。福善祸淫,天道何在?愿神君开示其故。"

冥王呵呵大笑:"子乃下土腐儒,天意微妙,岂能知之?汝既然想知内中原因,本王便讲给你听。

"宋徽宗大观元年,显仁皇后有孕,梦见一穿着红袍,自称钱镠的人,对她说道:'本王乃吴越国开国君主,身处乱出,鼓励农耕,兴修水利,不仅保住了一方黎民,还使两浙地区,成为富饶美丽的鱼米之乡。本王孙子钱俶为君,并无失德之处。汝之五世祖赵光义,不但夺了本王的疆土和黎民,还鸩死了本王孙子钱俶,这仇这恨,本王不能不报,本王已上奏玉帝,投胎做汝的儿子,夺回所失之国。'显仁皇后醒后,遂生赵构。他是来索取旧疆的,所以偏安南渡,无志中原。秦桧适逢其时,力主和议,亦天数使然也,但不该诬陷忠良,故上帝斩其血胤。秦熺非桧所出,乃其妻兄王焕之子,长舌妇冒认为儿,虽子孙贵显,秦氏魂魄岂得享异姓之祭哉;

"岳飞系三国张飞转生,忠心正气,千古不灭。一次托生为张巡,改名不改姓。二次托生为岳飞,改姓不改名。虽然父子屈死,子孙世代贵盛,血食万年;

"李牧虽然遭斩,唐代将他配享武庙。宋宣和五年,宋室依照唐例,列七十二位名将配享武庙,其中就有李牧。李牧虽死,嫡侄为嗣,延其宗祀,居官清正,岂得为无后耶?夫天道报应,或在生前,或在死后;或福之而反祸,或祸之而反福。须合幽明古今而观之,方知毫厘不爽。子但据目前,以管窥天,不知量矣。"

胡迪顿首道:"承神君指教,开示愚蒙,如拨云见日,不胜快幸。愚民但据生前之苦乐,安知身后之果报哉?以此冥冥不可见之事,欲人趋善而避恶,如风声水月,无所忌惮。宜乎恶人之多,而善人之少也。贱子不才,愿得遍游地狱,尽现恶报,传语人间,使知儆惧自修,未审允否?"

冥王点头道是,即呼绿衣吏,以一白简书云:"右仰普掠狱官,即启狸牢,引此儒生,遍观冥间报应,毋得违也。"

吏领命,引胡迪从西廊而进。过殿后三里许,有石垣高数仞,以生铁为门,题曰"普掠之狱"。

吏将门环叩三下,俄顷门开,夜叉数辈突出,来擒胡迪。

吏叱道："此儒生也，无罪。"便将阎君所书白简教他们看了。

夜叉道："吾辈只道罪鬼入狱，不知公是书生，幸勿见怪。"遂入内，只见广袤五十余里，日光惨淡，风气萧然。四围门牌，皆榜名额：东曰"风雷之狱"，南曰"火车之狱"，西曰"金刚之狱"，北曰"溟泠之狱"。男女荷铁枷者千余人。

又至一小门，见男子二十余人，皆披发裸体，以巨钉钉其手足于铁床之上，项荷铁枷，举身皆刀杖痕，脓体腥秽不可近。旁一妇人，裳而无衣，罩于铁笼中。一夜叉以沸汤浇之，皮肉溃烂，号呼之声不绝。

绿衣吏指号叫之裸妇道："此即秦桧之妻长舌妇也。"

又指床上众人道："前四人，乃陷害岳飞的秦桧、万俟卨、张俊、王俊。后二十余人，依次是巨奸蔡京父子、王黼、朱勔、李彦、高俅、张邦昌、刘豫父子、张德超、侯莫陈利用、王钦若、丁谓、陈彭年、林特……皆宋之党恶之徒。王遣施刑，请君观之。"

说毕，即驱桧等至风雷之狱，缚于铜柱，一鬼卒以鞭扣其环，即有风刀乱至，绕刺其身，桧等体如筛糠。良久，霹雷一声，击其身如虀粉，血流凝地。

少顷，恶风盘旋，吹其骨肉，聚为人形。

吏向迪道："此震击者阴雷也，吹者孽风也。"

又呼鬼卒将桧等人，驱至金刚、火车、溟泠等狱。

吏道："入此狱后，饥则食以铁丸，渴则饮以铜汁。三年之后，变为牛、羊、犬、豕，生于世间，为人宰杀，剥皮食肉。其妻亦为牝，食人不洁，临终亦不免刀烹之苦。"

胡迪道："其罪何时可脱？"

吏答道："除是天地重复混沌，方得开脱耳。"复引迪到西垣一小门，题曰"奸邪之狱"。荷桎梏者百余人，举身翘刃，浑似猬形。

胡迪又问："此辈皆何等人？"

吏答道："此皆历代，奸邪党恶之徒，欺君罔上，蠹国害民，如梁冀、董卓、卢杞、李林甫之流，皆在其中。每三日，亦与秦桧等同受其刑。三年后，变为畜类，皆同桧也。"

复至南垣一小门，题曰："不忠内臣之狱"。内有牝牛数百，皆以铁索贯鼻，系于铁柱，四围以火炙之。

迪复问道："牛畜类也，何罪而致是耶？"

吏摇手道："君勿言，姑俟观之。"即呼狱卒，以巨扇拂火，须臾，烈焰亘天，皆不胜其苦，哮吼踯躅，皮肉焦烂。良久，大震一声，皮忽绽裂，其中突出几个人来。视之俱无须鬓，寺人也。

吏呼夜叉掷千镬汤中烹之，但见皮肉消融，只存白骨。少顷，复以冷水沃之，白骨相聚，仍复人形。

吏指道："此皆历代宦官，秦之赵高，汉之十常侍，唐之李辅国、仇士良、王守澄、田令孜，宋之童贯、梁师成等，从小养之禁中，锦衣玉食，欺诱人主，妒害忠良，浊乱海内，方受此报。"

复至东壁，男女数千人，皆裸体跣足，或烹剥刲心，或挫烧舂磨，哀呼之声，彻闻数里。

吏指道："此皆在生时为官为吏，贪财枉法，刻薄害人，及不孝不友，悖负师长，不仁不义，故受此报。"

迪叹曰："今日方知天地无私，鬼神明察，吾一生不平之气始出矣。"

吏指北酆："此去一狱，皆僧尼哄骗人财、奸淫作恶者。又一狱，皆淫妇、妒妇、逆妇、恶妇之辈。"

迪道："果报之事，吾已悉知，不消去看了。"

吏笑携迪手偕出，仍入森罗殿。迪向冥王再拜，叩首称谢，咏诗四句呈上。诗曰：

权奸当道任恣睢，果报原来总不虚。

冥狱试看刑法惨，应知今日悔当初。

咏毕，迪又道："奸回受报，仆已目击，信不诬矣。其他忠臣义士，在于何所？愿希一见，以适鄙怀，不胜欣幸。"

冥王俯首而思，良久乃曰："诸公在人间，皆为王公大人，享受天禄。寿满天年，仍还原所，以俟缘会又复托生。子既求见，吾躬导之。"遂登舆而前，迪紧随其后。

行五里许，但见琼楼玉殿，碧瓦参横，朱牌金字，题曰"天爵之府"。

既入，有仙童数百，皆衣紫绡之衣，悬丹霞玉珮，执彩幢绛节，持羽葆花旌，云气缤纷，天花飞舞，龙吟凤吹，仙乐铿锵，异香馥郁，袭人不散。殿上坐者百余人，头带通天之冠，身穿云锦之衣，足蹑朱霓之履。玉珂琼珊，光彩射人。绛绡玉女五百余人，或执五明之扇，或捧八宝之盂，环侍左右。见冥王来，各各降阶迎讶，宾主礼毕，分东西而坐。

仙童献茶已毕,冥王述胡迪来意,命达致拜。

诸公皆答之尽礼,同声赞道:"先生可谓'仁者,能好人,能恶人矣'。"乃别具席于下,命迪坐。迪谦让再三不敢。

冥王曰:"诸公以子斯文,能持正论,故加优礼,何用苦辞?"

迪乃揖谢坐。

冥王拱手道:"座上皆历代忠良之臣、节义之士,在阳则流芳史册,在阴则享受天乐。每遇明君治世,则生为王侯将相,扶持江山,功施社稷。"遂将在座诸人,一一向迪介绍:"此乃夏之伯靡、杼、有虞氏;此乃商之甘盘、伊尹、傅说、妇好、崇侯虎、微子启、比干、箕子;此乃周之大颠、闳夭、散宜生、南宫适……此乃今朝之赵普、杨业、高怀德、曹彬、杨延昭、曹玮、李继隆、寇准、范仲淹、王旦、欧阳修、富弼、韩琦、文彦博、包拯、赵忭、种世衡、李若水、王禀、张叔夜、李纲、岳飞、韩世忠、吴玠、刘锜、张宪、杨再兴、岳云、牛皋、赵立、杨邦乂、唐奇、徐徽言、李彦仙……"

迪一再向座上之人揖手,众人亦还揖。

冥王将座上众人一一介绍之后,向胡迪说道:"子观善恶报应,忠佞分别不爽。假令子为阎罗,恐不能复有所加耳。"

迪避席下拜谢罪。

诸公齐声道:"此生好善嫉恶,出于至性,不觉见之吟咏,不足深怪。"

冥王大笑道:"诸公之言是也。"

迪又拜问:"仆尚有一疑,求神君剖示。仆自幼苦志读书,并无大过,何以一生无科第之份?岂非前生有罪孽乎?"

冥王回道:"不是前世,是今生。"

胡迪愕然道:"贱子此生从没有干过缺德之事呀!"

冥王道:"汝十五岁那年,在湍河边读书,一浣衣妇不慎落水,大声哭救,汝举目视之,见是本村的一个恶妇,此妇还曾殴打过汝母。汝便眼睁睁地看着她越冲越远,命丧河中,有无此事?"

胡迪叹道:"有,为此事,直到如今,我还在后悔,恶妇死后,我每年总要送她家一些银钱,以补家用,直到她两个儿子成了家,这才不送。"

冥王道:"不管什么原因,汝见死不救就是犯罪。汝原本寿七十有三、官七品之县。你之所为,冥界上奏天庭,玉帝御批道:'除去功名,减寿二十年。'又因你此后之善举,玉帝又批曰:'复原寿,为之秀才。'玉帝这样做,对你已经是皇恩浩荡了。"

胡迪再拜说道:"多谢玉帝、多谢冥王。腐儒今年,刚好五十有三,后二十年之命,实赖玉帝所赐,腐儒返回凡间之后,一是著书,宣扬玉帝恩德及善恶报应。二是吃斋念佛,了却残生。"

冥王道:"著书可以,吃斋念佛也可也,且不可'了却残生'。如果汝一心向佛,多做善事,一定会有'福报',且不可再有'了却残生'之念!"

胡迪再拜道:"谢冥王。"

说毕,告别冥王及诸公,由二朱衣吏相送归家。走着走着,天色渐明,朱衣吏向前指道:"日出之处,即君家也,吾不再送。"

迪挽住二吏之衣,欲延邸谢之,二吏摇头拒之。

迪再三挽留,被二吏猛推一把,倒在地上,醒了过来,遂展臂而寤。

太上皇将书读毕,面无表情,良久方道:"此书必恶桧之人所作。"

杨沂中笑微微说道:"即使是恶桧之人所作,但书中体现的,乃是惩恶扬善,颇有教化之义。"

太上皇将头轻轻点了一点,忽又说道:"沂中,你老实回朕,你给朕送书,受何人所遣?"

杨沂中"嘿嘿"一笑道:"臣只是觉着这部书文笔不错,又有教化之义,呈给太皇,并未受人之遣。"

太上皇沉着脸道:"你在说谎。"

杨沂中又是"嘿嘿"一笑道:"太皇何以以为臣在说谎?"

"大前天,皇上朝我时,提出想为岳飞昭雪,我左顾而言它。今天,你便把扬飞抑桧的这本书呈我,岂不是受了皇上之遣?"

杨沂中复又"嘿嘿"一笑道:"太皇圣明。臣给您呈这部书,确实有迎合皇上之意,但非皇上所遣。"

太上皇曰:"何人所遣?"

七十九　乾道之盟

在隗顺儿子的带领下,找到了岳飞的葬地,用一品官礼仪将他迁葬到栖霞岭南麓。

孝宗放弃北伐已经大错,放弃秦陇更是错上加错。此举,比他老爹还要混蛋。

一日,赵构驾幸灵隐寺,一行者捧着茶盘跪而献茶,太上皇举目瞧了一瞧问道:"吾观汝不像行者。"

杨沂中老老实实回道:"宰相。"

太上皇一脸愤然道:"这个陈康伯,真是多事!"

一身媚骨的杨沂中一反常态,叩首说道:"陛下,臣觉着并非陈康伯多事,是朝野为岳飞鸣冤的呼声太高。"

太上皇道:"你也觉着应该为岳飞昭雪?"

杨沂中将头重重点了一点。

太上皇怒道:"如果为岳飞昭雪,岂不让国人觉得我冤杀了岳飞吗?"

杨沂中道:"那书上写得明明白白,是秦桧、万俟卨、张俊害了岳飞。再之,岳飞之死,朝野皆以为冤,包括已薨的显仁皇后。臣听说,虔州城百姓家家张挂岳飞遗像,早晚供奉;鄂州百姓为岳飞建忠烈庙,奉其为神。故而,臣以为岳飞的雪迟早要昭。但晚昭不如早昭,最好由您自己来昭。"

太上皇默想良久,叹道:"卿言是也!说心里话,自金人第一次败盟,我就觉着不该杀岳飞,也曾想到为他昭雪,但始终拉不下脸。我刚一退位,皇上便要为岳飞昭雪,岂不是打我的脸吗?"

杨沂中道:"臣不这么认为。"

"卿怎么认为?"

杨沂中道："国人并不傻,谁是大宋的真正掌舵人,一个个肚如明镜,不管谁出面为岳飞昭雪,这个功都会记在您的头上。"

太上皇辗然而笑曰："谚曰,'话是开心斧',你这一讲,把纠结我多年的疙瘩解开了。待皇上再来朝德寿宫时,岳飞的事我亲口给他说。"

他抖了抖手上的小书又道："这个东西,多印几册,发的范围越大越好。"

杨沂中再拜告退。

三天后,孝宗召陈康伯进宫,笑颜逐开道："太上皇同意为岳飞昭雪,怎么昭,可召众执政及礼部议一议。"

要为岳飞昭雪,不只要找出他无罪的证据,还得找出他对国家、对朝廷的贡献,特别是战功。但查遍南宋诸史、及起居注、时政记、日历、实录、会要等,却查不出岳飞一件战功。询之史官,曰："秦桧为相期间,自兼诸记、诸史的监修,还让他的儿子做'提举监修'。修史之时,凡有关岳飞父子功绩的材料全部销毁。"

宋孝宗铁了心要为岳飞平冤,没有史料记载,便亲自出面,召集群臣回忆。因参加人员有限,回忆的资料还得查证落实,而查证落实又非常困难,孝宗颁诏曰："仰乘太上皇之意,追复岳飞原官,以礼改葬;访求其后,特与录用。"

从这道圣旨来看,岳飞并没有昭雪,只是复官而已。

虽说只是为岳飞复官,临安几乎沸腾了,把酒相庆,载歌载舞。主战派更是扬眉吐气。

既然要为岳飞改葬,飞墓呢,飞尸呢?

找不到飞墓飞尸,那葬怎么改?

未找到飞墓飞尸,朝廷悬赏求之。十天后,方有一个姓隗的农夫前来揭榜,经过官府盘问,方知他是隗顺的儿子。隗顺将死之时,才将岳飞的埋葬地点告诉了儿子,并嘱他保守秘密。

有司在隗顺儿子的带领下来到了岳飞的葬地,用一品官礼仪将他迁葬到栖霞岭南麓,就是现在的岳坟所在地。

岳飞复官后,孝宗又颁两诏,复岳云之官;召岳雷、岳霖、岳震、岳霆回京,分别任忠训郎、右承事郎、户部度制司郎中和朝散大夫。

为岳飞复官,虽说大得民心,但也有一些杂音,带头反对的是史浩。孝宗一向对史浩非常敬重,觉着对不起他,便迁他为参知政事,了补心中之愧。

对于史浩的迁官,朝野皆以为不可,张浚第一个反对,说他是桧党,专讲议和,孝宗很不高兴。

恰在此时,畏金如虎的太上皇听说孝宗欲要北伐,且由张浚掌军,便直言警告孝宗:"北伐不可行,张浚不可用。浚徒有虚名,将来必误大计。"

孝宗笑回曰:"金人自亡我北宋以来,耽于享受,军非昔日之军,将亦不是昔日之将。今又内讧,我伐当其时,胜算不说有十成,八九成应该有的。至于张德远,金人谈之色变,他的虚名也不是枉来的。"

太上皇道:"你有点小看金人了!谚曰,'虎死雄威在';又曰:'瘦死的骆驼比马大',对金是战是和,事关社稷存亡,我劝你好自为之。"

孝宗诺诺而退。

太上皇说不动孝宗,便将史浩召至德寿宫,扯了一会闲话,笑曰:"去年,金主亮南侵,当今天子上书请战,吾未来得及御批,他居然又上一书,请求入宫护驾,以我的进退为进退。这是何人的主意?"

史浩慌忙避席,一脸惶恐道:"臣罪该万死!"

一边说一边叩头。

太上皇做了一个制止的手势道:"吾选储君时,曾赐给当今天子和赵璩各十个未被临幸的宫女,赵璩一一开苞,而当今一个未动,这又是何人主意?"

史浩复又叩了三个响头:"臣罪该万死!"

太上皇并没有显出生气的样子,继续问道:"卿得以出任太学正,何人所荐?"

史浩迟疑了一下道:"好像是秦桧所荐。"

太上皇道:"不是好像,是一定!"

史浩再次叩首。

太上皇一脸凝重道:"吾之三问,卿可知何意?"

史浩叩首回道:"臣知之。"

太上皇脸上略现喜色道:"卿可谓一个明白人。"

史浩再拜告退,匆匆出了德寿宫,直奔勤政殿,也不知他和孝宗谈了些什么,不但放弃了北伐,还要放弃秦陇三路①。

孝宗一连颁了两诏,一、命令正在德顺(今宁夏隆德县)一带与金兵浴血奋战的吴麟撤军,致使吴麟、虞允文等将士用血汗换得的三路疆土得而复失。二、将连番十五次

---

① 三路:即秦凤、熙河、永兴路。路,宋朝的地方行政单位,分路府(州)县三级。路相当于现在的省。

上书,谏阻放弃秦陇的虞允文贬到夔州。

放弃北伐已经大错,放弃秦陇更是错上加错。

唉,这个宋孝宗,居然有人说他是南宋最能干的一个皇帝,而他却主动抛弃秦陇,此为比赵构还要混蛋。

好在当虞允文入对时:"以笏划地,陈其厉害。"孝宗追悔莫及,连叹:"史浩误朕!"且下诏吴璘,"进退由璘自主","前日德顺回师,道远,不知卿等之划,朝廷过虑,致失机会。"

孝宗既然知道"史浩误朕",不仅未对史浩加以惩处,反迁其为尚书右仆射、同平章事,兼知枢密院事,既掌政又掌军,权力超过了左相陈康伯。

不解。

实在让人不解!

越年,孝宗改元隆兴。

"隆"者,盛大,深厚也;"兴"者,盛也。

既然想"隆兴",就得有一番作为——北伐金国,收复疆土。遂迁张浚为枢密使、兼江淮都督,撇开左(陈康伯)、右(史浩)二相,在"廷议莫以为可"的情况下,让张浚坐镇扬州,主持北伐大计,兵分两路,一路由淮东招抚使李显忠率领,出濠州,趋灵璧;一路由淮东招抚副使邵宏渊率领,出泗州、趋虹县、决战符离(今安徽省宿州市埇桥区符离镇)。李显忠开局非常好,打得金军丢盔卸甲。因邵宏渊耻居李显忠之下,又忌其功,蛊惑士卒,涣散军心,决战时刻,又率部遁去,导致宋军惨败。

太上皇得知败讯,便"日顾夫五百人,立殿廷下,人一日一千文,各备担索。"装作随时出逃,逼孝宗罢去张浚,早日与金议和。

孝宗虽然素有孝名,却不为之所动,赐手书于张浚:"今日边事,倚卿为重,卿不可遂畏人言,朕当与卿全始全终。"

张浚喜出望外,立即对防务进行了重新部署,命魏胜守海州、王德守泗州、戚方守濠州、王贵守六合,并在淮阴训练水军,在寿春训练骑兵。

主战派雄心勃勃,欲再次北伐。主和派上蹿下跳,阻止北伐。两大派唇枪舌剑,就差动武了。

关键时刻,孝宗又犯了糊涂,平衡。我来一个平衡。

迁秦桧死党汤思退为尚书右仆射、兼知枢密院事;降张浚为特进枢密使、宣抚淮东淮西两路;李显忠为果州(今四川省南充市)团练副使、潭州安置;降邵宏渊为建康都统制。

同样是降,邵宏渊是符离兵败的罪魁祸首,虽然降官,却依然统兵。李显忠有功无过,不只降了官,还来一个安置。

更气人的是,辛次膺因反对议和得罪了秦桧,被罢官闲居。一个月前,孝宗方将他召回,并迁官参知政事,因反对汤思退,再次被罢官。

这叫平衡吗?

这分明是在学他养父。

但与他养父相比,又有区别,他的养父一味主和,他呢,忽而说和,忽而说战,硬把张浚给气死了。

张浚将死之时,给他的两个儿子写了一份遗书。书曰:"我身为相国,不能收复中原,雪洗国耻,死后不要葬在祖茔里。"

宋孝宗阅了张浚之书,大为感动,追封张浚为太保,后又追赠太师,赐谥"忠献"。

张浚忠勇有余,才智不足,虽然扛不动北伐的大旗,但他毕竟是坚定的主战派,且还是主战派的一杆大旗,大旗倒了,还谈什么北伐、抗金?

就在张浚死后不到四个月,南宋便与金签订了第二个丧权辱国的和约——《隆兴和约》。因这个"和约"在第二年生效,故又称《乾道之盟》。

"乾道"者,宋孝宗之年号也。

"隆兴"不成了,只有来一个"乾道"。乾道者,天道、阳刚之道。这个年号,你赵昚配吗?

何况,太祖赵匡胤为年号的事狠批过宰相赵普:"年号不得袭旧。"而"乾道"这个年号,西夏惠宗李秉常已经用过。

且是,这个年号只用了二年,李秉常便死了。

且是,李秉常虽贵为皇帝,朝政却由他的母亲把持,"忧愤而死。"是年二十五岁。

如果这个年号让赵匡胤知道了,不从棺材里蹦出来骂你赵昚才怪呢!

唉,不管出于什么原因,也不管《隆兴和约》出卖了宋人多少利益。对于这个"和约"的签订,最高兴的莫过于太上皇。他一脸欣喜地对左右说道:"《绍兴和约》的签订,保了大宋二十年太平。这个和约即使也保二十年太平,吾已八旬有余,复有何忧? 自此,吾当不再因国事忧心,可以实实在在的安享天年!"也就是说,他不再插手国事了。

一个做了三十六年的皇帝,身体又非常棒,突然宣布不再插手国事,你信吗?

据史书记载,《隆兴和约》签订后,赵构又活了十七年,他对朝政,也曾有过间节的干预:"凡宰执除授,"需"入谢德寿宫",面听其"圣训。"

直接的干预,见诸于史的一次。

一日,太上皇驾幸灵隐寺冷泉亭,观风赏景。寺中一个行者捧着茶盘跪而献茶。太上皇举目瞧了一瞧,便问这行者:"朕观汝形,不像行者,怎么干行者的勾当?"

那行者见问,忙跪了下去,叩首说道:"太皇圣明。臣本岭南一郡守,得罪了监司,诬臣贪赃枉法,废为庶人,无以糊口,只得在此,从师舅觅碗粥饭,以苟延残喘耳。"

太上皇听了,顿生怜悯之心,问曰:"汝唤何名?"

"贱臣名权玺。"

太上皇道:"吾当与皇上言之,复卿之官。"

权玺叩首再拜,且高呼道:"太皇万岁,万万岁!"

太上皇回宫的第二天,孝宗来朝德寿宫,他便把灵隐寺偶遇权玺的事说了,且曰:"一个知府,也不算多大的官,你就把他复了吧。"

孝宗满口答应。

一个月后,太上皇又幸灵隐寺,权玺依然出来献茶,还是行者装束。

太上皇大惊道:"尔怎么还在此间?"

权玺答道:"并不曾有恩命。"

太上皇愀然不悦,当即启驾而去。次日,孝宗恭请太上皇并皇太后游聚景园,太上皇既不言语,也不饮食。孝宗再三相劝,他一直冷着个脸。

八十　死于安乐

赵构摇手说道:"打住,这世上还有比刘贵妃、李才人、王才人更漂亮的女人吗?"

十五个体态丰腴,前凸后翘的少女,持酒肴丝竹,次第而至。

冥王把脸一沉道:"你自为帝以来,犯下六宗大罪。"

皇太后见赵构表情冷漠,笑问道:"官家,旾儿好意宴请您我,您一直板着个脸,却是为何?"

太上皇怒道:"朕老矣,说话还不如放屁!"

孝宗跪而问曰:"是不是孩儿惹太皇生气了?"

太上皇道:"为灵隐寺行者复官之事,我亲口给你说了,你也满口答应。一个多月了,那个人还是一个行者,你让我以后如何出门见人?"

孝宗长出一口气道:"原是行者事尔。前承圣训,即日便谕康伯,康伯道,此人受贿十万贯,不杀他已是皇恩浩荡,岂能复官!既然太皇想复他的官,孩儿明日便复。"

太上皇这才转怒为喜,开怀畅饮。

次日,孝宗临朝,面谕康伯,康伯仍执前说。

孝宗道:"太上皇大怒,朕几无地缝可入,他就是大逆谋反也要给他复官。"

数日后,太上皇复幸灵隐寺,权玺具冠服叩谢道:"臣已得复官恩命,专候圣驾到此。"叩头谢恩而去。

谚曰:"秀才学大夫(医生),如同切豆腐。"赵构的才智和学问,远大于一般秀才。他自患了"阳痿"后,一直"垂意药石事",对王继先那一套本领,学了个八九不离十,可以自己给自己开药方,而且,自制的"蠲毒圆"以芫花、大黄、大戟为主,御医看了,无不缩颈吐舌。可他吃了以后，非常见效。

但是，患了一场大病之后，再吃自己合的药不灵了。不得不把王继先请了回来。为了堵人之口，让王继先改穿道服，称之为至道真人。

他吃了至道真人的药，又能日御一女，对至道真人愈加宠幸。

某一日，二人闲聊，至道真人曰："药养不如膳养和心养。对于太皇来说，膳养不是问题，关键是心养。心养也就是养心，怎么养心，贫道不说，太皇也知道，就是寻开心，会吃、会玩、会乐，把烦恼一概抛到脑后，多干一些赏心悦目的事，多干一些自己喜欢的事。"

赵构笑曰："心养这事，我觉得我已经做得够好了。比如乐，德寿宫的美女，少说上百，像刘贵妃、李才人、王才人、信安郡夫人、平乐郡夫人、新兴郡夫人、南平郡夫人，哪一个不是绝色，特别是刘贵妃，连完颜亮都为之垂涎，弄得我不得不假称刘贵妃薨了。这些美人，不只侍寝，她们还陪我玩，上个月游西湖，官家、宰执，以及从宫等数百人，各乘大舰相陪；宫食吃腻了，我扮成老儒，由杨沂中他们暗中护驾，出宫吃小吃。譬如李婆婆杂菜羹、贺四酪面、宋五嫂鱼羹等；还有，我喜欢名书名画，便不遗余力搜集，内府所藏，绝不少于徽宗先帝，每隔三两日，便拿出来展玩摹拓。"

至道真人曰："太皇能这样做很好，但养心的方法很多，诸如美女，多看美女，不只养眼，也养心。但是，美女不一定都在皇宫……"

赵构摇手说道："打住，宫外还有比我的刘贵妃、李才人、王才人更漂亮的女人吗？"

至道真人笑嘻嘻地回道："不同的人有不同的审美标准，汉成帝喜欢瘦，故而能作掌上舞的赵飞燕便是他眼中的第一美女。唐明皇喜欢胖，胖女杨玉环便是他眼中的第一美女。中国有一成语，叫'环肥燕瘦'，环即杨玉环，燕是赵飞燕。德寿宫的刘贵妃、李才人、王才人固然长得都美，但张功甫府中的美女也不差，太皇若有兴趣，贫道可导您前去一观，顺便尝尝他'驾宵亭'的几样名菜？"

"张功甫，是不是张俊那个官居奉仪郎的孙子？"

至道真人将头轻轻点了一点。

赵构道："我听说这个人喜欢吟风弄月，附庸风雅，想不到他还金屋藏娇。去，这会儿就去。"

张功甫听说太上皇驾到，忙出大门跪迎，午宴不亚于他爷当年宴请赵构的那一次。

宴后，众人簇拥着赵构来到张功甫的南湖园，登上了"驾宵亭"。这个亭，建在四棵古松中间，用巨铁索吊起，悬在半空，名副其实的"空中楼阁"。

阁上备有美酒佳肴,轻风拂面,众人一边在前阁饮酒,一边赏月,酒至半酣,张功甫问左右:"准备好了吗?"

左右回曰:"准备好了。"

张功甫又道:"卷帘。"

后阁帘慢慢卷起,如缕的异香从里边飘然而出,举座郁然,十四个体态丰腴、前凸后翘的少女,穿着真空白丝纱衣,持酒肴丝竹,次第而至,娇滴滴地给太上皇奉酒,"襟领皆绣牡丹,首带照殿红。"

众人正在大饱眼福,一名姬翩翩而出,边歌边舞。

歌的是《诗经·关雎》。歌毕,每人奉酒一杯后,率众美女退去,帘子垂下。

赵构轻叹一声,意犹未尽。

帘子复又卷起,又有异香飘来。十五个名姬,分著紫衣、鹅黄衣及红衣登场,著紫衣者簪白花,著鹅黄衣者簪紫花,著红衣者簪黄花。

众名姬载歌载舞,歌乃西汉李延年所作之《北方有佳人》。

歌毕,由领队奉酒。奉毕,率众名姬退去。

帘子再次放下。

稍顷,帘子复又卷起,十五个名姬鱼贯而出,歌舞一曲后,奉酒,奉酒后退去。

这一顿饭,上场歌舞的名姬共十批。

烛光香雾,舞姿翩翩,歌声悦耳,使人恍若仙境。

返宫途中,赵构叹道:"想不到,我位居太皇,活的还不如一个从六品的奉仪郎。"

至道真人劝道:"太皇自谦了。只要您愿意享受生活,那好生活立马就会在您面前出现。"

赵构复又叹道:"想享受,一得有权,二得有钱,我虽说贵为太上皇,那是虚名。每月给多少钱,都有定数。"

至道真人问:"给多少?"

"四万贯。"

至道真人"啊"了一声:"才四万贯!"

赵构叹道:"这事怪我,皇上原定,月奉钱十万贯,是我自己说多,改为四万贯。"

至道真人道:"您可以再给皇上说嘛。十万贯钱对朝廷来说,九牛一毛。您只要张口,皇上不会不同意。"

赵构道:"我也相信皇上会同意,但水已经泼出去了,咋能再收回?"

"这……"至道真人想了想道:"钱的事,您不说也行,贫道给您想办法。"

赵构微笑道:"你一个假道人,能有什么办法?"

至道真人道:"卖酒。"

赵构道:"酒是朝廷专营,还不能卖呢!"

至道真人道:"别人不能卖,只要打您的旗号就能卖。"

"为什么?"

至道真人道:"您是太上皇呀!太上皇经营的酒,谁敢查?就是他敢查,又能对您怎么样?"

"这倒也是。钱的问题解决了,美女呢?能载歌载舞的美女怎么解决?"赵构又提了一个问题。

至道真人道:"在全国选。"

赵构摇头说道:"我早已不是皇帝了。"

至道真人道:"臣听说,您内禅后,凡新任宰执,须到德寿宫'入谢','面听圣训'。您自己嫌麻烦,不让他们'入谢'和'面听圣训'了,是真的吗?"

赵构轻轻颔首。

至道真人道:"这个麻烦得恢复。"

"为什么?"

至道真人道:"这是权力的象征,只要新上任的宰执来您这'入谢'和'面听圣训',百官就不敢小瞧您。只要把这两个'权力'再要回来,咱们不通过朝廷,直接让各路给咱选美,谁敢不听!"

赵构一脸欢喜道:"卿说得对。待皇上再朝德寿宫时,我亲口给他讲。谅他也不敢不同意。"

三天后,孝宗来德寿宫朝赵构,赵构显得非常高兴,还挽留孝宗,共进午膳。三杯酒下肚,赵构突然长叹一声。

孝宗忙问:"太皇怎么了?"

赵构又是一声长叹道:"前天,我微服出游,游到张功甫的南湖园,听说张功甫在'驾宵亭'搞牡丹酒会,想进去看看。阍人说,凡受邀的客人,都是三品以上的大官,我没资格进。我心中暗想,只要他请的都是三品以上大官,这些大官不会不认识我。我便站在门口等,想等一个认识我的人,引荐一下。谁知,等了一刻钟,进去的客人不下二十人,竟无一人认识我。唉,当年,你宣诏天下,凡新进的宰执上任前,须到德寿宫'入谢'和'面听圣训',我嫌麻烦,没同意,看来这个麻烦还不能省呢。否则,再过个三五年,连我的名字也会被世人遗忘了!"

说毕,复又一声长叹。

孝宗道:"太皇不必为此事烦恼,明日,孩儿就诏告天下,凡新进的宰执上任前,须到德寿宫'入谢'和'面听圣训'。"

赵构满面欢喜道:"我儿真是一个孝子,天下少见的孝子!"

有了"圣训"新任宰执的权力,至道真人就可以狐假虎威了。三个月后,一百五十个美女、才女、歌伎,涌进了德寿宫。

八月十五日,赵构去万岁桥的四面亭赏月,奏乐者达三百人,史记:"待月初上,笙箫齐举,缥缈相应,如在霄汉。"

赵构兴致极高,一直玩到三更,方启驾还宫。

第二天,他睡到日上三竿,方才起床。还没来得及用膳,至道真人来禀:"卖酒之事,遇到了麻烦。"

赵构问:"什么麻烦?"

至道真人回道:"右正言袁孚上章弹劾贫道和万顺,说俺们开设酒库,犯了榷酒之禁,应当严惩!"

"皇上怎么说?"

至道真人回道:"皇上把劾书转给了陈康伯。"

"陈康伯怎么说?"

至道真人回道:"严查。"

"咱该怎么办?"

至道真人回道:"以您的名义给皇上和陈康伯各送一坛酒,每个酒坛贴上一个标签,签上皆书'德寿私酒'四字,这四个字得您亲自题写。"

赵构道:"这个容易。哎,万顺,何许人也?"

"就是为张俊出海敛钱的那个老兵,臣把他请来做臣的助手。"

孝宗"噢"了一声,亲笔题写了两张"德寿私酒"的条幅,交给至道真人。

至道真人把这两个条幅贴到酒坛上,分送赵构和陈康伯。

孝宗接到"德寿私酒"后,忙召陈康伯进宫:"陈卿,上皇是不是也送你一坛酒?"

陈康伯回道:"送了。"

孝宗将头摇了一摇,苦笑道:"事涉上皇,放他们一马吧。"

陈康伯长叹一声道:"那也只有这样了。"

这一放,至道真人和万顺的酒库越开越大,越开越多,均取名"御前酒库",仅蓄酒三千石的酒库就有三个。

他们不但私开酒库,还卖"德寿私酒"的标签。有了"德寿私酒"的标签,就不用出酒赋了。

此后,无论什么东西,凡贴有"德寿宫"字样的标签都不用出赋。以至于"粪船"也出钱来买"德寿宫"的标签——"德寿宫粪船。"

有了钱,他首先想到的是扩建德寿宫。

德寿宫位于大内之北,西有望仙桥,东有升仙桥。因太上皇"雅爱胡仙之胜",便模仿张功甫的南湖,在德寿宫内开掘大池,引湖水注入其中,取名大龙池,其旁叠石为假山,名万岁山;又仿张功甫的驾宵亭,筑了个登仙亭。亭下又筑一亭,取名冷泉亭。周必大作诗赞曰:

> 登仙亭高面面风,冷泉亭下水溶溶。
>
> 人间炎热何由到,真是瑶台第一重。

此外,又在宫中建了二十几座金碧辉煌的殿堂亭阁,种植了数百种五彩缤纷的树木花草,与赏心悦目的水光山色,有机地融合成一个人间仙境。赵构在这里无忧无虑、悠哉悠哉地生活了十几年,无疾而终,寿八十一。自秦汉以来的所有皇帝中,他的寿龄位列第二,比位列第一的梁武帝仅仅小了两岁。

无疾而终,这是官方的说法,民间可不是这样说。

淳熙十四年(1187年),十一月十九日,吴太后寿诞,孝宗去德寿宫祝寿,父子二人一边聊天一边饮酒,自午时二刻至未时三刻方散。赵构回到寝宫,那下边的物件突然有了反应,便召王才人前来侍寝。为了能多鏖战一些时间,他服了四十九粒牵牛丸。战正酣时,两个皂衣吏走了进来,拍了拍赵构的光脊背,笑嘻嘻说道:"太皇,阎君有请。"

赵构又气又怒,大声斥道:"滚!"

二吏笑意如故道:"您别发火,阎君想邀的人,还没有敢不赴约的。您还是乖乖地跟俺俩走吧!"

赵构见他如此对自己说话,翻着眼朝二皂吏瞧了又瞧,问道:"尔口中的阎什么,有何来头？"

吏曰："也没什么来头，只不过在阴间为王罢了！"

赵构大吃一惊道："原来是冥王相邀呀，我这就去。"

他穿好衣服，又给王才人叮嘱几句，便随两个皂衣吏前往冥府。

冥王对赵构还算客气，命阴卒香茗伺候。

一盏茶下肚，赵构双手抱拳道："冥王突然相召，不知为着何事？"

冥王不紧不慢道："您的大限到了。"

赵构道："我是紫微星下凡，即使大限到了，也应该去仙界，为何来到这里？"

冥王笑曰："您已经被仙界除名了。"

赵构大吃一惊道："为什么要把我除名？"

冥王把脸一沉道："你自为帝以来，犯下六宗大罪。第一，你目中不只无君，也无父无兄，你明知父兄在异邦受苦受难，生不如死，也不肯解救，甚而认贼作父。第二，宠信奸佞，残害忠良，最不当杀的便是岳飞。第三，在杀父仇人面前一身奴气，在臣民面前却满身的专横。第四，暗杀了信王赵榛。第五，孝宗、张浚之北伐，不是败在金人之手，而是败在你的干政。第六，贪财贪色，奢侈享乐。"

听了冥王这番话，赵构冷汗直流："冥王所言，句句是实。但是，我也曾做过不少善事……"

冥王摆手制止道："你是做了一些好事、善事，比如开创海上贸易，创建或扩建福田院、养济院、婴儿局、慈幼局、举子仓和慈幼庄等。再者，你在治国理政上虽无大气魄和大器识，却不泛小聪明，恶事做得也不少，并不做绝。正因为这样，玉皇既没有减你的寿，也没下你的狱，只是把你从仙境除名罢了。"

赵构拱手说道："玉皇万岁、万万岁！"

他话音一落，冥王继续说道："天有好生之德，天府几经会议，让你再次投胎为帝，你如果能改过自新，胸怀天下，外强内柔，勤政爱民，远小人，近君子，抑止奸邪，弘扬正气，为已故的贤人，诸如岳飞等平反昭雪；对已故的恶人，诸如秦桧等追回官爵。如果再能来一个不奢不色，那就更好了。我说这些，您能做得到吗？"

赵构扬声回道："我能做到！"

冥王道："如果能做到，就可恢复你的仙籍。如果做不到，就交冥府处置。"

赵构二次避席："谢冥王。但不知天府要我何时投胎，又投于何地？"

冥王回曰："今日便去投胎，做赵眘的孙子。"

赵构惊叫一声道:"我可是赵眘的爹呀,反去做他的孙子,彼此如何相处?"

冥王道:"这事你不必担心,你投胎时,必须喝迷魂汤,迷魂汤一喝,前世的事,忘的一干二净,而赵眘又不知道你是他的爹,该怎么相处,便怎么相处。"

"这……"赵构想说什么,又打住了。

冥王道:"本王口误了,你这次重返人间,不是投胎,是借尸还魂。"

赵构道:"借何人之尸?"

冥王道:"赵扩。赵扩的大限,今夜五更一点就到了。本王这就遣皂衣吏,送你回去。"

赵构拜道:"敬遵冥王之命!"

主要参考书目

脱　脱:《宋史》
王曾瑜:《宋高宗传》
赵家三郎:《微历史@宋朝人》
江　月:《宋朝其实很有趣》
丁振宇:《微历史——宋朝就是如此有趣》
高天流云:《宋朝那些事儿》
高天流云:《如果这是宋史》
蔡东潘:《宋史通俗演义》
覃仕勇:《这才是岳飞》
姜正成:《韩世忠》
宋德金:《中国历史·金史》
余耀华:《南宋史》
冯梦龙:《喻世明言》
冯梦龙:《醒世恒言》
王玉德主编:《中国宫廷文化集观》
李鹏主编:《细说大宋大全集》

责任编辑：王世勇

图书在版编目(CIP)数据

大宋天子：宋高宗/秦俊 著. —北京：东方出版社,2022.12
ISBN 978-7-5207-2932-1

Ⅰ.①大…　Ⅱ.①秦…　Ⅲ.①宋高宗(1107-1187)-传记　Ⅳ.①K827=44

中国版本图书馆CIP数据核字(2022)第145837号

大宋天子——宋高宗
DASONG TIANZI SONG GAOZONG

秦　俊　著

东方出版社 出版发行
(100706　北京朝阳门内大街166号)

环球东方(北京)印务有限公司印刷　新华书店经销
2022年12月第1版　2022年12月北京第1次印刷
开本：787毫米×1092毫米 1/16　印张：32.25
字数：592千字
ISBN 978-7-5207-2932-1　定价：128.00元

邮购地址 100706　北京朝阳门内大街166号
人民东方图书销售中心　电话 (010)65250042　65289539

作者简介

秦俊，河南邓州人，一级作家，全国劳模，享受国务院特殊津贴专家。1982年毕业于河南大学历史系，从事地方史研究，发表文章近百篇，受到美国、日本及港台同仁的赞扬和关注。后由历史研究而切入文学创作，出版长篇小说23部（含合著）：《汉武大帝》《汉高祖刘邦》《光武帝刘秀》《汉宫残阳》《大宋天子——赵匡胤》等，共1000余万字，并以其民间视角的创作方法，自成河南历史小说的一个流派。中国作协副主席、著名文艺评论家张炯对于秦俊的小说给予了很高的评价："河南南阳的作家，从姚雪垠起，到今天的二月河、秦俊，都致力于历史小说创作，影响是不可低估的。"

责任编辑：王世勇
封面设计：吴燕妮

长篇历史小说

大宋天子

宋高宗

定价：128.00元